浙江省普通高校"十三五"新形态教材

College Chinese

宁业勤 张崇利 谢秀琼 主编

傅祖栋 蒋雨岑 张 宝 副主编

许琼
王岩 苏蓓 陈正敏
陈洁 潘莉 包诗维 参编

大学语文（第二版）

浙江大学出版社
ZHEJIANG UNIVERSITY PRESS

· 杭州

图书在版编目(CIP)数据

大学语文 / 宁业勤等主编. —2 版. —杭州：浙江
大学出版社，2022.9(2025.7 重印)
ISBN 978-7-308-22890-9

Ⅰ.①大… Ⅱ.①宁… Ⅲ.①大学语文课—高等职业
教育—教材 Ⅳ.①H193.9

中国版本图书馆 CIP 数据核字（2022）第 138638 号

大学语文（第二版）
DAXUE YUWEN
宁业勤　张崇利　谢秀琼　主编

责任编辑	葛　娟
责任校对	董雯兰
封面设计	春天书装
出版发行	浙江大学出版社
	（杭州市天目山路 148 号　邮政编码 310007）
	（网址：http://www.zjupress.com）
排　　版	浙江大千时代文化传媒有限公司
印　　刷	杭州宏雅印刷有限公司
开　　本	787mm×1092mm　1/16
印　　张	21.75
字　　数	451 千
版 印 次	2022 年 9 月第 2 版　2025 年 7 月第 7 次印刷
书　　号	ISBN 978-7-308-22890-9
定　　价	59.50 元

前　言

习近平总书记在党的二十大报告中明确指出:"我们要坚持对马克思主义的坚定信仰、对中国特色社会主义的坚定信念,坚定道路自信、理论自信、制度自信、文化自信。""以社会主义核心价值观为引领,发展社会主义先进文化,弘扬革命文化,传承中华优秀传统文化,满足人民日益增长的精神文化需求,巩固全党全国各族人民团结奋斗的共同思想基础,不断提升国家文化软实力和中华文化影响力。""坚守中华文化立场,提炼展示中华文明的精神标识和文化精髓,加快构建中国话语和中国叙事体系,讲好中国故事、传播好中国声音,展现可信、可爱、可敬的中国形象。"

大学语文是一门弘扬传统文化、增强文化自信、传播社会主义核心价值观的重要课程。为了全面贯彻落实习近平新时代中国特色社会主义思想和党的二十大精神,充分发挥《大学语文》课程的育人功能,我们精心编写了该教材。编写中,我们坚持以优秀的文学作品为依托,以作品的精神内涵为核心,使学生掌握基本的文学知识与文化知识,培养学生在阅读、理解、鉴赏、分析等方面对母体语言感知与应用能力,陶冶情操,使中华民族优秀的人文成果及其所蕴含的价值观念、道德标准、审美情趣、思维方式等内化为学生的道德品格,让他们学会用真、善、美的思想、完善的人格、正确的眼光来感知世界、认识人生、传承民族精神,全面提升学生人文素质。

本教材在编写上呈现以下特点:

第一,编排体例上,本教材打破了传统的以文学体裁为编排逻辑的惯例,而是从高素质现代职业人的角度梳理出七个重要的素质特质,作为单元教学主题,即思想哲学、修身明理、智慧谋略、敬业精进、创意创新、艺术品味和家国情怀等,以此作为教材编写架构。"思想哲学"展示我国博大精深的儒、道思想,"修身明理"养成修齐治平的价值取向与行为规范,"智慧谋略"探讨为人处世的智慧与韬略,"敬业精进"弘扬职场诚信、守责等价值追求与执着精进态度,"创意创新"彰显创新精神、改革勇气与责任担当,"艺术品味"着意于审美能力与高雅品味,"家国情怀"召唤故园之恋与国家认同。在教材最后,单独列出一单元讲述应用文写作。

第二,教材形式上,本教材本着"互联网＋教育"的新理念,充分利用现代信息技术,形成了与传统教材完全不同的新形态。本教材通过二维码与网络教学平台相连通,给师生课堂教学活动的开展带来了全新的体验,主要体现在以下方面:一是真正做到以学生为主体,教材链接的教学视频、拓展阅读、讨论与测试等,为学生有效开展自学提供了便利;二是丰富的教学资源极大地满足师生开展教学需要,既有传统教材所呈现的内容体系,又有传统教材所没有的与内容相配套的视频讲授、补充或诠释性的辅助材料等,这些使教材真正"活"起来;三是创新课堂教学模式,学生凭借教材可在课前自学,从而节约出课堂时间用于巩固所学,并促进知识内化,为提升学生的能力与素质提供了可能。

第三,内容体系上,本教材除了以单元主题选择优秀作品作为主要教学内容外,还按照我国文学发展史的顺序,将诗经、楚辞、先秦文学、汉赋、唐诗、宋词、元杂剧、明清小说以及现代诗歌、散文与小说等文学常识以及与之对应的代表性作家、作品,分别插入到各单元内容之中,作为学习的又一重要内容。同时,教材中还就语言知识作了分块讲解,包括文言实词、文言虚词、文言句式、文言翻译、现代字音字形、修改病句、修辞方法等,以便提升学生的语言应用能力。

以上种种努力旨在为教学服务,尽全力有效达成课程培养目标。选用本教材可因材施教,灵活处理,最大限度发挥教材作用。

本教材的编者都是课程教学的一线教师,张崇利、张宝、包诗维、许琼等老师来自浙江长征职业技术学院,其他老师来自宁波城市职业技术学院。

本教材部分篇目的赏析以及文学史的阐述,有斟酌采用各家之说的地方,难以一一言明,在此向各位专家致谢!

由于编者水平有限,书中错误和疏漏在所难免,敬请专家和读者不吝赐教!

编 者

2023 年 5 月

目　录

第一单元　思想哲学

长沮桀溺耦而耕 ······························《论语》/3

秋　水 ·································（战国）庄子/4

超然台记 ·······························（宋）苏轼/13

精卫填海 ······························《山海经》/15

女娲补天 ······························《淮南子》/15

后羿射日 ······························《淮南子》/16

硕　人 ···························《诗经·卫风》/17

淇　奥 ···························《诗经·卫风》/18

渔　父 ···/19

远古神话、《诗经》、楚辞 ···························/21

文言实词 ···/28

第二单元　修身明理

朱子家训 ·······························（清）朱柏庐/35

道德经（节选） ·······················（春秋）老子/36

原　毁 ·································（唐）韩愈/38

孟子·尽心下（节选） ·····················《孟子》/41

谏逐客书 ·······························（秦）李斯/43

归去来兮辞 ·························（东晋）陶渊明/46

先秦散文与汉代文学 ·······························/49

文言虚词 ……………………………………………………………… /56

第三单元　智慧谋略

谋　攻 ……………………………………………………… （春秋）孙武/69

郑伯克段于鄢 ……………………………………………… 《左传》/70

冯谖客孟尝君 ……………………………………………… 《战国策》/73

梦游天姥吟留别 …………………………………………… （唐）李白/76

丽人行 ……………………………………………………… （唐）杜甫/78

终南山 ……………………………………………………… （唐）王维/79

燕歌行 ……………………………………………………… （唐）高适/80

买　花 ……………………………………………………… （唐）白居易/82

无题二首 …………………………………………………… （唐）李商隐/84

唐　诗 ……………………………………………………………… /86

文言句式 …………………………………………………………… /95

第四单元　敬业精进

浮冰上的搏斗 …………………………………………………… 郑世隆/101

绝　品 …………………………………………………………… 谈歌/105

篾　匠 …………………………………………………………… 申赋渔/109

浪淘沙令·帘外雨潺潺 …………………………………… （南唐）李煜/115

蝶恋花·庭院深深深几许 ………………………………… （宋）欧阳修/116

临江仙·夜饮东坡醒复醉 ………………………………… （宋）苏轼/117

蝶恋花·伫倚危楼风细细 ………………………………… （宋）柳永/118

摸鱼儿·更能消几番风雨 ………………………………… （宋）辛弃疾/119

渔家傲·天接云涛连晓雾 ………………………………… （宋）李清照/120

宋　词 ……………………………………………………………… /122

文言文翻译 ………………………………………………………… /132

第五单元　创意创新

组织部来了个年轻人(节选) ················· 王蒙/139

乔厂长上任记(节选) ················· 蒋子龙/150

小厂里来了个大学生(节选) ················· 陈冲/163

西厢记·长亭送别 ················· (元)王实甫/170

牡丹亭·游园惊梦 ················· (明)汤显祖/174

元杂剧与明清传奇 ················· /180

现代汉字的字音、字形 ················· /187

第六单元　艺术品位

沧浪诗话·诗辩 ················· (宋)严羽/197

人间词话(节选) ················· (清)王国维/200

棋王(节选) ················· 阿城/203

聊斋志异·瑞云 ················· (清)蒲松龄/212

周学道校士拔真才　胡屠户行凶闹捷报(节选) ················· (清)吴敬梓/214

宝玉挨打 ················· (清)曹雪芹/217

明清小说 ················· /225

病句修改 ················· /231

第七单元　家国情怀

故都的秋 ················· 郁达夫/237

乡土情结 ················· 柯灵/239

为奴隶的母亲(节选) ················· 柔石/242

我有一个恋爱 ················· 徐志摩/248

寻梦者 ················· 戴望舒/249

太阳的话 ················· 艾青/251

桨声灯影里的秦淮河 ……………………………………………… 朱自清/252

药 …………………………………………………………………… 鲁迅/257

现代文学 ……………………………………………………………… /263

修辞方法 ……………………………………………………………… /270

第八单元　应用文写作

通告 ………………………………………………………………… /277

通知 ………………………………………………………………… /281

通报 ………………………………………………………………… /290

报告 ………………………………………………………………… /298

请示 ………………………………………………………………… /306

函 …………………………………………………………………… /311

纪要 ………………………………………………………………… /316

计划 ………………………………………………………………… /320

总结 ………………………………………………………………… /324

策划书 ……………………………………………………………… /328

调查报告 …………………………………………………………… /331

第一单元

思想哲学

　　本单元的作品精读部分主要学习关于思想哲学的三篇文章。学习《论语·微子》中的《长沮桀溺耦而耕》，可以理解以孔子为代表的儒家关于社会改革的主观愿望和积极的入世思想，感受其可贵的忧患意识和历史责任感。《秋水》以丰富的寓言和奇崛的想象，旨在讨论人应怎样去认识外物。苏轼的《超然台记》全篇围绕"超然"二字展开议论、抒情，引出无往不乐、超然物外的主旨。

　　在作品欣赏部分，我们聚焦于远古神话、《诗经》、《楚辞》，选取了《山海经》中的《精卫填海》，《淮南子》中的《女娲补天》《后羿射日》，感受先人在与自然相处过程中的抗争精神；选取了《诗经》中的《硕人》《淇奥》，从古代最美女子"巧笑倩兮，美目盼兮"、最美男子"如切如磋，如琢如磨"中，领会《诗经》对于美的表达如何影响后来的文学创作；选取了《楚辞》中的《渔父》，理解屈原始终不渝坚持理想、不惜舍生取义的追求。

　　在本单元的文学常识部分中，远古神话主要分析其类型、特征及历史演变与影响；《诗经》则集中论述其编集、思想内容与艺术手法；《楚辞》重在阐述楚辞代表作家屈原、宋玉及其他作家的生平与主要文学成就。

　　在语言知识部分，我们着重讲解文言实词相关知识，包括实词的一词多义、古今异义、通假字及词类活用等。

作品精读

长沮桀溺耦而耕①

《论语》

🎦《长沮桀溺
耦而耕》

作品导读

　　《论语》主要记录孔子及其弟子的言行,较为集中地反映了孔子的思想,是儒家学派的经典著作之一。《论语》共计一万一千字,却在中国历史上产生了极为深远的影响。"半部《论语》治天下,先哲智慧冠华夏",可见其巨大价值和影响力。《长沮桀溺耦而耕》章与《楚狂接舆》《子路从而后》两章,记载了孔子到楚国去时所遇到的隐士。儒家不倡导消极避世的做法,即使不能齐家治国平天下,也要独善其身,做一个有道德修养的人。孔子就是这样一位身体力行者。正因为社会动乱、天下无道,所以他才与自己的弟子们不辞辛苦地四处呼吁,为社会改革而努力。这是一种可贵的忧患意识和历史责任感。学习本文时,重在领悟孔子关于社会改革的主观愿望和积极的入世思想。

　　长沮、桀溺②耦而耕③。孔子过之,使子路问津④焉。

　　长沮曰:"夫执舆⑤者为谁?"子路曰:"为孔丘。"曰:"是鲁孔丘与?"曰:"是也。"曰:"是知津矣!"

　　问于桀溺。桀溺曰:"子为谁?"曰:"为仲由。"曰:"是鲁孔丘之徒与?"对曰:"然。"曰:"滔滔⑥者,天下皆是也,而谁以易⑦之? 且而与其从辟⑧人之士也,岂若从辟世之士哉?"耰⑨而不辍。

　　子路行以告。夫子怃然⑩曰:"鸟兽不可与同群,吾非斯人之徒与而谁与! 天下有道,丘不与易也。"

📖句句经典向
《论语》致敬

---

① 本章选自《论语·微子》。
② 长沮、桀溺:两词皆形容人的形象,不是二人的真实姓名。沮,沮如,润泽之处。桀,魁梧之意。溺,身浸水中。两位隐士的真实姓名和身世不详。
③ 耦而耕:两个人合力耕作。
④ 问津:津,渡口。寻问渡口。
⑤ 执舆:即执辔。
⑥ 滔滔:水周流貌,喻世上的纷扰。
⑦ 易:变易。
⑧ 辟:同"避"。
⑨ 耰(yōu):用土覆盖种子。
⑩ 怃然:怅然若失之貌。

秋 水

（战国）庄子

《秋水》译文

作品导读

　　《秋水》是《庄子》中的一个长篇，用篇首的两个字作为篇名，全篇旨在讨论人应怎样去认识外物。全篇由两大部分组成。前一部分写北海海神跟河神的谈话，一问一答一气呵成，构成本篇的主体。第二部分写了六个寓言故事，每个寓言故事自成一体。

　　《庄子》博大精深的哲学思想、汪洋恣肆的文章风格、"意出尘外，怪生笔端"（刘熙载《艺概·文概》）的形象世界，在本文中都得到了相当清楚的体现。正因为如此，人们更倾向于认为，《秋水》之文，非庄子不能作，其思想与文体，在《庄子》全书中均堪称一等。学习本文时，要注意领悟庄子的无限相对思想，把握由丰富的寓言和奇崛的想象所构成的瑰丽的艺术境界。

　　秋水时至，百川灌河①。泾流②之大，两涘渚崖之间③，不辩牛马。于是焉河伯④欣然自喜，以天下之美为尽在己。顺流而东行，至于北海⑤，东面而视，不见水端。于是焉河伯始旋其面目⑥，望洋向若而叹曰⑦："野语⑧有之曰：'闻道百，以为莫己若者⑨。'我之谓也。且夫我尝闻少仲尼之闻而轻伯夷之义者，始吾弗信。今我睹子之难穷也，吾非至于子之门则殆⑩矣，吾长见笑于大方之家⑪。"

　　北海若曰："井蛙不可以语于海者，拘于虚也⑫；夏虫不可以语于冰者，笃于时也⑬；

---

① 此句的意思是：秋雨不停地下，河水上涨，千百条河流都灌注于黄河。
② 泾流：水流。泾，借为"巠"，水脉，指黄河主流之宽度。
③ 涘（sì）：水边、岸边。渚：水中间小块陆地、小洲。
④ 河伯：黄河水神。
⑤ 北海：春秋战国时所称北海，多指黄河注入之渤海。
⑥ 旋其面目：改变态度。
⑦ 洋：水多的样子。若：海神。
⑧ 野语：俗语。
⑨ 莫己若：没有人及得上自己。
⑩ 殆：危险。
⑪ 大方之家：深明大道之人。
⑫ 拘：拘束，限制。虚：同"墟"，指蛙所居之土井之类。
⑬ 笃：困，亦为限制之意。时：四时，四季。

曲士①不可以语于道者，束于教也。今尔出于崖涘，观于大海，乃知尔丑②，尔将可与语大理③矣。天下之水，莫大于海，万川归之，不知何时止而不盈④；尾闾⑤泄之，不知何时已而不虚；春秋不变，水旱不知⑥。此其过江河之流，不可为量数。而吾未尝以此自多者，自以比形于天地，而受气于阴阳⑦，吾在于天地之间，犹小石小木之在大山也，方存乎见小⑧，又奚以自多！计四海之在天地之间也，不似礨空⑨之在大泽乎？计中国之在海内，不似稊⑩米之在大仓乎？号物之数谓之万⑪，人处一焉；人卒九州，谷食之所生，舟车之所通，人处一焉⑫。此其比万物也，不似豪末⑬之在于马体乎？五帝之所连⑭，三王之所争⑮，仁人之所忧，任士⑯之所劳，尽此矣！伯夷辞⑰之以为名，仲尼语之以为博，此其自多也，不似尔向之自多于水⑱乎？"

河伯曰："然则吾大天地而小豪末⑲，可乎？"

北海若曰："否。夫物，量无穷⑳，时无止㉑，分无常㉒，终始无故㉓。是故大知㉔观于远近，故小而不寡，大而不多㉕，知量无穷；证曏今故㉖，故遥而不闷㉗，掇而不跂㉘，知时

① 曲士：乡曲之士，曲见之士，指识见偏狭、孤陋寡闻的人。
② 丑：鄙陋无知。
③ 大理：大道。
④ 盈：盈满。
⑤ 尾闾：传说为排泄海水之处，又称沃燋，其地在东海之中、扶桑之东，有巨石方圆四万里，厚四万里，海水到那里就被蒸发掉。
⑥ 此句的意思是：大海之水不会因春雨流入少秋雨流入多而发生变化。不论水灾旱灾的降临，大海全然不受影响。
⑦ 比形于天地：由天地具足了形体。受气于阴阳：从阴阳秉受生气。
⑧ 方存乎见少：正存在着自以为小的想法。
⑨ 礨空：石块上的小孔。
⑩ 稊(tí)：一种形似稗的草，其种子很小，制成米粒更细小。
⑪ 此句的意思是：宇宙之物不止万种，称万物，概而言之也。
⑫ 人处一焉：此与上句人处一焉之人字，含义不同，上句指人类全体，此指单个人。
⑬ 豪末：兽类绒毛末梢。
⑭ 连：读为"禅"，禅让，继承之意。
⑮ 所争：以武力所争夺的。
⑯ 任士：以治世为己任的贤能之士。
⑰ 辞：辞让。
⑱ 自多于水：河伯未至海前，识见狭小，以黄河之水自夸其多。
⑲ 此句的意思是：以天地为大，以毫末为小。
⑳ 量无穷：物量是大与小的统一，无论从大小哪方面去观察，都是不可穷尽的，言其大，还有比它更大者；言其小，还有比它更微者。
㉑ 时无止：时间是永恒流逝、没有止境的。
㉒ 分无常：一个人的名分、地位不是恒常不变的，贫富贵贱、上下尊卑等，都处在变化的过程中。
㉓ 终始无故：终而复始，无有穷尽，故无端倪。
㉔ 大知：大智之人。
㉕ 此句的意思是：小的事物也包含丰富内涵，大的东西与更大的相比，也是微不足道的。
㉖ 证曏(xiàng)今故：证明古与今都是一样的，时间单向流动，永无止息，从古至今，从今至未来，都处于时间长链条中的一点，从大处看则是一个整体。故，作"古"解。
㉗ 遥而不闷：对遥远的古事不感到暗昧。又，遥作长久解，寿命长而不厌倦。
㉘ 掇而不跂：就近之事也并不心存企望。掇，拾取，指相距很近，随手可取。跂，与企同，求也。

无止。察乎盈虚①，故得而不喜，失而不忧，知分之无常也。明乎坦涂②，故生而不说③，死而不祸，知终始之不可故也。计人之所知，不若其所不知；其生之时，不若未生之时；以其至小，求穷其至大之域④，是故迷乱而不能自得也。由此观之，又何以知豪末之足以定至细之倪？⑤又何以知天地之足以穷至大之域？"

河伯曰："世之议者皆曰：'至精无形，至大不可围⑥'是信情乎⑦？"

北海若曰："夫自细视大者不尽，自大视细者不明。夫精，小之微也；垺⑧，大之殷⑨也。故异便⑩，此势⑪之有也。夫精粗者，期于有形者⑫也；无形者，数之所不能分也⑬；不可围者，数之所不能穷也。可以言论者，物之粗也；可以意致⑭者，物之精也。言之所不能论，意之所不能察致者，不期精粗⑮焉。是故大人之行，不出乎害人，不多仁恩⑯；动不为利，不贱门隶⑰；货财弗争，不多⑱辞让；事焉不借人⑲，不多食乎力⑳，不贱贪污；行殊乎俗㉑，不多辟异㉒；为在从众，不贱佞谄㉓；世之爵禄不足以为劝㉔，戮耻㉕不足以为辱；知是非之不可为分，细大之不可为倪。闻曰：'道人不闻㉖，至德不得㉗，大人无己㉘。'约分之至㉙也。"

---

① 盈虚：盈满与空虚。
② 坦涂：平坦的大路。比喻终始往复、日新不已的大道。
③ 故：作固解。说：同"悦"。
④ 至小：极小。此指人的有限生命和智慧。至大之域：无限的宇宙。
⑤ 倪：边界，端倪。
⑥ 此句的意思是：最精微的东西没有形体，最大的事物没有什么能包围它、限定它。
⑦ 信情：信实、真实可信。
⑧ 垺（fú）同"郛"，城外之城。比喻大之外还有更大者。
⑨ 殷：盛大。
⑩ 异便：物虽相异却各有自己的所宜。
⑪ 势：形势、趋势，就是说有形之事物，其存在和发展可构成可见的形势、趋势，有大小精粗之分。
⑫ 有形者：有形，可供感知和思维的对象。
⑬ 数之所不能分：不能用数字计量、划分。
⑭ 意致：运用意识、思维可以获得的。
⑮ 不期精粗：不限于精粗。
⑯ 不多仁恩：不夸耀仁爱和恩惠。
⑰ 不贱门隶：不鄙视守门之仆隶，大人虽不求利，也不以求利之守门仆隶为贱。
⑱ 多：崇尚、夸赞之意。
⑲ 事焉不借人：做事不借助于人。
⑳ 不多食乎力：不崇尚自食其力者。
㉑ 行殊乎俗：行事与世俗不同。
㉒ 不多辟异：不标榜炫耀邪辟怪异之行，不有意标新立异。辟异，邪辟怪异。
㉓ 佞谄：以顺耳动听的言辞奉承恭维人。
㉔ 劝：鼓励、劝勉，使之为善。
㉕ 戮耻：处以刑罚，使受耻辱。
㉖ 道人不闻：得道之人不闻名于世间。
㉗ 至德不得：大德之人无所得。
㉘ 大人无己：大人摆脱形体束缚，把己溶入物中，与造化一体。
㉙ 约分之至：依守本分到了极致。

河伯曰："若^①物之外,若物之内,恶至而倪贵贱^②? 恶至而倪小大?"

北海若曰："以道观之,物无贵贱;以物观之,自贵而相贱^③;以俗观之,贵贱不在己^④。以差观之,因其所大而大之^⑤,则万物莫不大;因其所小而小之,则万物莫不小;知天地之为稊米^⑥也,知豪末之为丘山也,则差数睹矣^⑦。以功^⑧观之,因其所有而有之,则万物莫不有;因其所无而无之,则万物莫不无,知东西之相反而不可以相无,则功分^⑨定矣。以趣^⑩观之,因其所然而然^⑪之,则万物莫不然;因其所非而非^⑫之,则万物莫不非;知尧、桀之自然而相非^⑬,则趣操^⑭睹矣。昔者尧、舜让而帝,之哙让而绝^⑮;汤、武争而王,白公^⑯争而灭。由此观之,争让之礼,尧、桀之行,贵贱有时,未可以为常^⑰也。梁丽可以冲城^⑱而不可以窒穴^⑲,言殊器^⑳也;骐骥骅骝^㉑一日而驰千里,捕鼠不如狸狌^㉒,言殊技也;鸱鸺夜撮蚤^㉓,察豪末,昼出瞋目^㉔而不见丘山,言殊性也。故曰:盖师是而无非,师治而无乱乎^㉕? 是未明天地之理、万物之情^㉖者也。是犹师天而无地,师阴而无阳,其不可行明矣! 然且语而不舍^㉗,非愚则诬^㉘也! 帝王殊禅,三代殊继。差其时,逆

---

① 若:作或,表选择。
② 恶至:从哪里、从何处。倪:划分。
③ 自贵而相贱:物各从自身角度去观察他物,故皆以自身为贵,彼此以对方为贱。
④ 此句的意思是:人或物之贵贱,皆由世上通行看法为判定标准,以为贵则贵,以为贱则贱,不由人物自身确定。
⑤ 此句的意思是:从万物差别性方面观察,顺着大的角度把它看成大,则万物无不是大的,毫末也可以是大。
⑥ 稊米:细米。
⑦ 差数睹矣:差别的相对性就看清楚了。
⑧ 功:功效、功能作用。
⑨ 功分:功能、职分。
⑩ 趣:趋向。
⑪ 然:表肯定。
⑫ 非:与然相对,表否定。
⑬ 相非:互以对方为非。
⑭ 趣操:志向。
⑮ 之:指燕相子之。燕王哙在谋士苏代的蛊惑下,效法尧、舜禅让古制,不顾世道民心,把王位让给子之,遭到国人反对,很快使燕国大乱,齐国乘机进攻燕,杀掉燕王哙和子之,几乎使燕国灭亡。
⑯ 白公:春秋末年楚平王之孙,太子建之子,名胜。因封于白邑,称白公。
⑰ 常:恒常不变之准则。
⑱ 梁丽:梁栋。丽,通"欐",屋栋。冲城:冲击城防。
⑲ 窒穴:堵塞小孔、鼠洞之类。
⑳ 言殊器:这是说不同物有不同功用。
㉑ 骐骥骅骝:四种良马,一般骐骥骅骝连称。
㉒ 狸:野猫。狌:黄鼠狼。
㉓ 鸱鸺(chī xiū):猫头鹰,昼伏夜出之猛禽。撮蚤:抓住跳蚤。
㉔ 瞋目:睁大眼睛。
㉕ 盖:通"盍",何不。师:师法、效法。无:通"毋",不要,抛弃。
㉖ 情:本性。
㉗ 然且:然而还是。语而不舍:说个不停,不肯舍弃原来的看法。
㉘ 非愚则诬:不是愚昧便是欺骗。

其俗①者,谓之篡夫②;当其时,顺其俗者,谓之义之徒③。默默④乎河伯,女恶知贵贱之门、小大之家⑤!"

河伯曰:"然则我何为乎? 何不为乎? 吾辞受趣舍⑥,吾终奈何?"

北海若曰:"以道观之,何贵何贱,是谓反衍⑦;无拘而志⑧,与道大蹇⑨。何少何多,是谓谢施⑩;无一而行⑪,与道参差⑫。严乎⑬若国之有君,其无私德;繇繇⑭乎若祭之有社⑭,其无私福;泛泛⑮乎其若四方之无穷,其无所畛域⑯。兼怀万物,其孰承翼⑰? 是谓无方⑱。万物一齐,孰短孰长? 道无终始,物有死生,不恃其成⑲。一虚一满,不位⑳乎其形。年不可举㉑,时不可止。消息盈虚㉒,终则有始。是所以语大义之方㉓,论万物之理也。物之生也,若骤若驰㉔,无动而不变,无时而不移。何为乎? 何不为乎? 夫固将自化。㉕"

河伯曰:"然则何贵于道㉖邪?"

北海若曰:"知道者必达于理,达于理者必明于权㉗,明于权者不以物害己。至德者,火弗能热,水弗能溺,寒暑弗能害,禽兽弗能贼。非谓其薄之㉘也,言察乎安危㉙,宁

---

① 差其时:错过时代,不合历史潮流。逆其俗:违背世道人心。
② 篡夫:将王位谋夺的人。
③ 义之徒:合乎正义之人。
④ 默默:沉默不语。
⑤ 门:门径,此指道理。家:学派如儒家、墨家等。
⑥ 辞受趣舍:辞让、接受、趋就、舍弃。
⑦ 反衍:向相反的方向发展,犹转化。
⑧ 无拘而志:不要用传统成见拘束你的心志。而,同尔,你。
⑨ 蹇:阻隔、险难之意。
⑩ 谢施:新陈代谢,交互为用之意。
⑪ 无一而行:不要固执偏见行事。
⑫ 与道参差:与大道不统一、不一致。
⑬ 严乎:庄重威严。
⑭ 繇繇(yóu):同"悠悠",悠闲自得的样子。社:社稷神。
⑮ 泛泛:水流漫溢的样子,形容无所不在。
⑯ 畛(zhěn)域:边界、界限。
⑰ 承翼:承受庇护。
⑱ 无方:没有固定方向,也就是不偏向任何方面。
⑲ 不恃其成:物之成不足以依赖。
⑳ 位乎:处于。
㉑ 年不可举:年岁是不能给予的,言人之寿命有定。
㉒ 消息盈虚:消亡、生息、盈满、空虚,指万物循环往复、变化日新的不断转化过程。
㉓ 大义之方:大义的道理。
㉔ 骤、驰:车马快速奔跑之意。
㉕ 自化:按自性生息变化。
㉖ 何贵于道:道有什么可贵之处。
㉗ 权:权变。
㉘ 薄之:迫近、逼近。
㉙ 察乎安危:对安危能明察。

于祸福①,谨于去就②,莫之能害也。故曰:'天在内,人在外,德在乎天③。'知天人之行,本乎天,位乎得④,蹢躅而屈伸⑤,反要而语极⑥。"

曰:"何谓天?何谓人?"

北海若曰:"牛马四足,是谓天;落马首⑦,穿牛鼻,是谓人。故曰:'无以人灭天,无以故灭命⑧,无以得殉⑨名,谨守而勿失,是谓反其真⑩。'"

夔怜蚿⑪,蚿怜蛇,蛇怜风,风怜目,目怜心。

夔谓蚿曰:"吾以一足趻踔⑫而行,予无如矣⑬。今子之使万足,独奈何⑭?"

蚿曰:"不然。予不见乎唾者⑮乎?喷则大者如珠,小者如雾,杂而下者不可胜数也。今予动吾天机⑯,而不知其所以然⑰。"

蚿谓蛇曰:"吾以众足行,而不及子之无足,何也?"蛇曰:"夫天机之所动,何可易邪?吾安用足⑱哉!"

蛇谓风曰:"予动吾脊胁而行,则有似⑲也。今子蓬蓬然⑳起于北海,蓬蓬然入于南海,而似无有,何也?"

风曰:"然,予蓬蓬然起于北海而入于南海也,然而指我则胜我㉑,䲡㉒我亦胜我。虽然,夫折大木,蜚大屋①者,唯我能也。"

---

① 宁于祸福:至德之人深知祸福穷通变化不定,不执着,而与变化同一,故不管祸福、穷通皆能安处。
② 去就:进退去留。
③ 德在乎天:高尚之德行在于与天性合一。
④ 位乎得:处在其所应得的地位上。
⑤ 蹢躅(zhí zhú)而屈伸:或进退或屈伸,随时变迁,不是固定不移的。蹢躅,同"踯躅",进退不定的样子。
⑥ 反要而语极:返归道之枢要而讲出道之极致。
⑦ 落马首:落,通"络",套上马笼头。
⑧ 故:造作,指不管物之本性而随意妄作。命:天理,也就是物性所具自然之理。
⑨ 得:作德,指得道后表现为与自性同一的品德。殉:求。
⑩ 反其真:复归人的本性、自性。
⑪ 夔(kuí):传说中一足野兽。怜:羡慕、仰慕。蚿(xián):多足虫。
⑫ 趻踔(chěn chuō):跳着走。
⑬ 予无如矣:"无如予矣"的语序颠倒,没有像我这样简便了。
⑭ 独奈何:将怎么办。
⑮ 唾者:吐唾沫或打喷嚏的人。
⑯ 天机:天然的本能。
⑰ 此句的意思是:众足之动受本能所支配,我并不知道它究竟是怎么动的,如同打喷嚏时,喷出多少大小不同的水珠完全是本性运动一样。
⑱ 安用足:哪里用得着足。
⑲ 有似:像是有足行走的样子。
⑳ 蓬蓬然:风吹动时发出的呼呼之声。
㉑ 指我则胜我:用手指一指我,就能胜过我。
㉒ 䲡(qiū):足踏。
① 蜚大屋:把大屋子吹得飞上天。蜚,同"飞"。

故以众小不胜为大胜也。为大胜者,唯圣人能之。

孔子游于匡①,宋人围之数匝②,而弦歌不惙③。子路入见,曰:"何夫子之娱也?"

孔子曰:"来,吾语女!我讳穷④久矣,而不免,命也!求通久矣,而不得,时也!当尧、舜而天下无穷人⑤,非知得也;当桀、纣而天下无通人,非知失也;时势适然⑥。夫水行不避蛟龙者,渔父之勇也;陆行不避兕⑦虎者,猎夫之勇也;白刃交于前,视死若生者,烈士⑧之勇也;知穷之有命,知通之有时,临大难而不惧者,圣人之勇也。由,处矣⑨!吾命有所制矣!"

无几何,将甲者⑩进,辞曰:"以为阳虎⑪也,故围之;今非也,请辞而退。"

公孙龙⑫问于魏牟曰:"龙少学先王之道,长而明仁义之行;合同异⑬,离坚白;然不然,可不可⑭;困百家之知,穷众口之辩⑮;吾自以为至达⑯已。今吾闻庄子之言,汒焉⑰异之,不知论之不及与?知之弗若与?今吾无所开吾喙⑱,敢问其方⑲。"

公子牟隐机大息⑳,仰天而笑曰:"子独不闻夫坎井㉑之蛙乎?谓东海之鳖曰:'吾乐

① 匡:春秋时卫国邑名,在今河南睢县西。
② 宋:卫之误。匝:环绕一周。
③ 弦歌:弦指琴瑟之类乐器,歌为诵诗、唱诗。惙:通"辍",止也。
④ 讳穷:忌讳困穷。
⑤ 穷人:困穷之人。
⑥ 时势适然:时势、时运造成这样的。
⑦ 兕:犀牛一类猛兽。
⑧ 烈士:古代泛指有志于功业或重义轻生的人,此指后者。
⑨ 处矣:安心吧。指让子路不用担心,顺天安命而已。
⑩ 将甲者:统帅甲士的长官。将,统帅;甲,指甲士,即着盔甲之兵士。
⑪ 阳虎:又名阳货,本为鲁国季孙氏家臣。后夺鲁国政权,把持大权达三年之久。鲁定公六年,他带兵侵略匡邑,与匡人结仇。
⑫ 公孙龙:战国时期赵国人,曾做过平原君的门客。
⑬ 合同异:为名家惠施一派的典型命题,强调事物的同一性。
⑭ 然不然,可不可:以不然为然,以不可为可。
⑮ 知:知识、见解。辩:口才。
⑯ 至达:极为通达事理。
⑰ 汒焉:茫然,迷惘不清。汒,同"茫"。
⑱ 喙:鸟嘴,代指人之口。
⑲ 方:道理。
⑳ 公子牟:魏牟。隐机大息:公子牟是位得道者,对公孙龙热衷于世间的是非之争,不明大道的浅薄无知而深深叹息。隐机:背靠小几。古人席地而坐,靠小几以减轻疲劳。机,同"几"。
㉑ 坎井:浅井。

与！出跳梁乎井干之上①，入休乎缺甃之崖②。赴水则接腋持颐③，蹶泥则没足灭跗④。还虷蟹与科斗⑤，莫吾能若⑥也。且夫擅一壑之水，而跨跱⑦坎井之乐，此亦至矣。夫子奚不时来入观乎⑧？'东海之鳖左足未入，而右膝已絷⑨矣，于是逡巡⑩而却，告之海曰：'夫千里之远，不足以举⑪其大；千仞之高，不足以极其深。禹之时，十年九潦⑫，而水弗为加益；汤之时，八年七旱，而崖⑬不为加损。夫不为顷久推移⑭，不以多少进退者，此亦东海之大乐也。'于是坎井之蛙闻之，适适然惊，规规然⑮自失也。且夫知不知是非之竟⑯，而犹欲观⑰于庄子之言，是犹使蚊负山，商蚷⑱驰河也，必不胜任矣。且夫知不知论极妙之言，而自适一时之利者⑲，是非坎井之蛙与？且彼方跐黄泉而登大皇⑳，无南无北，奭然四解㉑，沦于不测㉒；无东无西，始于玄冥㉓，反于大通㉔。子乃规规然㉕而求之以察，索之以辩，是直用管窥天，用锥指地也，不亦小乎？子往矣！且子独不闻夫寿陵馀子之学行于邯郸与㉖？未得国能㉗，又失其故行矣，直匍匐㉘而归耳。今子不去，将忘子之故，失子之业。"

―――――――――

① 跳梁：跳跃之意。井干：井上之围栏。
② 缺甃（zhòu）之崖：井壁缺口靠水之处，井蛙在这里休息。甃，井壁。崖，破损的井壁边。
③ 颐：两腮下面。
④ 蹶：践踏。跗（fū）：脚背。
⑤ 还：回顾。虷（chán）：孑孓，蚊子幼虫。蟹：小螃蟹。科斗：蝌蚪，蛙类幼虫。
⑥ 莫吾能若："莫若吾能"的宾语提前，表示强调。
⑦ 跨跱（zhì）：形容蛙在井中跳跃、蹲踞的神态。跱，蹲着。
⑧ 夫子：井蛙对东海之鳖的尊称。奚：何。时来：时常前来，经常前来。
⑨ 絷（zhí）：绊住。
⑩ 逡巡：犹像徘徊，迟疑不决。
⑪ 举：称说，形容。
⑫ 潦：同涝，雨水过多，发生水灾。
⑬ 崖：同涯，水边，此指水位。
⑭ 顷：短暂。久：长久。推移：改变、变化。
⑮ 规规然：拘谨自失的样子。
⑯ 知不知：智慧不能通晓。前一知，通智，指人的智能、智慧，后一知，当通晓讲。竟：同"境"。
⑰ 观：观察领会。
⑱ 商蚷（jù）：又名马蚿、马陆，一种暗褐色小虫。
⑲ 极妙之言：指庄子讲论大道极其玄虚微妙的言论。适：快意、满足。
⑳ 彼：指庄子。跐（cǐ）：踏地、履也。黄泉：地底深处之泉水，此泛指地下极深处。大（tài）皇：指天之极高处。大，同"太"。
㉑ 奭（shì）然：释然，道遥自在，无拘无束的样子。四解：四面八方无不通达理解。
㉒ 沦于不测：深入于不可测知的境界。
㉓ 玄冥：幽远暗昧不可测知的玄妙境界。
㉔ 大通：于万事万物之道无不通达。
㉕ 规规然：仔细分辨的样子。
㉖ 寿陵：燕国邑名。馀子：少年。邯郸：赵国都城，在今河北邯郸。
㉗ 国能：赵国人行路的本领。
㉘ 直：只能。匍匐：爬行。

公孙龙口呿①而不合，舌举而不下，乃逸而走②。

庄子钓于濮水③。楚王使大夫二人往先焉④，曰："愿以境内累⑤矣！"

庄子持竿不顾，曰："吾闻楚有神龟，死已三千岁矣。王巾笥而藏之庙堂之上⑥。此龟者，宁其死为留骨而贵乎？宁其生而曳尾于涂中⑦乎？"

二大夫曰："宁生而曳尾涂中。"庄子曰："往矣，吾将曳尾于涂中。"

惠子相梁⑧，庄子往见之。或⑨谓惠子曰："庄子来，欲代之相。"于是惠子恐，搜于国中三日三夜。

庄子往见之，曰："南方有鸟，其名为鹓雏⑩，子知之乎？夫鹓雏发于南海而飞于北海，非梧桐不止，非练实⑪不食，非醴泉⑫不饮。于是鸱得腐鼠⑬，鹓雏过之，仰而视之曰：'吓⑭！今子欲以子之梁国而吓我邪？'"

庄子与惠子游于濠梁⑮之上。庄子曰："鲦鱼⑯出游从容，是鱼之乐也。"

惠子曰："子非鱼，安知鱼之乐？"

庄子曰："子非我，安知我不知鱼之乐？"

惠子曰："我非子，固不知子矣；子固非鱼也，子之不知鱼之乐，全矣⑰！"

庄子曰："请循其本⑱。子曰'汝安知鱼乐'云者，既已知吾知之而问我。我知之濠上也⑲。"

---

① 呿(qū)：张开口。
② 逸：逃走。走：奔跑。
③ 濮水：水名，在今山东范县境。
④ 楚王：楚威王。往先：前往致相邀之意，表示对贤人的礼遇。
⑤ 愿以境内累：此句为二大夫代表楚王向庄子所致之词，就是请庄子去做官的含蓄说法。
⑥ 巾笥(sì)：巾，即用巾包装。笥，装入竹箱里。庙堂：大庙之明堂，为古代君主与群臣议政和举行祭祀仪式之处。
⑦ 曳尾于涂中：拖着尾巴在泥中爬行，比喻生之微贱。
⑧ 惠子：惠施，宋人，是庄子的老朋友。梁：大梁（今河南开封）。
⑨ 或：有人、某人，不定代词。
⑩ 鹓雏(yuān chú)：传说中鸾凤之类神鸟，庄子以之自喻。
⑪ 练实：竹子的果实。
⑫ 醴(lǐ)泉：醴为甜酒，泉为泉水。如甜酒般甘美的泉水。
⑬ 鸱(chī)：猫头鹰，比喻惠施。腐鼠：比喻相位。
⑭ 吓：动物发出威吓敌人的声音。
⑮ 濠梁：濠水桥上。
⑯ 鲦(tiáo)鱼：亦称白鲦，银白色，长约十六厘米，为淡水小型鱼类，喜欢在上层水面游动，故易为人见。
⑰ 全矣：完全如此。
⑱ 循其本：循着争论的根源讲起。本，根源、起点之意。
⑲ 此句的意思是：你所说"你怎么能知道鱼的乐趣"这句话，就是已经知道我之所知而向我发问的，既然你惠施能知我庄周，我庄周为什么不能知鱼呢？我是在濠水桥上知道的呀。

超然台记

（宋）苏轼

《苏东坡传》
原序

作品导读

苏轼于神宗熙宁七年(1074)调任密州知州,第二年修复了一座残破的楼台,其弟苏辙为台取名"超然",于是苏轼撰写了这篇文章。全篇围绕"超然"二字展开议论、抒情,从正、反两方面引出无往不乐、随遇而安、超然物外的主旨,行文晓畅洒脱,余音绕梁。学习本文时,重在领悟苏轼超然物外、超然大观的人生态度。

凡物皆有可观。苟有可观,皆有可乐,非必怪奇伟丽者也。铺①糟啜②醨③,皆可以醉,果蔬草木,皆可以饱。推此类也,吾安往而不乐?

夫所谓求福而辞祸者,以福可喜而祸可悲也。人之所欲无穷,而物之可以足吾欲者有尽。美恶之辨战乎中④,而去取之择交乎前,则可乐者常少,而可悲者常多,是谓求祸而辞⑤福。夫求祸而辞福,岂人之情也哉!物有以盖之矣。彼游于物之内,而不游于物之外;物非有大小也,自其内而观之,未有不高且大者也。彼挟高大以临我,则我常眩乱反复,如隙中之观斗,又焉⑥知胜负之所在。是以美恶横生,而忧乐出焉,可不大哀乎!

余自钱塘⑦移守胶西⑧,释舟楫之安,而服⑨车马之劳;去雕墙之美,而蔽采椽⑩之居;背湖山之观,而适桑麻之野。始至之日,岁比⑪不登,盗贼满野,狱讼充斥,而斋厨索然,日食杞菊。人固疑余之不乐也。处之期年,而貌加丰,发之白者,日以反黑。余既乐其风俗之淳,而其吏民亦安予之拙也,于是治其园圃,洁其庭宇,伐安丘、高密⑫之木,以

---

① 铺(bū):吃。
② 啜(chuò):喝。
③ 醨(lí):淡酒。
④ 中:内心。
⑤ 辞:舍弃。
⑥ 焉:怎么。
⑦ 钱塘:宋代两浙路治所,地在今浙江杭州。
⑧ 胶西:山东胶河以西地区。这里指密州。苏轼于宋神宗熙宁七年(1074)调任密州知州。
⑨ 服:适应。
⑩ 采椽(chuán):采伐的木椽未经修饰。此指房舍粗朴简陋。
⑪ 比:屡屡。
⑫ 安丘、高密:属当时密州的两个县。

修补破败，为苟完之计。而园之北，因城以为台者旧矣，稍葺①而新之。时相与登览，放意肆志焉。

南望马耳、常山②，出没隐见，若近若远，庶几③有隐君子乎？而其东则庐山④，秦人卢敖⑤之所从遁也。西望穆陵⑥，隐然如城郭，师尚父⑦、齐桓公之遗烈，犹有存者。北俯潍水⑧，慨然太息⑨，思淮阴⑩之功，而吊其不终。台高而安，深而明，夏凉而冬温。雨雪之朝，风月之夕，余未尝不在，客未尝不从。撷⑪园蔬，取池鱼，酿秫酒⑫，瀹脱粟而食之，曰："乐哉游乎！"

方是时，予弟子由适在济南，闻而赋之，且名其台曰"超然"，以见余之无所往而不乐者，盖游于物之外也。

---

① 葺(qì)：修理。
② 马耳、常山：二山均在密州城附近。
③ 庶几：也许。
④ 庐山：山在密州城东，非今之江西庐山。
⑤ 卢敖：秦朝方士。为秦始皇求仙药不得，逃到高密的庐山。
⑥ 穆陵：穆陵关，故址在今临朐南的大岘山上，春秋时为齐国南境。
⑦ 师尚父：吕尚，即姜太公。周朝开国大臣，封于齐国。
⑧ 潍水：今潍河。
⑨ 太息：叹息。
⑩ 淮阴：淮阴侯韩信，曾在潍水两岸破楚军三十万，汉初因谋反罪被杀。
⑪ 撷(xié)：采摘。
⑫ 秫(shú)酒：黄米酒。

作品欣赏

精卫填海

《山海经》

🎬《神话三则》

又北二百里,曰发鸠之山①,其上多柘木②,有鸟焉,其状③如乌④,文首⑤,白喙,赤足,名曰"精卫",其鸣自詨⑥。是炎帝之少女,名曰女娃。女娃游于东海,溺而不返,故为精卫。常衔西山之木石,以堙⑦于东海。漳水出焉,东流注于河。

作品欣赏

《山海经》是我国现存最早的地理书。《精卫填海》这个神话可能产生在沿海的部落。由于那里大海经常吞没人的生命,女娃便化而为鸟,口衔木石以填平大海,反映了远古人民征服自然的愿望。在这则神话中,精卫是一个矢志不移的形象,浩瀚的东海因为精卫鸟的不懈努力而日益变浅,生命的顽强和尊严得以彰显。

女娲补天

《淮南子》

往古⑧之时,四极⑨废,九州⑩裂,天不兼覆,地不周载⑪。火爁焱⑫而不灭,水浩洋而不息。猛兽食颛民⑬,鸷鸟⑭攫老弱。于是女娲炼五色石以补苍天,断鳌足以立四极,

---

① 发鸠:古代传说中的山名。
② 柘(zhè)木:木名,桑树的一种。
③ 状:形状。
④ 乌:乌鸦。
⑤ 文首:头上有花纹。文,同"纹",花纹。
⑥ 其鸣自詨:它的叫声是在呼唤自己的名字。
⑦ 堙(yīn):填塞。
⑧ 往古:很远的古代。
⑨ 四极:天的四边。远古时人认为天的四边都有柱子支撑着。
⑩ 九州:泛指中国的土地。
⑪ 此句的意思是:天不能完整地笼罩大地,地不能周全地承受万物。兼,合拢。覆,覆盖。
⑫ 爁焱(lǎn yàn):大火燃烧的样子。
⑬ 颛(zhuān)民:善良的人民。
⑭ 鸷(zhì)鸟:凶猛的大鸟。

杀黑龙以济冀州①,积芦灰以止淫水②。苍天补,四极正,淫水涸,冀州平,狡虫死,颛民生③。

作品欣赏

本篇选自《淮南子·览冥训》。《淮南子》是西汉淮南王刘安及其门客集体撰写的一部著作,共廿一卷。它的思想接近道家,在阐明哲理时,旁涉奇物异类、鬼神灵怪,所以也保存了一部分神话,材料间接反映出远古人民的生活和理想。《女娲补天》这篇写的是女娲改造自然、拯救人类的故事。女娲在与自然灾害的斗争中,表现出了改造天地的雄伟气魄和高度的智慧,成为人们歌颂的神话形象。

后羿射日

《淮南子》

中国信仰与
远古神话

尧之时,十日并出,焦禾稼,杀草木,而民无所食。猰貐④、凿齿⑤、九婴⑥、大风⑦、封豨⑧、修蛇⑨皆为民害。尧乃使羿诛凿齿于畴华⑩之野,杀九婴于凶水之上,缴⑪大风于青邱⑫之泽,上射十日而下杀猰貐,断修蛇于洞庭,禽⑬封豨于桑林。万民皆喜,置尧以为天子。于是天下广狭险易远近始有道里⑭。

作品欣赏

《后羿射日》选自《淮南子·本经训》。关于后羿射日的故事,在《淮南子》之前就已经有许多相关的记载。传说天上本来有十个太阳,它们本来是轮流值班,突然有一天,它们打破了规矩,每天都一起出现在天上,烤焦了庄稼禾苗,晒死了树木花草,使百姓饱受炎热饥饿之困苦。于是,天帝便派后羿到人间,帮人们免除祸患。但《淮南子》认为是

① 远古人类认为水灾与龙作怪有关,故女娲杀黑龙以拯救冀州。冀州,古九州之一,这里泛指中原地带。
② 淫水:泛滥的洪水。
③ 生:得以生存。
④ 猰貐(yà yǔ):怪兽名。原注为"兽名也。状若龙首,或曰似狸,善走而食人,在西方也"。
⑤ 凿齿:怪兽名。原注为"兽名也。齿长三尺,其状如凿,下彻颔下而持戈盾"。
⑥ 九婴:一种能喷水吐火的怪物。
⑦ 大风:一种如鸷鸟样的大鸟,其飞行时有大风伴随,能毁坏房舍。
⑧ 封豨(fēng xī):一种大野猪。楚人谓"豕"为"豨","封"有大的意思。
⑨ 修蛇:原注为"大蛇。吞象三年而出其骨之类"。
⑩ 畴华:南方水泽名。
⑪ 缴:用系有绳线的箭射鸟。
⑫ 青邱:东方水泽名。
⑬ 禽:同"擒"。
⑭ 道里:道路和村落。

16

尧派后羿去射日,还派其斩杀了猰貐、凿齿、九婴、大风、封豨、修蛇等怪兽猛禽,从而使百姓过上了好日子。《淮南子》在后羿射日的传说中增加了尧的形象,使得这则传说更具有人间色彩和亲民色彩。

硕 人

《诗经·卫风》

《硕人》

　　硕人①其颀②,衣锦褧衣③。齐侯之子④,卫侯之妻⑤,东宫之妹⑥。邢侯之姨⑦,谭公维私⑧。

　　手如柔荑⑨,肤如凝脂⑩,领如蝤蛴⑪,齿如瓠犀⑫。螓首蛾眉⑬,巧笑倩⑭兮,美目盼⑮兮。

　　硕人敖敖⑯,说于农郊⑰。四牡有骄⑱,朱幩镳镳⑲,翟茀以朝⑳。大夫夙退㉑,无使君劳。

　　河水洋洋㉒,北流活活㉓。施罛濊濊㉔,鱣鲔发发㉕,葭菼揭揭㉖。庶姜㉗孽孽,庶士

---

① 硕(shuò):高大。
② 其颀(qí):身材高大的样子。
③ 衣锦褧衣:前"衣"字,作动词用,即穿的意思。褧(jiǒng):罩衫。这句指里面穿着华丽的锦衣,外面罩着麻布制的罩衫,是女子出嫁途中所着装束。
④ 齐侯:齐庄公。子:女儿。
⑤ 卫侯:卫庄公。
⑥ 东宫:指齐太子得臣。东宫为太子住地,因称太子为东宫。
⑦ 邢:国名,在今河北邢台。姨:指妻子的姐妹。
⑧ 谭:国名,在今山东济南。维:是。私:女子称姊妹的丈夫为私,即现在的姐夫或妹夫。
⑨ 柔荑(tí):柔嫩的初生叶芽的幼苗。
⑩ 凝脂:凝结的脂肪,形容肤色光润。
⑪ 蝤蛴(qiú qí):天牛的幼虫,白色细长。形容脖颈长而白。
⑫ 瓠犀(hù xī):葫芦籽。形容牙齿白而整齐。
⑬ 螓(qín):虫名,似蝉而小,它的额头宽大方正。这里形容额头宽阔。蛾:蚕蛾,它的触角细长而弯。
⑭ 倩:笑时脸上的酒窝。
⑮ 盼:眼睛黑白分明的样子。
⑯ 敖敖:身材高大的样子。
⑰ 说(shuì):停驾休息说话。
⑱ 四牡:驾车的四匹雄马。有骄:健壮的样子。
⑲ 朱幩(fén):马两旁用红绸缠绕做装饰。镳镳(biāo):盛美的样子。
⑳ 翟茀(dí fú):用山鸡羽毛装饰的车子。
㉑ 夙(sù)退:早点退朝。
㉒ 河:黄河。洋洋:水茫茫的样子。
㉓ 活活(guō):水流动的样子。
㉔ 施:设,张。罛(gū):鱼网。濊濊(huò):撒网入水声。
㉕ 鱣(zhān):大鲤鱼。鲔(wěi):鲟鱼。发发(bō):亦作"波波",鱼盛多的样子,一说鱼尾摆动的声音。
㉖ 葭(jiā):初生的芦苇。菼(tǎn):初生的荻。揭揭:向上扬起的样子,形容长势旺。
㉗ 庶姜:指随嫁的姜姓众女。孽孽(niè):高大的样子,或曰盛饰貌。

有揭①。

作品欣赏

　　《硕人》是《诗经·卫风》中的一首,这是卫人赞美卫庄公夫人庄姜的诗。全诗写她出嫁来到卫国时的盛况。先写她的出身高贵,继写她的美貌风姿,连用五个比喻,描绘出她形体的美。最为传神的是,诗人只用了八个字,"巧笑倩兮,美目盼兮",就让庄姜之美永恒定格为中国古典美人的曼妙姿容。这两句只可意会、不可言传的描写美人之美的千古名句,历来备受推崇。几千年过去了,即使"柔荑""凝脂"等比喻不再动人,但"巧笑倩兮,美目盼兮"却仍然亮丽生动。那楚楚动人的笑靥和顾盼生辉的秋波,仍能激发人们关于美人之美的经典想象。

　　此诗到此并未结束,后面接着写她出嫁的排场及沿途的风景,特别是第四章,竟连续六句用了叠字,"洋洋""活活""濊濊""发发""揭揭""孽孽",使途中景色也活了起来,真可谓情景交融。这些壮美鲜丽的自然景象,都意在引出"庶姜孽孽,庶士有揭",声势浩大的陪嫁队伍,也像庄姜本人一样,皆修长俊美。上述所有这一切,从华贵的身世到隆重的仪仗,从人事场面到自然景观,无不或明或暗、或隐或显地衬托着庄姜的天生丽质。

📖庄姜的美丽与忧伤

淇　奥

《诗经·卫风》

🎬《淇奥》

　　瞻②彼淇奥③,绿竹猗猗④。有匪⑤君子,如切如磋,如琢如磨⑥。瑟兮僩兮⑦,赫兮咺兮。有匪君子,终不可谖⑧兮。

　　瞻彼淇奥,绿竹青青⑨。有匪君子,充耳⑩琇⑪莹,会弁⑫如星。瑟兮僩兮。赫兮咺

---

① 庶士:指随从庄姜到卫的齐国诸臣。揭(qiè):威武的样子。
② 瞻:远望。
③ 淇:淇水。奥(yù):水边弯曲的地方。
④ 猗猗:美而茂盛的样子。
⑤ 匪:通作"斐",有文采。
⑥ 切:切制。磋:锉平。琢:雕刻。磨:磨光。都是制造玉器、骨器的工艺,常用以比喻人的修养、学问精深。
⑦ 瑟:仪容庄重,有才华。僩(xiàn):神态威严。
⑧ 谖(xuān):忘记。
⑨ 青青:通作"菁菁",茂盛的样子。
⑩ 充耳:贵族挂在冠冕两旁以丝悬挂至耳的玉石。
⑪ 琇(xiù):宝石。
⑫ 会弁(guì biàn):帽子缝合处。

兮,有匪君子,终不可谖兮。

瞻彼淇奥,绿竹如箦①。有匪君子,如金如锡,如圭②如璧③。宽兮绰兮,猗④重较⑤兮。善戏谑⑥兮,不为虐⑦兮。

作品欣赏

《诗经》中有许多人物的赞歌,称赞的对象也很广泛,其中一类被称颂的重要对象,是各地的良臣名将。据《毛诗序》说:"《淇奥》,美武公之德也。有文章,又能听其规谏,以礼自防,故能入相于周,美而作是诗也。"这个武公,是卫国的姬和,生于西周末年,曾经担任过周平王的卿士。史传记载,武和九十多岁了,依然廉洁从政,宽容纳谏,因此人们作《淇奥》来赞美他。

▲音乐欣赏
《淇奥》

全诗分三章,反复吟咏。《淇奥》在内容上,并不是逐章叙述,而是融汇赞美内容于三章之中。诗中所赞的武公,不仅容貌"如金如锡,如圭如璧",学识"如切如磋,如琢如磨",气质更是"瑟兮僴兮,赫兮咺兮",让人无比赞叹和难忘。三章内容基本一致,反复歌颂了一个男子的美,不仅美在外在的风度气质,更美在内在的学识和品格。同时,《淇奥》对后世的文学影响深远,它第一次将谦谦君子比喻为青青翠竹,开创了中国以竹喻人的先河,也使竹君子的形象深入人心。

▢卫武公传略

渔 父

▶《渔父》

屈原既⑧放,游于江潭,行吟泽畔,颜色憔悴,形容枯槁⑨。渔父见而问之曰:"子非三闾大夫⑩与?何故至于斯?"屈原曰:"举世皆浊我独清,众人皆醉我独醒,是以见放⑪。"

渔父曰:"圣人不凝滞于物,而能与世推移。世人皆浊,何不淈⑫其泥而扬其波?众

---

① 箦(zé):聚积,形容众多。

② 圭:玉器,长方形,上端尖。

③ 璧:圆形玉器,正中有小圆孔。

④ 猗:通作"倚",依靠。

⑤ 重(chóng)较(jué):车前装饰有曲钩供人挂、靠的横木。

⑥ 戏谑(xuè):开玩笑。

⑦ 虐:刻薄伤人。

⑧ 既:已经,引申为"(在)……之后"。

⑨ 颜色:脸色。形容:形体容貌。

⑩ 三闾(lú)大夫:掌管楚国王族屈、景、昭三姓事务的官。屈原曾任此职。

⑪ 是:这。以:因为。见:被。

⑫ 淈(gǔ):搅浑。

人皆醉,何不铺其糟而歠其醨①?何故深思高举②,自令放为?"

屈原曰:"吾闻之,新沐③者必弹冠,新浴④者必振衣;安能以身之察察⑤,受物之汶汶⑥者乎?宁赴湘流,葬于江鱼之腹中。安能以皓皓⑦之白,而蒙世俗之尘埃乎?"

渔父莞尔⑧而笑,鼓枻⑨而去。

乃歌曰:"沧浪⑩之水清兮,可以濯⑪吾缨;沧浪之水浊兮,可以濯吾足。"遂去⑫,不复与言⑬。

作品欣赏

关于《渔父》的作者,历来说法不一,是否为屈原,未有定论。《渔父》是一篇可读性很强的优美散文。开头写屈原,结尾写渔父,都着墨不多而十分传神。中间采用对话体,多用比喻、反问,生动、形象而又富于哲理性,在一问一答中,始终不渝坚持理想、不惜舍生取义的屈原的形象跃然纸上,与此同时,还成功地塑造了一位高蹈遁世的隐者形象。后世众多诗赋词曲作品中的渔钓隐者,从文学上溯源,都不能不使我们联想到《楚辞》中的这篇《渔父》。

从文体的角度看,在楚辞中,唯有此文和《卜居》以及宋玉的部分作品采用问答体,这一文体对后世文学颇有影响。

📖《卜居》全文
及翻译

---

① 铺(bū):吃。糟:酒糟。歠(chuò):饮。醨(lí):薄酒。
② 高举:高出世俗的行为。在文中与"深思"都是渔父对屈原的批评,有贬义,故译为(在行为上)自命清高。举,举动。
③ 沐:洗头。
④ 浴:洗身,洗澡。
⑤ 察察:皎洁的样子。
⑥ 汶(mén)汶:污浊。
⑦ 皓皓:洁白的或高洁的样子。
⑧ 莞尔:微笑的样子。
⑨ 鼓枻:摇摆着船桨。鼓:拍打。枻(yì):船桨。
⑩ 沧浪:水名,汉水的支流,在湖北境内。或谓沧浪为水清澈的样子。"沧浪之水清兮"四句:这首《沧浪歌》也见于《孟子·离娄上》,二"吾"字皆作"我"字。
⑪ 濯:洗。
⑫ 遂:于是。去:离开。
⑬ 复:再。

文学常识

远古神话、《诗经》、楚辞

第一节 远古神话

中国上古时代产生的神话,因年代久远,散失甚多,今天我们所见的零星片段,主要散见于《山海经》《庄子》《楚辞》《淮南子》《列子》等古籍之中。关于远古神话的起源,一般认为在人类社会初期,人们的知识水平和认知能力有限,对大自然的奇幻变化无法做出更多的解释,于是他们根据自己的想象,认为一切不可思议的事物背后,有着主宰一切的神灵,由此产生了神话。

一、远古神话的类型及特征

远古神话可分为四种基本类型。一是自然神话。自然神话多以山川、鸟兽、草木等自然之物为主体,表达了远古时代人类对大自然的崇拜与敬畏。如《山海经·海外北经》中的主宰昼夜明晦、冬夏寒暑的钟山之神"烛阴","视为昼,瞑为夜,吹为冬,呼为夏,不饮,不食,不息,息为风,身长千里。在无𦙃之东。其为物,人面,蛇身,赤色,居钟山下"。二是创世神话。盘古开天、女娲补天等神话想象了天地如何开辟、人类从哪里来等最原始、最基本的问题。三是英雄神话。在上古神话中,英雄神话极具魅力且数量较多,如鲧禹治水、后羿射日、夸父逐日、黄帝杀蚩尤、共工怒触不周山等神话。四是传奇神话。关于异域边裔奇人神物的传奇神话,诸如"其民皆生毛羽"的"羽民国"、"捕鱼水中"的"长臂国"等,表现了原始人类惊人的、超现实的想象力。

概括地说,神话的基本特征有三:首先,神话是极富想象、幻想力的。无论是盘古开辟天地、女娲造人,还是女娲炼石补天,都充分地表现了远古人类积极探索、大胆想象的创造精神。其次,神话又是有现实基础的。神话形象极为夸张,但都是在现实生活基础上创造出来的,给人以强烈的美感,使人深受启发和感染。其三,神话体现了人类积极乐观的人生态度。在"夸父逐日""精卫填海"等神话中,可看到人类以小搏大,坚持理想的坚强意志与进取精神。

二、远古神话的历史演变与影响

神话的历史演变主要表现为三种形态。一是神话的历史化。儒家奉行经世致用的原则,把神话看作荒诞不经之说,煞费苦心地把神话中的"神"改造成现实中的"人",使之成为人类历史的一部分。在鲧治洪水神话中,鲧完全是神的形象,出于对世人苦难的悲悯,他来到人间治水,偷息壤,埋洪涛。在禹治洪水的神话中,禹则变成了人间的英雄。在"黄帝蚩尤"的神话中,黄帝不但战蚩尤、作医书,他还周游四海,炼丹求长生,铸鼎纪功,黄帝的形象逐渐由神变成了人,成为人间的最高统治者。二是神话的哲理化。后世的一些思想家,常常选取神话中的部分内容进行改造、加工,在形象的故事中寄寓了某种哲学思想、政治主张或伦理道德观念,如《庄子》中的一些寓言故事。三是神话的宗教化。神话中的"神"拥有征服、支配自然的超能力,与原始宗教借巫术以控制自然同出一源。在上古神话中,西王母神话和月亮神话逐渐演变为仙话,就是典型例证。

中国古代神话的思想内容与艺术表现方法,都对后世文学产生了深远的影响。如屈原的《楚辞》、庄子的散文、李白的诗歌、明清小说如《西游记》《封神榜》……均从神话中汲取了大量的养料。

第二节 《诗经》

《诗经》是我国最早的一部诗歌总集,共收入自西周初年至春秋中叶(前 11 世纪至前 6 世纪)的诗歌 305 篇,它在先秦时代只称为"诗"或"诗三百",西汉初被奉为经典,称为《诗经》。

一、《诗经》的编集

关于《诗经》的搜集与编订成书,历来众说纷纭,主要有采诗、献诗、删诗三种说法。一是采诗说。西周依古制每年春秋两季派出叫"行人""遒人"或"轩车使者""逎人使者"的专职官员,到各地去采集民歌,以了解民情。二是献诗说。这种说法认为,天子为"听政"和"考其俗尚之美恶",而命诸侯百官献诗。一般认为,颂诗可能出自巫、史之手,雅诗中的讽喻诗多为公卿列士所献,风谣则由"遒人"从民间收集。第三种是删诗说。理由是采集而来的诗歌,地域广阔,乐调杂汇,而今天所看到的《诗经》风雅有理、分类严谨、乐调依类划一,显然经过了整理和润色。司马迁在《史记·孔子世家》中就提出孔子删诗一说,但后人对此多持怀疑态度。据《左传·襄公二十九年》记载,吴公子季札到鲁国观周礼,鲁国乐师为他演奏了十五国风、雅、颂各部分乐歌,其编排顺序与流传至今的《诗经》大体相同,而那年孔子才八岁,显然无法完成删诗工作。因此,人们普遍认为,

《诗经》是在几百年流传过程中，经许多人整理编次起来的。

《诗经》按《风》《雅》《颂》三大类编排。《国风》包括周南、召南、邶、鄘、卫、王、郑、桧、齐、魏、唐、秦、豳、陈、曹 15 个地区的诗歌，大体在今天的陕西、河南、河北、山东和湖北北部地区，共 160 篇，是最富思想意义和艺术价值的篇章。《雅》是周人所谓的正声雅乐，共 105 篇，分《大雅》和《小雅》。《大雅》是诸侯朝会时的乐歌，31 篇；《小雅》大部分是贵族宴享时的乐歌，也有一小部分民间歌谣，74 篇。"颂"本义为"形容"，是贵族祭祀鬼神、赞颂祖先功德的"宗庙之乐歌"。其中，《周颂》是西周宗庙乐歌，31 篇；《鲁颂》是鲁国宗庙乐歌，4 篇；《商颂》是商殷后裔宋国的宗庙乐歌，5 篇。

二、《诗经》的思想内容

（一）讽刺统治者横征暴敛。周王朝及各诸侯国的统治者相互攻伐，对民众横征暴敛，民众生活艰辛困苦。《魏风·伐檀》痛斥统治者不耕不稼，不狩不猎，却粮满仓、兽满院。《魏风·硕鼠》把统治者比喻为贪吃的硕鼠，喂肥了自己，却不顾百姓死活。在《豳风·七月》中，劳动者从春到冬，不停劳作，而统治者享受着他们的劳动成果，过着优裕的日子，由此形成鲜明对照。

（二）反映征战和徭役之苦。繁重的徭役和兵役给百姓带来了深重的灾难，他们四处奔波服役，长年不能回家。《唐风·鸨羽》写百姓对无休止徭役的抗议，抒发征人无法赡养父母的痛苦；《豳风·东山》写戍卒在外的悲哀和归家途中的悲喜交集；《邶风·击鼓》写远征异国的士兵思归不得的哀叹；《小雅·采薇》中"昔我往矣，杨柳依依。今我来思，雨雪霏霏"这四句诗，既述说了士兵久役归来的悲喜交集之情，也仿佛是个人的人生寓言。伴随着征战徭役之苦，《诗经》还出现了一些离人思妇之作。《卫风·伯兮》写女子思念远征丈夫，无心梳洗，相思成病。《王风·君子于役》写思妇在暮霭中望眼欲穿，渴望丈夫早日归来的心情。

（三）婚恋相关主题。《诗经》中对爱情和婚姻有较多的描绘，约占三分之一，极富情采。全书的第一篇《周南·关雎》写一个男子对女子的思念，因求而不得而辗转反侧、夜不能寐。《郑风·野有蔓草》写青年男女邂逅的美好，"野有蔓草，零露漙兮。有美一人，清扬婉兮"。《卫风·木瓜》写男女相互赠答，结下山盟海誓。《邶风·静女》写一对情侣的约会，天真俏皮的姑娘"爱而不见"，急得小伙"搔首踟蹰"。《诗经》中还有一些写婚嫁礼俗的诗，如《周南·桃夭》《豳风·伐柯》等。《桃夭》是一首比《关雎》更短、更简单的诗，写对新婚女子的美好祝愿。

（四）反映社会生产活动的诗歌。反映周代农业生产的诗歌有《周颂》中的《噫嘻》《载芟》《良耜》等。反映畜牧业发展盛况的诗歌有《小雅·无羊》《鲁颂·駉》等。反映渔业的诗歌如《小雅·鱼丽》《豳风·九罭》等。田猎生活在《诗经》有较多反映,如《齐风·还》《郑风·叔于田》《齐风·卢令》等,或描写山间逐兽,或描写猎人勇武。

(五)反映民族发展的史诗及祭祀诗。在《雅》《颂》中有一部分史诗叙述了殷周民族的发祥和创业历史,如《商颂·玄鸟》《大雅·生民》《大雅·公刘》《大雅·帛系》《大雅·皇矣》等,这些诗或多或少保存了某些神话传说,记载了一些重大的历史变迁,而具有一定的史料价值。《诗经》中还有相当篇幅是颂歌、祭歌,主要集中在《颂》诗里。

三、《诗经》的艺术手法

(一)广泛运用的赋、比、兴表现方法,成为中国古典诗歌创作的三种基本表现形式。赋、比、兴是《诗经》中突出运用的表现方法。朱熹在《诗集传》中说:"赋者,敷陈其事而直言之者也。比者,以彼物比此物也。兴者,先言他物以引起所咏之词也。"《大雅》和《颂》侧重用赋法,而《国风》和《小雅》则用比、兴较多。

赋的表现手法,是一种铺陈直叙客观事物的方法。如《周南·芣苢》铺写了妇女采集车前子过程中的六个动作,把采摘情景写得活灵活现;《豳风·七月》按季节物候的变化铺叙了奴隶们一年到头的艰辛劳动。这些诗都是在事件的叙述与景物的描写中,表达诗人的感情和价值取向。

比,就是比喻和比拟,简而言之,"比"是由人及物,这点与后面要讲到的"兴"恰好相反。《诗经》中运用比的手法,"或喻于声,或方于貌,或拟于心,或譬于事"(《文心雕龙·比兴》),增强了事物的可感性、形象性,加深了诗歌的感染力;或借以形容人物形象,"手如柔荑,肤如凝脂,领如蝤蛴,齿如瓠犀,螓首蛾眉"(《卫风·硕人》),连用六个具体实物来比喻庄姜的手指、皮肤、颈项、牙齿、前额和眉毛的美丽,给人的印象清晰生动;或借以表现人物心理状态,"一日不见,如三秋兮"(《王风·采葛》),用岁月漫长比喻相思离别之煎熬;或借以加强诗歌的感情色彩,如"硕鼠硕鼠,无食我黍"(《魏风·硕鼠》);或借以说理,如"他山之石,可以攻玉"(《小雅·鹤鸣》),等等。

兴,就是托物起兴,它是先借助自然景物发端,通过联想触引诗人思绪喷发的表现方法,简而言之,即由物及人。《诗经》中运用兴法也是灵活多样的,从兴句与诗歌正文的关系看,主要有两类。一是两者没有直接联系,兴句只起调节诗歌韵律的作用。如《小雅·伐木》是抒发对待亲友的真挚感情,兴句"伐木丁丁,鸟鸣嘤嘤"与诗旨无关;《秦风·黄鸟》的兴句,"交交黄鸟,止于棘",与正文控诉殉葬制度无关,但它们以摹声状物的叠词开头,读起来声调铿锵悦耳。二是兴句与正文本意有联系,但其作用却各不相同。一种是起象征、比拟作用,引起人们的丰富联想,如《周南·桃夭》。全诗以桃树的枝、花、叶、实作为起兴的事物,使人联想到新娘的姿容及宜其室家的美德。另一种是起到创造意境、烘托气氛的作用。如《郑风·风雨》开头,"风雨凄凄,鸡鸣喈喈",用以烘托出女子未见爱人孤独惆怅的情感。

(二)复沓是《诗经》在章法上的一个显著特点。《诗经》中的复沓形式及其作用,有如下几种:一是各章文字基本相同,只更换相对应的几个字,以渲染气氛,深化诗的主题。如《魏风·伐檀》,先总说伐檀,次说伐辐,再说伐轮,层次清晰地暗示出制车艰辛的劳动过程;从"三百廛""三百亿"到"三百囷",从"县貆""县特"到"县鹑",数量品种逐渐增多,突出了奴隶主的巧取豪夺和贪得无厌。二是对各章中的几句加以重复,用来增强抒情气氛。如《豳风·东山》共四章,各章前半均以"我徂东山,慆慆不归。我来自东,零雨其濛"四句相叠;《周南·汉广》共三章,各章后半均以"汉之广矣,不可泳思;江之永矣,不可方思"四句相叠。三是对部分章中的一两句加以重复,在于烘托气氛,加强感染力。如《豳风·七月》共八章,只在前三章以"七月流火"重叠;《召南·草虫》共三章,只在后两章以"陟彼南山"重叠。

(三)《诗经》的基本句式是四言,每句虽只区区四字,但句法多样,语气自然,创造出很多千古流传的名句。如"杨柳依依""雨雪霏霏""风雨凄凄""风雨萧萧""战战兢兢,如履薄冰""他山之石,可以攻玉"等等。根据内容需要,也有二、三、五或六、七、八字为句,在整齐中呈现参差错落之美。

第三节　楚　辞

一、"楚辞"概述

继于《诗经》时代之后的便是所谓"楚辞"的时代。所谓楚辞,是公元前4世纪在中国南部楚国地方出现的一种新诗体。宋代黄伯思说:"盖屈、宋诸骚,皆书楚语、作楚声、纪楚地、名楚物,故可谓之'楚辞'。"(《校定楚辞序》)可以说,楚辞是具有浓厚地方特色的方言文学。

楚辞是楚国文化和中原文化相融合的产物。战国时期楚国位于长江、汉水流域,这里到处分布着江湖山峦,物产丰茂、气候潮湿多变,培育了楚人好奇求异的艺术气质和个性。与中原文化相比,楚文化的一个重要特征是"信巫鬼,重淫祀"(《汉书·地理志下》),保存着很多的早期巫术文化成分。这种崇尚巫风的习气,自朝廷到民间,无处不在,尤其是在"南郢邑、沅湘之间",巫风更为浓烈。这对生活于其中的屈原创造楚辞有着直接的影响。

楚辞在形成过程中不可避免地要受到中原文化的影响。首先,屈原《九章》中的《橘颂《天问》基本形式都是四言句加以变化。其次,战国纵横家华丽铺张的文辞对楚辞有一定的影响。再次,诸子散文对于屈原楚辞体的形成发展,都有着很大的启发和影响,主要表现在宏阔的篇章,汪洋恣肆的气势,自由灵活的句式,以及接近口语的虚词的运用上。在此种种综合作用下,加以屈原天才般创造,终使"楚辞"成为中国文学史上的一座高峰。

二、"楚辞"重要作家评述

"楚辞"这一名称,在西汉时才有。西汉末年,刘向把屈原与楚国后来的辞赋作家宋玉、唐勒、景差的作品,以及西汉贾谊等人的辞赋,编辑成一集,共16卷,题名为"楚辞",东汉王逸继作《楚辞章句》。

(一) 屈原及其代表作

屈原(约前340—前278),名平,字原,出身于楚国贵族,是中国文学史上第一个伟大的爱国诗人。屈原学识渊博,青年时代曾做过怀王左徒。公元前298年,顷襄王即位。顷襄王听信子兰、上官大夫等谗言,把屈原放逐到荒僻的江南。流放生活十分艰难,但屈原的伟大之处在于,即使他"颜色憔悴,形容枯槁",仍然时刻关心国家和人民的命运。顷襄王二十一年(前278),秦国攻下了郢都。楚君臣仓皇出奔,楚军全面溃败。祖国的危亡,理想的破灭,人民的苦难,使屈原极其苦闷绝望,他在写下《哀郢》《怀沙》之后,满怀忧愤地自沉汨罗江,年62岁。

(二) 屈原代表作的思想内容

屈原作品在《汉书·艺文志》里只载有25篇,并没有详细的篇目。后经刘向、刘歆父子校定及王逸考证,肯定以下25篇为屈原作品:《离骚》1篇,《天问》1篇,《九歌》11篇,《九章》9篇,《远游》《卜居》《渔父》各1篇。但是,汉代以后一些学者对其中某些作品的作者有疑问,争论较大的是《卜居》《渔父》《远游》《招魂》等篇。

《离骚》是屈原的代表作,是一篇慷慨悲壮的政治抒情诗。全诗共378句,2477字,在中国文学史上是光照千古的杰作。"离骚",司马迁释为"离忧",班固释为"遭忧"。《离骚》既是屈原坎坷的政治生活经历的形象反映,也是他一生高尚精神世界的艺术概括。其主旨有三:一是表达了诗人政治革新的要求和对美政理想的执着追求。二是通过哀君王之昏庸、怒党人之卑劣表现出来强烈爱国激情。三是表达了坚持正义、不与奸邪同流合污的坚定立场和九死未悔的斗争精神。"纷吾既有此内美兮,又重之以修能。扈江离与辟芷兮,纫秋兰以为佩。汩余若将不及兮,恐年岁之不吾与",这种注重内美、崇尚高洁的情操,执着真理、忠诚不渝的精神,正是屈原伟大人格的光辉体现。

《九歌》之题是袭古曲之名。"九"表多数,指由多篇乐章组成的歌,包括《东皇太一》《云中君》《湘君》《湘夫人》《大司命》《少司命》《东君》《河伯》《山鬼》《国殇》《礼魂》等11

篇。《九歌》所塑造的诸神形象,既是超人间的神,又是现实中神化了的人,他们具有人的外貌、人的喜怒哀乐的感情,并且又经美化,有着动人的艺术魅力。

《天问》是仅次于《离骚》的第二长篇,计三百七十余句,内容涉及天地山川、神灵鬼怪、古史传闻等,表现了诗人的大胆怀疑批判精神与对宇宙空间的哲学思索。《九章》共九篇,是一组政治色彩浓重、感情充沛的抒情诗,大部分篇章是屈原被疏远或流放在外时创作的。

(三)宋玉及其他作家

在名为"楚辞"那一个总集之中,最重要的作家是屈原。屈原死后,他对楚国的深情与不幸遭遇引起了仕途坎坷的文人的同情与相知之感,众多模拟屈原作品的文人形成了文学史上少见的拟骚群体。与屈原同时代的有宋玉。宋玉,生卒年不详,他出身寒微,做过小臣,与荀卿仕楚时相近,但不久遭谗去官,郁郁不得志。他的《九辩》是继屈原《离骚》以后最杰出的楚辞作品之一,"宋玉悲秋"遂成为后世诗歌中历久弥新的悲情意象。到了汉代,贾谊、东方朔、淮南小山、庄忌、王褒、刘向、王逸等人和群体追思屈原,成为著名的拟骚作家。

总体上说,汉代楚辞在内容上主要追随屈宋楚辞的传统,抒发对先贤屈原的惋惜、感念,同时蕴含作者对时世的洞察和身世感慨。但相比屈原作品而言,汉代楚辞在情感抒发的强烈程度上趋于平淡,少有上天入地的执著追求、愤世嫉俗的高洁情怀,因此,离屈原楚辞的崇高精神就远了一步。

三、《楚辞》的艺术成就

《楚辞》的艺术魅力主要体现在以下几个方面:

(一)运用传奇性的想象。《楚辞》是我国古代诗歌浪漫主义之源,它创造的浪漫主义精神和创作手法,极大地丰富了我国文学的艺术表现力,为中国古典诗歌开辟出一条新的道路,对后世作家产生了深远的影响,后代个性和情感强烈的诗人如李白、李贺、苏轼、龚自珍等,都从中受到极大的启发和影响。

(二)使用香草美人的象征手法。《楚辞》继承和发展了《诗经》的比兴手法,形成了香草美人的象征系统。这种象征手法为历来的文人所继承,从张衡《四愁诗》、曹植《洛神赋》《美女篇》、王维的《西施咏》、杜甫的《佳人》、孟郊的《烈女操》、李贺的《苏小小墓》,到清代蒲松龄《聊斋志异》中的花妖狐仙,无不受到了《楚辞》香草美人传统的影响。

(三)开拓诗歌新体式。在句式上,《楚辞》以杂言为主,形式多样;在语言上,《楚辞》词语繁复,善于渲染形容,以精美富丽见长。《楚辞》也为汉代赋体文学的产生创造了条件,汉代赋作家们学习《楚辞》中丰富华美的词汇,排比铺陈的手法,创造了汉赋这种新的文学体裁。

语言知识

文言实词

一、什么是文言文

文言文是中国古代的书面语言,是现代汉语的源头。第一个"文"字,是美好的意思。"言"字,是写、表述、记载等的意思。"文言"两字,即书面语言,"文言"是相对于"口头语言"而言,"口头语言"也叫"白话"。最后一个"文"字,是作品、文章等的意思,表示的是文种。"文言文"的意思就是"美好的语言文章",也叫作语体文。

二、文言实词

文言实词是构成文言文的主体,是学好文言文的关键。文言实词因为意义比较实在,指代明确,直接关系到对句子的理解。文言实词一般包括名词、动词、形容词、数词、量词及代词六类,掌握常见文言实词的用法及意义,是提高文言文阅读能力的关键。文言实词绝大部分具有多义性,若要确定一个实词在特定语境中的具体含义,具体地讲,就要掌握一词多义、古今异义、通假字和词类活用等现象。

1. 一词多义

和现代汉语一样,文言文中也有一词多义现象。如果我们只懂得一个多义词的一种或者两种意义,在阅读文言文时便轻易拿一种或者两种意义去解释,就有可能产生理解上的错误。为了避免出现错误,我们要有意识地做好知识积累和整理工作。词义积累多了,遇到多义词就可以比较准确地选择义项了。另外,我们还需要了解关于词的本义和引申义方面的知识。每个词都有它本来的意思,即本义。后来随着社会的发展变化而新产生的意义就是它的引申意义。

2. 古今异义

汉语从古代发展到今天,词义不断演变,其中一些基本词汇和一般词汇中极少一部分的意义,从古至今没有什么变化,这类词对于我们学习文言文不会造成什么困难。但另外有一些词语,文言文中虽然常用,但随着旧事物、旧概念的消失而消失,古今词义发生了变化,这种变化主要表现在以下四个方面。

(1) 词义的扩大。

词义扩大是指词义所反映的客观事物的范围扩大,即由部分到整体,由个别到一般,由狭窄到宽泛,使原义成为新义外延的一部分。例如"秋",由指一个季节扩大到指全年;"睡"由指坐着打瞌睡扩大到指睡眠。"江""河"古代特指"长江""黄河",现扩大到所有的江河。

(2)词义的缩小。

词义缩小是指词义所反映客观事物的范围缩小,即由整体到部分,由宽泛到狭窄,使新义成为原义外延的一部分。例如:"丈夫",古代泛指男子汉,如"丈夫亦爱怜其少子乎?",现在,"丈夫"专指女子的配偶。"臭",由泛指所有气味到专指秽气。"汤"由泛指热水、开水到专指菜汤、肉汤等。

(3)词义的转移。

词义的转移是指词义由指甲事物变为指乙事物。如"学者",古代指"求学的人",如"此所以学者不可以不深思而慎取之也"(《游褒禅山记》),现在指在学术上有一定成就的人。

(4)词义的褒贬色彩发生了变化。例如,"谤",古代指公开指责别人的过失,是个中性词。如"能谤讥于市朝,闻寡人之耳者,受下赏"(《邹忌讽齐王纳谏》)。现在,"谤"用于诽谤,指无中生有地说别人的坏话,是个贬义词。

以上四种情况,是古今词义变化的主要类型。大量古今意义既有联系又有区别的词的存在,是文言文学习的主要障碍。我们学习文言文,必须结合文言文作品学习,有目的、有计划、按要求掌握一批文言常用词的常用义。

3. 通假字

古汉语中的通假字是一种较特殊的语言现象,"通假"即"通用假借",也就是用读音相同形式相近而意义上没有什么关联的字来代替本来的字。被替代的字叫本字,借用的字就是通假字。大体说来,通假字由两种情况得来:①"本无其字,依声托事",即本来没有这个字,而用读音相同或相近的字替代,如"风吹草低见(现)牛羊";②是本有其字,而作者依据使用习惯或方言用其他的字替代。作为古汉语的特殊语言现象,通假字应得到重视。如"寒暑易节,始一反(返)焉","河曲智叟亡(无)以应"(《愚公移山》)等。

4. 词类活用

词类活用是指某些词临时改变其基本语法功能去充当其他词类或基本功能未改变而用法比较特殊的现象。

在文言文里,某些词,主要是实词,可以按照一定的习惯灵活运用,在语句中临时改变它的功能,即原来的词性。这种现象就是词类活用,常见的现象有:名词活用为动词,名词作状语,名词、动词、形容词的使动用法,动词活用为名词,形容词活用为动词或名词、动词、形容词的意动用法,数词活用为动词,数词的使动等等。

（1）名词活用为一般动词：这个词本是名词，在语境意义中作动词使用。

例如：

①"一狼洞其中"（《狼》）中"洞"本是名词，在这里活用为动词"打洞"。

②"不能名其一处"（《口技》）中"名"带宾语"其一处"，活用做动词"说出"。

③"稍稍宾客其父"（《伤仲永》）中"宾客"原为名词，这里活用为动词，意为"以宾客之礼相待"，可以翻译为"把他的父亲当作宾客招待"（意动用法）。

（2）形容词用作动词：原本词性为形容词，由于语言环境的不同词性发生改变充当动词使用。

例如：

①"香远益清"（《爱莲说》）中"远"原是形容词，在这里充当"香"的谓语，用作动词，远播之意。

②"亲贤臣，远小人"（《出师表》）中的"亲""远"都是形容词活用为动词，后面带宾语"贤臣"和"小人"，翻译为"亲近"和"远离"。

③"苦其心志，劳其筋骨，饿其体肤"（《生于忧患死于安乐》）中"苦""劳""饿"都是形容词活用作动词，当作"使……苦""使……劳""使……饿"讲，属于形容词的使动用法。

（3）形容词用作名词：原本词性为形容词，在具体的语言环境中充当名词使用。

例如：

①"此皆良实"（《出师表》）中"良实"原为形容词，在这里充当判断句主语"此"的宾语，活用为名词，善良老实的人之意。

②"帝感其诚"（《愚公移山》）中"诚"原为形容词，在这里作动词"感"的宾语，活用为名词，诚心之意。

③"政通人和，百废具兴"（《岳阳楼记》）中"废"原为形容词，这里作"兴"的宾语，活用为名词，作荒废的事情讲。

（4）动词活用为名词：原本为动词，由于语言环境的改变，临时充当名词使用，词性发生变化。

例如：

①"其妻献疑曰：以君之力……"（《愚公移山》）中"疑"原为动词，现在充当动词"献"的宾语，活用为名词，疑问之意。

②"前人之述备矣"（《岳阳楼记》）中"述"本是动词"记述"，这里活用为名词，作"记述的文字"讲。

（5）名词作状语：名词在现代汉语中一般不用在动词前面作状语，但在古汉语中有一些名词用在动词的前面充当状语，表示动作行为的状态、方式、地点、所用的工具。

例如：

①"当是时,妇手拍儿声"(《口技》)中"手"为名词,用在动词"拍"的前面作状语,表示动作行为的方式,"用手"之意。

②"狐鸣呼曰大楚兴,陈胜王"(《陈涉世家》)中"狐"为名词,和"鸣"一起用在动词"呼"的前面作状语,表示动作行为的状态,"像狐狸鸣叫那样大呼"之意。

③"山行六七里"(《醉翁亭记》)中"山"为名词,用在动词"行"的前面作状语,表示动作行为发生的地点,"在山上"之意。

(6) 使动用法:谓语动词含有"使宾语怎么样"的意思。

例如：

①"无案牍之劳形"(《陋室铭》),劳:形容词使动用法,使……劳累。

②"忿恚尉,令辱之"(《陈涉世家》),忿恚:动词的使动用法,使……恼怒。

③"必先苦其心志"(《孟子》二章),苦:形容词使动用法,使……苦恼。

(7) 意动用法:谓语动词含有"认为宾语怎么样"或"把宾语当作什么"的意思。

例如：

①"邑人奇之"(《伤仲永》),奇:形容词的意动用法,以……为奇。

②"而不知太守之乐其乐也"(《醉翁亭记》),乐:第一个"乐"为形容词意动用法,以……为乐。

③"吾妻之美我者,私我也"(《邹忌讽齐王纳谏》),美:形容词的意动用法,认为……美。

单元测验　　　单元讨论题

修身明理

　　古往今来,我们推崇"修身齐家治国平天下"的理念,这不仅是儒家学说的精髓所在,也是古圣先贤智慧的凝练与总结。它深深扎根在历代国人的心中,积淀在人们的意识里,内化为修身立志的价值取向。本单元作品精读部分主要学习关于修身明理的四篇文章。我们选择了清代朱柏庐的《朱子家训》和老子的《道德经》(节选),前者以"修身""齐家"为宗旨,集儒家做人处世方法之大成;后者把天道、人道、治国、修身联系在一起,是传承两千多年的智慧宝典。我们选取了唐代韩愈的《原毁》,通过对如何待己和待人的古今对比,见识到作者对严于律己、宽以待人的君子人格的高度赞扬。

　　在作品欣赏部分,我们聚焦于先秦到晋代的作品,选取《孟子·尽心下》(节选)、《谏逐客书》和《归去来分辞》三篇文章。我们将通过这三篇选文的学习,更深入全面地了解秦汉散文的思想内容,进而把握秦汉散文的整体情况,以一斑窥全貌。

　　本单元文学常识部分,我们讲的是先秦散文和汉代文学,包括历史散文、诸子散文、汉赋和史传文学等。

　　在语言知识部分,我们着重讲解文言虚词,包括虚词的特点、种类等,特别对常用虚词的用法作了较全面的梳理与总结。

朱子家训①

（清）朱柏庐

《朱子家训》

作品导读

《朱子家训》以"修身""齐家"为宗旨，集儒家做人处世方法之大成，思想植根深厚，含义博大精深。核心就是要让人成为一个正大光明、知书明理、生活严谨、宽容善良、理想崇高的人，这是中国传统文化的一贯追求。《朱子家训》问世以来，成为有清一代家喻户晓、脍炙人口的教子治家的经典家训。其中一些警句，如"一粥一饭，当思来处不易；半丝半缕，恒念物力维艰""宜未雨而绸缪，毋临渴而掘井"等，在今天仍然具有教育意义。

学习课文时，要注意结合家训内容，理解作者提出的修身齐家的理想与追求，体会其语言通俗易懂又讲究对仗的形式美；领悟《朱子家训》的独特魅力和永恒价值。

黎明即起，洒扫庭除，要内外整洁。既昏便息，关锁门户，必亲自检点。一粥一饭，当思来处不易；半丝半缕，恒念物力维艰。宜未雨而绸缪②，毋临渴而掘井；自奉必须俭约，宴客切勿流连。器具质而洁，瓦缶③胜金玉；饮食约而精，园蔬逾珍馐④。勿营华屋，勿谋良田。三姑六婆，实淫盗之媒；婢美妾娇，非闺房之福。奴仆勿用俊美，妻妾切忌艳妆。祖宗虽远，祭祀不可不诚；子孙虽愚，经书不可不读。居身务期质朴，教子要有义方；勿贪意外之财，勿饮过量之酒。与肩挑贸易，毋占便宜；见穷苦亲邻，须加温恤。刻薄成家，理无久享；伦常乖舛⑤，立见消亡。兄弟叔侄，须分多润寡；长幼内外，宜法肃辞严。听妇言，乖骨肉，岂是丈夫；重资财，薄父母，不成人子。嫁女择佳婿，毋索重聘；娶媳求淑女，勿计厚奁⑥。见富贵而生谄容者，最可耻；遇贫穷而作骄态者，贱莫甚。居家

---

① 《朱子家训》又名《朱子治家格言》《朱柏庐治家格言》，是以家庭道德为主的启蒙教材。《朱子家训》精辟地阐明了修身治家之道，是一篇家教名著。《朱子家训》作者朱柏庐（1627—1698），原名朱用纯，字致一，自号柏庐，明末清初江苏昆山县人。著名理学家、教育家。代表作品有《朱子家训》《四书讲义》《困衡录》《愧讷集》等。

② 未雨而绸缪（chóu móu）：天还未下雨，应先修补好屋舍门窗，喻凡事要预先做好准备。

③ 瓦缶（fǒu）：瓦制的器具。

④ 珍馐（xiū）：珍奇精美的食品。

⑤ 乖舛（chuǎn）：违背。

⑥ 厚奁（lián）：丰厚的嫁妆。

诚争讼,讼则终凶;处世诫多言,言多必失。毋恃势力而凌逼孤寡;毋贪口腹而恣杀牲禽。乖僻自是,悔误必多;颓惰自甘,家道难成。狎昵①恶少,久必受其累;屈志老成,急则可相依。轻听发言,安知非人之谮诉②,当忍耐三思;因事相争,焉知非我之不是,须平心暗想。施惠勿念,受恩莫忘。凡事当留余地,得意不宜再往。人有喜庆,不可生妒忌心;人有祸患,不可生喜幸心。善欲人见,不是真善;恶恐人知,便是大恶。见色而起淫心,报在妻女;匿怨③而用暗箭,祸延子孙。家门和顺,虽饔飧④不济,亦有余欢;国课早完,即囊橐⑤无馀,自得至乐。读书志在圣贤,非徒科第;为官心存君国,岂计身家。守分安命,顺时听天。为人若此,庶乎近焉。

《增广贤文》

道德经(节选)⑥

(春秋)老子

《道德经——上善若水》

作品导读

老子的《道德经》主要论述"道"与"德":"道"不仅是宇宙之道、自然之道,也是个体修行即修道的方法;"德"不是通常以为的道德或德行,而是修道者必备的特殊的世界观、方法论以及为人处世之方法。老子强调道法自然,宇宙天地间万事万物均应效法或遵循"道"的自然而然的规律。道法自然就是宇宙之道、自然之道。对于个人修身之道,老子主张纯朴、无私、谦让、贵柔、守弱、淡泊等因循自然的德性。老子认为天地万物都是相辅相成的,"有无相生,难易相成,祸福转化";老子把天道、人道、治国、修身联系在一起,强调"利而不害,为而不争"的道理。

学习课文时,要注意结合《道德经》的主题思想,理解作者提出的修身治国的理想与追求,体会其语言句式整齐、大致押韵的音韵之美;学习其运用多种修辞方式,使词句准确、鲜明、生动、富有说理性和感染力的语言艺术;领悟《道德经》的深邃思想和独特魅力。

---

① 狎昵(xiá nì):过分亲近。
② 谮(zèn)诉:诬蔑人的坏话。
③ 匿(nì)怨:对人怀恨在心,而面上不表现出来。
④ 饔飧(yōng sūn):饔,早饭。飧,晚饭。
⑤ 囊橐(náng tuó):口袋。
⑥ 《道德经》又名《老子》或《道德真经》,共81章,相传为老子所作,全文共计五千字左右。老子(公元前571?—公元前471?),姓李名耳,字聃,我国古代伟大的哲学家和思想家,道家学派创始人,老子与后世的庄子并称"老庄"。

上善若水①。水善利万物而不争,处众人之所恶②,故几于道③。居善地,心善渊④,与善仁⑤,言善信,政善治⑥,事善能,动善时⑦。夫唯不争,故无尤⑧。(第八章)

有物混成⑨,先天地生。寂兮寥兮⑩,独立而不改⑪,周行而不殆⑫,可以为天地母⑬。吾不知其名,强字之曰道⑭,强为之名曰大⑮。大曰逝⑯,逝曰远,远曰反⑰。故道大,天大,地大,人亦大。域中⑱有四大,而人居其一焉⑲。人法⑳地,地法天,天法道,道法自然㉑。(第二十五章)

为无为,事无事,味无味㉒。大小多少㉓。报怨以德㉔。图难于其易,为大于其细;天下难事,必作于易;天下大事,必作于细。是以圣人终不为大㉕,故能成其大。夫轻诺必寡信,多易必多难。是以圣人犹难之,故终无难矣。(第六十三章)

其安易持,其未兆易谋;其脆易泮㉖,其微易散。为之于未有,治之于未乱。合抱之木,生于毫末㉗;九层之台,起于累土㉘;千里之行,始于足下。为者败之,执者失之。是以圣人无为故无败,无执故无失。民之从事,常于几成而败之。慎终如始,则无败事。

---

① 上善若水:上,最的意思。上善即最善,上善之人如同水一样。
② 处众人之所恶:即居处于众人所不愿去的地方。所恶:厌恶的地方,这里指低洼之处。
③ 几于道:几,接近。即接近于道。
④ 心善渊:心胸宁静深邃。
⑤ 与善仁:交往善良仁爱之人。
⑥ 政善治:为政善于治理国家。
⑦ 动善时:行动善于把握有利的时机。
⑧ 尤:过失、过错。
⑨ 物:指"道"。混成:混然而成,指浑朴的状态。
⑩ 寂兮寥兮:寂静啊,空虚啊。
⑪ 独立而不改:形容"道"的独立性和永恒性,它不靠任何外力而具有绝对性。
⑫ 周行而不殆:循环运行而永不懈息。
⑬ 天地母:天地的本原。
⑭ 强字之曰道:勉强命名它叫"道"。
⑮ 大:极言道无边无际,无所不包。
⑯ 逝:指道的运行不息。
⑰ 反:同"返",返回,返回本原。
⑱ 域中:宇宙中。
⑲ 而人居其一焉:而人居于四大之一。
⑳ 法:效法。
㉑ 道法自然:道效法遵循自然。
㉒ 为无为,事无事,味无味:此句意为把无为当作为,把无事当作事,把无味当作味。
㉓ 大小多少:大生于小,多起于少。另一解释是大的看作小,小的看作大,多的看作少,少的看作多。还有一说是,去其大,取其小,去其多,取其少。
㉔ 报怨以德:此句当移至七十九章"必有余怨"句后,故此处不译。
㉕ 不为大:是说有道的人不自以为大。
㉖ 其脆易泮(pàn):物品脆弱就容易消解。泮,散,解。
㉗ 毫末:细小的萌芽。
㉘ 累土:堆土。

是以圣人欲不欲,不贵难得之货,学不学①,复众人之所过,以辅万物之自然而不敢为。(第六十四章)

信言②不美,美言不信。善者③不辩④,辩者不善。知者不博⑤,博者不知。圣人不积⑥,既以为人己愈有⑦,既以与人己愈多⑧。天之道,利而不害⑨。圣人之道⑩,为而不争。(第八十一章)

世界名人评《道德经》

原　毁⑪

(唐)韩愈

《原毁》

作品导读

《原毁》论述和探究毁谤产生的原因,此文从"责己""待人"两个方面,进行古今对比,指出当时社会风气浇薄、毁谤滋多,并剖析其原因。课文共4段。第1段论述"古之君子"。"其责己也重以周,其待人也轻以约",是"古之君子"的表现特征,也是这段的中心论点。责己、待人是论题并列的两个方面,论证从此入手。第2段论述"今之君子"的表现,分析今之君子责人详、待己廉的实质是"不以众人待其身,而以圣人望于人"——对自己比对普通人的要求还低,而对他人却拿圣人的标准来衡量。第3段剖析其毁谤原因在于"怠"与"忌"。最后一段用3句话交代文章的写作目的,呼吁当权者纠正这股毁谤歪风,寄托作者对国事的期望。

学习课文时,要注意其结构严谨、说理透辟、逻辑严密的特点,学习其对比和排比修辞手法的运用。

---

① 学:这里指办事有错的教训。
② 信言:真实可信的话。
③ 善者:言语行为善良的人。
④ 辩:巧辩、能说会道。
⑤ 博:广博、渊博。
⑥ 圣人不积:有道的人不自私,没有占有的欲望。
⑦ 既以为人己愈有:已经把自己的一切用来帮助别人,自己反而更充实。
⑧ 多:与"少"相对,此处意为"丰富"。
⑨ 利而不害:使万物得到好处而不伤害万物。
⑩ 圣人之道:圣人的行为准则。
⑪ 《原毁》选自《昌黎先生集》,作者韩愈(768—824),唐代思想家和文学家,字退之,南阳(今河南省孟县)人。自称"郡望昌黎",世称"韩昌黎"。韩愈倡导古文运动,位居唐宋八大家之首。

古之君子①，其责②己也重以周，其待人也轻以约。重以周，故不怠；轻以约，故人乐为善。闻古之人有舜者，其为人也，仁义人也。求其所以为舜者，责于己曰："彼，人也；予，人也③；彼能是，而我乃不能是！"早夜以思，去其不如舜者，就其如舜者④。闻古之人有周公者，其为人也，多才与艺人也。求其所以为周公者，责于己曰："彼，人也；予，人也；彼能是，而我乃不能是！"早夜以思，去其不如周公者，就其如周公者。舜，大圣人也，后世无及焉；周公，大圣人也，后世无及焉；是人⑤也，乃曰："不如舜，不如周公，吾之病也。"是不亦责于身者重以周乎！其于人也，曰："彼人也，能有是，是足为良人矣；能善是，是足为艺人矣⑥。"取其一，不责其二；即其新，不究其旧；恐恐然⑦惟惧其人之不得为善之利。一善易修也，一艺易能也。其于人也，乃曰："能有是，是亦足矣。"曰："能善是，是亦足矣。"是不亦待于人者轻以约乎！

今之君子则不然。其责人也详，其待己也廉⑧。详，故人难于为善；廉，故自取也少⑨。己未有善，曰："我善是，是亦足矣。"己未有能，曰："我能是，是亦足矣。"外以欺于人，内以欺于心，未少有得而止矣，不亦待其身者已⑩廉乎？其于人也，曰："彼虽能是，其人不足称也；彼虽善是，其用⑪不足称也。"举其一，不计其十；究其旧，不图其新；恐恐然惟惧其人之有闻⑫也。是不亦责于人者已详乎！夫是之谓不以众人待其身，而以圣人望于人⑬，吾未见其尊己也。

虽然⑭，为是者有本有原，怠与忌之谓也。怠者不能修，而忌者畏人修。吾尝⑮试之矣。尝试语⑯于众曰："某良士，某良士。"其应者，必其人之与也⑰；不然，则其所疏远不与同其利者也；不然，则其畏⑱也。不若是，强者必怒于言，懦者必怒于色矣。又尝语于众曰："某非良士，某非良士。"其不应者，必其人之与也；不然，则其所疏远不与同其利者

---

① 君子：旧时指有道德和地位的人。
② 责：要求。
③ 彼：指舜。予：同"余"，我。
④ 去：离开，抛弃。就：走向，择取。
⑤ 是人：指上古之君子。
⑥ 良人：善良的人。艺人：多才多艺的人。
⑦ 恐恐然：担心的样子
⑧ 详：周备，全面。廉：少。意指要求不高。
⑨ 自取也少：自己得益就少。
⑩ 已：太。
⑪ 用：作用，指才能。
⑫ 闻：名声，声望。
⑬ 众人：一般人。望：期待，要求。
⑭ 虽然：虽然这样。
⑮ 尝：曾经。
⑯ 语：告诉。
⑰ 应：响应，附和。与：党与，朋友。
⑱ 畏：畏惧。指害怕他的人。

也,不然,则其畏也。不若是,强者必说于言,懦者必说于色矣。是故事修^①而谤兴,德高而毁来。呜呼!士之处此世,而望名誉之光^②,道德之行,难已!

将有作于上者,得吾说而存之,其国家可几而理欤^③!

---

① 修:善,美好。
② 光:光大,昭著。
③ 有作于上:在上位有所作为。存:记住。几:庶几,希冀之词。理:治理。

作品欣赏

孟子·尽心下①（节选）

《孟子》

孟子曰："尽信《书》，则不如无《书》。吾于《武成》②，取二三策③而已矣。仁人无敌于天下，以至仁伐至不仁，而何其血之流杵④也？"

孟子曰："民为贵，社稷⑤次之，君为轻。是故得乎丘⑥民而为天子，得乎天子为诸侯，得乎诸侯为大夫。诸侯危社稷，则变置。牺牲⑦既成，粢盛既洁⑧，祭祖以时，然而旱干水溢，则变置社稷。"

孟子曰："圣人，百世之师也，伯夷、柳下惠是也。故闻伯夷之风者，顽⑨夫廉，懦夫有立志。闻柳下惠之风者，薄夫敦，鄙夫宽⑩。奋乎百世之上，百世之下闻者莫不兴起也。非圣人而能若是乎？而况于亲炙之者乎⑪？"

孟子曰："人皆有所不忍，达之于其所忍，仁也；人皆有所不为，达之于其所为，义也。人能充无欲害人之心，而仁不可胜用也；人能充无穿逾之心，而义不可胜用也；人能充无受尔汝之实，无所往而不为义也。士未可以言而言，是以言餂⑫之也；可以言而不言，是以不言餂之也，是皆穿窬之类也⑬。"

孟子曰："言近而指⑭远者，善言也；守约而施博者，善道也。君子之言也，不下带⑮而道存焉；君子之守，修其身而天下平。人病舍其田而芸人之田——所求于人者重，而所以自任者轻。"

---

① 《孟子》属语录体散文集，是孟子的言论汇编，由孟子及其弟子共同编写完成，倡导"以仁为本"。孟子名轲，字子舆，战国时期邹城（今山东邹城市）人，伟大的思想家、教育家、儒家学派的代表人物，与孔子并称"孔孟"。
② 《武成》：《尚书》的篇名。
③ 策：竹简。古代用竹简书写，一策相当于我们今天说的一页。
④ 杵（chǔ）：舂米或捶衣的木棒。
⑤ 社稷：社，土神。稷，谷神。古代帝王或诸侯建国时，都要立坛祭祀，故"社稷"成为国家的代称。
⑥ 丘：众。
⑦ 牺牲：供祭祀用的牛、羊、猪等祭品。
⑧ 粢盛既洁：盛在祭器内的祭品已洁净了。粢盛（zī chéng）：指古代盛在祭器内以供祭祀的谷物。
⑨ 顽：贪婪。
⑩ 鄙：质朴、鄙陋。
⑪ 亲炙：直接受到熏陶。
⑫ 餂（tiǎn）：用甜言蜜语诱取、探取之意。
⑬ 是皆穿窬（yú）之类也：这都是挖洞跳墙之类的行径。
⑭ 指：意旨、意向。
⑮ 不下带：目光不低于对方的腰带。这里不下带指平常浅近的意思。

孟子曰："养心莫善于寡欲。其为人也寡欲,虽有不存焉者,寡矣;其为人也多欲,虽有存焉者,寡矣。"

万章问曰:"孔子在陈曰:'盍归乎来!吾党之小子狂简,进取,不忘其初。'①孔子在陈,何思鲁之狂士?"孟子曰:"孔子'不得中道②而与之,必也狂狷③乎!狂者进取,狷者有所不为也'。孔子岂不欲中道哉?不可必得,故思其次也。""敢问何如斯可谓狂矣?"曰:"如琴张、曾晢、牧皮④者,孔子之所谓狂矣。""何以谓之狂也?"曰:"其志嘐嘐⑤然,曰,'古之人,古之人。'夷⑥考其行,而不掩焉者也。狂者又不可得,欲得不屑不洁之士而与之,是狷也,是又其次也。孔子曰:'过我门而不入我室,我不憾焉者,其惟乡原⑦乎!乡原,德之贼也。'"曰:"何如斯可谓之乡原矣?"曰:"'何以是嘐嘐也?言不顾行,行不顾言,则曰,古之人,古之人。行何为踽踽凉凉⑧?生斯世也,为斯世也,善斯可矣。'阉然⑨媚于世也者,是乡原也。"万子曰:"一乡皆称原人焉,无所往而不为原人,孔子以为德之贼,何哉?"曰:"非之无举也,刺之无刺也,同乎流俗,合乎污世,居之似忠信,行之似廉洁,众皆悦之,自以为是,而不可与入尧舜之道,故'德之贼'也。孔子曰:'恶似而非者:恶莠⑩,恐其乱苗也;恶佞,恐其乱义也;恶利口,恐其乱信也;恶郑声,恐其乱乐也;恶紫,恐其乱朱也;恶乡原,恐其乱德也。'君子反经⑪而已矣。经正,则庶民兴;庶民兴,斯无邪慝⑫矣。"

作品赏析

《孟子·尽心下》是《孟子》全书的最后一篇,共38章,内容十分丰富,其中有一些著名的章节和名言警句。课文节选了其中的第3章、14章、15章、31章、32章和35章,全面体现了孟子的思想。

《国学精粹100句》

在为政方面,孟子呼吁统治者实行仁政,明确提出"民贵君轻"的民本思想,认为国君和社稷都可以改立更换,只有老百姓是不可更换的。所以,百姓最为重要,民众是立

---

① 孔子在陈曰:见《论语·公冶长》,原文为:"子在陈,曰:'归与!归与!吾党之小子狂简,斐然成章,不知所以裁之。'"与万章所引略有不同。
② 中道:无过犹不及,中庸之道。
③ 狂狷:狂,不受拘束,放荡。狷,拘谨有所不为。
④ 琴张、曾晢、牧皮:均为人名,身世不详。
⑤ 嘐嘐(xiāo xiāo):形容志大言大,言行不一。
⑥ 夷:疑作语首助词,无义。
⑦ 乡原:也作"乡愿"。愿,谨慎。乡原指外貌忠诚谨慎,实际上欺世盗名的人,也就是现代所谓"老好人""好好先生"。
⑧ 踽踽(jǔ jǔ):独行不进的样子。凉凉:淡薄,冷漠。
⑨ 阉:指阉人,即宦官。阉然指像宦官那样巴结逢迎的样子。
⑩ 莠:恶草,俗称狗尾草,叶与禾苗相似,难以辨认。
⑪ 反经:回归正道。反,同"返"、经,正常之道。
⑫ 慝(tè):奸邪。

国之本。

对于君子的修身之道，孟子认为应从修养自身开始，求实务本，然后才推己及人，正己而后正人，"修其身而天下平"。修养心性的最好办法就是严于律己，减少欲望，确保修养的纯正性。孟子批评狂者、狷者和好好先生，认为狂者志向很远大，言语很夸张；狷者拘谨有所不为；好好先生为人好像忠诚老实，行为好像清正廉洁，实际上却是欺世盗名。

《孟子》善用比喻、排比、叠句等修辞手法，使文章气势充沛，感情强烈，笔端锋芒显露；语言上，《孟子》明白晓畅，简洁凝练，对后世影响较大。

谏逐客书①

（秦）李斯

《谏逐客书》

臣闻吏议逐客，窃以为过矣！昔缪公②求士，西取由余于戎③，东得百里奚于宛④，迎蹇叔⑤于宋，求丕豹、公孙支⑥于晋。此五子者，不产于秦，而缪公用之，并国二十⑦，遂霸西戎。孝公用商鞅⑧之法，移风易俗，民以殷盛，国以富彊，百姓乐用，诸侯亲服，获楚、魏之师，举地千里，至今治彊。惠王用张仪⑨之计，拔三川之地⑩，西并巴、蜀⑪，北收

---

① 本文选自《史记·李斯列传》。书，又称"上书"，是用来陈述自己的政治见解或主张的一种陈述性的文书。李斯（前284?—前208）战国末期楚国上蔡（今河南上蔡县）人。曾同韩非师从著名思想家荀况学"帝王之术"，于公元前247年由楚入秦，受到秦王器重，拜为客卿，秦统一后，官至丞相。秦二世时，被郎中令赵高以"谋反"罪诬陷入狱，后被腰斩于咸阳市。李斯的文章保留至今的均收在司马迁《史记·李斯列传》中，《谏逐客书》是其代表作。

② 缪公：春秋时秦国君主，公元前659年至公元前621年在位，为春秋五霸之一。缪，同"穆"。

③ 由余：春秋时晋国人，流亡入戎，奉戎国命出使秦国。秦穆公用计离间由余与戎王，并收他为谋臣。后由余帮助秦消灭十二戎国，拓地千里。戎：古代对西部少数民族的泛称。

④ 百里奚：春秋时楚国人，曾任虞国大夫。晋灭虞后，逃到楚国，被俘。秦穆公听说他贤能，用五张黑羊皮将其赎回，并任用为相。宛（yuān）：楚邑名，在今河南省南阳市。

⑤ 蹇（jiǎn）叔：春秋时秦国岐（今陕西岐山）人，曾居宋国，秦穆公以厚礼聘蹇叔入秦，任为上大夫。

⑥ 丕豹：春秋时晋国大夫丕郑的儿子。晋惠公杀了他的父亲，丕豹逃到秦国。穆公任他为大将攻晋，打下八城，并生俘晋惠公。公孙支：春秋时秦国岐人，又名子桑，寓居于晋。秦穆公聘其为谋士，任大夫。

⑦ 并：吞并、兼并。二十：泛指我国西部的诸多小国。

⑧ 孝公：秦孝公，战国时秦国君主，公元前361年至公元前338年在位。商鞅：战国时卫国人，名鞅，因秦封他于商，故名。任秦相十年，先后两次变法，奠定了秦统一六国的基础。

⑨ 惠王：秦惠文王，战国时秦国君主，公元前337年至公元前331年在位。张仪：战国时魏国人，惠文王任之为秦相，他用连横之计破坏六国的合纵，以便秦国对六国各个击破。

⑩ 拔：攻取。三川之地：时属韩国，在今河南省黄河以南、灵宝以东的地区，境内有黄河、洛水、伊水，故称"三川"。

⑪ 巴、蜀：当时的两个小国。巴在今四川省东部，蜀在今四川省西部。

上郡^①，南取汉中^②，包九夷^③，制鄢、郢^④，东据成皋^⑤之险，割膏腴之壤，遂散六国之从^⑥，使之西面事秦，功施^⑦到今。昭王得范雎，废穰侯，逐华阳^⑧，彊公室，杜私门^⑨，蚕食诸侯，使秦成帝业。此四君者，皆以客之功。由此观之，客何负于秦哉！向使四君却客而不内^⑩，疏士而不用，是使国无富利之实，而秦无彊大之名也。

今陛下致昆山之玉^⑪，有随、和之宝^⑫，垂明月之珠，服太阿^⑬之剑，乘纤离^⑭之马，建翠凤之旗^⑮，树灵鼍^⑯之鼓。此数宝者，秦不生一焉，而陛下说^⑰之，何也？必秦国之所生然后可，则是夜光之璧不饰朝廷，犀象之器不为玩好^⑱，郑、卫之女不充后宫，而骏良驶騠^⑲不实外厩，江南金锡不为用，西蜀丹青不为采。所以饰后宫，充下陈^⑳、娱心意、说耳目者，必出于秦然后可，则是宛珠之簪^㉑，傅玑之珥^㉒，阿缟^㉓之衣，锦绣之饰，不进于前；而随俗雅化^㉔，佳冶窈窕，赵女不立于侧也。夫击瓮叩缶，弹筝搏髀^㉕，而歌呼呜呜快耳者，真秦之声也；郑、卫、桑间^㉖，韶、虞、武、象者^㉗，异国之乐也。今弃击瓮而就郑卫，退弹筝而取韶虞，若是者何也？快意当前，适观而已矣。今取人则不然。不问可否，不论曲直，非秦者去，为客者逐。然则是所重者在乎色乐珠玉，而所轻者在乎人民也。此

---

① 上郡：魏郡名，在今陕西省西北部。公元前328年，惠文王派公子华与张仪攻魏，魏国以上郡十五县献秦求和。
② 汉中：战国时楚地，在今陕西省南部。公元前313年，张仪诱骗楚国与齐国断交，次年大破楚军于丹阳，斩首八万，接着攻占楚汉中六百里土地，置汉中郡。
③ 包：吞并。九夷：当时楚国境内的少数民族。九，虚指数量之多。
④ 制：控制。鄢（yān）：楚地，在今湖北省宜城市东南。郢（yǐng）：楚国国都，在今湖北江陵县北。
⑤ 成皋（gāo）：又名虎牢关，在今河南省荥阳市汜水镇，为古代军事重地。
⑥ 六国：韩、魏、燕、赵、齐、楚。从：同"纵"，东方六国结成联合战线以抵抗秦国的一种策略。
⑦ 施（yì）：延续。
⑧ "昭王"三句：昭王，指秦昭襄王，战国时秦国君主。范雎（jū）：字叔游，战国时魏国人。穰（ráng）侯、华阳君，都是昭王之母宣太后的弟弟，在朝专权。范雎以利害说动昭王，废除太后、穰侯。
⑨ 杜：断绝、制止。私门：相对于公室而言，此指穰侯、华阳君等贵族豪门。
⑩ 向：原先，当时。使：假如。内（nà）"纳"的古字，容纳。
⑪ 致：使至。昆山：昆仑山，相传昆仑山北麓的和田出产美玉。
⑫ 随、和之宝：指隋珠、和氏璧。
⑬ 服：佩带。太阿（ē）：宝剑名，相传为春秋时吴国名匠欧冶子与干将所铸。
⑭ 纤离：古骏马名。
⑮ 建：竖立。翠凤之旗：用翠鸟羽毛做成凤鸟形状装饰起来的旗子。
⑯ 树：设置。灵鼍（tuó）：俗称"猪婆龙"，鳄鱼的一种，皮可制鼓，声音洪亮。
⑰ 说：同"悦"。
⑱ 犀象之器：用犀牛角和象牙制成的器物。玩好（hào）：供玩赏的奇异珍宝。
⑲ 騠驶（jué tí）：骏马名。
⑳ 下陈：古代殿堂台阶下陈列礼品、站列姬妾的地方。
㉑ 宛珠之簪（zān）：用宛地出产的珍珠装饰的发簪。
㉒ 傅玑之珥：镶嵌有珍珠的耳饰。傅，同"附"，附着。玑，不圆的珠子。珥，耳饰。
㉓ 阿（ē）缟：齐国东阿所产的缟。缟：白色绢。
㉔ 随俗雅化：随着时尚的变化而打扮得雅致漂亮。
㉕ 筝：拨弦乐器，形似瑟。搏髀（bì）：拍击大腿。
㉖ 郑、卫：国名，以盛行新兴民间音乐著名。桑间：是当时卫国男女欢聚歌唱的地方，后来用作当地民间音乐的代称。
㉗ 韶、虞：舜乐名。武、象：周乐名。另一说，韶虞，舜时的舞曲。武象，周武王时的舞乐。

非所以跨海内制诸侯之术也。

臣闻地广者粟多,国大者人众,兵彊则士勇。是以太山不让①土壤,故能成其大;河海不择细流,故能就其深;王者不却众庶,故能明其德。是以地无四方,民无异国,四时充美②,鬼神降福,此五帝三王③之所以无敌也。今乃弃黔首④以资敌国,却宾客以业诸侯⑤,使天下之士,退而不敢西向,裹足不入秦,此所谓藉寇兵而赍⑥盗粮者也。夫物不产于秦,可宝者多;士不产于秦,而愿忠者众。今逐客以资敌国,损民以益仇⑦,内自虚而外树怨于诸侯,求国无危,不可得也。

作品赏析

《谏逐客书》是李斯上书给秦王的一个奏章。秦王嬴政听信宗室大臣的进言,下令驱逐客卿,李斯即写下此文劝谏秦王,取消逐客令。在论证秦国驱逐客卿的错误和危害时,没有在"逐客"这个具体问题上就事论事,也没有涉及作者自己个人的进退得失,而是站在"跨海内,制诸侯"完成统一天下大业的高度,来分析阐明逐客的利害得失,反映了李斯的卓越见识,体现了他顺应历史潮流的进步政治主张。

《谏逐客书》从正反两方面进行论证,推理严密,逻辑性强,论据充分有力。作者先谈历史,以秦穆公、孝公、惠王、昭王四位国君召士纳贤为例,强调重用客卿之重要。接着再谈现实,作者列举秦王的爱好,诸如昆山之玉、随和之宝、明月之珠,以及所佩太阿剑,所乘之纤离之马等,都来自诸侯各国。作者一方面列举客卿对秦国历史伟业做出的贡献,得出"使秦成帝业……皆以客之功。由此观之,客何负于秦哉"的结论,打动秦王;另一方面,分析留客逐客的利弊,晓以利害,"逐客以资敌国,损民以益仇,内自虚而外树怨于诸侯,求国无危,不可得也"。然后反复推论,归结到重色乐珠玉而轻人民,"此非所以跨海内制诸侯之术也"。从利害关系上立论,正点到秦王要称霸的雄心。接下来又从"地广者粟多"等联系到泰山、河海的比喻,再转到"弃黔首以资敌国"的错误,归结到"今逐客以资敌国"的危殆,进一步证明逐客关系到秦国的安危,终于打动了秦王,他意识到自己的错误,取消了逐客令。

作者多用铺陈、夸饰手法和排比、对偶句子,使文章气势奔放,文采斐然。而比喻的使用,增强了议论的形象性和说服力。

□ 《秦国十一功臣》

---

① 让:辞让,拒绝。
② 四时:四季。充美:指生活富庶美好。
③ 五帝:传说中的上古帝王,一般指黄帝、颛顼(zhuān xū)、帝喾(kù)、尧、舜。三王:一般指夏禹、商汤、周文王。
④ 黔首:秦统治者对百姓的称呼。黔,黑色。古时平民百姓以黑巾裹头,故称。
⑤ 业诸侯:使诸侯成就功业。
⑥ 藉:借给。寇:敌人,入侵者。兵:武器。赍(jī):送物给人。
⑦ 损:减少。益:增多。

归去来兮辞①

《归去来兮辞》

（东晋）陶渊明

  归去来兮，田园将芜②胡③不归！既自以心为形役④，奚⑤惆怅而独悲？悟已往之不谏，知来者之可追⑥。实迷途其未远⑦，觉今是而昨非。舟遥遥以轻飏⑧，风飘飘而吹衣。问征夫以前路⑨，恨晨光之熹微⑩。

  乃瞻衡宇⑪，载欣载奔⑫。僮仆欢迎，稚子候门。三径就荒，松菊犹存⑬。携幼入室，有酒盈樽。引壶觞以自酌，眄庭柯以怡颜⑭。倚南窗以寄傲⑮，审容膝之易安⑯。园日涉以成趣⑰，门虽设而常关。策扶老以流憩⑱，时矫首而遐观⑲。云无心以出岫⑳，鸟倦飞而知还。景翳翳以将入㉑，抚孤松而盘桓㉒。

---

① 选自逯钦立辑《陶渊明集》（中华书局 1979 年版）。来，助词，无义。辞，赋的一种，一般要押韵。陶渊明从 29 岁开始出仕，向往田园，一直厌恶官场，于东晋义熙元年（405）十一月辞去彭泽令。这篇赋就是其回归田园之初激动欣喜之情的自然流露。

② 芜：田地荒芜。

③ 胡：何，为什么。

④ 以心为形役：让内心被形体役使。形，形体，指身体。役，奴役。

⑤ 奚：何，为什么。

⑥ 悟以往之不谏，知来者之可追：认识到过去的错误已经不可挽回，知道未来的事还来得及补救。谏，劝止、挽回。追，补救。

⑦ 实迷途其未远：确实走入了迷途大概还不远。迷途，指出来做官。

⑧ 舟遥遥以轻飏（yáng）：船在水面上轻轻地飘荡着前进。遥遥，飘摇放流的样子。以，表修饰。飏，飞扬，形容船行驶轻快。

⑨ 问征夫以前路：向行人问前面的路程。征夫，行人。

⑩ 恨晨光之熹微：遗憾的是天刚刚放亮。熹微，天色微明。

⑪ 乃瞻衡宇：刚刚看见了自家的房子。乃，于是、然后。衡，通"横"。宇，屋檐，这里指居处。

⑫ 载欣载奔：一边高兴，一边奔跑。

⑬ 三径就荒，松菊犹存：院子里的小路快要荒芜了，松菊还长在那里。三径，院中小路。汉朝蒋诩（xǔ）隐居之后，在院里竹下开辟三径，只与求仲、羊仲来往。后来，三径变成了隐士住处的代称。就，接近。

⑭ 眄（miǎn）庭柯以怡颜：看看院子里的树木，觉得很愉快。眄，斜看。这里是"随便看看"的意思。柯，树枝。怡颜，使面容现出愉快神色。怡，愉快，这里是使动用法，使愉快。

⑮ 寄傲：寄托傲然自得的心情。

⑯ 审容膝之易安：深知住在小屋里反而容易安适。审，明白，知道。容膝，仅能容纳双膝的小屋，极言居室狭小。易安，容易使人安乐。

⑰ 园日涉以成趣：每天到园中散步，成为乐趣。园日涉，指每日在园中散步。涉，走。

⑱ 策扶老以流憩（qì）：拄着拐杖出去，到处走走，随时随地休息。策，拄着。扶老，拐杖。流憩，指无目的的漫步和随时地休息。流，周游。憩，休息。

⑲ 时矫首而遐观：常常抬起头向远处望望。矫首，抬起头。矫，举。遐观，远望。

⑳ 云无心以出岫（xiù）：云气自然而然地冒出山头。无心，无意。岫，有洞穴的山，这里泛指山峰。

㉑ 景翳翳以将入：阳光黯淡，太阳快要下山了。景，日光。翳翳，阴暗的样子。将入，指太阳快下山。

㉒ 盘桓：徘徊。

归去来兮，请息交以绝游①。世与我而相违，复驾言兮焉求②？悦亲戚之情话③，乐琴书以消忧。农人告余以春及④，将有事于西畴⑤。或命巾车⑥，或棹孤舟⑦。既窈窕以寻壑⑧，亦崎岖而经丘。木欣欣以向荣，泉涓涓而始流。善万物之得时⑨，感吾生之行休⑩。

已矣乎⑪！寓形宇内复几时⑫，曷不委心任去留⑬？胡为乎遑遑欲何之⑭？富贵非吾愿，帝乡不可期⑮。怀良辰以孤往⑯，或植杖而耘耔⑰。登东皋以舒啸⑱，临清流而赋诗。聊乘化以归尽⑲，乐夫天命复奚疑⑳！

作品赏析

东晋安帝义熙元年（405），陶渊明弃官归田，作《归去来兮辞》，以明心志。这篇辞赋，不仅标志着陶渊明一生的转折，也是中国文学史上表现归隐意识的创作高峰。全文描述了作者在回乡路上和到家后的情形，并设想日后的隐居生活，从而表达了作者对当时官场的厌恶和对田园生活的向往，同时流露出诗人"乐天知命"的旷达思想。

正文以"归去来兮"开篇，开门见山地表示归田之志已决。作者回顾当时为了谋生而出仕，使精神受形体的奴役，感到痛苦悲哀，现在已觉悟到过去的错误虽然无法挽回，未来的去向却还来得及重新安排，一种悔悟和庆幸之情溢于言外。这一段是申述"归去来兮"的缘由。寓理于情，读来诚挚恳切，在平静的语气中显示出思绪的变迁和深沉的

---

① 请息交以绝游：让我同外界断绝交游。
② 复驾言兮焉求：还要驾车出去追求什么？驾言，《诗经·邶风·泉水》"驾言出游"的简省，是"驾车出游"的意思。言，助词。焉求，追求什么。求，指求官。
③ 情话：知心话。
④ 春及：春天到了。
⑤ 将有事于西畴（chóu）：将要到西边的田里去春耕。事，指耕种之事。畴，田地。
⑥ 或命巾车：或，有时。巾车，有布篷的小车。
⑦ 或棹（zhào）孤舟：有时划着一只小船。棹，桨，这里用作动词，用桨划。
⑧ 既窈窕以寻壑：既探寻幽深曲折的山沟。窈窕，深远曲折的样子。壑，山沟。
⑨ 善万物之得时：羡慕万物恰逢繁荣滋长的季节。善，喜好、羡慕。得时，顺应天时、适合时令。
⑩ 感吾生之行休：感叹我的一生行将结束。行休，将要结束。
⑪ 已矣乎：算了吧！助词"乎""矣"连用，加强感叹语气。
⑫ 寓形宇内复几时：身体寄托在天地间还能有多少时候？意思是说，活在世上还能有多久？寓形，寄托身体。宇内，天地间。
⑬ 曷不委心任去留：为什么不随心所欲，听凭自然地生死？曷，何，为什么。委，随从、顺从。委心，随心。去留，指生死。
⑭ 胡为乎遑遑欲何之：为什么心神不定啊，想要到哪里去？胡为，为什么。遑遑，心神不定的样子。何之，到哪里去。
⑮ 帝乡不可期：修仙成神是没有希望的。帝乡，天帝居住的地方，也就是所谓仙境。期，期望、期求。
⑯ 怀良辰以孤往：爱惜美好的时光，独自外出。怀，留恋之意、爱惜。良辰，指上文所说万物得时的春天。孤往，独自外出。
⑰ 或植杖而耘耔（zǐ）：有时扶着拐杖除草培苗。植，立，扶着。耘，除草。耔，培苗。
⑱ 登东皋（gāo）以舒啸：登上东边的高冈，放声舒啸。皋，高地。舒，放。啸，高声叫。
⑲ 聊乘化以归尽：姑且顺随自然的变化，度到生命的尽头。聊，姑且。乘化，顺随自然。化，造化，指自然。归尽，到死。尽，指死。
⑳ 乐夫天命复奚疑：乐安天命，还有什么可疑虑的呢？

感慨。

接着写归家途中的情状，"舟遥遥以轻飏……恨晨光之熹微"，写船行顺风，轻快如飞，而心情的愉快亦尽在其中；写昼夜兼程，急切盼归。想象到家的情状，"乃瞻衡宇，载欣载奔"，写初见家门时的欢欣雀跃之态，简直像小孩子那样天真。"僮仆欢迎，稚子候门"，家人欢迎主人辞官归来，主仆同心，长幼一致，颇使作者感到快慰。"三径就荒，松菊犹存。携幼入室，有酒盈樽。"怅叹之余，大有恨不早归之感。所喜手植的松菊依然无恙，樽中的酒也装得满满的。松菊犹存，以喻坚芳之节仍在；有酒盈樽，则示平生之愿已足。由此而带出："引壶觞以自酌，眄庭柯以怡颜。倚南窗以寄傲，审容膝之易安。"这四句写尽饮酒自乐和傲然自得的情景。接着由居室之中移到庭园之间，"云无心以出岫，鸟倦飞而知还"，既是写景，也是抒情；作者就像那出岫之云，出仕本属于"无心"；又像那归飞之鸟，对官场仕途已十分厌倦，终于在田园中找到了自己理想的归宿。"景翳翳以将入"，写夕阳在山，苍茫暮色将至；"抚孤松而盘桓"，则托物言志，以示孤高坚贞之节有如此松。这一大段，由居室至庭园，作者以饱蘸诗情之笔，逐层写出种种怡颜悦性的情景和令人流连忘返的景色，展现了一个与恶浊的官场截然相反的美好境界。

下一段再以"归去来兮"开头，着重抒写与世相忘的田园生活："或命巾车，或棹孤舟。既窈窕以寻壑，亦崎岖而经丘。"写农事之暇，乘兴出游，登山泛溪，寻幽探胜。"崎岖经丘"承"或命巾车"，指陆行；"窈窕寻壑"承"或棹孤舟"，指水路。音节和谐优美，读来有悠游从容之感。"木欣欣以向荣，泉涓涓而始流。善万物之得时，感吾生之行休。"触景生感，从春来万物的欣欣向荣中，感到大自然的迁流不息和人生的短暂，流露出及时行乐的思想。虽然略有感喟，但基调仍是恬静而开朗的。这一段承上启下，把笔触从居室和庭园延伸到郊原和溪山之间，进一步展拓出一个春郊事农和溪山寻幽的隐居天地；并且触物兴感，为尾段的抒情性议论作了过渡。

尾段抒发对宇宙和人生的感想，也是作者隐居心理的自白，"富贵非吾愿，帝乡不可期"，既不愿奔走求荣，也不想服药求仙；他所向往的是"怀良辰以孤往，或植杖而耘耔。登东皋以舒啸，临清流而赋诗。"良辰胜景，独自出游；除草培土，躬亲农桑；登山长啸，临水赋诗；一生志愿，于此已足。最后以"聊乘化以归尽，乐夫天命复奚疑"收束全文，表示随顺死生变化，一切听其自然，乐天知命而尽其余年。这是作者的处世哲学和人生结论，包含着从庸俗险恶的官场引身而退的痛苦反省，带给人正反两面的深刻体验。

这篇文章感情真挚，语言朴素，音节谐美，有如天籁，呈现出一种天然真色之美。作者直抒胸臆，不假涂饰，有很强的感染力。欧阳修评价，"晋无文章，惟陶渊明《归去来兮辞》而已"，的确不是谬赞。

文学常识

先秦散文与汉代文学

第一节　先秦散文

我国古代散文的产生,始于文字记事。从现有材料看来,商朝的甲骨卜辞中,已经出现不少完整的句子,可以看作是古代散文的雏形。西周青铜器上的铭文,有的长达三五百字,记录贵族事功、诉讼原委或赏赐情由等等,记叙的内容已经相当丰富。从殷商、西周,到春秋战国时期,散文由片段的文辞到详细的记事,由语录体、对话体,到较为系统完整的文字,走过了漫长的历程。

春秋战国时期是中国古代散文蓬勃发展的阶段,出现了许多优秀的散文著作,这就是中国文学史上的先秦散文。先秦散文分为两种,历史散文和诸子散文。前者包括《左传》《国语》《战国策》等历史著作;后者是儒、墨、道、法等学派的文章,其中如《论语》《墨子》《孟子》等,主要是孔丘、墨翟、孟轲的弟子对其师言行的记录,《庄子》《荀子》《韩非子》等则主要为本人的著作。

一、历史散文

《尚书》是我国古代第一部兼记叙和论述的散文集,也是我国最早的一部历史文献汇编,记载了商周君王对臣民发布的各种政令,文辞简练。《春秋》是鲁国的编年史,记事严谨,语言精练。先秦的历史散文可以说是文学性较强的散文。先秦的历史散文,以《左传》《国语》《战国策》为其代表。

《左传》全称《春秋左氏传》,又称《春秋左传》或《左氏春秋》。相传为春秋末年鲁国史官左丘明所作。《左传》是用历史事实来解释《春秋》的著作,也是优秀的散文典范。《左传》记事从鲁隐公元年(前722)始,至鲁哀公二十七年(前468)止,详细记载了二百五十多年间春秋时期各诸侯国政治、军事、外交等方面的情况和历史人物的言行。

《左传》最突出的成就是长于叙事,其主要特点是简洁生动,工巧严谨。作者创造性地运用了不少出色的艺术手法,使其叙事文约事丰,精妙优美,达到了微而显、婉而辩、精而腴、简而奥的辩证统一。

《国语》又名《春秋外传》或《左氏外传》,是我国最早的一部国别体史书。分别记载周王朝及诸侯各国的史事,以记言为主。全书共二十一卷,分别记载周、鲁、齐、晋、郑、楚、吴、越八国的史事;上起周穆王,下迄鲁悼公,包括的时代大体为西周末年至春秋时期,前后约五百年。《国语》虽以记言为主,但也注意写人,不同程度地揭示了当时形形色色的政治人物的精神面貌,刻画了一些性格较为鲜明的人物形象。如《晋语》中的重耳、骊姬、子犯,《吴语》中的夫差,《越语》中的勾践,都堪称有血有肉的生动形象。

《国语》旨在说教,其所记载,往往不忘从中引出某种教训,而教训要从史事中自然引出,因此记言叙事,无论文章长短,都把时间、地点、人物、事件、情节、因果等交代得清楚明白、井然有序。这是散文艺术的一大进步,标志着历史散文的新发展。

《战国策》,又名《国策》《国事》《事语》《长书》《短长》等,属国别体杂史著作。记载各国有关政治、外交、军事等方面的史实,经西汉著名学者刘向整理编订,定名为《战国策》。全书分十二国策,共三十三篇。《战国策》的思想内容较为驳杂,儒、墨、道、法、兵各家的思想都有所反映。此书所记主要人物大多为战国时代活跃于各国政治舞台之上的谋臣策士、说客游士。反映在政治观上,主要为崇尚计谋策略,尊奉机巧权变。表现在人生观上,则公开宣扬追求"势位富贵",争名逐利。这样的思想在《左传》《国语》诸书中都不曾有过,在当时无疑是观念的重大转变,具有新的时代特征。

《战国策》文笔恣肆,语言流畅,论事透辟,写人传神,还善于运用寓言故事和新奇的比喻来说明抽象的道理,具有浓厚的艺术魅力和文学趣味。《战国策》对我国两汉以来的史传文和政论文的发展产生了积极的影响。

《左传》和《战国策》对后世的散文家有着深刻影响。司马迁的《史记》曾经大量采用这两本书的材料,并汲取了它们的写作技巧和语言风格。汉代贾谊、晁错等人的政论文章的雄辩风格得之于这两书也很多。历代史书的编撰,以至唐宋散文家的记叙文,在语言和表现方法上,也都受到先秦散文的影响。

二、诸子散文

春秋末年,王权衰落,诸侯崛起,天下纷争。与之相应,官失其守,礼崩乐坏,士阶层蔚然成风,私学兴起,私家著述相继出现。到战国时,百家争鸣,著书立说,成为风尚。据《汉书·艺文志》记载,当时主要诸子有儒、道、阴阳、法、名、墨、纵横、农、杂、小说家十家。先秦诸子指的就是这一时期诸子百家阐述各自对自然、社会不同观点和主张的哲理性著作。

先秦诸子散文的发展,可分为三个阶段。春秋末、战国初为第一阶段,代表作有《论语》《墨子》,文章多为语录体,或为简明的议论短章;战国中期为第二阶段,代表作是《孟子》《庄子》,文章逐渐由语录体发展为对话式论辩文与专题论文;战国后期为第三个阶段,《荀子》《韩非子》是其代表作,文章基本上都是宏篇巨制的专题论文,完善了论说文的体制。

先秦诸子具有鲜明的特点。思想上,他们都坚持独立思考,各抒己见,放言无惮。如孔子提倡仁义礼乐,墨子主张兼爱尚贤,庄子主张自然无为,韩非子则大倡法术。文风上,诸子各具个性和风格。如《论语》简括平易、迂徐含蓄,《墨子》质朴明快、善于类推,《孟子》气势恢宏、词锋雄辩,《庄子》汪洋恣肆、文思奇幻,《荀子》浑厚缜密、比喻繁富,《韩非子》严峻峭拔、论辩透辟。语言上,他们都善用比兴,深于取象。如《庄子》"寓言十九",引物连类,取象之深厚,为诸子之最。文体发展上,先秦诸子散文首先确立了论说文的体制。从语录体的有观点无论证,到论点明确、论据充分、逻辑严密、结构完整的专题论说文,显示了我国论说文发展的大致风貌。此外,先秦诸子散文中一些故事叙述,类似于小说,为后世的叙事文学提供了营养。

先秦诸子散文,在思想和创作上,对我国几千年来的政治制度、文化艺术等各方面都产生了极为深远的影响。

《论语》是由孔子弟子及再传弟子编写而成的记述孔子言行的著作。《论语》一书比较集中地反映了孔子的思想。孔子的政治思想核心是"仁"与"礼"。《论语》以语录体为主,叙事体为辅,语言简练,含义深远,雍容和顺。其中许多形象化的语言,往往包含着深远的社会和道德意义。例如,孔子说:"岁寒然后知松柏之后凋也。"这既是对松柏的礼赞,又是对一种坚强人格的称颂,形象与哲理交融在一起。

《老子》传说为老子所著。老子即李耳,字聃,故又名老聃,春秋时楚国人,今存《老子》共八十一章,上篇三十七章,称《道经》,下篇四十四章,称《德经》,因此《老子》又称《道德经》。《老子》的哲学思想以"道"为核心。老子认为"道"是天地万物的本源,是万事万物存在与变化的普遍原则和根本规律。《老子》采用大量的韵语,排比、对偶句式,行文参差错落,变化多端,阐明深奥的哲理,并且言辞简要、旨意深远。

《墨子》是一部包括墨子及墨家各派学说的著作,由墨子弟子及其后学记录、整理、汇编而成。墨子名翟,鲁国(一说宋国)人。生平事迹不详,大约生于孔子之后,活动于战国初期。墨子大概出身于手工业者家庭。他擅长机械,通晓军事,曾亲率门下弟子助宋御楚。先始学儒,后自创墨家学派。《墨子》文章的一大特点是讲究实用,不重文采。《墨子》语言质朴,但有很强的逻辑性,善于运用具体事例来说明道理,又经常从具体问题的争论中做出概括性的总结。

《孟子》主要反映了孟子的思想和风格。孟子(前372?—前289),名轲,邹(今山东邹城东南)人,鲁国贵族孟孙氏后裔。孟子政治思想的核心是实行"仁政"和"王道"。散文的特点是气势充沛,感情强烈,笔端锋芒显露。《孟子》的文章善于运用对话,因势利导,巧妙地把对方引入自己预设的结论之中,从而使对方心悦诚服。《孟子》的文章还善用比喻。《孟子》散文还大量使用排比、叠句等修辞手法,使其文章形成气势磅礴、畅达雄辩的风格。语言上,《孟子》散文明白晓畅,简洁凝练,对后世散文语言影响很大。

《庄子》是先秦道家一派的代表著作,作者相传为庄子。庄子(约前369—前286),名周,战国中期宋国蒙(今河南商丘东北)人。庄子是我国文学史上一位杰出的语言艺术大师,为文得心应手,意到笔随。《庄子》今存三十三篇,包括内篇七、外篇十五、杂篇十一,在先秦诸子散文中文学性最强。《庄子》想象神奇,在古代散文中独树一帜。《庄子》寓言故事丰富,并且很多故事由作者自创。这些寓言故事也不是简单的比喻,而是有着奇幻斑斓的色彩。

《荀子》反映了荀子的思想和风格。荀子(约前313—前238),名况,战国末期赵国人,著名的思想家、文学家、政治家,时人尊称"荀卿"。荀子对儒家思想有所发展,主张人性有恶,否认天赋的道德观念,强调后天环境和教育对人的影响。荀子的文章素有"诸子大成"的美称,铺陈扬厉,说理透辟;行文简洁,精练有味;警句迭出,耐人咀嚼。《荀子》文章朴实浑厚、详尽严谨,句式比较整齐,而且擅长用多样化的比喻阐明深刻道理。

《韩非子》的文章注重论述,论事证理切中要害而又精辟深刻。在先秦诸子中,韩非子的分析力最强。有一篇写亡国的理由,竟写了47条之多。他的文章中也大量引用寓言故事和历史知识,我们今天还在运用的成语,如守株待兔、买椟还珠等,都出自《韩非子》。

先秦诸子散文风格多样,或气势磅礴,或雄辩锐利,或浪漫奇幻,对我国文学的发展产生了深远的影响。

第二节　汉　赋

汉赋是继《诗经》《楚辞》之后,在中国文坛上兴起的一种新的文体。汉朝经济发达,国力强盛,为汉赋的兴起提供了雄厚的物质基础;而统治者对赋的喜爱和提倡,使文人士大夫争相以写赋为能事,汉赋于是成为汉代四百年间文人创作的主要文学样式,成为汉代最流行的文体。

汉赋是一种有韵的散文,它的特点是散韵结合,专事铺叙。汉赋的写作题材大体分为五个方面:一是渲染宫殿城市;二是描写帝王游猎;三是叙述旅行经历;四是抒发不遇之情;五是杂谈禽兽草木。这五类创作内容中,又以前两项内容为汉赋的代表性题材。

汉赋根据其形成和发展阶段分为骚体赋、大赋、小赋三大类。汉初六十年是骚体赋的发展时期。骚体赋代表作有贾谊的《吊屈原赋》和《鹏鸟赋》、淮南小山的《招隐士》、枚乘的《七发》等。贾谊的作品直接受屈原《九章》和《天问》的影响,保留着加"兮"的传统,其语言是四言和散句的结合,表现手法为抒情言志。

从汉武帝时期到东汉中叶,是汉赋的全盛时期,大赋得到极大的发展。大赋又叫散体大赋,大赋往往长篇大论,结构恢宏,气势磅礴,语言铺张扬厉,堆砌辞藻。代表作品有司马相如的《子虚赋》《上林赋》,扬雄的《甘泉赋》《河东赋》《羽猎赋》《长杨赋》,班固的《两都赋》,张衡的《二京赋》等。

司马相如是汉代大赋的奠基者和成就最高的代表作家,《子虚》《上林》是他的代表作品。司马相如的这两篇赋在汉赋发展史上有极重要的地位,它以华丽的辞藻,夸饰的手法,韵散结合的语言和设为问答的形式,大肆铺陈宫苑的壮丽和帝王生活的豪华,充分表现出汉大赋的典型特点,从而确定了一种铺张扬厉的大赋体制和所谓"劝百讽一"的传统。后来一些描写京都宫苑、田猎巡游的大赋都仿效这两篇赋,但在规模气势上又始终难以超越。

扬雄是西汉末年最著名的赋家。《甘泉》《河东》《羽猎》《长杨》四赋是他的代表作。这些赋在思想、题材和写法上,都与司马相如的《子虚》《上林》相似,不过赋中的讽谏成分明显增加,在艺术水平上也有了进一步的提高,后世常以"扬、马"并称。

东汉中叶以后,汉赋风格发生了变化,由专事歌功颂德的长篇大赋转变为抒情咏物的短篇小赋。小赋扬弃了大赋篇幅冗长、辞藻堆砌、舍本逐末、缺乏情感的缺陷,在保留汉赋基本文采的基础上,创造出篇幅较小、文采清丽、讥讽时事、抒情咏物的短篇小赋,赵壹、蔡邕、祢衡等都是小赋的高手。小赋的代表作品有张衡的《归田赋》、赵壹的《刺世嫉邪赋》、蔡邕的《述行赋》、祢衡的《鹦鹉赋》等。

第三节　史传文学

一、《史记》

中国史传文学最有代表性的是西汉司马迁的《史记》。

司马迁(前145—前87?),字子长,夏阳(今陕西韩城南)人。西汉史学家、散文家。司马谈之子,任太史令,因替李陵败降之事辩解而受宫刑,后任中书令,被后世尊称为史迁、太史公、历史之父。他以其"究天人之际,通古今之变,成一家之言"的史识创作了《史记》。

　　《史记》原名《太史公书》《太史公记》《太史记》,是中国历史上第一部纪传体通史,被列为"二十四史"之首,被公认为是中国史书的典范。该书记载了从上古传说中的黄帝时期,到汉武帝太初元年,长达2000多年的历史,与后来的《汉书》《后汉书》《三国志》合称"前四史"。

　　内容上,《史记》分本纪、表、书、世家、列传五部分。全书有本纪十二篇,表十篇,书八篇,世家三十篇,列传七十篇,共一百三十篇,约五十二万六千五百字。其中本纪和列传是主体。它以历史上的帝王等政治中心人物为史书编撰的主线,各种体例分工明确,其中,本纪、世家、列传三部分,都是以写人物为中心来记载历史的,由此,司马迁创立了史书新体例"纪传体"。

　　"本纪"是全书提纲,以王朝的更替为体,按年月时间记述帝王等人的言行政绩。"表"用年表来简列世系、人物和史事;"书"记述制度发展,涉及礼乐制度、天文兵律、社会经济、河渠地理等诸方面内容;"世家"记述子孙世袭的王侯封国史迹和特别重要的人物事迹;"列传"是帝王诸侯外其他各方面代表人物的生平事迹和少数民族的传记。

　　《史记》是一部伟大的历史著作,也是一部伟大的传记文学作品。在史学和文学两个方面,都对后世产生了深远的影响。其首创的纪传体编史方法为后来历代"正史"所传承。《史记》作为一部优秀的文学著作,在中国文学史上有重要的地位,鲁迅先生在他的《汉文学史纲要》一书中称赞《史记》是"史家之绝唱,无韵之离骚"。刘向等人认为《史记》"善序事理,辩而不华,质而不俚"。

　　《史记》的文学成就主要体现在叙事艺术及人物形象塑造方面。在叙事上,非常注重对事件因果关系更深层次的探究。在章法、句式、用词等方面别出心裁,不循常规,以其新异和多变而产生独特的效果。在人物塑造上,《史记》善于通过细节描写、对比映衬等方法,将人物置于矛盾冲突中来刻画人物形象。如《项羽本纪》中的"鸿门宴",作者选择表面平静,实际杀机四伏的鸿门场面,让众多人物在明争暗斗和彼此映衬中展示出了各自鲜明的个性。除此以外,还有"互见法"的运用,即在一个人物的传记中着重表现他的主要特征,而在其他方面的性格特征则放到别人的传记中显示,这一方法既避免了行文重复,又使每一个人物的性格保持了统一。

　　二、《汉书》

　　东汉班固的《汉书》是继西汉司马迁《史记》之后又一部重要史书。

　　班固(32年—92),字孟坚,扶风安陵(今陕西咸阳)人,东汉著名史学家、文学家。班固出身儒学世家,其父班彪、伯父班嗣,皆为当时著名学者。班固一生著述颇丰。作为史学家,创作了《汉书》;作为辞赋家,班固是"汉赋四大家"之一,《两都赋》开创了京都赋的范例;同时,班固还是经学理论家,他编辑撰成的《白虎通义》,集当时经学之大成,使谶纬神学理论化、法典化。

《汉书》又称《前汉书》,是中国第一部纪传体断代史,"二十四史"之一。《汉书》与《史记》《后汉书》《三国志》并称为"前四史"。《汉书》全书主要记述了上起西汉的汉高祖元年(前206),下至新朝王莽地皇四年(23)约230年的史事。《汉书》在体例上承袭《史记》,只改"书"为"志",取消"世家",并入"列传"。全书包括本纪十二篇,表八篇,志十篇,传七十篇,共一百篇,后人划分为一百二十卷,全书共八十万字。

《汉书》新增加了《刑法志》《五行志》《地理志》《艺文志》。《刑法志》第一次系统地叙述了法律制度的沿革和一些具体的律令规定。《地理志》记录了当时的郡国行政区划、历史沿革和户口数字,有关各地物产、经济发展状况、民情风俗的记载更加引人注目。《艺文志》考证了各种学术派别的源流,记录了存世的书籍,是我国现存最早的图书目录。《汉书》新创立的四种志,使得对于西汉的政治经济制度和社会文化的记载,比《史记》更加完备,从而提高了《汉书》的史料价值。

《汉书》与《史记》同为纪传体史书。不同的是,《史记》是一部通史;而《汉书》却是专一记述西汉一朝史事的断代史。这种纪传体的断代史体裁,是班固所独创的。以后历代的"正史"都采用了这种体裁。这是班固对于我国史学的重大贡献。这种断代为史的体例,受到后来封建史学家的赞誉,并成为历代"正史"编纂的依据。

在编纂体例方面,《汉书》继承而又发展《史记》的编纂形式,使纪传体成为一种更加完备的编纂体例。纪传体以人物传记为中心,虽然各自独立成篇,但彼此间又互有联系,因此全书可以合成一整体。它既能扼要列举历史发展的大概,又可以详细记述有关的史事;既便于查看个别人物活动的情况,又能顾及典章制度的历史沿革。其优点极多,因而能为后世史家所采用。

《汉书》以"实录"精神写社会各阶层人物,平实中见生动,堪称后世传记文学的典范,例如《霍光传》《苏武传》《外戚传》《朱买臣传》等,人物传记中的历史事件描述得绘声绘色,人物形象刻画得栩栩如生,人物性格鲜明而传神,其艺术性并不比《史记》中的人物传记逊色。

语言知识

文言虚词

一、什么是文言虚词

文言文中一般不作句子成分,不表示实在的意义的词叫作文言虚词。它的主要作用是组合语言单位。虚词种类主要有副词、介词、连词、助词、代词、叹词、象声词七种,其中前五种使用较多且复杂。

文言虚词大多是从实词借用或实词虚化而来的,因而某个词可以同时兼有实、虚两种用法的情形极为常见,学习时必须分清楚,哪是实哪是虚。如"谁为大王为此计者"(《鸿门宴》),前一个"为"是介词,是"替"或"给"的意思。后一个"为"是动词,是"做出"或"制定"的意思

二、文言虚词的特点

1. 用法的灵活

往往一个字,有好几种用法,好几种解释,甚至分属好几类词。

2. 使用频率高

许多常用的虚词,在一篇文章中会多次出现。

3. 语法功能强

实词往往要靠虚词的组合、连接、辅助而组成完整的句子,体现不同的意思,抒发不同的情感,表达不同的语气。

三、常用文言虚词的种类

1. 代词

代词是代替名词的一种词类。大多数代词具有名词和形容词的功能。常见的代词有:"之""其""何""若"等。

2. 连词

用来连接词与词、词组与词组或句子与句子,表示某种逻辑关系的虚词。连词可以表并列、承接、转折、因果、选择、假设、比较、让步等关系。常见的连词有:"则""以""而""若""且"等。

3. 介词

介词是用在词或词组前面，一起组成"介词结构"，作动词、形容词的附加成分，表示时间、处所、方式、条件、对象等的虚词。常见的介词有："以""于""为""因""与"等。

4. 副词

用来修饰动词、形容词、副词或全句的词，说明时间、地点、程度、方式等的词语。常见的副词有："其""乃""且"等。

5. 助词

表示附加关系或时态等语法意义或语气的虚词。分结构助词、时态助词、比况助词、语气助词等。常见的助词有："所""也""者""之""乎"等。

6. 叹词

叹词是表示强烈感情或呼唤、应答的词。常见的汉词有："噫""吁""也""矣""乎""哉""兮"等。

四、使用频率较高的虚词及其用法

在文言文中，出现频率最高的文言虚词有 18 个：而、何、乎、乃、其、且、若、所、为、焉、也、以、因、于、与、则、者、之。这些虚词的主要用法如下。

【而】

（一）用作连词。

1. 表示并列关系。一般不译，有时可译为"又"。如：蟹六跪而二螯，非蛇鳝之穴无可寄者。（《劝学》）

2. 表示递进关系。可译为："并且"或"而且"。如：以其求思之深而无不在也。（《游褒禅山记》）

3. 表示承接关系。可译为"就""接着"，或不译。如：故舍汝而旅食京师，以求斗斛之禄。（《陈情表》）

4. 表示转折关系。可译为"但是""却"。如：青，取之于蓝，而青于蓝。（《劝学》）

5. 表示假设关系。可译为"如果""假如"。如：诸君而有意，瞻予马首可也。（《冯婉贞》）

6. 表示修饰关系，即连接状语。可不译。如：吾尝跂而望矣，不如登高之博见也。（《劝学》）

7. 表示因果关系，可译为"因此""所以"。如：表恶其能而不用也。（《赤壁之战》）

8. 表示目的关系。如：缦立远视，而望幸焉。（《阿房宫赋》）

（二）通"尔"，用作代词，第二人称，可译为"你的"；偶尔也作主语，可译为"你"。如：而翁归，自与汝复算耳。（《促织》）

（三）通"如"，好像，如同。如：军惊而坏都舍。（《察今》）

【何】

（一）用作疑问代词。

1. 单独作谓语，后面常有语气助词"哉""也"。可译为"为什么""什么原因"。如：何者？严大国之威以修敬也。（《史记·廉颇蔺相如列传》）

2. 作动词或介词的宾语。可译为"哪里""什么"。译时，"何"要后置。如：豫州今欲何至？（《赤壁之战》）

3. 作定语。可译为"什么""哪"。如：其间旦暮闻何物，杜鹃啼血猿哀鸣。（《琵琶行》）

（二）用作疑问副词。

1. 用在句首或动词前，常表示反问。可译为"为什么""怎么"。如：何不按兵束甲，北面而事之？（《赤壁之战》）

2. 用在形容词前，表示程度深。可译为"怎么""多么""怎么这样"。如：至于誓天断发，泣下沾襟，何其衰也！（《伶官传序》）

（三）作语助词，相当于"啊"。如：新妇车在后，隐隐何甸甸。（《孔雀东南飞》）

（四）通"呵"，喝问。如：信臣精卒陈利兵而谁何。（谁何：呵问他是谁。表示检查盘问。）（《过秦论》）

【乎】

（一）用作语气助词。

1. 表疑问语气。可译为"吗""呢"。如：几寒乎？欲食乎？（《项脊轩志》）

2. 表示反问语气。相当于"吗""呢"。如：吾师道也，夫庸知其年之先后生于吾乎？（《师说》）

3. 表测度或商量语气。可译为"吧"。如：日食饮得无衰乎（《触龙说赵太后》）

4. 用于感叹句或祈使句。可译为"啊""呀"等。如：宜乎百姓之谓我爱也。（《齐桓晋文之事》）

5. 用在句中的停顿处。

（二）用作介词。相当于"于"，在文中有不同的翻译。如：醉翁之意不在酒，在乎山水之间也。（《岳阳楼记》）（乎：于）

（三）作词尾。可译为"……的样子""……地"。如：以无厚入有间，恢恢乎其于游刃必有余地矣。（《庖丁解牛》）

【乃】

（一）用作副词。

1. 表示前后两事在情理上的顺承或时间上的紧接。可译为"才""这才""就"等。如：设九宾于廷，臣乃敢上璧。（《史记·廉颇蔺相如列传》）

2. 强调某一行为出乎意料或违背常理。可译为"却""竟（然）""反而"等。如：问今是何世，乃不知有汉。（《桃花源记》）

3. 可表示对事物范围的一种限制。可译为"只""仅"等。如：项王乃复引兵而东，至东城，乃有二十八骑。（《史记·项羽本纪》）

4. 用在判断句中，起确认作用。可译为"是""就是"等。如：若事之不济，此乃天也。（《赤壁之战》）

（二）用作代词。

1. 用作第二人称，常作定语，可译为"你的"；也作主语，可译为"你"。不能作宾语。如：王师北定中原日，家祭无忘告乃翁。（陆游《示儿》）

2. 用作指示代词。可译为"这样"。如：夫我乃行之，反而求之，不得吾心。（《齐桓晋文之》）

3. 还可作连词用。可译为"若夫""至于""如果"等。

【其】

（一）用作代词，又分几种情况。

1. 第三人称代词，作领属性定语。可译为"他的""它的"（包括复数）。如：臣从其计，大王亦幸赦臣。（《史记·廉颇蔺相如列传》）

2. 第三人称代词，在主谓短语中作主语。可译为"他""它"（包括复数）。如：秦王恐其破璧。（《史记·廉颇蔺相如列传》）

3. 活用为第一人称或第二人称。可译为"我的""我（自己）"或者"你的""你"。如：今肃迎操，操当以肃还付乡党，品其名位，犹不失下曹从事。（《赤壁之战》）

4. 指示代词，表示远指。可译为"那""那个""那些""那里"。如：及其出，则或咎其欲出者。（《游褒禅山记》）

5. 指示代词，表示近指。相当于"这""这个""这些"。如：有蒋氏者，专其利三世矣。（《捕蛇者说》）

5. 指示代词，表示"其中的"，后面多为数词。如：于乱石间择其一二扣之。（《石钟山记》）

（二）用作副词。

1. 加强祈使语气。相当于"可""还是"。如：攻之不克，围之不继，吾其还也。（《烛

之武退秦师》)

2.加强揣测语气。相当于"恐怕""或许""大概""可能"。如:圣人之所以为圣,愚人之所以为愚,其皆出于此乎?(《师说》)

3.加强反问语气。如:相当于"难道""怎么"。如:以残年余力,曾不能毁山之一毛,其如土石何?(《愚公移山》)

(三)用作连词。

1.表示选择关系。相当于"是……还是……"。如:其真无马邪?其真不知马也。(《马说》)

2.表示假设关系。相当于"如果"。沛然下雨,则苗浡然兴之矣。其若是,孰能御之?(《孟子见梁襄王》)

(四)助词,起调节音节的作用,可不译。路曼曼其修远兮,吾将上下而求索。(《离骚》)

【且】

(一)用作连词。

1.递进关系,而且,并且。如:且立石于其墓之门。(《五人墓碑记》)

2.递进关系,况且,再说。如:且壮士不死即已,死即举大名耳。(《陈涉世家》)

3.让步关系,尚且,还。如:臣死且不避,卮酒安足辞!(《鸿门宴》)

4.并列关系,又,又……又……,一面……,一面……如:示赵弱且怯也。(《史记·廉颇蔺相如列传》)

(二)用作副词。

1.将,将要。如:有怠而欲出者,曰:"不出,火且尽。"(《游褒禅山记》)

2.暂且,姑且。如:存者且偷生,死者长已矣!(《石壕吏》)

【若】

(一)动词,像,好像。

如:视之,形若土狗,梅花翅,方首,长胫,意似良。(《促织》)

(二)用作代词。

1.表对称。相当于"你""你们";作定语时则译为"你的"。如:若入前为寿,寿毕,请以剑舞。(《鸿门宴》)

2.表近指。相当于"这""这样""如此"。如:以若所为求若所欲,犹缘木而求鱼也。(《齐桓晋文之事》)

(三)用作连词。

1.表假设。相当于"如果""假设"等。如:若据而有之,此帝王之资也。(《赤壁之战》)

2．表选择。相当于"或""或者"。如：以万人若一郡降者,封万户。(《汉书·高帝纪》)

3．至,至于。如：若民,则无恒产,因无恒心。(《齐桓晋文之事》)

【所】

(一)名词,处所,地方。

如：又间令吴广之次所旁丛祠中。(《陈涉世家》)

(二)助词。

1．放在动词前同动词组成"所"字结构,表示"所……的人""所……的事物""所……的情况"等。如：道之所存,师之所存也。(《师说》)

2．"所"和动词结合,后面再有名词性结构,则所字结构起定语的作用。如：臣所过屠者朱亥。(《信陵君窃符救赵》)

【为】

(一)动词。

1．有"做""作为""充当""变成""成为"等义,翻译比较灵活。如：斩木为兵,揭竿为旗。(《过秦论》)

2．以为,认为。如：此亡秦之续耳。窃为大王不取也。(《鸿门宴》)

3．判断词,是。如：如今人方为刀俎,我为鱼肉。(《史记·廉颇蔺相如列传》)

(二)介词。

1．表被动,有时跟"所"结合,构成"为所"或"为……所",译为"被"。如：吾属今为之虏矣。(《鸿门宴》)

2．介绍原因或目的。为了,因为。如：慎勿为归死,贵贱轻何薄。(《孔雀东南飞》)

3．介绍涉及的对象。给,替。如：于是秦王不怿,为一击缶。(《史记·廉颇蔺相如列传》)

4．对,向。如：为之奈何?(《鸿门宴》)

5．表示动作、行为的时间。可译为"当""等到"等。如：为其来也,臣请缚一人过王而行。(《晏子使楚》)

(三)句末语气词,表示疑问或反诘。"呢"。如：如今人方为刀俎,我为鱼肉,何辞为。(《鸿门宴》)

【焉】

(一)兼词。

1．相当于"于之""于此""于彼"。如：三人行,必有我师焉。(《论语》)

2．相当于"于何"。可译为"在哪里""从哪里"等。如：且焉置土石?(《愚公移山》)

（二）代词。

1. 相当于"之"。如：惟俟夫观人风者得焉。（《捕蛇者说》）

2. 哪里，怎么。如：未知生，焉知死。（《论语》）

（三）语气词。

1. 句末语气词，了，啊，呢。如：至丹以荆卿为计，始速祸焉。（《六国论》）

2. 作句中语气词，表示停顿。相当于"也"。如：句读之不知，惑之不解，或师焉，或否焉，小学而大遗。（《师说》）

3. 作词尾，相当于"然"，译为"……的样子""……地"。如：于乱石间择其一二扣之，硿硿焉。（《石钟山记》）

【也】

（一）句末语气词。

1. 表示判断语气。如：城北徐公，齐国之美丽者也。（《邹忌讽齐王纳谏》）

2. 句末语气词，表示陈述或解释语气。如：即不忍其觳觫，若无罪而就死地，故以羊易之也。（《齐桓晋文之事》）

3. 用在句中或句末，表示肯定、感叹的语气。如：呜呼！灭六国者六国也，非秦也。族秦者秦也，非天下也。（《过秦论》）

4. 用在句末，表示疑问或反诘语气。如：公子畏死邪？何泣也？（《信陵君窃符救赵》）

5. 用在句末，表示祈使语气。如：攻之不克，围之不继，吾其还也。（《崤之战》）

（二）句中语气词。

用在句中，表示语气停顿。如：是说也，人常疑之。（《石钟山记》）

【以】

（一）介词。

1. 表示工具。可译为"拿""用""凭着"。如：愿以十五城请易璧。（《史记·廉颇蔺相如列传》）

2. 表示凭借。可译为"凭""靠"。如：以勇气闻于诸侯。（《史记·廉颇蔺相如列传》）

3. 表示所处置的对象。可译为"把"。如：操当以肃还付乡党。（《赤壁之战》）

4. 表示时间、处所。可译为"于""在""从"。如：以八月十三斩于市。（《谭嗣同传》）

5. 表示原因。可译为"因为""由于"。如：赵王岂以一璧之故欺秦邪？（《史记·廉颇蔺相如列传》）

6. 表示依据。可译为"按照""依照""根据"。如：今以实校之。（《赤壁之战》）

（二）连词。

1. 表示并列或递进关系。可译为"而""又""而且""并且"等，或者省去。如：夫夷以近，则游者众。（《游褒禅山记》）

2. 表示承接关系，前一动作行为往往是后一动作行为的手段或方式。可译为"而"或省去。如：余与四人拥火以入。（《石钟山记》）

3. 表示目的关系，后一动作行为往往是前一动作行为的目的或结果。可译为"而""来""用来""以致"等。如：请立太子为王，以绝秦望。（《史记·廉颇蔺相如列传》）

4. 表示因果关系，常用在表原因的分句前，可译为"因为"。如：不赂者以赂者丧。（《六国论》）

5. 表示修饰关系，连接状语和中心语。可译为"而"或省去。如：木欣欣以向荣，泉涓涓而始流。（陶渊明《归去来兮辞》）

（三）助词。

1. 作语助，表示时间、方位和范围。如：受命以来，夙夜忧叹。（以：表时间）（《出师表》）

2. 作语助，起调整音节作用。如：逆以煎我怀。（《孔雀东南飞》）

（四）动词。

1. 以为，认为。如：老臣以媪为长安君计短也。（《触龙说赵太后》）

2. 用，任用。如：忠不必用兮，贤不必以。（《涉江》）

（五）名词。可译为：缘由，原因。如：古人秉烛游，良有以也。（李白《春夜宴桃李园序》）

（六）通假。

1. 通"已"，已经。固以怪之矣。如：日以尽矣。（《荆轲刺秦王》）

2. 通"已"，止。如：无以，则王乎？（《齐桓晋文之事》）

【因】

（一）介词。

1. 依照，根据。如：罔不因势象形。（《核舟记》）

2. 依靠，凭借。如：因利乘便，宰割天下，分裂山河。（《过秦论》）

3. 趁着，趁此。如：不如因而厚遇之。（《鸿门宴》）

4. 通过，经由。如：因宾客至蔺相如门谢罪。（《鸿门宴》）

5. 因为，由于。如：恩所加则思无因喜以谬赏。（《谏太宗十思疏》）

（二）副词。

1. 于是，就；因而。如：因拔刀斫前奏案。（《赤壁之战》）

2. 原因,缘由,机缘。如:于今无会因。(《孔雀东南飞》)

（三）动词。

1. 根据。如:故事因于世,而备适于事。(《五蠹》)

2. 沿袭,继续。如:蒙故业,因遗策。(《过秦论》)

【于】

（一）介词。

1. 在,从,到。如:从径道亡,归璧于赵。《廉颇蔺相如列传》

2. "在……方面""从……中"。如:于人为可讥,而在己为悔。(《游褒禅山记》)

3. 由于。如:业精于勤、荒于嬉。(《进学解》)

4. 向,对,对于。如:请奉命求救于孙将军。(《赤壁之战》)

5. 被。如:君幸于赵王。(《廉颇蔺相如列传》)

6. 与,跟,同。如:燕王欲结于君。(《廉颇蔺相如列传》)

7. 比。如:孔子曰:"苛政猛于虎也。"(《论语》)

【与】

（一）介词。

1. 介词。和,跟,同。如:沛公军霸上,未得与项羽相见。(《鸿门宴》)

2. 给,替。如:陈涉少时,尝与人佣耕。(《史记·陈涉世家》)

3. 比,和……比较。如:吾孰与徐公美。(《邹忌讽齐王纳谏》)

（二）连词。

1. 连词。和,跟,同。如:然谋臣与爪牙之士,不可不养而择也。(《勾践灭吴》)

（三）动词。

1. 给予,授予。如:则与一生彘肩。(《鸿门宴》)

2. 结交,亲附。如:因人之力而敝之,不仁;失其所与,不知。(《烛之武退秦师》)

3. 对付。如:庞煖易与耳。(《史主·燕召公世家》)

4. 参加,参与。如:蹇叔之子与师。(《蹇叔哭师》)

5. 赞许,同意。如:朝过夕改,君子与之。(《汉书·翟方进传》)

（四）通假,通"欤"。句末语气词,表示感叹或疑问。如:无乃尔是过与。(《季氏将伐颛臾》)

【则】

（一）连词。

1. 表示承接关系。可译为"就""便",或译为"原来是""已经是"。如:项王曰:"壮士! 赐之卮酒。"则与斗卮酒。(《鸿门宴》)

2．表示条件、假设关系。可译为"假使""如果""要是……就""那么""就""便"。如：入则无法家拂士，出则无敌国外患者，国恒亡。（《生于忧患，死于安乐》）

3．表示并列关系。这种用法都是两个或两个以上的"则"连用，每个"则"字都用在意思相对、结构相似的一个分句里，表示分句之间是并列关系。可译为"就"或不译。如：位卑则足羞，官盛则近谀。（《师说》）

4．表示转折、让步关系。表示转折时，用在后一分句，可译为"可是""却"；表示让步时，用在前一分句，可译为"虽然""但是"。如：于其身也，则耻师焉，惑矣。（《师说》）

5．表示选择关系。常和"非""不"呼应着用，可译为"就是""不是……就是"。如：非死则徙尔。（《捕蛇者说》）

（二）副词。

1．用在判断句中，起强调和确认作用，可译作"是""就是"。如：此则岳阳楼之大观也。（《岳阳楼记》）

2．表对已然或发现的强调。可译为"已经""原来""原来已经"。如：及诸河，则在舟中矣。（《殽之战》）

（三）名词。

1．指分项或自成段落的文字的条数。《论语》六则。

2．准则，法则。如：以身作则（《论语·子路》）。

（四）动词，效法。如：遵后稷、公刘之业，则古公、公季之法。（《史记·周本纪》）

（五）通假，通"辄"。总是，常常。如：居则曰："不吾知也！"（《子路曾晳冉有公西华侍坐》）

【者】

（一）助词。

1．指人、物、事、时、地等。"……的""……的（人、东西、事情）"。如：有复言令长君为质者，老妇必唾其面！（《触龙说赵太后》）

2．用在数词后面，译为"……个方面""……样东西""……件事情"。如：此数者，用兵之患也。（《赤壁之战》）

3．用作"若""似""如"的宾语，译为"……的样子"。如：言之，貌若甚戚者。（《捕蛇者说》）

4．放在后置的定语后面，相当于"的"。如：求人可使报秦者，未得。（《史记·廉颇蔺相如列传》）

5．放在主语后面，引出判断，不必译出。如：廉颇者，赵之良将也。（《史记·廉颇蔺相如列传》）

6. 用在"今""昔"等时间词后面,不必译出。如:近者奉辞伐罪。(《赤壁之战》)

7. 放在分句的句末,引出原因。如:然操遂能克绍,以弱为强者,非惟天时,抑亦人谋也。(《赤壁之战》)

(二)语气词。

1. 放在疑问句的句末,表示疑问语气等。如:谁为大王为此计者?(《鸿门宴》)

【之】

(一)代词。

1. 第三人称代词,他、她、它(们)。有时灵活运用于第一人称或第二人称。如:太后盛气而揖之。(《触龙说赵太后》)

2. 指示代词,这,此。如:夫子欲之,吾二臣者皆不欲也。(《季氏将伐颛臾》)

(二)助词。

1. 相当于现代汉语的"的",放在定语和中心语之间。如:虎兕出于柙,龟玉毁于椟中,是谁之过与?(《季氏将伐颛臾》)

2. 放在主语和谓语之间,取消句子的独立性。如:臣之壮也,犹不如人;今老矣,无能为也已。(《烛之武退秦师》)

3. 放在倒置的动(介)宾短语之间,作为宾语提前的标志。如:句读之不知,惑之不解,或师焉,或不焉。(《师说》)

4. 放在倒置的定语与中心语之间,作为定语后置的标志。如:蚓无爪牙之利,筋骨之强。(《劝学》)

5. 用在时间词或动词(多为不及物动词)后面,凑足音节,没有实在意义。如:填然鼓之,兵刃既接,弃甲曳兵而走。(《寡人之于国也》)

(三)动词,到……去。如:胡为乎遑遑欲何之?(《归去来兮辞》)

单元测验　　　单元讨论题

智慧谋略

　　几乎在社会生活的每一处都能找到智慧谋略的踪迹,大到治国平天下,小到修身齐家。在一个人的成长中,智慧谋略水平是其人生成功的基点。高水平的智慧谋略是现代职业人高素质的重要特征。本单元精读部分主要围绕"智慧谋略"这一主题,试图以此开启我们的智慧人生。先贤哲人的思想处处显现出智慧的光芒,我们选取了《孙子兵法》中的《谋攻》《左传》中的《郑伯克段于鄢》《战国策》中的《冯谖客孟尝君》等作品从不同方面予以展现。《谋攻》阐述了通过智谋达到"不战而屈人之兵"的"全胜"思想,《郑伯克段于鄢》与《冯谖客孟尝君》两文通过人物故事的呈现分别凸显了欲擒故纵与未雨绸缪等处事韬略。

　　在作品欣赏部分,我们聚焦于唐诗,选取了六位著名诗人的重要作品,包括李白的《梦游天姥吟留别》、杜甫的《丽人行》、王维的《终南山》、高适的《燕歌行》、白居易的《买花》以及李商隐的两首无题诗等。我们通过这些诗篇的学习,能更深入地了解诗人及其创作特点与艺术成就,为全面把握唐诗打开一个个窗口。

　　本单元文学常识部分,我们讲的是唐诗,在对唐诗作整体梳理的基础上,按照唐诗的纵向分期逐一介绍了重要诗派与诗人,包括初唐时期的"初唐四杰"、陈子昂等,盛唐时期的田园诗派、边塞诗派、李白、杜甫等,中唐时期的元白诗派、韩孟诗派及柳宗元等,晚唐时期的杜枚与李商隐。概要式的讲述试图使我们能领略到唐诗的博大与辉煌。

　　在语言知识部分,我们着重讲解文言句式,从一般句式和特殊句式两方面展开,主要包括判断句、被动句、省略句、疑问句以及主谓倒装句、宾语前置句、状语后置句和定语后置句等。

作品精读

谋　攻①

（春秋）孙武

《孙子兵法
之谋攻篇》

作品导读

　　《孙子兵法·谋攻篇》主要阐述谋划采取军事行动时的法则,即战略战术思想。主要观点是不战和慎战,核心是"不战而屈人之兵"的"全胜"思想,体现了军事思想中的仁义观。在此基础上阐述了谋攻的不同策略,谋攻中针对不同情况采取的不同战术,防备出现的问题以及取得胜利的条件等,结论是"知彼知己,百战不殆"。全文层次清楚,语言精练准确。谋略在当代职场为人处世中的运用,就是要讲究策略和方法,决策前要调查研究,周密思考,深谋远虑;在做出决定、决策时,要打有把握之仗,只有胜算在胸,才能出师必胜。

　　学习时,注意深刻理解文中论述之理,学会将其中观点应用于生活与工作中。

　　孙子曰:夫用兵之法,全国②为上,破国次之;全军③为上,破军次之;全旅为上,破旅次之;全卒为上,破卒次之;全伍为上,破伍次之。

　　是故百战百胜,非善之善也;不战而屈人之兵,善之善者也。故上兵伐谋④,其次伐交,其次伐兵,其下攻城。攻城之法,为不得已。修橹轒辒⑤,具器械,三月而后成;距堙⑥,又三月而后已。将不胜其忿而蚁附⑦之,杀士三分之一,而城不拔者,此攻之灾也。故善用兵者,屈人之兵而非战也,拔人之城而非攻也,毁人之国而非久也,必以全争于天

---

① 《谋攻》是春秋时期孙武著作《孙子兵法》的第三篇,《孙子兵法》又称《孙武兵法》《孙子兵书》等,英文名为 The Art of War,不仅是中国古典军事文化遗产中的璀璨瑰宝,也是中国优秀文化传统的重要组成部分。孙武(前545—前470),字长卿,汉族,春秋时期齐国乐安(今山东惠民)人,著名军事家。被后人尊称为孙子、孙武子、兵圣、百世兵家之师、东方兵学的鼻祖。著有巨作《孙子兵法》十三篇,为后世兵法家所推崇,被誉为"兵学圣典",置于《武经七书》之首,被译为英文、法文、德文、日文,成为国际最著名的兵学典范之书。谋攻:以智谋攻城。
② 全国:完整地占有别国的领土。全,完整,使动用法,使……完整。
③ 军:春秋时期的军队编制,每军为一万二千五百人。每旅为五百人,每卒为一百人,每伍五人。
④ 上兵伐谋:上,上等的、最好的。兵,指用兵方法。伐谋,以谋取胜。伐,攻击。
⑤ 轒辒(fénwēn):又名轒辒车,古代攻城武器名。为四轮无底木车,上蒙牛皮抵御城上箭矢,人在车中推车前行,可掩护士卒抵近城墙进行攻击。
⑥ 距堙(yīn):聚集堆成土山。距,通"聚"。堙,土山。
⑦ 将不胜其忿:将领不能忍住内心的愤怒。蚁附:蚁,蚂蚁。附,依附。

下①,故兵不顿②而利可全,此谋攻之法也。

故用兵之法,十则围之③,五则攻之,倍则分之,敌则能战之④,少则能逃之,不若则能避之。故小敌之坚⑤,大敌之擒也。

夫将者,国之辅也。辅周则国必强,辅隙则国必弱。故君之所以患⑥于军者三:不知军之不可以进而谓之进,不知军之不可以退而谓之退,是谓縻军⑦;不知三军之事而同三军之政,则军士惑矣;不知三军之权而同三军之任,则军士疑矣。三军既惑且疑,则诸侯之难至矣。是谓乱军引胜⑧。

故知胜有五:知可以战与不可以战者胜,识众寡之用⑨者胜,上下同欲者胜,以虞⑩待不虞者胜,将能而君不御⑪者胜。此五者,知胜之道也。故曰:知彼知己,百战不殆⑫;不知彼而知己,一胜一负;不知彼不知己,每战必殆。

《兵法三十六计》

郑伯克段于鄢⑬

《左传》

《郑伯克段于鄢》

作品导读

《郑伯克段于鄢》是《左传》中的第一篇,记叙了春秋初期郑国统治集团内部的一次政治斗争。全文结构完整、人物形象鲜明生动、情节波澜起伏。文章紧紧抓住以郑庄公为一方,以姜氏、共叔段为另一方的矛盾冲突,围绕争夺权利这一焦点安排叙事线索,把这一历史事件,具体可感地呈现在我们眼前,使我们仿佛进入了时间隧道,面对面地聆听历史老人绘声绘色地讲述这一事件的缘起、发生、发展和最后结局。通过《郑伯克段于鄢》,我们可以深刻地感悟到《左传》的总体行文特点,即不着一褒字,也不着一贬字,

---

① 必以全争于天下:一定要有完全胜算的把握才进行战争。
② 兵不顿:军队不疲于奔命。顿,困顿、劳顿。
③ 十则围之:十,这里指的是十倍。围,包围。
④ 敌:匹敌,相当。能:预料能够抵抗或取胜。
⑤ 坚:坚持、固守,引申为硬拼。
⑥ 患:危害。
⑦ 縻(mí)军:指束缚军队的行动。縻,牛缰绳,引申为牵系、束缚。
⑧ 乱军引胜:乱军,使军队混乱。引胜,给敌人带来夺取胜利的机会。
⑨ 识众寡之用:了解用或多或少兵力的各种战法。识,了解。
⑩ 虞:料想,有准备,也可理解为欺诈。
⑪ 御:驾驭,干预。
⑫ 殆:危险,失败。
⑬ 《郑伯克段于鄢》选自《左传》。郑伯,指郑庄公。克,战胜。段,郑庄公之弟。

而褒贬自在其中。这种手法正是常说的"春秋笔法",如郑庄公的阴险狡诈、姜氏的偏心溺爱、共叔段的贪得无厌,并非是作者直接告诉我们的,而是通过他们各自的言行描写惟妙惟肖地表现出来后。

学习时注意读懂这一历史事件,把握"春秋笔法"这一叙述特点。

初①,郑武公②娶于申③,曰武姜④,生庄公及共叔段⑤。庄公寤生⑥,惊⑦姜氏,故名曰寤生,遂恶之。爱共叔段,欲立之。亟请于武公⑧,公弗许⑨。

及庄公即位,为之请制⑩。公曰:"制,岩邑⑪也,虢叔死焉⑫。佗邑唯命⑬。"请京⑭,使居之,谓之京城大叔⑮。祭仲⑯曰:"都城过百雉⑰,国之害也。先王之制:大都不过参国之一⑱,中五之一,小九之一。今京不度⑲,非制也⑳,君将不堪㉑。"公曰:"姜氏欲之,焉辟害㉒?"对曰:"姜氏何厌之有㉓!不如早为之所,无使滋蔓㉔,蔓难图㉕也。蔓草犹不可除,况君之宠弟乎!"公曰:"多行不义,必自毙,子姑待之。"

---

① 初:当初,这是回述往事时的说法。
② 郑武公:名掘突,郑桓公的儿子,郑国第二代君主。
③ 娶于申:从申国娶妻。申,春秋时国名。
④ 武姜:郑武公之妻,"姜"是她娘家的姓,"武"是她丈夫武公的谥号。
⑤ 共(gōng)叔段:郑庄公的弟弟,名段。他在兄弟之中年岁小,因此称"叔段"。
⑥ 寤(wù)生:难产的一种,胎儿的脚先出来。寤,通"牾",逆,倒着。
⑦ 惊:使动用法,使姜氏惊。
⑧ 亟(qì)请于武公:屡次向武公请求。亟,屡次。于,介词,向。
⑨ 公弗许:武公不答应她。弗,不。
⑩ 制:地名,即虎牢,今河南省荥(xíng)阳市西北。
⑪ 岩邑:险要的城镇。岩,险要。邑,人所聚居的地方。
⑫ 虢(guó)叔死焉:东虢国的国君死在那里。虢,指东虢,古国名,为郑国所灭。
⑬ 佗邑唯命:别的地方,听从您的吩咐。佗,同"他",指示代词,另外的。唯命,只听从您的命令。
⑭ 京:地名,河南省荥阳市东南。
⑮ 谓之京城大(tài)叔:京地百姓称共叔段为京城太叔。大,同"太"。
⑯ 祭(zhài)仲:郑国的大夫。
⑰ 都城过百雉(zhì):都邑的城墙超过了300丈。雉,古代城墙长一丈,宽一丈,高一丈为一堵,三堵为一雉,即长三丈。
⑱ 大都不过参(sān)国之一:大城市的城墙不超过国都城墙的三分之一。参,同"三"。
⑲ 不度:不合法度。
⑳ 非制也:不是先王定下的制度。
㉑ 不堪:受不了,控制不住的意思。
㉒ 焉辟害:哪里能逃避祸害。辟,"避"的古字。
㉓ 何厌之有:有何厌。有什么满足。宾语前置。
㉔ 滋蔓(zī màn):滋长蔓延。
㉕ 图:对付,除掉。

既而①大叔命西鄙北鄙贰于己②。公子吕③曰:"国不堪贰,君将若之何?欲与④大叔,臣请事⑤之;若弗与,则请除之。无生民心⑥。"公曰:"无庸,将自及⑦。"大叔又收贰以为己邑,至于廪延⑧。子封曰:"可矣,厚将得众⑨。"公曰:"不义不暱,厚将崩⑩。"

大叔完聚⑪,缮甲兵⑫,具卒乘⑬,将袭郑。夫人将启之⑭。公闻其期,曰:"可矣!"命子封帅车二百乘以伐京。京叛⑮大叔段,段入于鄢,公伐诸鄢。五月辛丑,大叔出奔共。

遂寘⑯姜氏于城颍,而誓之曰:"不及黄泉,无相见也。"既而悔之。颍考叔⑰为颍谷封人⑱,闻之,有献于公,公赐之食,食舍肉⑲。公问之,对曰:"小人有母,皆尝小人之食矣,未尝君之羹⑳,请以遗之㉑。"公曰:"尔有母遗,繄我独无㉒!"颍考叔曰:"敢问何谓也?"公语之故,且告之悔。对曰:"君何患焉㉓?若阙㉔地及泉,隧而相见,其谁曰不然?"公从之。公入而赋:"大隧之中,其乐也融融!"姜出而赋:"大隧之外,其乐也洩洩㉕。"遂为母子如初。

君子曰:"颍考叔,纯孝也,爱其母,施及庄公㉖。《诗》曰:'孝子不匮,永锡尔类㉗。'其是之谓乎㉘!"

---

① 既而:固定词组,不久。
② 命西鄙北鄙(bǐ)贰于己:命令原属庄公的西部和北部的边境城邑同时也臣属于自己。鄙,边境上的城邑。贰,两属,属二主。
③ 公子吕:郑国大夫。
④ 与:给予。
⑤ 事:动词,侍奉。
⑥ 生民心:使动,使民生二心。
⑦ 将自及:将要自己走到毁灭的地步。
⑧ 廪(lǐn)延:地名,河南省延津县北。
⑨ 厚将得众:势力雄厚,就能得到更多的百姓。众,指百姓。
⑩ 不义不暱(nì),厚将崩:对君不义,对兄不亲,势力再雄厚,都要崩溃。暱,同昵,亲近。
⑪ 完聚:修治(城郭),聚集(百姓)。完,修葺(qì)。
⑫ 缮甲兵:修整作战用的甲衣和兵器。缮,修理。甲,铠甲。兵,兵器。
⑬ 具卒乘(shèng):准备步兵和兵车。具,准备。卒,步兵。乘,四匹马拉的战车。
⑭ 夫人将启之:武姜将要为共叔段做内应。夫人,指武姜。启之,给段开城门,即做内应。
⑮ 叛:背叛。
⑯ 寘:通"置",放置,放逐。
⑰ 颍考叔:郑国大夫,执掌颍谷(今河南登封西)。
⑱ 封人:管理边界的地方长官。封,聚土培植树木。古代国境以树(沟)为界,故为边界标志。
⑲ 食舍肉:吃的时候把肉放置一边不吃。
⑳ 羹:带汁的肉。
㉑ 遗(wèi)之:赠送给她。
㉒ 繄(yī)我独无:我却单单没有啊!繄,句首语气助词。
㉓ 何患焉:您在这件事上忧虑什么呢?焉,于是。
㉔ 阙:通"掘",挖。
㉕ 其乐也洩洩(yì):心情多欢快。
㉖ 施(yì)及庄公:延及庄公。施,影响,延及。
㉗ 孝子不匮,永锡尔类:孝子不断地推行孝道,永远能感化你的同类。匮,尽。锡,通"赐",给予。
㉘ 其是之谓乎:其,表推测语气。之,结构助词,助词宾语前置。

冯谖客孟尝君①

《战国策》

作品导读

　　《冯谖客孟尝君》记叙了冯谖为巩固孟尝君的政治地位而进行的种种政治外交活动（焚券市义，谋复相位，在薛建立宗庙），表现了冯谖的政治识见和卓越才能。本文通过变化的情节展现人物性格的变化，冯谖的藏才不露，初试锋芒到大显身手与孟尝君对他的轻视、重视、存疑和折服互为衬托对比，情节波澜重生，引人入胜。文章写冯谖，先抑后扬、先贬后褒，不是直叙其才，而是曲曲九转之后，方入胜景，刻画了他大智若愚的不凡形象，增强了历史散文的戏剧性，不失为描写人物形象的一篇名作。

　　学习本文时，注意把握人物形象，领悟文章谋篇布局等写作方法。

　　齐人有冯谖者，贫乏不能自存，使人属②孟尝君，愿寄食门下。孟尝君曰："客何好？"曰："客无好也。"曰："客何能？"曰："客无能也。"孟尝君笑而受之曰："诺。"

　　左右以君贱之也，食以草具③。居有顷，倚柱弹其剑④，歌曰："长铗⑤，归来乎！食无鱼。"左右以告。孟尝君曰："食之，比⑥门下之客。"居有顷，复弹其铗，歌曰："长铗，归来乎！出无车。"左右皆笑之，以告。孟尝君曰："为之驾⑦，比门下之车客⑧。"于是乘其车，揭⑨其剑，过⑩其友，曰："孟尝君客我！"后有顷，复弹其剑铗，歌曰："长铗，归来乎！无以为家。"左右皆恶之，以为贪而不知足⑪。孟尝君问："冯公有亲乎？"对曰，"有老母。"孟尝君使人给其食用，无使乏。于是冯谖不复歌。

---

① 《冯谖客孟尝君》选自《战国策·齐策》。
② 属：嘱托，请托。
③ 左右：指孟尝君身边的办事人。以：因为。贱：贱视，看不起。形容词作动词用。食（sì）：给……吃。"食"后省宾语"之"（他）。草具，粗劣的饭菜。
④ 居：居住有顷：不久。弹（tán）：用指头敲击。
⑤ 铗（jiá）：剑。
⑥ 比：和……一样，等同于。
⑦ 为之驾：为他配车。
⑧ 车客：能乘车的食客，孟尝君将门客分为三等：上客食鱼、乘车；中客食鱼；下客食菜。
⑨ 揭：举。
⑩ 过：拜访。
⑪ 恶：讨厌。以为：以之为。

后孟尝君出记①，问门下诸客："谁习计会，能为文收责于薛者乎②？"冯谖署曰："能。"

孟尝君怪之，曰："此谁也？"左右曰："乃歌夫'长铗归来'者也。"孟尝君笑曰："客果有能也，吾负之，未尝见也。"请而见之。谢曰："文倦于事，愦于忧，而性懧愚③，沉于国家之事，开罪于先生。先生不羞④，乃有意欲为收责于薛乎？"冯谖曰："愿之。"于是约车治装⑤，载券契而行，辞曰："责毕收，以何市而反？"孟尝君曰："视吾家所寡有者。"

驱而之薛。使吏召诸民当偿者，悉来合券⑥。券遍合，起，矫命⑦，以责赐诸民。因烧其券。民称万岁。

长驱到齐，晨而求见。孟尝君怪其疾⑧也，衣冠而见之，曰："责毕收乎？来何疾也！"曰："收毕矣。""以何市而反？"冯谖曰："君云'视吾家所寡有者'。臣窃计⑨：君宫中积珍宝，狗马实外厩，美人充下陈⑩；君家所寡有者，以义耳。窃以为君市义。"孟尝君曰："市义奈何？"曰："今君有区区之薛，不拊爱子其民⑪，因而贾利之⑫。臣窃矫君命，以责赐诸民，因烧其券，民称万岁。乃臣所以为君市义也。"孟尝君不悦，曰："诺，先生休矣！"

后期年⑬，齐王谓孟尝君曰："寡人不敢以先王之臣为臣！"孟尝君就国⑭于薛。未至百里，民扶老携幼，迎君道中。孟尝君顾⑮谓冯谖："先生所为文市义者，乃今日见之！"

冯谖曰："狡兔有三窟，仅得免其死耳；今君有一窟，未得高枕而卧也。请为君复凿二窟。"孟尝君予车五十乘，金五百斤，西游于梁⑯，谓惠王曰："齐放其大臣孟尝君于诸

---

① 出记：出通告，出文告。
② "谁习"二句：计会，今指会计。习，熟悉。为文，给我。文，孟尝君自称其名。责（zhài），通"债"。薛，孟尝君的领地，今山东枣庄市附近。
③ "文倦"三句：倦于事，为国事劳碌。愦（kuì）于忧，忧愁思虑太多，心思烦乱。愦，同"溃"，乱。懧愚，懦弱无能。懧（nuò），同"懦"，怯弱。
④ 不羞：不因受急慢为辱。羞，意动用法，认为……是羞辱。
⑤ 约车治装：预备车子，置办行装。
⑥ 合券：指核对债券（借据）、契约。
⑦ 矫命：假托（孟尝君的）命令。
⑧ 怪其疾：以其疾为怪。
⑨ 窃：私自，谦词。计：考虑。
⑩ 下陈：堂下，后室。
⑪ 拊爱：抚爱。子其民：视民如子，形容特别爱护百姓。
⑫ 贾（gǔ）利之：以商人手段向百姓谋取暴利。贾，做买卖。
⑬ 期（jī）年：满一年。
⑭ 就国：到自己封地（薛）去住。
⑮ 顾：回头看。
⑯ 梁：魏国都大梁（今河南开封）。

侯①。诸侯先迎之者,富而兵强。"于是梁王虚上位②。以故相为上将军,遣使者黄金千斤,车百乘,往聘孟尝君。冯谖先驱,诫孟尝君曰:"千金,重币也;百乘,显使也。齐其闻之矣。"梁使三反,孟尝君固辞不往也。

齐王闻之,君臣恐惧,遣太傅赍黄金千斤,文车二驷,服剑一③,封书谢④孟尝君曰:"寡人不祥⑤,被于宗庙之祟⑥,沉于谄谀之臣,开罪于君。寡人不足为也⑦;愿君顾先王之宗庙,姑反国统万人乎⑧?"冯谖诫孟尝君曰:"愿请先王之祭器,立宗庙于薛⑨。"庙成,还报孟尝君曰:"三窟已就,君姑高枕为乐矣。"

孟尝君为相数十年,无纤介⑩之祸者,冯谖之计也。

春秋战国的门客是怎样兴起的?

---

① 放:弃,免。于:给……机会。
② 虚上位:空出最高的职位(宰相)。
③ 赍(jī):带着,抱着。文车:文饰华美的车辆。驷:四匹马拉的车,与"乘"同义。服剑:佩剑。
④ 谢:道歉。
⑤ 不祥:祥通"详",审慎,不详即失察。
⑥ 被于宗庙之祟:受到祖宗神灵的处罚。被(pī),同"披",遭受。
⑦ 不足为:不值得你看重并辅助。为,帮助,卫护。
⑧ 姑:姑且,暂且。反国:返回齐国国都临淄。反,同"返"。统:统率,治理。万人:指全国人民。
⑨ 愿:希望。请:向齐王请求。祭器:宗庙里用于祭祀祖先的器皿。立宗庙于薛:孟尝君与齐王同族,故请求分给先王传下来的祭器,在薛地建立宗庙,如果有他国来侵,齐不能不相救,目的在使齐王重视薛。
⑩ 纤(xiān)介:细微。

作品欣赏

唐诗六首
梦游天姥吟留别①

诗仙李白

（唐）李白

　　海客谈瀛洲,烟涛微茫信难求②;越人语天姥,云霞明灭③或可睹。天姥连天向天横④,势拔五岳掩赤城⑤。天台四万八千丈,对此欲倒东南倾。我欲因⑥之梦吴越,一夜飞度镜湖⑦月。湖月照我影,送我至剡溪⑧。谢公宿处今尚在,渌水荡漾清猿啼。脚著谢公屐,身登青云梯⑨。半壁见海日,空中闻天鸡。千岩万转路不定,迷花倚石忽已暝⑩。熊咆龙吟殷岩泉⑪,栗深林兮惊层巅⑫。云青青⑬兮欲雨,水澹澹⑭兮生烟。列缺⑮霹雳,丘峦崩摧。洞天石扉⑯,訇然⑰中开。青冥浩荡不见底⑱,日月照耀金银台⑲。霓为衣兮风为马,云之君⑳兮纷纷而来下。虎鼓瑟兮鸾回车㉑,仙之人兮列如麻。忽魂悸㉒以魄动,恍㉓惊起而长嗟。惟觉时之枕席,失向来之烟霞。世间行乐亦如此,古来万

---

① 《梦游天姥吟留别》是唐代诗人李白的一首杂言古体诗。天姥山:在浙江新昌东面,传说登山的人能听到仙人天姥唱歌的声音,山因此得名。
② 瀛洲:古代传说中的东海三座仙山之一。烟涛:波涛渺茫,远看像烟雾笼罩的样子。微茫:景象模糊不清。信:确实,实在。
③ 明灭:忽明忽暗。
④ 向天横:直插天空。横,直插。
⑤ "势拔"句:山势高过五岳,遮掩了赤城。拔,超出。赤城,和下文的"天台"都是山名,在今浙江天台北部。
⑥ 因:依据。
⑦ 镜湖:又名鉴湖,在浙江绍兴南面。
⑧ 剡(shàn)溪:水名,在浙江嵊(shèng)州南面。
⑨ 青云梯:指直上云霄的山路。
⑩ "迷花"句:迷恋着花,依靠着石,不觉天色已经很晚了。暝,日落,天黑。
⑪ "熊咆"句:熊在怒吼,龙在长鸣,岩中的泉水在震响。"殷岩泉"即"岩泉殷"。殷(yǐn),这里用作动词,震响。
⑫ 栗、惊:使动用法,使战栗、使震惊。
⑬ 青青:黑沉沉的。
⑭ 澹澹:波浪起伏的样子。
⑮ 列缺:闪电。
⑯ 洞天:仙人居住的洞府。扉:门扇。一作"扇"。
⑰ 訇(hōng)然:形容声音很大。
⑱ 青冥浩荡:青冥,指天空。浩荡,广阔远大的样子。
⑲ 金银台:金银铸成的宫阙,指神仙居住的地方。
⑳ 云之君:云里的神仙。
㉑ 鸾回车:鸾鸟驾着车。鸾,传说中的如凤凰一类的神鸟。回,旋转,运转。
㉒ 魂悸:心跳。
㉓ 恍:恍然,猛然。

事东流水。别君去兮何时还？且放白鹿青崖间①,须②行即骑访名山。安能摧眉折腰事权贵,使我不得开心颜!

作品赏析

诗的第一段写入梦的缘由。诗一开始先说古代传说中的海外仙境——瀛洲,虚无缥缈,不可寻求;而现实中的天姥山在浮云彩霓中时隐时现,真是胜似仙境。以虚衬实,突出了天姥胜景,暗蕴着诗人对天姥山的向往。接着通过对比极力描写天姥山的高大,"天姥连天向天横,势拔五岳掩赤城。天台四万八千丈,对此欲倒东南倾"。

诗的第二段记梦。诗人仿佛在月夜清光的照射下,飞渡镜湖,落于谢公宿处,穿上木屐,登上青云梯。继飞渡而写山中所见,石径盘旋,深山中光线幽暗,看到海日升空,天鸡高唱,这本是一片曙色;却又于山花迷人、倚石暂憩之中,忽觉暮色降临,旦暮之变何其倏忽。暮色中熊咆龙吟,震响于山谷之间,深林为之战栗,层巅为之惊动。前面是浪漫主义地描写天姥山,既高且奇;这里又是浪漫主义地抒情,既深且远。这奇异的境界,已经使人够惊骇的了,但诗人并未到此止步,诗境由奇异转入荒唐,全诗也更进入高潮。在令人惊悚不已的幽深暮色之中,霎时间"丘峦崩摧",一个神仙世界"訇然中开",洞天福地,于此出现。"云之君"披彩虹为衣,驱长风为马,虎为之鼓瑟,鸾为之驾车,皆受命于诗人之笔,奔赴仙山的盛会来了。"仙之人兮列如麻!"群仙好像列队迎接诗人的到来。金台、银台与日月交相辉映,景色壮丽,异彩缤纷,何等的惊心眩目,光耀夺人!

仙境倏忽消失,梦境旋亦破灭,诗人终于在惊悸中返回现实。"古来万事东流水",其中包含着诗人对人生几多失意的深沉感慨。此时此刻诗人感到最能抚慰心灵的是"且放白鹿青崖间,须行即骑访名山。"徜徉山水的乐趣,才是最快意的。本来诗意到此已尽,可最后却愤愤然加添了两句"安能摧眉折腰事权贵,使我不得开心颜!"天外飞来之笔,点亮了全诗的主题:对于名山仙境的向往,是出于对权贵的抗争,它唱出封建社会中多少怀才不遇的人的心声。

诗以记梦为由,抒写了对光明、自由的渴望,对黑暗现实的不满,表现了蔑视权贵、不卑不屈的叛逆精神。诗人运用丰富奇特的想象和大胆夸张的手法,组成一幅亦虚亦实、亦幻亦真的梦游图,构思精密,意境雄伟,内容丰富曲折,形象辉煌流丽,感慨深沉激烈,富有浪漫主义色彩。全诗在形式上杂言相间,兼用骚体,不受律束,笔随兴至,堪称绝世名作。

---

① 白鹿:传说神仙或隐士多骑白鹿。青崖:青山。

② 须:等待。

丽人行①

（唐）杜甫

三月三日②天气新,长安水边多丽人。

态浓意远淑且真③,肌理细腻骨肉匀④。

绣罗衣裳照暮春,蹙金孔雀银麒麟。

头上何所有? 翠微匋叶⑤垂鬓唇。

背后何所见,珠压腰衱⑥稳称身。

就中云幕椒房亲⑦,赐名大国虢与秦。

紫驼之峰出翠釜⑧,水精之盘行素鳞⑨;

犀箸厌饫⑩久未下,鸾刀缕切空纷纶⑪。

黄门飞鞚⑫不动尘,御厨络绎送八珍。

箫鼓哀吟⑬感鬼神,宾从杂遝实要津⑭。

后来鞍马何逡巡⑮,当轩下马立锦茵⑯。

杨花雪落覆白苹⑰,青鸟⑱飞去衔红巾。

炙手可热势绝伦,慎莫近前丞相瞋⑲!

---

① 《丽人行》是唐代诗人杜甫的一首新题乐府。
② 三月三日:为上巳节,唐代长安仕女多于此日到城南曲江游玩踏青。
③ 态浓:姿态浓艳。意远:神气高远。淑且真:淑美而不做作。
④ 肌理细腻:皮肤细嫩光滑。骨肉匀:身材匀称适中。
⑤ 翠微:薄薄的翡翠片。微,本作"为"。匋(è)叶:一种首饰。
⑥ 珠压:珠按其上,使不让风吹起,故下云"稳称身"。腰衱(jié):裙带。
⑦ 就中:其中。云幕:宫殿中的云状帷幕。椒房:汉代皇后居室,后世因称皇后为椒房,皇后家属为椒房亲。
⑧ 紫驼之峰:驼峰,是一种珍贵的食品。釜:古代的一种锅。翠釜,形容锅的色泽。
⑨ 水精:水晶。行:传送。素鳞:指白鳞鱼。
⑩ 犀箸(zhù):犀牛角作的筷子。厌饫(yù):吃饱,吃腻。
⑪ 鸾刀:带鸾铃的刀。缕切:细切。空纷纶:厨师们白白忙乱一番。贵人们吃不下。
⑫ 黄门:宦官。飞鞚(kòng):飞马。
⑬ 哀吟:指音乐婉转动人。
⑭ 宾从:宾客随从。杂遝(tà):众多杂乱。要津:本指重要渡口,这里喻指杨国忠兄妹的家门。
⑮ 后来鞍马:杨国忠,却故意不在这里说。逡(qūn)巡:原意为欲进不进,这里是顾盼自得的意思。
⑯ 轩:车的通称。锦茵:锦制的地毯。
⑰ "杨花"句:隐语,以曲江暮春的自然景色来影射杨国忠与其从妹虢国夫人的暧昧关系。
⑱ 青鸟:神话中鸟名,西王母使者,常被用作男女之间的信使。
⑲ 瞋(chēn):发怒。一作"嗔",字通。

作品赏析

　　全诗通过描写杨氏兄妹曲江春游的情景,对杨家兄妹骄纵荒淫的生活和狂妄嚣张的气焰进行了有力鞭挞,也从侧面揭露出当时君王昏庸、朝廷腐败的社会现实。

　　诗开篇即点出时间——三月三日。诗人用细腻的笔法、富丽的词采,描画出一群体态娴雅、姿色优美的丽人。接着又言其服饰之华丽和头饰之精美,所有这些无不显示出丽人们身份的高贵。“就中云幕椒房亲”等十句,以细腻的笔触描绘了丽人中的虢、秦、韩三夫人。出游场面壮观,宴饮奢华。她们在云帐里面摆设酒宴,用色泽鲜艳的铜釜和水晶圆盘盛佳肴美馔,写出了杨氏姐妹生活的豪华奢侈。然而,面对如此名贵的山珍海味,三位夫人却手捏筷子,迟迟不夹菜,因为这些东西她们早就吃腻了,足见其骄矜之气。内廷的太监们看到这种情形后,立即策马回宫报信。不一会儿,天子的御厨就络绎不绝地送来各种山珍海味。后六句主要写杨国忠权势煊赫、意气骄恣之态。他旁若无人地来到轩门才下马,大模大样地步入锦毯铺地的帐篷去会虢国夫人。他外凭右相之尊,内恃贵妃之宠,在朝中独揽大权,阻塞言路,致使朝政昏暗。“杨花雪落覆白苹,青鸟飞去衔红巾”句,诗人借曲江江边的秀美景色,巧用北魏胡太后私通大臣杨华的故事以及青鸟传书的典故,揭露了杨国忠与虢国夫人淫乱的无耻行径。诗的最后两句,诗人终于将主题点出,但依然不直接议论,而是温和地劝说旁人:千万不要走近他们,否则丞相发怒后果就严重了。这样的结尾可谓绵里藏针,看似含蓄,实则尖锐,讽刺幽默而又辛辣。

　　全诗场面宏大,鲜艳富丽,笔调细腻生动。《读杜心解》曰:“无一刺讥语,描摹处语语刺讥。无一慨叹声,点逗处声声慨叹。”整首诗不空发议论,只是尽情揭露事实,语极铺张,而讽意自见,是一首绝妙的讽刺诗。

终南山[①]

（唐）王维

山水诗人

太乙[②]近天都[③],连山到海隅。
白云回望合,青霭[④]入看无。

---

① 终南山:在长安南五十里,秦岭主峰。
② 太乙:在长安西,是终南山的方峰。
③ 天都:天帝所居,这里指帝都长安。
④ 青霭:山中的岚气。霭,云气。

分野①中峰变,阴晴众壑②殊。

欲投人处③宿,隔水问樵夫。

作品欣赏

　　首联写终南山远景,"太乙近天都,连山到海隅",用夸张手法勾画了终南山的总轮廓。次联写近景,"白云回望合"一句,写的是入终南山而"回望",望的是刚走过的路。诗人身在终南山中,朝前看,白云弥漫,看不见路,回头看,分向两边的白云又合拢来,汇成茫茫云海。这种奇妙的境界,凡有游山经验的人都并不陌生,而王维却只用五字就表现得如此真切。诗人走出茫茫云海,前面又是蒙蒙青霭,仿佛继续前进,就可以摸着那青霭了;然而走了进去,却不但摸不着,而且看不见,濛濛漫漫,可望而不可即。第三联高度概括,尺幅万里。首联写出了终南山的高和从西到东的远,这是从山北遥望所见的景象。至于终南山从北到南的阔,则是用"分野中峰变"一句来表现。游山而有"分野中峰变"的认识,乃诗人立足"中峰",纵目四望之状已依稀可见。终南山东西之绵远如彼,南北之辽阔如此,只有立足于"近天都"的"中峰",才能收全景于眼底;而"阴晴众壑殊",就是尽收眼底的全景。末联写为了入山穷胜,想投宿山中人家。

　　全诗首联写远景,以艺术的夸张,极言山之高远。颔联写近景,身在山中之所见,铺叙云气变幻,移步变形,极富含蕴。颈联进一步写山之南北辽阔和千岩万壑的千形万态。末联写为了入山穷胜,想投宿山中人家。全诗写景、写人、写物,动如脱兔,静若淑女,有声有色,意境清新,宛若一幅山水画。这首诗"以不全求全",从而收到了"以少总多""意余于象"的艺术效果。

燕歌行④

(唐)高适

边塞诗人
(上、下)

　　开元二十六年,客有从御史大夫张公出塞而还者,作《燕歌行》以示适,感征戍之事,因而和焉。

　　汉家烟尘在东北,汉将辞家破残贼。

---

① 分野:古天文学名词。古人以天上的二十八星宿位置来区分中国境内的地域,被称为分野。地上的每一个区域都对应星空的某一处星宿。
② 壑:山谷。
③ 人处:有人烟处。
④ 《燕歌行》是唐代诗人高适的一首七言乐府诗。燕歌行,乐府旧题。

男儿本自重横行①，天子非常赐颜色②。

拟③金伐鼓下榆关，旌旆逶迤碣石间。

校尉④羽书飞瀚海⑤，单于猎火照狼山。

山川萧条极边土，胡骑凭陵杂风雨⑥。

战士军前半死生，美人帐下犹歌舞。

大漠穷秋塞草腓⑦，孤城落日斗兵稀。

身当恩遇⑧常轻敌，力尽关山未解围。

铁衣远戍辛勤久，玉箸⑨应啼别离后。

少妇城南欲断肠，征人蓟北空回首。

边庭飘飖那可度⑩，绝域苍茫无所有⑪！

杀气三时作阵云，寒声一夜传刁斗⑫。

相看白刃血纷纷，死节从来岂顾勋⑬？

君不见沙场征战苦，至今犹忆李将军。

作品欣赏

《燕歌行》是高适的代表作，也是唐代边塞诗中的杰作，被人千古传诵。全诗以浓缩的笔墨，写了一次战役的全过程：第一段八句写出师，第二段八句写战败，第三段八句写被围，第四段四句写死斗的结局。各段之间，脉理绵密。诗意在慨叹征战之苦，谴责将领骄傲轻敌，荒淫失职，反映了士兵与将领之间苦乐不同，庄严与荒淫迥异的现实。诗虽叙写边战，但重点不在民族矛盾，而是讽刺和愤恨不恤战士的将领。

诗的发端两句便指明了战争的方位和性质，可知是指陈时事，有感而发。"男儿本自重横行，天子非常赐颜色"，貌似揄扬汉将去国时的威武荣耀，实则已隐含讥讽，预伏下文。紧接着描写行军："拟金伐鼓下榆关，旌旆逶迤碣石间。"透过这金鼓震天、大摇大

---

① 横行：纵横驰骋，扫荡敌寇。
② "天子"句：非常赐颜色：超过平常的厚赐礼遇。
③ 拟(chuāng)：撞击。
④ 校尉：次于将军的武官。
⑤ 瀚海：沙漠。
⑥ 凭陵：仗势侵凌。杂风雨：形容敌人来势凶猛，如风雨交加。
⑦ 腓(féi)：枯萎。
⑧ 身当恩遇：指主将受朝廷的恩宠厚遇。
⑨ 玉箸：白色的筷子(玉筷)，比喻思妇的泪水如注。
⑩ 边庭飘飖：形容边塞战场动荡不安。度：越过相隔的路程，回归。
⑪ 绝域：更遥远的边陲。无所有：荒凉不毛。
⑫ 三时：晨、午、晚，即从早到夜。阵云：战场上象征杀气的云，战云。一夜：整夜，彻夜。刁斗：军中夜里巡更敲击报时用的、煮饭时用的两用铜器。
⑬ 死节：为国捐躯。节，气节。岂顾勋：难道还顾及自己的功勋。

摆前进的场面,可以揣知将军临战前不可一世的骄态。战端一启,"校尉羽书飞瀚海",一个"飞"字警告了军情危急;"单于猎火照狼山","残贼"仍有如此威势。从辞家去国到榆关、碣石,更到瀚海、狼山,前八句概括了出征的历程,逐步推进,气氛从宽缓渐入紧张。第二段写战斗危急而失利。落笔便是"山川萧条极边土",展现开阔而无险可凭的地带,一片肃杀的气氛。"胡骑"像狂风暴雨,卷地而来。汉军奋力迎敌,杀得昏天黑地。然而,就在此时,那些将军们却远离阵地寻欢作乐。这样严酷的事实对比,有力地揭露了汉军中将军和兵士的矛盾,暗示了战事必败。所以紧接着就写力竭兵稀,重围难解,孤城落日,衰草连天,有着鲜明的边塞特点的阴惨景色,烘托出残兵败卒心境的凄凉。第三段写士兵的痛苦,实是对汉将更深的谴责。"铁衣远戍辛勤久"以下三联,一句征夫,一句思妇,错综相对,离别之苦,逐步加深。城南少妇,日夜悲愁,但是蓟北征人,徒然回首,相去万里,永无见期。"杀气三时作阵云,寒声一夜传刁斗",如此危急的绝境,真是死在眉睫之间,不禁想到把他们推到这绝境的究竟是谁呢?这是深化主题的不可缺少的一段。最后四句总束全篇,淋漓悲壮,感慨无穷。最后士兵们与敌人短兵相接,浴血奋战,那种视死如归的精神,岂是为了取得个人的功勋!他们是何等质朴、善良、何等勇敢,然而又是何等可悲呵!诗人的感情包含着悲悯和礼赞,而"岂顾勋"则是有力地讥刺了轻开边衅,冒进贪功的汉将。最末二句,诗人感慨道:"君不见沙场征战苦,至今犹忆李将军!"将军李广,处处爱护士卒,使士卒"咸乐为之死"。这与那些骄横的将军形成多么鲜明的对比。

全诗雄健激越,慷慨悲壮。诗人着意暗示和渲染悲剧的场面,以凄凉的惨状,揭露好大喜功的将军们的罪责。尤就注意的是,诗人在激烈的战争进程中,描写了士兵们复杂变化的内心活动,凄恻动人,深化了主题。全诗处处隐伏着鲜明的对比,从贯串全篇的描写来看,士兵的效命死节与汉将的怙宠贪功,士兵辛苦久战、家室分离与汉将临战失职、纵情声色,都是鲜明的对比。而结尾提出李广,则又是古今对比。

买 花[①]

(唐)白居易

江州司马
(上、下)

帝城春欲暮,喧喧车马度[②]。

[①] 《买花》是白居易的组诗《秦中吟十首》中的第十首,也作"牡丹"。"秦中"指唐代首都一带地方。组诗前小序曰:"贞元、元和之际,予在长安,闻见之间,有足悲者。因直歌其事,命为《秦中吟》。"

[②] 喧喧:喧闹嘈杂的声音。度:过。

共道牡丹时,相随买花去。

贵贱无常价,酬直^①看花数。

灼灼百朵红,戋戋五束素^②。

上张幄幕庇,旁织巴篱护。

水洒复泥封,移来色如故。

家家习为俗,人人迷不悟^③。

有一田舍翁,偶来买花处。

低头独长叹,此叹无人喻。

一丛深色花,十户中人赋^④!

作品欣赏

　　京城的春季将要过去,大街小巷来来往往奔驰着喧闹不已的车马。都说是牡丹盛开的时节,呼朋引伴、争先恐后地赶去买花。一开头用"帝城"点地点,用"春欲暮"点时间。长安城中,"喧喧车马度",忙于"买花"。"喧喧",属于听觉;"车马度",属于视觉。以"喧喧"状"车马度",其男颠女狂、笑语欢呼的情景与车马杂沓、填街咽巷的画面同时展现,真可谓声态并作。下面的"共道牡丹时,相随买花去"是对"喧喧"的补充描写。借车中马上人同声相告的"喧喧"之声点题,用笔相当灵妙。接着写这些驱车走马的富贵闲人为买花、移花而挥金如土。"灼灼百朵红,戋戋五束素。"古代以五匹为一束,五束素就是二十五匹帛。"上张幄幕庇,旁织巴篱护。水洒复泥封,移来色如故。"对其珍惜之情无异于珠宝。以上只作客观描绘,直到"人人迷不悟"才表露了作者的倾向性;然而那"迷不悟"的确切含义是什么,仍有待于进一步点明。

　　当作者目睹这些狂热的买花者挥金如土,发出"人人迷不悟"的感慨之时,忽然发现了一位"田舍翁",看见他在"低头",听见他在"长叹"。在热闹喧哗的买花场景中,诗人不失时机地摄下了"低头独长叹"的特写镜头,并以极其鲜明强烈的对比,从"低头"的表情与"长叹"的声音中挖掘出全部潜台词:仅仅买一丛"灼灼百朵红"的深色花,就要挥霍掉十户中等人家的税粮!揭示了当时社会"富贵闲人一束花,十户田家一年粮"的贫富差距。最后这一警句说明了一个事实:那位看买花的"田舍翁",倒是买花钱的实际负担者!诗人借助"田舍翁"的一声"长叹",尖锐地反映了剥削与被剥削的矛盾。敢用自己的诗歌创作谱写人民的心声,这是十分可贵的。

---

① 酬直:给价。直,通"值"。

② 戋(jiān)戋:细小,微少的样子。五束素:五疋白绢,形容白花的姿态;一说指花的价钱。

③ 迷不悟:迷恋于赏花,不知道这是奢侈浪费的事情。

④ 深色花:红牡丹。中人:中户,中等人家。唐代按户口征收赋税,分为上中下三等。

无题二首

（唐）李商隐

无题·飒飒东风细雨来

飒飒东风细雨来，芙蓉塘外有轻雷。
金蟾啮锁烧香入，玉虎牵丝汲井回①。
贾氏窥帘韩掾少，宓妃留枕②魏王才。
春心莫共花争发，一寸相思一寸灰！

无题·重帏深下莫愁堂

重帏深下莫愁堂，卧后清宵细细长。
神女生涯原是梦，小姑居处本无郎③。
风波不信菱枝弱，月露谁教桂叶香。
直道相思了无益，未妨惆怅是清狂④。

作品欣赏：

第一首无题诗写一位深锁幽闺的女子追求爱情而幻灭的绝望。首联描绘环境气氛：飒飒东风，飘来蒙蒙细雨；芙蓉塘外，传来阵阵轻雷。既隐隐传达了生命萌动的春天气息，又带有一些凄迷黯淡的色调，烘托出女主人公春心萌动和难以名状的迷惘苦闷。"东风细雨""芙蓉塘""轻雷"等一系列与爱情密切相关的词语，构筑出渺远的艺术意境，有着一种难以言传的朦胧美。颔联写女子居处的幽寂。室内户外，所见者惟闭锁的香炉，汲井的辘轳，它们衬托出女子幽处孤寂的情景和长日无聊、春光深锁的惆怅。香炉和辘轳，在诗词中也常和男女欢爱联系在一起，"香""丝"谐音"相""思"，此句既表现女主人公深闭幽闺的孤寂，又暗示她内心时时被牵动的情丝。颈联分别使用贾充女与韩寿的爱情故事和甄后

---

① "金蟾"句：意谓虽有金蟾啮锁，香烟犹得进入。啮：咬。玉虎：井上的辘轳。丝：井索。汲：引。
② 韩掾少：指韩寿。掾，僚属。少，年轻。甄宓留枕：这里指幽会。
③ 神女：宋玉《神女赋》中的巫山神女。"小姑"句：古乐府《青溪小姑曲》："小姑所居，独处无郎。"
④ 直道：就说。了：完全。清狂：旧注谓不狂之狂，犹今所谓痴情。

与曹植的爱情故事。这两个爱情故事,尽管结局有幸有不幸,但在女主人公的意念中,无论是贾氏窥帘,爱韩寿之少俊;还是甄后情深,慕曹植之才华,都反映出青年女子追求爱情愿望之强烈、奔放。尾联突然转折,向往美好爱情的心愿切莫和春花争荣竞发,因为寸寸相思都化成了灰烬。这是深锁幽闺、渴望爱情的女主人公相思无望的痛苦呼喊,热情转化成幻灭的悲哀和强烈的激愤。以“春心”喻对爱情的向往,是平常的比喻;但把“春心”与“花争发”联系起来,不仅赋予“春心”以美好的形象,而且显示了它的自然合理性。“相思”本是抽象的概念,诗人由香销成灰联想出“一寸相思一寸灰”的奇句,化抽象为具象,用强烈对照的方式显示了美好事物之毁灭,使诗具有一种动人心弦的悲剧美。

第二首诗侧重于抒写女主人公对身世遭遇之感。一开头就撇开具体情事,从女主人公所处的环境氛围写起。层帷深垂,幽邃的居室笼罩着一片深夜的静寂。独处幽室的女主人公自思身世,辗转不眠,倍感静夜漫长。这里尽管没有一笔正面抒写女主人公的心理状态,但透过这静寂孤清的环境气氛,读者几乎感觉到那帷幕深垂的居室中弥漫着一层无名的幽怨。颔联进而写女主人公对自己爱情遇合的回顾。上句用巫山神女梦遇楚王事,下句用乐府《青溪小姑曲》。追思往事,女主人公在爱情上尽管也像巫山神女那样,有过自己的幻想与追求,但到头来不过是做了一场幻梦而已;直到现在,还正像青溪小姑那样,独处无郎,终身无托。这一联虽然用了两个典故,却几乎让人感觉不到有用典的痕迹,真正达到了驱使故典如同己出的程度。颈联从不幸的爱情经历转到不幸的身世遭遇。这一联用了两个比喻:说自己就像柔弱的菱枝,却偏遭风波的摧折;又像具有芬芳美质的桂叶,却无月露滋润使之飘香。这一联含意比较隐晦,似乎是暗示女主人公在生活中一方面受到恶势力的摧残,另一方面又得不到应有的同情与帮助。“不信”,是明知菱枝为弱质而偏加摧折,见“风波”之横暴;“谁教”,是本可滋润桂叶而竟不如此,见“月露”之无情。措辞婉转,而意极沉痛。爱情遇合既同梦幻,身世遭逢又如此不幸,但女主人公并没有放弃爱情上的追求——“直道相思了无益,未妨惆怅是清狂。”即便相思全然无益,也不妨抱痴情而惆怅终身。在近乎幻灭的情况下仍然坚持不渝的追求,“相思”的铭心刻骨更是可想而知了。

李商隐的爱情诗往往具有蕴藉含蓄、意境深远、写情细腻的特点,经得起反复咀嚼与玩索。他写得最好的爱情诗,几乎全是失意的爱情。而这种失意的爱情中又常常融入自己的某些身世之感。在对失意爱情的感慨中也可窥见他仕途失意的不幸遭际。

怎样赏析古诗词　诗,让我们的心灵不死

文学常识

唐　诗

第一节　唐诗概要

　　源远流长的中国古代文学,在公元六世纪初随着唐代繁荣盛世的到来,发展到了一个全面喷发的新阶段,整个文坛出现了自战国以来前所未有的百花齐放、万紫千红的局面。而其中诗歌的发展,更是大放异彩,成为唐代文学的主流,达到了中国古典诗歌的顶峰。据统计,整个唐代不到三百年的时间里,遗留下来的全部唐诗,有五万五千多首,作者三千六百多人。独具风格的著名诗人约有五六十人,大大超过了战国到南北朝著名诗人的总和。

　　唐代经济的繁荣和国力的强盛,为唐诗的发展提供了良好的环境。唐代发达的经济造就了强盛的国力和繁荣的社会气象,这极大地影响了诗人们的创作心理,激发起他们的创作热情。发达的经济也为诗人们提供了良好的生活条件和创作条件,使他们得以"读万卷书,行万里路"。发达的经济还促进了民族大融合,带来了中外文化的广泛交流。

　　唐王朝的统治者所实行的儒释道并存、广开言路、以诗赋取士等一系列政策措施,是唐诗繁荣又一重要的社会原因。这些政策措施,不仅打破了把思想"定于一尊"的僵化状态,酿就了诗人们博览百家、遍观群书的风气,开阔了诗人们的艺术眼界,启发了他们的艺术思维,从而促进了各种流派、各种风格的形成,而且使诗人们敢于直抒己见,放言无忌,较为自由地选择题材和提炼主题。

　　庶族地主阶层的兴起,也是唐诗繁荣的一个重要社会原因。庶族阶层知识分子大多生气勃勃、奋发向上,富于理想和热情,渴望建功立业、澄清天下。而且,他们大多关心民生疾苦,同情人民的灾难和不幸,敢于为之呐喊、呼吁。他们又恃才傲物、蔑视礼法,敢于直斥权贵、抨击时政,揭露统治阶级内部的黑暗现象,积极参与改革弊政的斗争。庶族阶层知识分子还把自己的心理特点融入唐诗,给唐诗带来了许多富于积极意义的内容。

　　从诗歌发展史的角度看,唐诗的繁荣则是在特定社会条件下文学自身演变的结果,它与继承过去文学的优良传统是分不开的。社会方面的外因只有与文学自身方面的内因结合才能发生作用,这种结合的促成是唐代一大批优秀诗人努力的结果。他们努力以南朝的"文"来装饰北朝的"质",以北朝的"质"来充实南朝的"文",从而创造出中国古典诗歌最健美的典型。从这个意义上说,唐诗的繁荣是长期分裂、隔绝的南北文学在全国统一的新的历史条件下的汇合和发扬光大;而以李白、杜甫等人为代表的一大批优秀诗人则以艰苦的努力完成了使之汇合和发扬光大的使命。

第二节　重要诗派与诗人简介

一、初唐诗歌(武德元年至先天元年,618—712)

初唐是唐诗的开创期,是唐诗繁荣的准备阶段或先行阶段,从唐王朝成立,即公元618年起,到八世纪初,即唐玄宗李隆基登上皇帝宝座之前,将近一百年左右,时间跨度最大,成就却最低。这表明了作为一代文学之盛的唐诗,其初期的发展过程也是缓慢和迂曲的。

(一)初唐宫廷文人和律诗的完成

唐初贞观年间,政治上出现了贞观之治,但在文风改革方面却是滞后的,占统治地位的仍然是追求形式华美的宫廷诗。初唐的宫廷诗人在艺术上所追求的是繁缛绮错的装饰风格。这种装饰性的重点,起初是对偶的修辞技巧,尔后又增之以调声的技术,并且最终把对偶技巧和声韵技术结合起来,从而在形式上推进了律诗的完善和定型。可以说,在律诗形式的完成过程中,宫廷文士起了规范化和统领风气的作用。其中,尤以杜审言、宋之问、沈佺期三人的成绩最为显著。初唐宫廷诗人虽然在诗歌形式方面做出了重要的建树,也偶有情致动人的佳作,但其总体面貌,却是在华美的形式中呈现出情调上的苍白平庸。

(二)初唐四杰

当宫廷文士仍把诗歌当作点缀升平的风雅玩物时,诗坛上逐渐崛起了一批锐意变革的新进诗人。他们志同道合,互通声气,使诗歌重新担负起歌唱人生的使命,唐诗由此获得了真正的转机。他们就是被称为"初唐四杰"的王勃、杨炯、卢照邻、骆宾王。他们一方面汲取前人之长,一方面对诗坛陈旧保守的遗风陋习发起挑战。初唐四杰对唐诗的贡献首先体现在拓新了诗歌的主题和题材,使诗歌摆脱了歌功颂德、歌舞升平的虚套,而开始面向广阔的时代生活,用现实的人生感受,去恢复诗人清醒而严肃的自我。其次,初唐四杰以匡时济世、建功立业的人生理想和热情,为诗歌注入了豪情壮怀和倜傥意气。初唐四杰还拓宽了诗歌的视野,使之从宫苑台阁走向了江山和塞漠,从而便于容纳丰富得多的感情内容。

(三) 陈子昂

陈子昂(659?—702),字伯玉,射洪(今属四川)人。陈子昂在《与东方左史虬修竹篇序》中,提出了诗歌革新的正面主张,就是著名的"兴寄风骨论",在唐诗发展史上,这篇短文好像一篇宣言,标志着唐代诗风的革新和转变。他指出要以"风雅兴寄"和"汉魏风骨"的光辉传统作为创作的先驱榜样,在倡导复古的旗帜下实现诗歌内容真正革新的道路。所谓"兴寄","兴"指兴发,"寄"指寄托,可以具体地解释为对重大人生问题和社会问题的强烈关怀,和由此激发起的热烈情感。而"风骨"的实质是要求诗歌有高尚充沛的思想感情,有刚健充实的现实内容。陈子昂不仅在理论上为唐诗的发展指明了道路,而且在诗歌创作中也实践了自己的理论。他的千古绝唱《登幽州台歌》更是高耸起一个伟大而孤傲的自我,成为唐代具有浪漫精神的理想人格的象征。陈子昂从理论和创作两个方面,为唐诗注入蓬勃的生命力,清除南朝诗歌和唐初宫廷诗风的弊病,不仅在文学上,而且在更广义的精神上,启迪了盛唐整整一代诗人,赢得了后代的仰慕和肯定。

二、盛唐诗歌(开元元年至大历元年,713—766)

唐开元、天宝年间,直至"安史之乱"爆发以前,是唐代社会高度繁盛而且极富艺术气氛的时代。唐诗经过一百多年的准备和酝酿,至此终于达到了全盛的高峰。

(一) 盛唐山水田园诗派

山水田园诗派以孟浩然和王维为代表,因此也称王孟诗派,除此之外,还有储光羲、常建、祖咏、裴迪等人。

孟浩然(689—740),襄阳(今属湖北)人,主要活动于开元年间,有《孟浩然集》。孟浩然是唐代第一个倾力写作山水诗的诗人。孟浩然山水诗的意境,多表现为富于生机的恬静,他的诗融了诗人新鲜的感受和天真的遐想。如:"落景余清辉,轻桡弄溪渚。泓澄爱水物,临泛何容与。白首垂钓翁,新妆浣纱女。相看似相识,脉脉不得语。"(《耶溪泛舟》)在他的眼光中,无论是沐浴在夕照清辉中的人物,还是嬉戏于水下岸边的鱼兽,举目所见的一切,仿佛都化作会心而亲切的微笑。这些诗境,确有晶莹剔透之感。

孟浩然诗歌的语言,"语淡而味终不薄"(沈德潜《唐诗别裁集》)。例如他的名篇《过故人庄》,通篇侃侃叙来,似说家常。"绿树村边合,青山郭外斜"这一联句,画龙点睛地勾勒出一个环抱在青山绿树之中的村落的典型环境。还有那一首妇孺能诵的五绝《春晓》,也是以天然不觉其巧的语言,写出微妙的惜春之情。

王维(700?—761),字摩诘,太原祁(今山西省祁县)人,是在盛唐时代文化全面高展的历史条件下产生的一个多才多艺的作家,有《王右丞集》。王维诗歌的风格、情调,前后期有明显的不同。在前期,他怀有积极进取的人生态度,写出了不少意气风发、充满豪情的诗篇。王维后期的诗歌多吟咏寄情山水间,和社会政治的距离越来越远。王维对后世影响最大的是山水田园诗,他在这方面表现出了极大的创造性和惊人的才华。苏轼说:"味摩诘之诗,诗中有画;观摩诘之画,画中有诗。"王维的创作正是在诗情和画意的互相渗透和生发中,丰富和发展了中国古典诗歌的抒情艺术。

王维写诗讲究构图布局、设辞着色,常以彩绘的笔触传达出清丽丰润的美感。他善于表现景物的空间层次,每每通过一些点睛之笔写出错落有致的纵深感和立体感,如"山下孤烟远村,天边独树高原"(《田园乐》)。以"孤烟""独树"的细节拉开景的距离。他还善于敷彩,这些色彩并非是单纯的消极的涂饰,而是活跃地晕染着整个画面,清新鲜润,给人以愉悦之感。如"雨中草色绿堪染,水上桃花红欲燃"(《辋川别业》)。

山水田园诗在王维手中,得到一次总结和显著的提高。他的诗,既有精细的刻画,又注重完整的意境;既有明丽的色彩,又有深长隽永的情味;既包含哲理,又避免了枯淡无味的表述,而且风格多变,极富艺术创造性。他的成就,对后人产生了深远的影响。

(二)盛唐边塞诗派

隋唐以来一百几十年,边塞诗不断增多,到盛唐时期,终于形成了一种风潮,出现了大量描写边塞生活、自然风光和风土人情的边塞诗。盛唐边塞诗人中成就最高的是有边塞生活体验的高适和岑参,其次是王昌龄,其他边塞诗人还有李颀、王之涣、王翰、崔颢等。

王昌龄(690?—756?),字少伯,京兆万年(今属西安市)人,有《王昌龄集》。王昌龄的边塞诗有很高的艺术概括力,其着眼点往往不在于具体的战事,而是把边塞战争作为一种历史现象,从各个视角进行深入思考。自有史以来,在中国西北和北部广阔的边缘地带各民族之间发生过无数次血与火的冲突,这根本上是不同人类群体之间残酷的生存竞争,是这一土地上的人们难以摆脱的历史命运。王昌龄意识到了这一点,并体现在他的名作《出塞》中:"秦时明月汉时关,万里长征人未还。但使龙城飞将在,不教胡马度阴山。"这首诗被后人誉为唐人绝句压卷之作,其原因就在于它不但具有丰厚的内涵,而且唱出了时代的心声,堪称王昌龄的力作。从诗体来说,王昌龄最擅长七绝,前人往往以之与李白并称。

高适(704—765),字达夫,渤海蓨县(今河北沧州)人,有《高常侍集》。高适的诗歌具有沉雄深厚的特色。他对自己的抱负和才能充满信心,对历史上的英雄勋绩不胜向往,他还渴望得到明主的赏识和重用,常借古代人事抒发自己的情怀,而坦荡不羁的性格使他即使在失意时也不失英雄气度。诗人壮怀激烈的性格,正是形成他雄健诗风的重要因素。

高适的诗以古体见长,尤以七古为胜。但高适的七言歌行更具创造性,历来被认为是诗中典范,如《燕歌行》等。高适的一些绝句也写得境界阔大、风骨凛然,如《塞上听吹笛》:"雪净胡天牧马还,月明羌笛戍楼间。借问梅花何处落?风吹一夜满关山。"把空廓苍茫的塞外雪夜化为无比绚丽的画面。《别董大二首》其二:"千里黄云白日曛,北风吹雁雪纷纷。莫愁前路无知己,天下谁人不识君。"荒凉的塞漠正因有了英雄的襟怀才变得壮美动人。后两句比起王勃的"海内存知己,天涯若比邻"来,更具有一种豪杰气概。

岑参(约715—769),江陵(今属湖北)人,有《岑嘉州集》。岑诗"诗奇体峻,意亦造奇"(《河岳英灵集》)。他的写景诗喜摄取不寻常的奇观,如:"雷声傍太白,雨在八九峰。东望北阁云,半入紫阁松。"(《因假归白阁西草堂》)他又喜以奇俊语写巧思,如"涧花燃暮雨,潭树暖春云"(《高冠谷口招郑鄠》),从涧花的艳丽生发出燃烧的温度感,使云雨潭树都浸淫在春暖之中。

出塞以后,岑参诗好奇的特点又得到了进一步的发展。他喜以瑰丽的笔调,描写异域情调的新鲜事物或奇特风光,给边塞诗开拓了新奇的境界。著名的《白雪歌送武判官归京》写道:"北风卷地白草折,胡天八月即飞雪。忽如一夜春风来,千树万树梨花开。"诗人写北方飞雪,却用南国的春风和梨花作喻,这里不仅是因为梨花和雪都有相同的颜色,而且梨花盛开时花团锦簇的景象恰能传达出大雪纷飞的势态。这一奇想把萧索酷寒顿时转化为绚丽烂漫,从一开始就给全诗定下了豪迈乐观的基调。

(三)盛唐诗坛的双子星——李白和杜甫

李白(701—762),字太白,祖籍陇西成纪,他生于中亚的碎叶,五岁时随父迁居四川彰明县的青莲乡,因自号青莲居士。李白的诗歌是盛唐气象的典型代表。诗人终其一生,都在以天真的赤子之心讴歌理想的人生,无论何时何地,总以满腔热情去拥抱整个世界,追求充分地行事、立功和享受,对一切美的事物都有敏锐的感受,把握现实而又不满足于现实,投入生活的急流而又超越苦难的忧患,在高扬亢奋的精神状态中去实现自身的价值。如果说,理想色彩是盛唐一代诗风的主要特征,那么,李白是以更富于展望的理想走在了时代的前沿。

在中国古代诗人中,李白个性的活跃和解放是少有的。他一生不以功名显,却高自期许,以布衣之身而藐视权贵,肆无忌惮地嘲笑以政治权力为中心的等级秩序,批判腐败的政治现象,以大胆反抗的姿态,推进了盛唐文化中的英雄主义精神。李白的诗歌充满热烈的人生之恋,他的诗往往于旷放中洋溢着童真般的情趣,如:"两人对酌山花开,一杯一杯复一杯。我醉欲眠卿且去,明朝有意抱琴来。"(《山中与幽人对酌》)。李白对大自然有着强烈的感受力,他善于把自己的个性融入自然景物,使他笔下的山水丘壑也无不具有理想化的色彩。李白山水诗有两大类型：一类是在气势磅礴的高山大川中突出力的美、运动的美，在壮美的意境中抒发豪情壮思，如"黄河之水天上来，奔流到海不复回"（《将进酒》）。另一类则着意追求光明澄澈之美，在秀丽的意境中表现纤尘不染的天真情怀，如"人游月边去，舟在空中行"（《送王屋山人魏万还王屋》）。

李白诗歌的特点一是善于展开天马行空式的想象和幻想，二是奔流纵恣的抒情形式。诗人的感情往往如喷涌而出的洪流，不可遏止地滔滔奔泻，其间裹挟着强大的力量。李白诗歌的语言"清水出芙蓉，天然去雕饰"，通俗而又精练，明朗而又含蓄，清新而又明丽。

杜甫（712—770），字子美，生于巩县（今河南省巩义市），有《杜工部集》。他出身于一个具有悠久传统的官僚世家，所以杜甫自称为"奉儒守官，未坠素业"（《进雕赋表》）。家庭给予杜甫正统的儒家文化教养和务必要在仕途上有所作为的雄心。

杜甫早期作品留存数量很少，这些诗篇和时代的风气相一致，充满自信，带有英雄主义的倾向。如《望岳》诗起首"岱宗夫如何，齐鲁青未了"，气势宏大；结句"会当凌绝顶，一览众山小"，富于展望，令人感觉到诗人雄心勃勃的精神状态。随着杜甫渐渐深入到苦难的现实，他的诗也变得沉重起来。《兵车行》的创作标志着杜甫诗歌的转变。由此形成了杜甫此后一生诗歌创作在思想内容方面的主要特征：严肃的写实精神；在忠诚于唐王朝和君主的前提下，对统治集团中的腐朽现象给予严厉的批判；对民生疾苦的深厚同情；对国家与民族命运的深沉忧念。

杜甫善于运用各种诗歌体式。他的五、七言律诗和五、七言古体诗，在唐代都是第一流的。杜诗《兵车行》《丽人行》"三吏"、"三别"等五、七言古体诗实际是古代乐府民歌的流变，但杜甫打破惯例，不用乐府古题而"即事名篇"（根据所叙事实命名），这样就更能够反映现实，更富于生活气息。

杜甫诗歌的艺术风格是"沉郁顿挫"。所谓"沉郁"，主要表现为意境开阔壮大、感情深沉苍凉；所谓"顿挫"，主要表现为语言和韵律屈折有力，而不是平滑流利或任情奔放。形成这种特点的根本原因，是杜甫诗歌所要表达的人生情感非常强烈，而同时这种情感又受到理性的节制。这样，使得诗中涌动着既有力度又受控制的情感之流。

三、中唐诗歌（大历元年至大和九年，766—835）

（一）元白诗派

以755年的安史之乱为分界线，唐代文学随着社会经济、政治、军事等方面的急剧变化也发生了很大的转变。这转变，便是由浪漫主义转向现实主义。诗歌方面出现了以白居易、元稹为代表的元白诗派以及新乐府运动。

白居易(772—846),字乐天,晚居香山,自号香山居士,祖籍太谷。白居易是新乐府运动的倡导者,这一运动的参与者还包括张籍、王建、元稹、李绅等人。这一新诗潮以乐府——特别是新题乐府的形式,来反映社会问题,针砭政治弊端,以期达到实际的社会效果。同时在艺术表现上,这群诗人也大多努力以平易浅切的语言、自然流畅的意脉来增加诗歌的可读性。

白居易在总结我国自《诗经》以来现实主义诗歌创作经验的基础上,建立了现实主义的诗歌理论。在新乐府运动的形成和开展中,白居易先进的诗论起着直接的指导作用。他的《与元九书》便是一篇最全面、最系统、最有力的宣传现实主义、批判形式主义的宣言。他认为诗歌必须为政治服务,他响亮地提出了"文章合为时而著,歌诗合为事而作"的口号,即诗歌和政治、人民生活密切结合,这是白居易诗论的核心。白居易最为人称道的是创作于元和初至元和四年的《秦中吟》十首及《新乐府》等五十首他标为"讽喻"一类的诗歌。他的"感伤"诗《长恨歌》《琵琶行》,代表了白居易诗歌的最高艺术成就。

元白诗派的另一位代表诗人是元稹,与白居易同享盛名,诗歌传入宫廷,宫中称他为"元才子"。他的诗总体成就不如白居易,但在两个特定的方面超过白居易,那就是次韵诗和悼亡诗。他的次韵有时多达二百韵,成为唐诗中的奇观,也标志着中唐诗人在诗体创新方面的努力和成就。他的悼亡诗在唐代悼亡诗中都是上乘之作,尤其是《遣悲怀三首》,情真意切,悲怆感人,及至后世传诵不衰。

(二) 韩孟诗派

与元白诗派同时,有一批诗人在另一个不同的方向上也掀起了一股新诗潮,即以韩愈、孟郊为代表的韩孟诗派。他们都在艺术上创新求异,采用了过去不常用的内容、句式、意象入诗,故人们常以"奇崛险怪"来评价韩愈及其周围诗人的诗风。

孟郊(751—814),字东野,武康(今浙江德清)人,是这群诗人中较为年长的一个,有《孟东野诗集》。在内容上,孟郊的诗深入地揭露了社会中贫富不均、苦乐悬殊的矛盾。在艺术手法上,他刻意求工,精思苦吟,道人所未道,刻意寻求新词句,用过去诗中少见的僻字险韵与生冷意象,从而尽可能把内心的愁哀刻画得入骨和惊耸人心。

韩愈(768—824),字退之,河阳(今河南省孟州市)人,自称郡望昌黎,有《昌黎先生集》。韩愈诗歌的特点之一是,气魄宏大、想象丰富,如《卢郎中云夫寄示送盘谷子诗两章歌以和之》中有四句写瀑布:"是时新晴天井溢,谁把长剑倚太行。冲风吹破落天外,飞雨白日洒洛阳。"颇有李白《望庐山瀑布》的意味。韩愈诗歌的特点之二,是有意避开前代的烂熟套数、语言和意象,力求奇特、新颖,甚至不避生涩拗口、突兀怪诞。如《永贞行》中"狐鸣枭噪""旸睒跳踉"等描写,都有些匪夷所思,光怪陆离。韩愈诗歌的特点之三,是把过去逐渐变得规范整齐、追求节奏和谐、句式工稳的诗歌外在形式加以破坏,使之松动变形。他常常把散文、骈赋的句法引进诗歌,使诗句可长可短、跌宕跳跃、变化多端。

唐朝的繁盛时代一去不复返,诗人在社会中感受到沉重的压抑,他们的心态、情感往往显得扭曲甚至是变态。他们的诗在表现个人内心世界方面不可能再具有盛唐诗歌那种自然、开朗、宏放、刚健的气象。在语言与形式的创新上,他们有意立异,从险怪、瑰奇、生涩等方向上变旧求新,这丰富了中国古典诗歌的艺术传统,但留下了一系列弊病,尤其表现在以文为诗、以学问为诗的倾向上。

(三)刘禹锡、柳宗元

在中唐时期,以韩、孟和元、白为代表的两大新诗潮固然最为引人注目,但在此之外,还有不少具有自己独特风格与建树的诗人,其中比较杰出的是刘禹锡和柳宗元。

刘禹锡(772—842),字梦得,河南洛阳人,有《刘梦得文集》。刘禹锡的诗大多自然流畅、简练爽利,同时具有一种空旷开阔的时间感和空间感。像他的名句如"芳林新叶催陈叶,流水前波让后波。"(《乐天见示伤微之敦诗晦叔三君子皆有深分因成是诗以寄》),"沉舟侧畔千帆过,病树前头万木春。(《酬乐天扬州初逢席上见赠》)"都是他对历史、人生进行沉思之后的一种感悟。刘禹锡的咏史诗十分为人称道,这些诗以简洁的文字、精选的意象,表现他阅尽沧桑变化之后的沉思,其中蕴涵了很深的感慨,如《西塞山怀古》《乌衣巷》《石头城》等都是名篇。刘禹锡的诗中还常常表现出高扬开朗的精神,如《秋词》二首之一:"自古逢秋悲寂寥,我言秋日胜春朝。晴空一鹤排云上,便引诗情到碧霄。"由于有了含蓄深沉的内涵、开阔疏朗的境界和高扬向上的情感,刘禹锡的诗歌便显得既清峻又明朗。

柳宗元(773—819),字子厚,河东(今山西运城永济一带)人,有《柳河东集》。柳宗元留下来的诗歌仅一百多首,但历来评价很高。正如苏轼所评,兼有简洁、靖深、温丽、含蓄之长,在自然、朴实的语言中蕴含了幽远的情思。尤其应当注意的是,柳诗中常常出现一种空旷孤寂的意境,如《江雪》:"千山鸟飞绝,万径人踪灭。孤舟蓑笠翁,独钓寒江雪。"在广袤的雪原上,没有人迹,没有鸟影,只有一叶孤舟载孤零零一个渔人,在雪中独自垂钓。

四、晚唐诗歌(开成元年至天祐四年,836—907)

晚唐诗人的作品,不仅没有盛唐时代那种自由奔放的朝气,也没有元和时代那种满怀激烈的勇气。他们不是不关心社会政治,而是这种关心总伴随着失望;他们常常表示旷达,但这种旷达却和无奈相连。哀婉和衰飒的气氛笼罩着这个时代的诗歌。

杜牧(803—852),字牧之,京兆万年(今陕西西安)人,有《樊川文集》。杜牧是晚唐杰出的诗人,他出身官宦世家,有参政治世的雄心壮志,却生不逢时,这种理想与现实的巨大落差,在他的诗中形成一种深沉的历史感。一些登临咏怀之作,常常融合了对自然、社会、历史的感触,总有一种伤今怀古的忧患意识,如"一骑红尘妃子笑,无人知是荔枝来。(《过华清宫》)"讽刺天子的荒唐,"东风不与周郎便,铜雀春深锁二乔。(《赤壁》)"感慨历史变化的难以把握等,都表现着他透过历史对现实的关注。

杜牧性格比较豪爽开朗,他的诗无论感慨往事、针砭现实还是抒写怀抱、描摹自然,都能在忧郁中透出高朗爽健、意气风发、俊逸明丽的气骨。例如:"远上寒山石径斜,白云生处有人家。停车坐爱枫林晚,霜叶红于二月花。"(《山行》)虽写的是秋景,却没有这一类诗常见的衰飒暗淡,倒有些明亮和高朗。杜牧的诗,以明丽的意象和俊逸的气骨,加上他特有的历史感所形成的深远开阔的视野,构成了其诗歌的特殊境界。

李商隐(约813—858),字义山,号玉溪生,祖籍怀州河内(今河南焦作沁阳)人,有《李义山诗集》。李商隐的生活经历坎坷,政治上失意潦倒,生活经历中爱而不得和得而复失的悲哀,使李商隐常被一种感伤抑郁的情绪纠结包裹,这种感情基调影响了他的审美情趣。他擅长用精美华丽的语言,含蓄曲折的表现方式,回环往复的结构,形成朦胧幽深的意境,来表现心灵深处的情绪与感受。李商隐的诗歌以爱情诗成就最高,这些诗感情真挚,意象密集,一往情深而吝于表露,细腻深沉而哀艳清丽,用典工切又毫无做作,形成了他特有的空灵蕴藉和深情绵邈的诗风,在中国文学史上具有崇高的地位。

李商隐非常喜爱并且擅长用典故,也非常善于捕捉富于情感表现力的意象。如著名的七律《锦瑟》:"锦瑟无端五十弦,一弦一柱思华年。庄生晓梦迷蝴蝶,望帝春心托杜鹃。沧海月明珠有泪,蓝田日暖玉生烟。此情可待成追忆,只是当时已惘然!"中间四句通过四个典故便传达了迷惘、悲哀、伤感、虚幻的情绪体验,并与"无端""惘然"交相映衬,构筑起全诗朦胧、伤感地追忆华年的情绪氛围。

李商隐的很多诗歌并没有记述具体的人物和事件,也不会直接抒发单纯明了的喜怒哀乐之类的情感。他着重表达的是对某些人生经历的内心深层体验,这种体验往往是多方面的,流动不定的,有时连自己也难于捕捉,更不易于明白地传达,因而只能用象征手段作印象式的表现,由此造成意境的朦胧。

语言知识

文言句式

文言句式包括一般句式和特殊句式。一般句式由判断句、被动句、省略句和疑问句构成;特殊句式主要是倒装句。

一、一般句式

1．判断句

（1）用"者……也"表判断

"廉颇者,赵之良将也。"(《史记·廉颇蔺相如列传》)

（2）句末用"者也"表判断

"城北徐公,齐国之美丽者也。"(《邹忌讽齐王纳谏》)

（3）用"者"表判断

"四人者,庐陵萧君圭君玉,长乐王回深父,余弟安国平父,安上纯父。"(《游褒禅山记》)

（4）用动词"为"或判断词"是"表判断

"为天下理财,不为征利。"(《答司马谏议书》)

（5）用"即""乃""则""皆""本""诚""亦""素"等副词表示肯定判断,兼加强语气,用"非"表示否定判断

"今天子有急,此乃臣效命之秋也。"(《史记·魏公子列传》)

（6）无标志判断句。文言文中的判断句有的没有任何标志,直接由名词对名词作出判断

"刘备天下枭雄。"(《赤壁之战》)

【特别提醒】判断句中谓语前出现的"是"一般都不是判断词,而是指示代词,作判断句的主语,而有些判断句中的"是"也并非都不表示判断,"是"在先秦古汉语中少作判断词,在汉以后作判断词则多起来。

2．被动句

所谓被动,是指主语与谓语之间的关系是被动关系,也就是说,主语是谓语动词所表示的行为的被动者、受害者,而不是主动者、实施者。

（1）有标志的被动句

①用"为"或"为……所……"表被动

"身死人手,为天下笑者。"(……被天下人嘲笑)(《过秦论》)

"(巨)偏在远郡,行将为人所并。"(《资治通鉴》)

②用"而"表被动

"忠而被谤,能无怨乎?"(忠心却被别人诽谤,能不怨恨吗?)(《史记·屈原贾生列传》)

③用"见"或"见……于……"表被动

"……徒见欺。"(……白白地被欺骗)(《史记·廉颇蔺相如列传》)

"臣诚恐见欺于王而负赵。"(《史记·廉颇蔺相如列传》)

④用"于"或"受……于……"表被动

"不能容于远近。"(张溥《五人墓碑记》)

"吾不能举全吴之地,十万之众,受制于人。"(《资治通鉴》)

(2) 无标志

这种情况是指没有被动词的被动句。如:"荆州之民附操者,逼兵势耳。"(《资治通鉴》)这里的"逼兵势"是"被兵势所逼"的意思。

【特别提醒】"见"有一种特殊用法和表被动的"见"的形式很相近,如"冀君实或见恕也"(《答司马谏议书》),但这里的"见"不表被动,它是放在动词前,表示动作行为偏指一方,"对自己怎么样"的客气说法,像现代汉语中的"见谅"等都是此种用法,后面要举例详细讲。

3. 省略句

(1) 主语的省略

"永州之野产异蛇,(蛇)黑质而白章……"(《捕蛇者说》)

(2) 谓语的省略

"夫战,勇气也。一鼓作气,再(鼓)而衰,三(鼓)而竭……"(《曹刿论战》)

(3) 动词宾语的省略

"以相如功大,拜(之,指蔺相如)为上卿。"(《史记·廉颇蔺相如列传》)

(4) 介词宾语的省略

"此人一一为(之)具言所闻。"(《桃花源记》)

(5) 介词的省略

"将军战(于)河北,臣战(于)河南。"(《鸿门宴》)

4. 疑问句

文言疑问句,一般都有疑问词,疑问词包括疑问代词(谁、何、曷、故、安、焉、孰等)、疑问语气词(乎、诸、哉、欤、耶等)以及疑问副词(岂、独、其等)。有时也不用疑问词。

另外,还有些表示反问的习惯用法。这里不举例子讲解。

二、特殊句式

所谓倒装句,是比照现代汉语习惯说的,不符合现代汉语语序的,我们称之为倒装句。

倒装类型:主谓倒装;宾语前置;定语后置;状语后置。

1. 主谓倒置

为了强调谓语,有时将谓语置于主语之前。这仅仅是出于语言表达的需要。

"甚矣,汝之不惠(慧)!"(《愚公移山》)译文:"你太不聪明了。"

2. 宾语前置

(1)否定句中代词宾语前置

格式:主+否定词【不、未、无、莫、毋、弗】+宾【余、吾、尔、自、之、是】+动

"秦人不暇自哀。"(《过秦论》)译文:"秦人来不及哀叹自己。"

从上面的例句中可以得出这样的结论:否定句中宾语代词前置,必须具备两个条件:第一,宾语必须是代词。第二,全句必须是否定句,即必须有否定副词"不、未、毋(无)"等或表示否定的不定代词"莫"。代词宾语要放在动词之前,否定词之后。

(2)疑问句中代词宾语前置

①宾语在动词前面

格式:主+宾【谁、奚、胡、何、曷、安、恶、焉】+动

"良问曰:'大王来何操?'"《鸿门宴》译文:"张良问道:'大王来的时候拿了什么?'"

②宾语放在介词前面

格式:主+宾【谁、奚、胡、何、曷、安、恶、焉】+介+动

"长安君何以自托于赵?"(《触龙说赵太后》)译文:"长安君凭什么在赵国站住脚呢?"

(3)陈述句中介词宾语前置

格式:宾+介+动

"钩以写龙,凿以写龙。"(《叶公好龙》)译文:"用钩子来画龙,用凿子来雕刻龙。"

(4)用"之""是"作标志的宾语前置

格式:主+宾+之(是)+动

"夫晋,何罪之有?"(《烛之武退秦师》)译文:"晋国,有什么罪过呢?"

(5)"相"字解释为"动作行为偏指一方"时,可译为"我,你,他(她)",这时"相"是作宾语放在动词谓语之前,翻译时放在动词谓语的后面

"吾已失恩义,会不相从许。"(《孔雀东南飞》)译文:"我已经对她没有情义了,决不会答应你。"

(6)"见"字解释为"动作行为偏指一方"时,可解释为"我",这时"见"是作宾语放在

动词谓语之前,翻译时放在动词谓语的后面。

"府吏见丁宁。"(《孔雀东南飞》)译文:"(我回来时)府吏叮嘱我。"

(7)方位词、时间词作宾语时,有时也前置

"亚父南向坐。"(《鸿门宴》译文:"亚父范增面向南坐着。")

3. 状语后置

我们知道,在现代汉语中状语置于谓语之前,若置于谓语之后便是补语。但在文言文中,处于补语的成分往往要以状语来理解,即翻译时大多数时候要提到谓语前面去翻译。

(1)格式:动+以+宾

"饰以篆文山龟鸟兽之形。"(《张衡传》)译文:"用篆文山龟鸟兽的形状来装饰。"

(2)格式:中心词+定语+者

"求人可使报秦者。"(《廉颇蔺相如列传》)译文:"寻找可以出使秦国回来复命的人。"

(3)格式:形+于+宾

"长于臣。"(《鸿门宴》)译文:"(他,指项伯)比我长(大)。"

4. 定语后置

在现代汉语中,定语是修饰和限制名词的,一般放在中心词前,这种语序古今一致,在文言文中,除此情况外,也可以放在中心词后。定语放在中心词后面,用"者"煞尾,构成定语后置的形式。那么,在翻译的时候,要注意把后置定语提到中心词前面去翻译。

(1)格式:中心词+之+定语+者

"石之铿然有声者。"(《石钟山记》译文:"铿然有声的石头。"

(2)格式:中心语+之+定语

"蚓无爪牙之利,筋骨之强。"(《劝学》)译文:"蚯蚓没有尖利的爪牙和强健的筋骨。"

(3)格式:动+于(乎,相当于"于")+宾

"使归就求救于孙将军"(《赤壁之战》)译文:"让他回去向孙将军求救。"

(4)格式:中心语+而+定语+者

"缙绅而能不易其志者,四海之大,有几人与?"

译文:"能够不改变自己志向的官员,普天之下,有几个人呢?"(《五人墓碑记》)

(5)数量词做定语多放在中心词后面。格式:中心语+数量定语

"一食或尽粟一石。"(《马说》)译文:"吃东西有时能吃完一石粮食。"

单元测验　　　单元讨论题

敬业精进

　　敬业精进是使命感的召唤,是一种追求极致完美的精神境界,其核心是,不把工作仅仅当作赚钱的工具,而是树立一种对工作的执着态度,对所做事情精益求精、精雕细琢。本单元作品精读部分主要学习关于敬业精进的四篇文章。在《浮冰上的搏斗》中,正是对国家、对工作的强烈责任心,激发了生物学家蒋家伦顽强的求生意志,让他最终战胜死亡。《绝品》中,刘三爷对朋友的一诺千金、常先生对民族的舍生取义、王商人的不忘祖训,使他们成为屹立天地间的大写的"人",这才是真正的绝品。《篾匠》中,与其说日渐消亡的是手艺,不如说是心性,是再也找不回来的人与人之间的温度。

　　在作品欣赏部分,我们聚焦于宋词,选取了李煜的《浪淘沙令·帘外雨潺潺》、欧阳修的《蝶恋花·庭院深深深几许》、苏轼的《临江仙·夜饮东坡醒复醉》、柳永的《蝶恋花·伫倚危楼风细细》、辛弃疾的《摸鱼儿·更能消几番风雨》、李清照的《渔家傲·天接云涛连晓雾》。通过这六首词的学习,我们将更深入全面地了解宋词兴盛发展的原因,梳理宋代词坛概况及重点词人,进而把握宋词的发展历程及特征。

　　本单元文学常识部分,我们重点讲的是宋词。在对宋词兴盛的成因、词坛概况做出整理把握的基础上,着重介绍了柳永、李清照、辛弃疾等重要词人及其作品的艺术成就。

　　在语言知识部分,我们着重讲解文言文翻译,包括翻译技巧与方法等。

作品精读

浮冰上的搏斗

郑世隆[①]

作品导读

明责是成就事业的首要因素,有了责任心,即便是危险工作,也能勇敢面对,有困难也能克服。"祖国派我到南极,还没完成任务啊,我不能就这么死去!"在南极严寒的浮冰上,正是对国家、对工作的强烈责任心激发了生物学家蒋家伦顽强的求生意志,让他最终战胜死亡。这篇报告文学叙事波澜起伏,环境描写生动细腻,善于抓住人物动作和心理来塑造人物形象。在描写中,多用比喻、排比、反衬等手法,使文章具有强烈的文学色彩,有力表现了文章主题。在学习本文时,要注意把握上述写作手法,领会文章主旨,体会报告文学的特色。

1983年2月3日上午。中国国家海洋局海洋生物学家蒋家伦驾驶着一只方头平底小摩托艇和澳大利亚生物学家伯克到距南极基地——戴维斯站10公里海湾处,勘测海深度断面,探索那神秘的"第七大陆"——厚达2000米的洛多姆冰盖下的底蕴。

摩托艇突突地破浪前进。船首机警地闪开了迎面冲来的散碎的浮冰块。他翘首望去,南纬65°的天空,澄澈如洗。在天水相接处,冰山群像一座座璀璨晶莹的蓝宝石,在阳光下迸射出万道神奇的霓虹。有的像欧洲中世纪的古堡;有的呈现着古埃及金字塔的轮廓;有的又似直刺青天寒光闪闪的宝剑……

啊,多么壮丽、旖旎的景象!

南极! 在它那银雕玉缕的胸怀里,蕴藏着多少宝贵的资源啊。

在地球上淡水逐渐感到紧张的今天,冰山的开发利用,已经提到人类议事日程上来了。南极附近广阔洋面上的冰山,多达22万余座,可以用来改造沙漠,调节气候,供给城市使用。例如南美洲的智利、中东的沙特阿拉伯……

南极,埋藏着煤、金、银、钼、锰、铁、铜、镍、钴、硫磺、石墨、金刚石……

蒋家伦从1982年11月来到南极后,就确定了以南极冰洋上附着的丰富的硅藻生

---

① 郑世隆(1942—),天津人,当代报告文学作家。

物为研究课题。1982 年,他分析了我国第一批南极考察者从南冰洋带回的海水标本,发现了一个新种,已整理成论文,受到澳大利亚塔斯马尼亚大学戴维教授的高度赞赏,并发表在加拿大《世界藻类》杂志上,引起世界生物学界高度重视⋯⋯

⋯⋯小摩托艇沿着陡峭的、被巨大冰舌覆盖着的海湾断面边缘前进。中午时分,白皑皑的冰川刮起了凛冽的风,灰蒙蒙的冰浪翻起滚滚浊波。哗——! 哗——! 海浪咬着船舷,冰冷的海水已经注满船尾,艇尖高高地翘起,摩托艇骤然熄火了,在浪的漩涡里打转儿⋯⋯

险情突生! 他和伯克这时已无法向基地凯西站呼救——因为出发时,忘记携带无线电报话机。凯西站定班飞出的直升机,要下午五点钟才能到。怎么办? 考察任务还没有完成!

"喂! 蒋! 你来测量,我掌舵!"是伯克坚定的声音。

"好!"蒋家伦镇静沉着地答道。

尽管这时小摩托艇像只火柴盒似的在浪涛中颠簸,两位科学家并没有停止测量工作。

风,越刮越猛,怒浪拍击着岸边的岩,发出狂暴的呐喊声。他们与狂风巨浪拼搏了55 分钟后,一扇凶恶的冰浪打来,将小船打翻⋯⋯

当蒋家伦从冻彻骨髓的浪窝里浮出来时,依稀看见自己距那黑的岸边大约一百米。这么短的泳程,对会游泳的他来说,并非难事。他拼足浑身力量,迎着咆哮的浪峰游去,才游出 20 米,手和脚就失去了知觉。原来在翻船时,他的套鞋、手套都被冰浪卷走了。幸好身上还穿着救生夹克,使心窝保持了温暖。他更加用力地向前游着。游到离岸 50 米处,力量愈加不支了。一片阴影立刻罩上心头。

1981 年,一支德国考察南极的碎冰船,被浮冰击沉;

1982 年,英国南极斯科特考察队四位探险家,在海冰上遇难,无一生还⋯⋯

这是生死的搏斗啊! ⋯⋯

天,越来越阴沉。岸,模糊不清。连方才看到的几只阿德雷企鹅,似乎也被冰川风那凄厉的口哨吓跑了⋯⋯

"呃,伯克呢?"

在这生死攸关的时刻,他没有忘记澳大利亚朋友。他拼命地呼唤着他的名字,但微弱的声音,立即被浪涛的啸声击碎。

浪峰把他托上苍茫的天空,又张开大口将他吞入水底。他忽然看见左侧的一个小屿上,有个模糊的人影在踉跄地奔跑着,向他挥动着手臂。那是伯克!

朋友得救了,他感到一阵欣慰,也增加了他拼搏的勇气。他扬起头,看见了那希望之岸横亘在天水之间!

"祖国派我到南极,还没完成任务啊,我不能就这么死去!"

他看见有块浮冰向他飘来。如果登上去,就能赢得喘息时间。于是,他猛吸一口气,扎入浪谷中……

头,猛地撞上一个坚硬的棱状物。那是浮冰的边缘呀,希望的闪光,给他充添了热能,他抓住冰凌角,几次滑脱,又几次奋争着浮上水面。头部被尖利的冰凌撞得鲜血淋漓。

……他,终于把冻僵了的四肢,无力地瘫放在冰面上。头脑昏眩,浑身冷得打颤,哦,多么想睡会儿啊!不成!只要睡上几分钟,身体下融化了的冰面,就会把身体牢牢地"粘"住!

他,咬紧牙关,单腿跪起,强迫那结满冰凌的躯体站起来。

浮冰块顺着风势向岸边飘去。近了,近了!30米,20米,10米,5米……

生命的岸,希望的岸,在向他招手!他弯下身子,准备作最后一跃。

狂风忽然转了向,推着浮冰块打了个旋儿,急速地向大海飘去。

他,木呆呆地望着越离越远的岸,那生命的岸!……

猛地,他咬牙一蹲,腿弯处的冰凌,卡嚓压碎了。当身体摔倒在冰上的一刹那间,他就势滚翻,像头海豹似的,奋力滑入砭人肌骨的海水中……

他,爬上了岸!

爬!爬!必须争取时间,到20米外的那个大岩洞里去避风,因为横扫冰原上的寒风,会迅速地将身上0℃的海水,降至−15℃,那样,不消几许时,他就会被冻成硬梆梆的冰疙瘩!

爬呀,爬!那裸露在冰雪上的大大小小的石头,把身上的冰盔冰甲,划得格格作响……

爬呀,爬!棱角锋利的大小石头,像万把钢刀,割开了他那早已撕碎的救生夹克,划了皮肉,喷涌的鲜血,在身后的冰砖上,留下一道道、斑斑点点鲜红的冰珠儿……

爬呀,爬!早已冻得发黑的手指,指甲早碎裂了,却像铁挠钩似的,牢牢嵌进冰凝雪冻的石头缝中……他爬出10米左右,忽然想到:不成!如果躲到洞里,站里派来找寻他们的直升机就无法发现自己!必须立即改变方向,爬到右边那块大岩石顶上去……

于是,又重新拼搏着向大岩石爬去……他已经失去知觉,不知道寒冷,不知道伤口在不断地流血。

当他醒来时,感觉眼皮上跳动着温暖的光芒。那是缥缈朦胧的极光吗?那是五彩缤纷的冰晶吗?不,他是躺在凯西基地医务室的急救床上。灯下,闪动着一张张被冰川风吹得赭黑的脸庞。澳大利亚医生那含着惊讶和钦佩的目光,正朝他微笑呢。

他得救了。他恍然记起他在大岩石上的情景……当他被冻得奄奄一息时,天空中传来了隆隆声,在灰暗云层上,闪现出了直升机的雾影……

他微笑了,因为自己是胜利者!

然而,他笑得过早了。

蒋家伦这时的体温,是30℃,快到了生命的临界点。他被立刻放到灌满温水的澡盆中。那遍体累累的伤痕,一触到水,仿佛剖心剜腑似的疼……

他又昏厥过去……

十分钟后,体温回升了。澳大利亚站长和美国科学家杰,昼夜陪伴着他。

四天之后,他从死神的魔爪中挣脱出来。他感到饿得胃壁都贴在一起了!那些放在病榻边鲜美的奶酪、蛋糕、牛油果、巧克力,却无法勾动他的食欲。几次勉强咽下,一种奇怪的恶心,几乎把肠子肚子都翻吐出来……

吊针,一滴滴,一日日,一夜夜……

每当他经过抢救,又一次睁开眼睛时,那饥饿就随同而来。他多么盼望能吃一点家乡的豆腐乳、咸鸭蛋,喝一碗大米稀饭,就着辣丝丝的四川榨菜啊……

2月9日清晨,当他睁开眼睛时,看见一位笑容可掬的中国学者和美国科学家杰坐在病榻旁。

"老蒋啊! 我是兰州冰川所的谢自楚! 在归国途中,特来看望你!……"

他,久久地睁大双眼凝望着这位来自祖国的亲人。热泪一下子涌满眼眶! 他挣扎着坐起身,用激动得微微颤抖的双手,接过谢自楚教授亲自为他煮的稀饭,顿觉胃口大开,狼吞虎咽地连喝了满满两大碗,又服下一粒云南白药中的红子。当谢自楚匆匆地跑回住舱,去为他拿珍藏的豆腐乳时,杰忽然向他问道:"蒋教授! 您和谢教授在国内就是好朋友吗?"

"不是,我们刚刚相识。"

"呃? 这……不可能吧?"

怎么回答呢? 他望着外国朋友迷茫的神情,笑了。

他,终于奇迹般地康复了。不久,又登上了那艘考察小艇,又踏上了南极茫茫的冰层。

绝 品

谈歌①

■《绝品》

作品导读

谈歌善于借人物命运和人物语言,展示人间正气,从道德层面上开掘真善美的审美追求,在情感上和理念上都给读者以强烈的震撼和冲击。《绝品》正是这样的作品。

《绝品》中的常先生愿意用自己的生命去换取正义,这正是一个革命党人身上所特有的舍生取义精神。刘三爷答应过常先生,会悉心藏古画,哪怕家境败落也不变卖,这是古代文人身上所固有的一诺千金品质。王商人本来可以不把画退给三爷,却被刘三爷和常先生二人肝胆相照的感情所打动,还不忘叮嘱三爷悉心收藏这幅古画,他身上折射的是舍利取义的精神。刘三爷对朋友的一诺千金、常先生对民族的舍生取义、王商人的不忘祖训,使他们成为屹立天地间的大写的"人",这才是我们中国的脊梁,是真正的绝品。学习本文时,应从人物的行为方式、精神境界等层面,分析绝品的真正内涵。

民国初年。保定城南有一家装裱店。店主姓常。三十几岁,穿长袍,很斯文,人叫他常先生。

常先生没有雇佣伙计,自己装裱字画,手艺很神,一些模样落魄的旧字画到了他的手里,一经装裱,便神气崭新。

常先生是外埠人。几年前到了保定,开了这店,常先生无有家室,常常一个人到保定望湖楼来饮酒。常先生善饮,久之便与刘三爷相熟了。

刘三爷是保定富户,三代经营绸缎,颇有些家财。闲来也做些收藏生意。

三爷是望湖楼的常客,保定的酒楼茶肆是富商们谈生意的地处。三爷来望湖楼是奔生意而来。三爷不饮酒,上楼只喊一壶茶。有时没有生意,三爷便与常先生闲聊神侃。常先生学问大,善谈。三爷考过秀才,饱学。两人渐渐谈得入港,由此熟了。三爷就常常到常先生店里购些字画收藏。常先生也偶尔推荐一些字画给三爷。三爷爽快,凡是常先生推荐,一概买下,且从不斩价。三爷的娘子马氏放心不下,瞒着三爷,让下人拿着字画到京城找行家鉴定。皆货真价实。如此几回,马氏也就不再疑。三爷后来知道,就讥笑:"妇人之见。"

---

① 谈歌(1954—),原名谭同占,祖籍河北完县(今河北省顺平县),1978 年开始发表作品。

那天，三爷又与常先生在酒楼闲侃，侃了一会儿，三爷就问："我真是不懂，今天冒失地问一句，先生目力老到，辨得真伪优劣，如何不做些收藏生意？"

常先生呷一口酒，笑道："凡事依性情而定。三爷是聚财的性子，我是散财的脾气，好东西到了我手里，只怕是日后嘴馋挨不住，要换了酒吃的。"说完，就笑。

三爷也笑了。

常先生左右看看，凑近三爷。低了声音道："我手上现有一张古画，主顾要大价钱。我劝三爷吃进，三爷可否有意？"

三爷笑道："先生替我看中，买进便是。但不知那边开价多少？"

常先生道："三千大洋。"

"三千？"三爷倒吸一口气，就有些口软。

常先生笑道："我仔细看过，此画实为无价之宝。唐代珍品。委实是主顾急着用钱，才忍痛抛出。三爷不可错过机会。"

三爷点点头："既然先生已经认定，我明日凑足银子就是。"

常先生又道："三爷若收下此画，万不可示人。若是有人开价，出多少也是不能卖的啊。"

三爷看常先生一脸郑重，点头说记下了。

三爷回家告诉了马氏，让马氏去凑足大洋。

马氏听得呆了："什么宝贝？值这么多？"

三爷道："常先生看中，断不会错的。你莫要再多言了。"

第二天，常先生携一布包，来到三爷家中。三爷屏去下人，又关门闭窗，常先生才打开布包，里边又是布包，如此四五层，最后取出一幅画来。打开，那纸已泛深黄。但托裱一新。

三爷埋头看画，却看不出名堂。抬头淡然一笑："刘某眼拙，还望常先生指点。"

常先生笑了笑，就把画卷好，重新包裹严密，双手交与三爷，郑重说一句："三爷啊，关于此画。我不再多说，此画价值连城，悉心藏之啊。"

三爷也庄重接下："刘某记下了。"就喊进马氏，取来三千大洋的银票，交与常先生。

常先生就告辞。

第二天，三爷刚刚起床，下人来告，说常先生的店铺被官府抄了，已查封，常先生也不在店里。三爷惊了脸，半晌说不出话来。

常先生从此失踪，保定街上便传常先生原是江洋大盗，犯了重案，改名换姓，来保定藏身。三爷听过，无动于衷。

又过了些日子，马氏终是放心不下那幅画，差下人到京城请来一位古董行家，鉴定那幅画。

那行家认真看过，一阵无语之后，长叹一声："此画不假，可惜是揭品，便不值几文了。"

三爷一怔，忙问何为揭品。

行家道："所谓揭品，即一张画分两层揭开。这非是一般做假者能所为之。此画更为厉害的，是将一张画揭为两张，且不露一点痕迹。这张是下边的一层，不值钱的。但此画揭得平展，无痕，均称，也算得上世上罕见的装裱高手所为了。"

三爷听得发呆，许久，点头称是，就送走了古董行家。

马氏忍不住心疼地骂起来："姓常的黑心，坑了咱三千大洋啊。"

三爷登时沉下脸："不可胡说，我与常先生非一日之交，他坦荡爽直，怎么会哄骗我。千虑一失，或许常先生走了眼。即使常先生知此内情，也或许另有难言之隐。不可怪他。"

马氏就不敢再说。

这年冬天，常先生竟又回到保定。夜半敲动三爷家的门。三爷的下人急忙来报。

三爷大喜过望，披衣起床，忙不迭喊下人摆下酒席。

二人相对坐下，刚刚要举杯，马氏进来，讥笑道："常先生果真走了眼力，卖与我家老爷一张好画？"

常先生一愣，旋即大笑起来。

三爷怒瞪了马氏一眼，也笑："不提不提，吃酒吃酒。"

先生喝了一会儿酒，叹道："我与三爷相交多年，甚是投缘。或许就今夜一别，再不能相见了。"

三爷道："常先生何出此言？我观先生举止不凡，将来或许能成大事啊。"

常先生哈哈笑了："多谢三爷夸奖。"就大杯痛饮，十分豪气。

喝罢酒，天已微明。常先生就告辞。

三爷依依不舍："常先生何日再回保定？"

常先生慨然一叹："三爷啊，人在江湖，身不由己啊。"说罢，重重地看了三爷一眼，拱拱手，大步出门去了。并不回头。

三爷急急地送出门去，在晨雾中怔怔地呆了半晌。

再一年，三爷店铺中的伙计到京城办货，回来后战战兢兢地告诉三爷，说亲眼见常先生在京城被砍了头，罪名是革命党。临行前常先生哈哈大笑，面色如常。

三爷听得浑身一颤，坐在椅子上一动不动，泪就匆匆地淌下来，直打湿了衣襟。

马氏听了，一声冷笑："真是报应，那次被他坑去了三千大洋。"

三爷爆喝一声,直如猛虎一般。

马氏一哆嗦,不敢再说,悄悄退下去了。

入夜,三爷独自关在房中,把所有常先生帮他买下的字画,其二十余幅,挂在房中,呆呆地看。看久了,就含了泪,叹一声。直看到天光大亮,才一一摘下,悉心收起。

又过了几年,战祸迭起。三爷的生意便不再好做。后来军阀在保定开战,一场大火,三爷的店铺皆烧尽。祸不单行,又一年,三爷又让土匪绑了票,索去许多财物,一个大大的家业就败落下来。三爷也就病倒在了床上。

这一年冬天,保定来了一个姓王的商人,收购古董字画。马氏就瞒着三爷,把三爷的收藏拿去卖了。下人偷偷地告诉了三爷,三爷大怒,让下人喊来马氏。

三爷黑下脸怒问:“你怎么敢去卖常先生帮我买进的字画?”

马氏便落泪哀告:“家中已经败落到这步田地,我拿去换些钱,也好度日啊。”

三爷看看马氏,许久,长叹一声,无力地摆摆手:“你也不易,我不再多说了。”就让马氏取来卖字画的钱,颤颤地下了床,拄一根拐杖,顶着细细的雪花,到客栈去寻那姓王的商人。

王商人听了三爷的来意,皱眉道:“已成交,怎好反悔?”

三爷摇头叹道:“好羞惭人了。先生有所不知,这些字画,都是一位朋友帮我买进,说好不卖的。”就把常先生的事情细细说了一遍。

王商人听得呆了,愣愣地点点头,就把字画退给了三爷。

三爷谢过,把钱退了,让下人提着一捆字画告辞。

王商人送到客栈门前,忍不住叮嘱一句:“刘先生,这些字画大多是国宝,还望您悉心收好才是啊。”

三爷一怔,回转身笑问:“敢问其中一幅唐代珍品,不知真伪如何? 先生慧眼,请指教一二。”

王商人笑道:“那幅画为宝中之宝,实为揭裱后倒装置了。”

三爷忙问:“何为倒装置?”

王商人道:“所谓倒装置,即把原画揭为三层,后倒装裱。我猜想装裱者担心此画被人夺走,才苦心所为。此画装裱实为绝技,天下一流。论其装裱,更是绝品。古人云,画赖装池①以传。果然是了。”

三爷听得迷了,就问:“先生可能复原?”

王商人摇头叹息:“若复原,怕是要有绝代高手才行。我家三代做收藏生意,父辈只

---

① 装池:装饰书画、碑帖等的一门特殊技艺。

说过有倒揭两层者的绝技，不曾想还有倒揭三层者的。今日算是开了眼界。"

三爷点点头，又问一句："王先生做收藏生意，不知收藏可卖？"

王商人正色道："不敢。祖上有训，饿死不卖收藏。"

三爷微微笑了，赞叹一句："好。"就让下人把那捆字画交与王商人："这捆画，我送与先生了。"

王商人愣住："刘先生此为何意？"

三爷郑重地再说一句："我送与先生收藏。"

"如何使得？使，使，使不得啊。"王商人惊了脸，口吃起来。

三爷叹道："我自知不久人世，已无意收藏。这些都是国宝，我恐家人不屑。送与先生收藏，我终于算是对得住常先生了。"就唱一个喏①，转身走了。

门外已经是满天大雪。

王商人追出门来，呆呆地看刘三爷由下人搀扶着一路去了。

雪，哑哑地落着。

四野一时无声。

篾 匠

申赋渔②

作品导读

《篾匠》一文选自申赋渔的散文集《匠人》，《匠人》讲述了作者家乡——申村的手工艺匠人及其家族命运的故事，他们中有瓦匠、篾匠、豆腐匠、扎灯匠、木匠、剃头匠、修锅匠……互有关联的故事背后，显影出微缩版乡土社会的交错命运，那些与乡村一起凋落的，还有渐渐失传的手艺，逐渐被遗忘的匠人们的命运传奇。

篾匠曾是纸扎匠家的长工，他聪明，手又巧，当他打出一条带花的凉竹席时，申村人总算不用到外村去请篾匠了。也是靠着这门手艺，篾匠逐一还清了先前买黄牛所欠下的钱。然而，与其说日渐消亡的是手艺，不如说是心性，是再也找不回来的人与人之间的温度。但凡涉及与钱有关的事情，篾匠与儿子、儿媳之间总是冲突不断，分家是因为买黄牛需要钱，合家也是因为篾匠还能赚钱。老人过世后，儿子壬小和媳妇匆匆将老黄

---

① 即唱喏，古代汉族的一种交际礼俗。指男子作揖，并口道颂词。
② 申赋渔（1970—），江苏泰兴人，专栏作家，南京作协副主席。

牛变卖,读来不禁令人唏嘘不已。学习本文时,应透过篾匠的个人经历,看到时代的变迁,以及由此牵连的世道人心的变化。

在申村西南的旷野里,孤零零地立着一排茅草屋,这是申村的猪舍。猪舍养猪也养牛。自从成立合作社后,篾匠就搬到这猪舍里住了,成为专职的饲养员。

猪舍很大,有五间草屋。三间养猪,两间养牛。篾匠在养牛的一间里搭了个床铺,晚上偶尔会在这里住。

篾匠还是孩子的时候,跟着父亲讨饭。父亲去世的时候,他才12岁。经人介绍,到纸扎匠家去做长工。纸扎匠家有几十亩地。父亲送他读私塾,他读不进,倒喜欢扎纸人纸马纸房子。父亲把他绑起来用鞭子抽了几次,没用,只好由他。纸扎匠除了对扎纸有兴趣,其他一概不管。家里的活儿,只好请长工。

篾匠那时还不是篾匠,只是个大孩子。除了烧饭、洗衣、喂鸡鸭之外,主要就是给纸扎匠带儿子。纸扎匠的老婆去世了,留下一个病快快的儿子。孩子倒乖巧,只要你带着他到竹园里去玩,他就不哭不闹。其实也没什么玩的,他就喜欢安安静静地在竹园里看各式的鸟。看着麻雀、灰八哥、白头翁,跳跳蹦蹦,叽叽喳喳,他就快活。这竹园是申村最大的,还是纸扎匠的父亲留下的。纸扎匠的父亲是个仁义人,跟纸扎匠的刻薄大不一样。经常有人过来借篾刀:"大爹,剁几根竹子啊。""剁,剁。"来人到竹园里很细心,轻手轻脚,不肯踩坏一根竹笋。剁竹子的时候,也刻意挑密的地方,两三根就够了。主要回家有个杂用。如果家里做篾器,要的竹子多了,他们会拿粮换。老爹死了,纸扎匠当家。又有人来要竹子,他的脸色就不好看:"家家都来要,就这么大的竹园啊。"人们就不来要竹子了。要的时候,趁纸扎匠不在,自己带了刀来砍。一砍一捆,竹笋子不用说,踩得东倒西歪。没两年,这竹园就变得稀疏了。

纸扎匠看篾匠一天里有相当长的时间都在竹园里看着儿子,就跟他说:"这家里的筛子、箩筐都破得不像样子了,你天天在竹园子里,闲也闲着,不如学着做。家里篾刀、锯子、刮刀都是现成的。"

篾匠人聪明,手又巧,到外村篾匠家里看过几次,回来试一试,劈竹子,剖黄篾、青篾,倒也不费劲。最好弄的是竹篮,粗粗大大的,不讲究。接着就是篓子、簸箕、竹匾,也用不着多细致,弄弄就会了。纸扎匠一看,他还有这手艺,欢喜得很,又让他做竹榻、靠椅和躺椅。反正竹园里有的是竹子。篾匠找来旧的,东看西看,拆拆弄弄,真摸索着做了出来。过了一年多,篾匠竟打出一条带花的凉竹席。申村人总算有了自己的篾匠,再也用不着到外村去请了。

第一个请篾匠的是五寿太太。五寿死了,五寿太太成了寡妇。有人想来抢了她去做老婆,没抢成,反倒被五寿太太打了。五寿太太要把家里的竹席换一换,除除晦气。

自从五寿太太请过篾匠之后,请他的人便多了。篾匠辞了纸扎匠,专心去做他的篾匠。纸扎匠无可奈何,只是在篾匠走了之后,站在自家竹园的门口,骂了大半天。

1955年,申村成立初级农业合作社。篾匠家里穷,本来就没什么田地,立即入了社,被安排到猪舍养猪养牛。偶尔也让他做做竹篮子、长短的竹圃。养猪养牛一个人忙不过来,队长就让纸扎匠的儿媳芹秀做他的帮手。纸扎匠的儿子,那个篾匠从小看护的孩子,长大了,结婚了,死了。芹秀成了年轻的寡妇。

到猪舍才一年,年纪轻轻的芹秀又死了。就在芹秀死的这一年,老牛生了一头小黄牛。接着就是公社化的1958年。到这年年底,就闹了饥荒。猪舍的猪太耗粮,杀了。牛呢,不能不养,重活计要靠它。不过也养不了几头,就只留下小黄牛。

小黄牛长得快,没几年,就派上了大用场。拉磨、拉车、耕田,样样行。黄牛似乎通人性,篾匠的话都懂。要它做什么,篾匠跟它一说,它就颠颠地往前跑。篾匠从来不让人碰它,连队长也不行。什么活儿,都得由他亲自驾驭。晚上呢,牛慢慢地吃草,篾匠就睡在旁边。只有听到它反刍的声音,他才睡得香。

有人跟他开玩笑:"篾匠,认它做干儿子吧。"

篾匠就笑骂:"死日滚(滚一边去),你不及它一根毛。"

篾匠的老婆死得早,就一个儿子,叫壬小,已经十多岁,正是长身体的时候,吃得多。1959年,人人都在挨饿。壬小又不是省事的人,饿了就来缠着篾匠:"爸,我饿。"篾匠也没法,只能尽量把自己的饭食省给他。他还是喊饿。有次壬小又过来。篾匠正忙,就让他把青草铡碎,拿糠拌一拌,喂牛。壬小弄好了,把桶放在黄牛的面前,黄牛吃了几口,抬起头来哞哞叫。篾匠一听黄牛的叫声,跑过来,一拍手:"嗨,忘了加饼了。这蠢材,嘴刁得很呢。"篾匠拿来一块豆饼,用刀一片片刨着。豆饼是黄豆榨过油剩下的豆渣,压得结实了,成了一块圆圆的大饼,喂猪喂牛,是上好的饲料。篾匠把一捧碎了的豆饼倒在牛的食桶里,让壬小拌一拌。或许是饿急了,壬小从桶里抓了一块豆饼就放在嘴里嚼。

靠偷吃黄牛的豆饼,壬小不再哭闹,个头虽没什么变化,身子倒渐渐壮实了。篾匠心里过意不去,只好没日没夜地铲来新鲜的草料,更加精细地喂牛。牛一天的活计结束了,篾匠就拿了刷子,给它浑身上下刷洗一遍,不让毛打结或者沾一身泥巴。这黄牛,每天都漂漂亮亮。

1980年,申村实行家庭联产承包责任制。田地按人头分,生产队里的农具、房屋,都分掉。这一年,黄牛24岁,已经是一头老牛。队长的意思是宰掉,每家分点肉。篾匠说什么都不肯。一个60多岁的老人,天天到队长家抹眼泪。队长自己的官儿就要撤掉,也不想再多事,就说,你自己做工作,如果大家都答应不杀,就不杀。篾匠就挨家挨户去求情。

"这牛跟了我20多年,不能杀啊。你们也就少吃一口肉,不算看我的情分,留它一条命,也是积德。"

有人就说,不杀可以,你买了去,不能说这么大一头牛,就白白给你。

篾匠哪来这么多钱,思来想去就跟队长去说:"牛归我,队里分什么东西我都不要。你说这牛值多少钱,我每年卖了粮再还,一年还不清两年,两年还不清三年。"队长一想这也是个办法。

没想到,篾匠的儿子壬小听到这话,回家把篾匠一顿臭骂。一头老牛,活儿干不了,哪天说死就死了。要它回来做什么?还要每年还钱。壬小死活不答应。

篾匠骂道:"你个畜生,不是它,你早饿死了。"

壬小恼羞成怒:"要牛,你就自己跟牛过去。"

篾匠听出来,壬小这是要跟他分家。因为壬小从小没娘,篾匠溺爱过度,现在好,自己老了,他成了忤逆儿子。

村里人听说了,纷纷来劝和。壬小低着头,一言不发。壬小的老婆倒拍手顿脚地直跳:"老糊涂了,家里什么好东西,只要他看到,就拿去喂牛。他对自家的孙子也没这个心。你叫他说说,这么多年,有没有给孙子买个甜嘴什么的。"

篾匠闷闷地说:"我有一分钱都给你们,说这些做什么。"

篾匠跟壬小还是分了家。篾匠仍旧住在猪舍,猪舍大部分的房子拆了,留了两间。两间也够了,一间养牛,一间篾匠住。独自一个人过,反而快活。

田分到一家一户,小活儿都能自己做,地怎么办?还是要耕啊。家家又来请篾匠。篾匠扛了犁,驾了牛,二话不说就下地。地耕过了,到晚上,人家就把篾匠请回去吃饭:"篾匠,这牛啊就归你。该我家的这一份呢,不要了。你还的时候,少还一份。"

申村人家大多是仁义的,一家带头,其余的也就跟着这么做了。哪家真会这么较真呢?再说了,篾匠现在一个孤零的老人,向他要钱,这话怎么说得出口?

壬小家的地要耕了,就让儿子来找篾匠:"爷爷,帮我家耕个田啊。"

篾匠说:"你回去吧。"

第二天一早,篾匠就把壬小家的地耕好了。壬小又让儿子来喊他:"爷爷晚上到我家来吃饭吧。"

"晚上有人请了。"篾匠不去。

篾匠现在有了许多的空闲,又操起放下多年的手艺。从他门口经过,总看到篾匠坐在一张竹椅子上削削刮刮,编编织织。老牛就卧在旁边呆呆地看,嘴里不住地磨叽磨叽,嚼个没停。篾匠家的四壁上,挂着各样的竹器,有筛子,有箩,有竹匾,有捞馄饨的笊篱,还有像手一样可以抓痒的"不求人"。到赶集的时候,他就背些去卖。篾匠的竹器卖得快,不到散集就卖完了。他呢,给孙子买一块烧饼。烧饼是夹馅的。有芝麻糖的,有豆沙的,有萝卜丝的。萝卜丝的最好吃,里面和着肉丁和虾籽。

每次有集市的这天下午,他的孙子就会来猪舍里玩。篾匠从小篮子里拿出一个油纸包,打开,是一只烧饼。篾匠每次都要先掰下一小块,然后才递给孙子。这一小块他不吃,是塞到旁边老牛的嘴里。看孙子和牛吃得快活,他就笑,一笑,满脸都是皱纹,一口牙七零八落。

也就两年,是个年三十,篾匠一家一家走过来。每户几十块多少不等。这是他卖篾器的钱。他早就算好了,黄牛多少钱,各家该得多少。连壬小都给了。毕竟分了家,算是两户。各家都推辞:"不是说好的,不要的么? 这样子,叫我们怎么好做人。"话虽这么说,送到手的钱,还不是个小数目,收也就收着了。最不高兴的是壬小和他老婆。没想到老头子攒了这么多钱。壬小老婆说:"攒了给孙子不好? 白白送人家。哪家又会说你个好? 越老越呆。"想了想,又说:"壬小,你老子能挣钱,比你还强啊。我看,合家算了。把他请回来,还一起过。"

篾匠来找我爷爷。他们是老哥儿们。

"木匠,壬小又来找我,跟我合家。你说合还是不合呢?"

"旁人怎么说? 只有劝合的,没有劝分的。这事别人不好拿主张。"

"你个老不死,跟我还说这样的话。"

"合吧。到老了,有个三长两短,你一个人躺倒了,水都喝不到一口。养儿子做什么? 还不是养老送终。合吧。"

篾匠就高兴了。

篾匠牵了牛,搬回儿子家住。正好有人家新娶了媳妇,要分田。队里就把猪舍的草屋推倒了,把地一耕,分给了新媳妇。

日子就这样平静地过着吧,过了七八年,什么事都没有。只是人老了,牛更老了。老牛已经什么活儿都不做。整天吃吃草,晒晒太阳,无所事事。篾匠平日里就做篾器消磨时间。还是每个集市都赶。有一回,散集了,回来的路上,身后面突然冲出来一辆摩托车,车把儿一刮篾匠,篾匠就倒了。摩托车停也没停,跑了。篾匠倒在地上就不能动了。有人喊来壬小,七手八脚送到医院。一拍片子,断了两根肋骨。

壬小和老婆起先还管的,送饭,擦擦洗洗。篾匠毕竟是老了,受了这样的伤,人整个就不行了。几个月下来,还是不能下床,人越来越瘦。拖的时间一长,壬小就烦了。老婆说:"一时半会死不掉,你老子,你管,不能让我一个女人,给他洗身子。"壬小过几天擦洗一回,然后再四处抱怨。

有个老光棍，平日就好说胡话，一张桌上打麻将，听壬小抱怨得烦，就信口说："脏还不好办！不给他吃，没拉的了，自然就不脏了。"

过了两天，有人从篾匠屋门口走，听到他喊饿，就问壬小。壬小说："他现在是糊涂了。不要听他的，才送饭他吃过。你看，碗还在这里。"

老牛在外面，听到篾匠的喊，也哞哞叫。又有人来问壬小。壬小就恼了，当天晚上，在门口大骂："老头糊涂了，你们倒说我不孝。我辛辛苦苦，还落这样的话柄。哪个再嚼舌头根子，我就告他造谣。"

又过了十来天，篾匠死了。

丧事办完，壬小喊来一个买牛的。这人看看牙口，在腰胯上捏两把，摇摇头，不肯要："太老了，杀不了几斤肉，肉又老，卖也卖不出价钱。"壬小跟他讨价还价，恨不得立时把手里的缰绳递到那宰牛人的手里。正说话间，老黄牛猛然顶起壬小，头一扬，把壬小摔到地上，又冲过来，要用头上的角抵他。还好宰牛人手快，一把抓住缰绳，拼命拖到旁边，牢牢绑住。

壬小被送去医院。一查，伤了肺。医生说即便出院了，重活儿也不能做，好好养着吧。

壬小在医院住着，壬小老婆哭着回了家，拿把刀就要杀老牛。被邻居拉着，好劝歹劝，拖回屋里。

整个这一出闹剧，爷爷都在现场。爷爷八十岁，父亲这几天正跟他商量过生日的事。当天晚上，他把父亲喊过来。

"人做不了的事，牛做了。这是头有德的牛，有德的牛不能杀。"

"壬小家的事，不好管啊。你也知道他家两个人，蛮得很。"

"不管也要管。我这周年不过了，把钱省下来，你把这牛买回来，我们家养。"死人才过周年，把生日说成"周年"，是爷爷的气话。

爷爷的脾气父亲是知道的。父亲不同他争执，也不能争。这时候争了，谁知道老人会怎么想呢。

凭父亲，牛也买不起。思前想后，只得去找村里几个有头有脸的人商量。

第二天一早，壬小的老婆请人来捆老牛。哪个肯来？没办法，她自己动手，捆得乱七八糟，牛还是站着。毕竟是头牛，她也不敢动刀下手。上门去请杀猪匠，杀猪匠不来。

到中午，来了个陌生人，开了个价，说不上多，也值这牛的钱。壬小的老婆收了钱，让他自己把牛牵走。牛都上路了，她还追出来，一竹竿抽在牛的屁股上，牛往前一蹿。

那买牛的人回过头来，重重朝地上吐了一口浓痰，骂道："死泼妇。"

作品欣赏

浪淘沙令①·帘外雨潺潺

（南唐）李煜

📱 宋词概览

　　帘外雨潺潺②，春意阑珊③。罗衾④不耐⑤五更寒。梦里不知身是客⑥，一晌⑦贪欢⑧。　　独自莫凭栏⑨，无限江山⑩，别时容易见时难。流水落花春去也，天上人间！

作品赏析

　　此词基调低沉悲怆，透露出李煜这个亡国之君绵绵不尽的故土之思，可以说这是一支婉转凄苦的哀歌。

　　上片用倒叙，先写梦醒再写梦中。起首说五更梦回，薄薄的罗衾挡不住晨寒的侵袭。帘外，是潺潺不断的春雨，是寂寞零落的残春；这种境地使他倍增凄苦之感。"梦里"两句，回过来追忆梦中情事，睡梦里好像忘记自己身为俘虏，似乎还在故国华美的宫殿里，贪恋着片刻的欢娱，可是梦醒以后，"想得玉楼瑶殿影，空照秦淮"（《浪淘沙》），却加倍地感到痛苦。

　　下片先说"独自莫凭栏"，是因为"凭栏"而不见"无限江山"，又将引起"无限伤感"。"别时容易见时难"，是当时常用的语言。《颜氏家训·风操》有"别易会难"之句，曹丕《燕歌行》中也说"别日何易会日难"。然而作者所说的"别"，并不仅仅指亲友之间，而是与故国"无限江山"分别；至于"见时难"，即指亡国以后，不可能见到故土的悲哀之感，这也就是他不敢凭栏的原因。"流水"两句，叹息春归何处。张泌《浣溪沙》有"天上人间何处去，旧欢新梦觉来时"之句，"天上人间"，是说相隔遥远，不知其处。这是指春，也兼指人，词人长叹水流花落，春去人逝，故国一去难返，无由相见。

---

① 此词原为唐教坊曲，又名《浪淘沙》《卖花声》等。唐人多用七言绝句入曲，南唐李煜始演为长短句。双调，五十四字（宋人有稍作增减者），平韵，此调又由柳永、周邦彦演为长调《浪淘沙漫》，是别格。

② 潺潺：形容雨声。

③ 阑珊：衰残。一作"将阑"。

④ 罗衾（qīn）：绸被子。

⑤ 不耐：受不了。一作"不暖"。

⑥ 身是客：指被拘汴京，形同囚徒。

⑦ 一晌（shǎng）：一会儿，片刻。一作"饷"（xiǎng）。

⑧ 贪欢：指贪恋梦境中的欢乐。

⑨ 凭栏：靠着栏杆。

⑩ 江山：指南唐河山。

蝶恋花·庭院深深深几许

（宋）欧阳修

一代文豪欧
阳修

庭院深深深几许①？杨柳堆烟②，帘幕无重数。玉勒③雕鞍④游冶处⑤，楼高不见章台⑥路。 雨横风狂三月暮，门掩黄昏，无计留春住。泪眼问花花不语，乱红⑦飞过秋千去。

作品赏析

上片开头三句写"庭院深深"的境况，"庭院"深深，"帘幕"重重，更兼"杨柳堆烟"，既浓且密，生活在这种内外隔绝的阴森、幽邃环境中，女主人公身心两方面都受到压抑与禁锢。叠用三个"深"字，写出其遭封锁，形同囚居之苦，不但暗示了女主人公的孤身独处，而且有心事深沉、怨恨莫诉之感。李清照对此称赏不已，曾拟其语作"庭院深深"数阕。"玉勒雕鞍"以下诸句，逐层深入地展示了现实的凄风苦雨对其芳心的无情蹂躏，情人薄幸，冶游不归，意中人任性冶游而又无可奈何。

下片前三句以花被摧残，来比喻青春被毁。"门掩黄昏"四句喻韶华空逝，人生易老之痛。结尾二句写女子的痴情与绝望，含蕴丰厚。"泪眼问花"，实即含泪自问。"花不语"，也非回避答案，正讲女子与落花同命共苦，无语凝噎之状。"乱红飞过秋千去"，"乱红"意象既是下景实摹，又是女子悲剧性命运的象征。这种完全用环境来暗示和烘托人物思绪的笔法，深婉不迫，曲折有致，真切地表现了生活在幽闭状态下的女子难以明言的内心隐痛。"泪眼问花花不语"句溯其渊源，有温庭筠的"百舌问花花不语"（《惜春词》），严恽的"尽日问花花不语"（《落花》），欧阳修结句或许由此脱化而来，但不独语言更为流美，意蕴更为深厚，而且境界之浑成与韵味之悠长，也远过于温、严原句。

---

① 几许：多少。许，估计数量之词。
② 堆烟：形容杨柳浓密。
③ 玉勒：玉制的马衔。
④ 雕鞍：精雕的马鞍。
⑤ 游冶处：歌楼妓院。
⑥ 章台：汉长安街名。《汉书·张敞传》有"走马章台街"语。唐许尧佐《章台柳传》，记妓女柳氏事。后因以章台为歌妓聚居之地。
⑦ 乱红：凌乱的落花。

临江仙·夜饮东坡醒复醉

（宋）苏轼

夜饮东坡①醒复醉，归来仿佛三更。家童鼻息已雷鸣。敲门都不应，倚杖听江声②。

长恨此身非我有，何时忘却营营③。夜阑④风静縠纹⑤平。小舟从此逝，江海寄余生。

作品赏析

这首词作于苏轼被贬黄州的第三年，即宋神宗元丰五年（1082）九月。元丰三年（1080），苏轼因乌台诗案，谪贬黄州（今湖北黄冈），住在城南长江边上的临皋亭。对于经受了一场严重政治迫害的苏轼来说，此时是劫后余生，内心是愤懑而痛苦的。但他没有被痛苦压倒，而是表现出一种超人的旷达，一种不以世事萦怀的恬淡精神。

全词风格清旷而飘逸，写作者深秋之夜在东坡雪堂开怀畅饮，醉后返归临皋住所的情景，展现了作者一种达观的人生态度，一种超脱的精神世界，一种独特的个性和真情。

上片首句"夜饮东坡醒复醉"，一开始就点明了夜饮的地点和醉酒的程度。醉而复醒，醒而复醉，当他回临皋寓所时，自然很晚了。"归来仿佛三更"，"仿佛"二字，传神地画出了词人醉眼朦胧的情态。这开头两句，先一个"醒复醉"，再一个"仿佛"，就把他纵饮的豪兴淋漓尽致地表现出来了。接着，下面三句，写词人已到寓所、在家门口停留下来的情景："家童鼻息已雷鸣。敲门都不应，倚杖听江声。"走笔至此，一个风神潇洒的人物形象，一位襟怀旷达、遗世独立的"幽人"跃然纸上，呼之欲出。上片以动衬静，以有声衬无声，通过写家童鼻息如雷和作者谛听江声，衬托出夜静人寂的境界，从而烘托出历尽宦海浮沉的词人心事之浩茫和心情之孤寂，使人遐思联翩，从而为下片当中作者的人生反思做好了铺垫。

下片一开始，词人便慨然长叹道："长恨此身非我有，何时忘却营营。"这两句，既饱含哲理又一任情性，表达出一种无法解脱而又要求解脱的人生困惑与感伤，具有震撼人心的力量。接着写"夜阑风静縠纹平"，表面上看来只是一般写景的句子，其实不是纯粹

---

① 东坡：在湖北黄冈市东。苏轼谪贬黄州时，友人马正卿助其垦辟的游息之所，筑雪堂五间。
② 听江声：苏轼寓居临皋，在湖北黄县南长江边，故能听长江涛声。
③ 营营：周旋、忙碌，内心躁急之状，形容为利禄奔走钻营。
④ 夜阑：夜尽。
⑤ 縠（hú）纹：比喻水波细纹。縠，绉纱。

写景,而是词人主观世界和客观世界相契合的产物。它引发出作者心灵痛苦的解脱和心灵矛盾的超越,象征着词人追求的宁静安谧的理想境界,接以"小舟"两句,自是顺理成章。苏东坡政治上受到沉重打击之后,思想几度变化,由入世转向出世,追求一种精神自由、合乎自然的人生理想。在他复杂的人生观中,由于杂有某些老庄思想,因而在痛苦的逆境中形成了旷达不羁的性格。"小舟从此逝,江海寄余生",这余韵深长的歇拍,表达出词人潇洒如仙的旷达襟怀,是他不满世俗、向往自由的心声。

蝶恋花①·伫倚危楼风细细

(宋)柳永

🎥白衣卿相
柳永

伫倚危楼②风细细,望极春愁,黯黯③生天际。草色烟光残照里,无言谁会凭栏意。

拟把疏狂④图一醉,对酒当歌⑤,强乐⑥还无味。衣带渐宽终不悔⑦,为伊消得人憔悴。

作品赏析

上片写景,登高望远,离愁油然而生。"伫倚危楼风细细","危楼",暗示抒情主人公立足既高,游目必远。"伫倚",则见出主人公凭栏之久与怀想之深。但始料未及,"伫倚"的结果却是"望极春愁,黯黯生天际"。"春愁",即怀远盼归之离愁。不说"春愁"潜滋暗长于心田,反说它从遥远的天际生出,一方面是力避庸常,试图化无形为有形,变抽象为具象,增加画面的视觉性与流动感;另一方面也是因为其"春愁"是由天际景物所触发。接着,"草色烟光"句展示主人公望断天涯时所见之景。而"无言谁会"句既是徒自凭栏、希望成空的感喟,也是不见伊人、心曲难诉的慨叹。"无言"二字,若有万千思绪。

下片抒情,写主人公为消释离愁,决意痛饮狂歌,"拟把疏狂图一醉"。但强颜为欢,终觉"无味"。从"拟把"到"无味",笔势开阖动荡,颇具波澜。"衣带渐宽"二句以健笔写柔情,自誓甘愿为思念伊人而日渐消瘦与憔悴。"终不悔",表现了主人公的坚毅性格与执着的态度,词境也因此得以升华。贺裳《皱水轩词筌》认为,小词以含蓄为佳,如韦庄

---

① 此词原为唐教坊曲,调名取义简文帝"翻阶蛱蝶恋花情"句。又名《鹊踏枝》《凤栖梧》等。双调,六十字,仄韵。

② 危楼:高楼。

③ 黯黯:迷蒙不明。

④ 拟把:打算。疏狂:粗疏狂放,不合时宜。

⑤ 对酒当歌:语出曹操《短歌行》。当,与"对"意同。

⑥ 强乐:强颜欢笑。强,勉强。

⑦ 衣带渐宽:指人逐渐消瘦。

"陌上谁家年少足风流,妾疑将身嫁与一生休。纵被无情弃,不能羞。"是"作决绝语而妙"者。柳永"衣带渐宽终不悔,为伊消得人憔悴",亦即韦意,而气加婉矣。其实,冯延巳《鹊踏枝》中的"日日花前常病酒,镜里不辞朱颜瘦",虽然语较颓唐,亦属其类。后来,王国维在《人间词语》中谈到"古今之成大事业、大学问者,必经过三种境界",其中,"第二境"便是"衣带渐宽终不悔,为伊消得人憔悴",这大概是因为柳永这两句词概括了一种锲而不舍的坚毅性格和执着态度。

📖读柳永

摸鱼儿·更能消几番风雨

(宋)辛弃疾

🎬一代豪杰
(上、下)

淳熙己亥,自湖北漕移湖南,同官王正之置酒小山亭,为赋。

更能消、几番风雨,匆匆春又归去。惜春长怕花开早,何况落红无数。春且住,见说道、天涯芳草无归路。怨春不语。算只有、殷勤画檐蛛网,尽日惹飞絮。长门事①,准拟佳期又误。蛾眉曾有人妒。千金纵买相如赋,脉脉此情谁诉?君莫舞,君不见、玉环飞燕②皆尘土!闲愁最苦!休去倚危阑,斜阳正在,烟柳断肠处。

作品赏析

此词作于淳熙六年(1179),辛弃疾在此借春意阑珊和美人遭妒来暗喻自己政治上的不得意。辛弃疾在淳熙己亥前两三年内,转徙频繁,均未能久于其任。他曾在《论盗贼札子》里说:"生平刚拙自信,年来不为众人所容,恐言未脱口而祸不旋踵。"这与"蛾眉曾有人妒"语意正同。作者本来是要积极建功立业的,却先后被调到湖北、湖南去管钱粮,失望之情可想而知。表面看来,词人是在伤春吊古,实际上他将自己的哀时怨世、忧国之情隐藏在春残花落、蛾眉遭妒的描写中,一想到国家前途的暗淡,不免发出"烟柳断肠"的哀叹。《鹤林玉露》云此词:"词意殊怨。斜阳烟柳之句,其'未须愁日暮,天际乍轻阴'者异矣。便在汉唐时,宁不贾种豆种桃之祸哉。愚闻寿皇见此词颇不悦。"当年宋孝宗读到这首词心中非常不快,大概他是读懂了其真意。

此词的写作手法颇似屈原《离骚》,同样是以香草美人为比兴,来抒写自己的政治情怀。风格上,一变辛词常见的豪放,偏向柔美一路,委婉含

📖把栏杆拍遍

---

① 长门事:据汉司马相如《长门赋序》:"孝武皇帝陈皇后,时得幸,颇妒,别在长门宫,愁闷悲思,闻蜀郡成都司马相如,天下工为文,奉黄金百斤,为相如、文君取酒,因于解悲愁之辞,而相如为文以悟主上,陈皇后复得幸。"

② 玉环:唐玄宗宠幸的杨贵妃。飞燕:汉成帝宠爱的皇后赵飞燕。

蓄,却又与一般写儿女柔情和风月闲愁的婉约词大有不同,梁启超评之曰:"回肠荡气,至于此极。前无古人,后无来者。"

渔家傲·天接云涛连晓雾

(宋)李清照

天接云涛连晓雾,星河①欲转②千帆舞。仿佛梦魂归帝所③。闻天语④,殷勤问我归何处。 我报路长嗟日暮,学诗谩有惊人句⑤。九万里风鹏正举⑥。风休住,蓬舟⑦吹取⑧三山⑨去。

作品赏析

此词作于李清照南渡之后。根据《金石录后序》记载,公元 1130 年(宋高宗建炎四年)春间,李清照曾在海上航行,历尽风涛之险,此词中写道大海、乘船、三山等,都与这段真实的生活经历有关。

词一开头就写"天接云涛连晓雾,星河欲转千帆舞",描绘出一幅仙境一般的壮丽景色。这里,"星河",即银河。这虽是作者梦中所幻想的景象,却无疑是她历尽艰难险阻、流徙奔波之苦的人生。"仿佛梦魂归帝所",说的是她好像梦到自己的魂魄回到天帝居住的宫殿,而她之所以梦回"帝所",是有其思想根源的。古代诗人往往设想自己是从天上宫阙来的,所以在幻想美好的前途时,往往说是"归帝所"。那么,作者魂回帝宫去,情况怎样呢?"闻天语,殷勤问我归何处。"李清照南渡以来,一直漂泊天涯,备受排挤与打击,如今天帝殷勤地问她要回到哪里,使她倍感温暖。

词的下片主要诉说了自己的困难和心愿。"我报路长嗟日暮,学诗谩有惊人句"中,上句"路长嗟日暮",表达自己在人生道路上日暮途远,茫然不知所措,"嗟"字更是生动

---

① 星河:银河。
② 转:《历代诗余》作"曙"。
③ 帝所:天帝居住的地方。
④ 天语:天帝的话语。
⑤ 路长:意仿《离骚》上的"路曼曼其修远兮,吾将上下而求索"。王灼《碧鸡漫志》云:李清照少时便有古诗名气,"才力华赡,逼近前辈"。但男女不平等的封建社会,其才华被扼制,不能有所作为,故说"谩有"。谩:徒,空。惊人句,化用《江上值水如海上势聊短述》有"语不惊人死不休"诗句。
⑥ 九万里:《庄子·逍遥游》中说大鹏乘风飞上九万里高空。
⑦ 蓬舟:像蓬蒿被风吹转的船。古人以蓬根被风吹飞,喻飞动。
⑧ 吹取:吹得。
⑨ 三山:《史记·封禅书》记载:渤海中有蓬莱,方丈,瀛洲三座仙山,相传为仙人所居住,可以望见,但乘船前往,临近时就被风吹开,终无人能到。

展现其彷徨忧虑之神态。下句"谩有",是"空有"或"徒有"的意思。这一句含有两层意思:一是慨叹自己有才而不能为世用,有怀才不遇之感;二是社会动乱,文章无用。那么,作者既然有这样苦衷,她希望怎样解脱呢?"九万里风鹏正举。风休住,蓬舟吹取三山去。""九万里风"句,出自《庄子·逍遥游》,表示作者有大鹏高飞之志;"蓬舟"是像蓬草那样飞旋轻快的小舟;"三山"指传说中的蓬莱、方丈、瀛洲三个神山,为神仙所居。她要回到那没有离乱、悲伤、孤凄的仙境去,与人间充满战乱、杀戮、欺诈、孤苦的现实形成鲜明对照。总的来说,这首词思路开宕、想象丰富、意境辽阔,充满了浪漫主义色彩,而借神仙境界来表达自己胸怀的浪漫主义作品,在李词中是极为罕见的。

📖乱世中的
美神

文学常识

宋　词

第一节　宋词概要

词真正作为一种文体出现于唐,兴盛于宋,成就最高也在宋。据《旧唐书》记载:"自开元(唐玄宗年号)以来,歌者杂用胡夷里巷之曲。"燕乐的广泛流传,使得人们根据唱词和音乐节拍配合的需要,创作或改编出一些长短句参差的曲词,之后又出现了"敦煌曲子词"。词,在唐代还衍生了几种别称,除了"曲子词"外,还被称作"诗余""长短句"等等。中晚唐时期,一些著名的诗人诸如李白、白居易、温庭筠等,对于词的创作,也都做了尝试,使得词有一定的发展。特别是白居易,虽然词量不多,但首首脍炙人口,比如《忆江南》三首。而温庭筠在词上的造诣,更使他获得了唐词之冠的称号。

一、宋词兴盛发展的成因

如果说唐代的词只是昙花一现,没有形成一股追捧潮流,那么宋词则集词之大成,成为宋代最出色的文化形成。宋词在宋代能成为一个时代的代表文化,有它自身兴盛发展的历史因素。

首先,宋朝经济上的繁荣。宋初的政治统治稳定,城市经济也颇为繁荣,市民阶层兴起,于是与社会经济繁荣相适应的艺术文化也迅速地发展起来。其中特别是形式简短,以歌唱为特色,且容易被市民阶层所接受运用的宋词,就如同盛唐之诗,得到了迅猛的发展。

其次,教坊与歌楼的设立。为了适应当时社会娱乐遣兴的需要,宋代不但宫廷内设有教坊,大城市中都有歌楼妓馆,贵族豪绅家中也多有歌妓舞女,这也成为促使宋词普遍发展的一个原因。

第三,文学本身发展的趋势。诗歌发展到唐末,无论长篇短制,还是古体律绝,都达到了登峰造极的境界,作家再难有新的突破。另一种文体代之而兴是必然趋势,而词正是代诗而起的新形式。词在晚唐五代专门描写闺情,境界狭窄,这便给宋代作家留下充分驰骋才情的广阔天地。他们拓展词的题材,完善词的体制,运用自然而通俗的腔调,表达着真挚而坦率的感情,艺术风格上也呈现多样化,使词进入兴盛发展的黄金时代。

二、北宋前期词坛

北宋前期词坛的上层文人，一般来说都是承袭南唐二主和冯延巳等人的词风，并无多少新的发展。这一时期的词作家有晏殊、欧阳修、张先、晏几道、柳永、苏轼等，而以柳永、苏轼成就较突出。

晏殊词内容多为抒发歌乐宴饮之乐，或惋惜时光流逝的衰迟落寞之感，其词作闲雅而有情思，词风典雅清丽，语言工巧，音调和谐，较有艺术特色。其《浣溪沙·一曲新词酒一杯》等，都是为人传诵的名篇。

欧阳修虽然也是走五代词人的老路，但对词的革新有所贡献。一是扩大了词的抒情功能，用词来抒发人生感受；二是使词的审美趣味朝着通俗化方向发展，其《踏莎行》最能代表这种风格。

柳永词的出现，使北宋的词风为之一变。他在创作中继承并发展了民间词和文人词的优良传统，以其朴素自然的词风，给婉约派词带来了新的面貌，还发展了慢词的体制。柳永还是文人中第一个大量创制长调词的词人，对后来词的发展作出了重要的贡献。

苏轼对词作进行了革新，以诗为词，使词诗化、散文化、议论化，扩大了词的题材，提高了词的意境。其词意境豪放雄壮，使北宋词无论在形式上还是在内容和风格上都开始发生较大的变化，为宋词开辟了一条健康而广阔的道路。

三、北宋后期词坛

北宋后期词坛，在意境和声律方面有所开拓。其中最有代表性的作家，是婉约派词人秦观，格律词派的创始者周邦彦，还有词风与秦观相近的贺铸。

秦观词内容多写柔情，男女恋情，离愁别绪，也有感伤身世之作，如《踏莎行·郴州旅舍》《满庭芳·山抹微云》等，皆感情真挚，风格纤弱，语言工巧，有较强的艺术感染力。周邦彦精通音律，能自度曲，所作词格律法度极为讲究，是宋格律派词的创始者。周邦彦还善于巧妙而自然地融古人诗句入词，尤其注重词的雕琢、章法的严整和声律的谐美，形成了含蓄蕴藉、工整典雅的艺术风格。

四、南宋前期词坛

南宋前期的词作家不少，著名的有李清照、张元幹、辛弃疾、陈亮、刘过等。李清照是南宋的杰出词人。早期生活悠闲富裕，其词多写闺情闲情，词风婉约清新；晚年经历靖康之变，生活颠沛流离，其词多写家国忧思。李清照词婉约中带着豪放，她是继秦观之后宋代一个婉约派大家。但与秦观不同,其词形成了婉约中带有豪放的艺术风格,是秦观所不能企及的。

辛弃疾是一个爱国志士,他既有文才,又有武略。其词慷慨豪放,唱出了处在民族危难中的一个英雄豪杰奋发激越的情怀,表达了当时人民反抗女真入侵者的愿望。辛词擅长抒情、写景、记事、说理,是当时最杰出的代表作家。

张元幹的词长于抒发悲愤之感,为南宋爱国词人开辟了广阔的创作道路。岳飞是南宋抗金名将,被奸相秦桧所陷害,死于狱中。其词《满江红·怒发冲冠》是一首千古不朽的英雄诗篇,充满强烈的爱国主义精神。陆游是南宋著名的爱国诗人,亦长于词。其词内容多抒发强烈的爱国思想,杀敌报国的雄心,及对腐朽朝廷的不满,如《诉衷情》《卜算子·咏梅》等。

五、南宋后期词坛

南宋后期,统治集团因宋金南北对峙局面的相对稳定而更加习于苟安和享乐。当时文坛上逃避现实、雕章琢句的作品日益增多。正是在这样的背景下,形成了以姜夔、史达祖、吴文英为代表的格律词派。

姜夔以清刚冷隽的词笔开创了体制高雅的格律词派,是南宋婉约词派的重要作家,他的词对后世,尤其是明清词坛,影响极大。吴文英的词音律和谐、字句研炼,但过于重视形式,喜用典故,令词意晦涩难明。其词内容贫乏,多写统治者的豪奢生活,或抒发颓废感伤的情绪。

第二节　宋词重点作家评述

一、柳永

(一)柳永生平经历

柳永(984? —1053?),北宋著名词人,婉约派代表人物。初名三变,字景庄,后改名柳永,字耆卿,因排行第七,又称柳七,崇安(今福建武夷山市人)。

柳永出身官宦世家,少时学习诗词,有功名用世之志。咸平五年(1002),柳永离开家乡,流寓杭州、苏州,沉醉于听歌买笑的浪漫生活之中。大中祥符元年(1008),柳永进京参加科举,屡试不中,遂一心填词。景祐元年(1034),柳永暮年及第,历任睦州团练推官、余杭县令、晓峰盐场监和泗州判官等职,以屯田员外郎致仕,故世称柳屯田。

（二）柳永词的特色和贡献

1. 慢词的发展与词调的丰富

整个唐五代时期，词的体式以小令为主，慢词总共不过十多首。到了宋初，词人擅长和习用的仍是小令。柳永大力创作慢词，从根本上改变了唐五代以来词坛上小令一统天下的格局，使慢词与小令两种体式平分秋色，齐头并进。慢词篇幅体制的扩大，相应地扩充了词的内容涵量，也提高了词的表现能力。柳永最长的慢词《戚氏》长达212字。

在两宋词坛上，柳永是创用词调最多的词人。词至柳永，体制始备，令、引、近、慢、单调、双调、三叠、四叠等长调短令，日益丰富，为宋词的发展和后继者在内容上的开拓提供了前提条件。柳永对慢词的探索创造，为后来许多词人词境的开拓提供了范例，为宋词走向辉煌做出了巨大的贡献。

2. 词境的拓展与丰富

柳词中的男女之情之作篇幅虽多，但柳永也开拓了许多前人未有的题材，给词注入了新的内容和生机，如表现都市的繁华、羁旅的愁思、人生的独特体验、山川的壮丽、劳动生活以及对官场争逐的厌弃，使词作呈现出较为宽阔的画面和较为深刻的情感，拓宽了词的题材和境界。

《雨霖铃》脍炙人口，是柳永抒发羁旅行役之感的经典词作。《鹤冲天》调侃意味深长，抒发柳永科举名落孙山后的愤懑不平，也展现了他的叛逆反抗精神和狂放不羁的个性。《望海潮》则是展现北宋繁华富裕的都市生活和丰富多彩的市井风情的不可多得的佳作。词从自然形胜和经济繁华两个角度交错描绘出杭州的美景和民众的乐事。这幅都市风情画，前所未有地展现出当时的社会风貌和市民生活情景，为文人士大夫所激赏。

3. 词的表现方法的改变

柳永还从创作方向上改变了词的审美内涵和审美趣味，即变"雅"为"俗"。他不像晚唐五代以来的文人词那样从书面的语汇中提炼高雅绮丽的语言，而是着意将现实生活中富有表现力的口语俚语入词，不仅生动形象，而且易于底层大众理解接受。诸如"恁""怎""争"等，代词"我""你""伊""自家""伊家""阿谁"等，动词"看承""都来""抵死""消得"等口语或俚语，柳词都反复使用。当时"凡有井水饮处，即能歌柳词"（叶梦得《避暑录话》卷三），与柳词语言的通俗化不无关系。严有翼《艺苑雌黄》即说柳词"所以传名者，直以言多近俗，俗子易悦故也"（胡仔《苕溪渔隐丛话》后集卷三九引）。王灼也认为柳词"浅近卑俗，自成一体，不知书者尤好之"（《碧鸡漫志》卷二），以上都揭示出柳词面向市民大众的特点。

4. 铺叙和白描手法的灵活运用

词的体式和内容的变化,要求表现方法也要作相应的变革。柳永为适应慢词长调体式的需要和市民大众欣赏趣味的需求,创造性地运用了铺叙和白描的手法。小令由于篇幅短小,只适宜于用传统的比兴手法,通过象征性的意象群来烘托、传达抒情主人公的情思意绪。而慢词则可以尽情地铺叙衍展,故柳永将"敷陈其事而直言之"的赋法移植于词,或直接层层刻画抒情主人公丰富复杂的内心世界;或铺陈描绘情事发生、发展的场面和过程,以展现不同时空场景中人物情感心态的变化。

二、苏轼

(一) 生平与思想

苏轼(1037—1101),字子瞻,号东坡居士,眉州眉山(今属四川省眉山市)人。他出身于文学世家,祖父苏序好读书,喜作诗。父亲苏洵是古文名家,曾对苏轼和其弟苏辙悉心指导,母亲程氏知书识字且深明大义。苏轼学识渊博,思想通达,胸怀儒家经世济民的政治理想。他先后在杭州、密州、徐州、颍州任地方官,灭蝗救灾,抗洪浚湖。只要条件允许,苏轼总是竭尽所能。

苏轼为人坦荡,讲究风节,有志于改革朝政且勇于进言。他平生受到两次严重的政治迫害,第一次因"乌台诗案"而被贬至黄州,第二次是在五十九岁时被贬往惠州,六十二岁时进而贬至儋州。苏轼去世前自题画像说:"问汝平生功业,黄州、惠州、儋州。"对于被贬期间遭受的苦难,苏轼并非无动于衷,也不是逆来顺受,而是以一种全新的人生态度来对待接踵而至的不幸。他把儒家固穷的坚毅精神、老庄超然物外的态度以及禅宗以平常心对待一切变故的挂念有机结合,为后来者提供了一种超然物外的生命范式。

(二) 创作特点与成就

1. 词学观念下"自成一家"的创作主张

苏轼在词的创作上取得了非凡的成就,继柳永之后,他对词体进行了全面的改革,最终突破了词为"艳科"的传统格局,提高了词的文学地位。

苏轼对词的变革,基于他诗词一体的词学观念和"自成一家"的创作主张。苏轼首先在理论上破除了诗尊词卑的观念。他认为诗词同源,本属一体,词"为诗之苗裔",诗与词虽有外在形式上的差别,但它们的艺术本质和表现功能应是一致的。同时,苏轼还提出了词须"自是一家"的创作主张,即追求壮美的风格和阔大的意境,作词应像写诗一样抒发自我的真实性情和独特的人生感受。

2. 词境的开拓

(1)展现人生抱负与人格品质。他将传统的柔情之词扩展为豪情之词,将爱情之词变革为性情之词,使词像诗一样可以充分表现作者的人生怀抱和人格品质。苏轼让充满进取精神、胸怀远大理想、富有激情和生命力的仁人志士昂首走入词世界,改变了词作原有的柔软情调,开启了南宋辛派词人的先河。如《江城子·密州出猎》,表现了其希望驰骋疆场、以身许国的豪情壮志,而"挽雕弓""射天狼"的壮士形象,更是进一步改变了以红粉佳人、绮筵公子为主要抒情对象的词作格局。

(2) 表现对人生的思考。"乌台诗案"后,人生命运的倏然变化使他更加真切而深刻地体会到人生的艰难和命运的变幻。他不止一次地浩叹"人生如梦"(《念奴娇·赤壁怀古》)、"笑劳生一梦"(《醉蓬莱》)、"万事到头都是梦"(《南乡子·重九涵辉楼呈徐君猷》)、"世事一场大梦"(《西江月》)。这种对人生命运的理性思考,增强了词境的哲理意蕴。苏轼虽然深切地感到人生如梦,但并未因此而否定人生,而是力求自我超脱,始终保持着顽强乐观的信念和超然自适的人生态度:"回首向来萧瑟处。归去,也无风雨也无晴。"(《定风波》)继柳永、欧阳修之后,苏轼进一步使词作中的抒情人物形象与创作主体由分离走向同一。

(3) 苏词既向内心世界开拓,也朝外在世界拓展。苏轼不仅突破了晚唐五代文人词所表现的狭小生活场景,在词中大力描绘了日常交际、闲居读书及躬耕、射猎、游览等生活场景,而且进一步展现了大自然的壮丽景色。苏词对自然山水的描绘,或以奔走流动的气势取胜,如《满江红·江汉西来》;或以清新秀美的画面见称,如《南歌子·湖州作》。苏轼用自己的创作实践表明,词是无事不可写,无意不可入的。

3. "以诗为词"的创作手法

所谓"以诗为词",是将诗的表现手法移植到词中,这主要体现在用题序和用典故两个方面。苏轼之前的词,绝大多数并无题序。苏轼赋予了词的题序以新的功能,有的题序交代词的创作动机和缘起,以确定词中所抒情感的指向,如《水调歌头·明月几时有》的小序。另有一些题序与词本文在内容上有互补作用,如《满江红·忧喜相寻》《定风波·莫听穿林打叶声》的词序用来叙事,词本文则着重抒发由其事所引发的情感。由此解决了词体长于抒情,不宜叙事的矛盾,且使词的题序和词的本文构成不可分割的有机统一体。

在词中大量使事用典,也始于苏轼。《江城子·密州出猎》用孙权射虎的典故写出了太守一马当先、亲自射虎的英姿;词的下阕用了冯唐故事,既表达了作者的壮志,又蕴含着对历史人物和自我怀才不遇的隐痛,增强了词的历史感和现实感。苏词大量运用题序和典故,丰富和发展了词的表现手法,对后来词的演变产生了重大影响。

从本质上说,苏轼"以诗为词"是要突破音乐对词体的制约和束缚,把词从音乐的附属品变为一种独立的抒情诗体。强化词的文学性,弱化词对音乐的依附性,是苏轼为后代词人所指出的"向上一路"。后来的南渡词人和辛派词人就是沿着此路而进一步开拓发展的。

二、李清照

(一) 生平与思想

李清照(1084—1155),宋代(南北宋之交)女词人,号易安居士,齐州济南(今属山东省济南市章丘区)人。她出身于书香门第,早期生活优裕,其父李格非为宋著名学者,其夫赵明诚为宋著名金石专家。

李清照是中国古代罕见的才女,她擅长书、画,通晓金石,而尤精于词。她的词作独步一时,流传千古,被誉为"词家一大宗"。李清照一生经历了表面繁华、实际危机四伏的北宋末年和动乱不已、偏安江左的南宋初年。她的词因之也分为前期和后期,前期多写其悠闲生活,描写爱情生活、自然景物,韵调优美,如《一剪梅·红藕香残玉簟秋》等。后期多写家国之忧、怀乡忆旧,情调悲伤,如《声声慢·寻寻觅觅》等。

李清照既有巾帼之淑贤,更兼须眉之刚毅;既有常人愤世之感慨,又具崇高的爱国情怀。她不仅有卓越的才华和渊博的学识,更有高远的理想和豪迈的抱负。公元1127年,北方女真族(金)攻破了汴京,徽宗、钦宗父子被俘,高宗南逃。在国破家亡、风雨飘摇的年代,李清照"虽处忧患穷困而志不屈",在"寻寻觅觅、冷冷清清"的晚年,她殚精竭虑,编撰《金石录》,完成丈夫未竟之功。金兵的横行肆虐激起她强烈的爱国情感,在南渡初期,写过一首雄浑奔放的《夏日绝句》:"生当作人杰,死亦为鬼雄。至今思项羽,不肯过江东。"借项羽的宁死不屈反讽徽宗父子的丧权辱国,表达对宋王朝的愤恨。

(二) 创作特点与成就

杨慎《词品》谓:"宋人中填词,李易安亦称冠绝。使在衣冠,当与秦七、黄九争雄,不独雄于闺阁也。"王士禛《花草蒙拾》云:"婉约以易安为宗,豪放惟幼安称首,皆吾济南人,难乎为继矣。"李清照词在群花争艳的宋代词苑中,独树一帜、自名一家,人称"易安体"。

1. 善于熔铸典故和前人诗词

善于采用比拟的方式借景抒情、借物明志,使主客观得到高度的统一,感情深挚、诗味隽永。李清照现存诗词中,用典及点化前人诗句者近半。其显著特点:一是多用人们熟悉常用之典,以避生僻晦涩;二是作者创意新颖,拓深了词作内涵;三是把典故用通俗口语表现出来,使之明白晓畅,灵动自然。如"云中谁寄锦书来,雁字回时,月满西楼"(《一剪梅》),"雁过也,正伤心,却是旧时相识"(《声声慢》)。既用典,又借景抒情,生动地反映出作者彼时彼地的内心世界,率真自然,明白易晓,典故与词境水乳交融,达到了点铁成金、脱胎换骨、以故为新的境界,构成了完美的艺术整体。

2. 善于造境,构思精巧

李词大多表现日常生活情景,结构布局很讲究,看似平淡,往往又跌宕有致。而另有一些词则想象丰富,意境辽阔、气势磅礴,在谋篇布局上显示了词人强大的功底。《如梦令》是李清照的一首惜花之作,生动地表现了她爱花惜春之情。"雨疏风骤"勾起女主人公的一番心事,"浓睡不消残酒"正体现了女主人公内心空虚寂寞的精神状态。"试问卷帘人,却道海棠依旧"这一转笔很有故事性,使词有了起伏,瞬间打通了上下文,使上下文意产生了内在联系。

《渔家傲》《花庵词选》题作"记梦",词中像"仿佛梦魂归帝所,九万里风鹏正举"这样豪迈的气概,就和词人其他词作风格迥然不同。这首词结构独特,思路开宕、想象丰富、意境辽阔,借神仙境界来表达自己胸怀,充满了浪漫主义色彩。

3. 描摹女性形象立体化

李清照善于从生活环境、人物外在形象和人物内心世界等多角度全方位进行描摹,塑造女性的立体化形象。如《醉花阴·重阳》"薄雾浓云愁永昼,瑞脑销金兽"二句,十分巧妙地勾勒出一个阴沉迷蒙的环境,衬托出少妇寂寞无聊的心情。而"玉枕纱厨,半夜凉初透"则真实反映了少妇独拥寒衾的凄楚感受,委婉而含蓄地表达了闺中的寂寞和离情。在整首词中,无论是"瑞脑销金兽",抑或是"玉枕纱厨";也不论是"东篱把酒黄昏后",抑或是"人比黄花瘦"等,景物人物描写都十分到位,闺中相思的女性形象立现。

4. 口语和叠词的运用

李清照词语言明白如家常,善用浅显之语,发清新之思,并能"以寻常话度入音律"。如"牵牛织女,莫是离中,甚霎儿晴,霎儿雨,霎儿风"(《行香子》),全是口语,似信手拈来,全无雕凿痕迹。但细细品来,却又词蕴深意,精准生动,显示了词人驾驭语言的高超水平。

李清照词语言善用叠字,富有音乐美。她本人对音律的造诣很高,懂得如何利用语言本身的自然音响和节奏来表达特定的情感,增强作品表达情感的效果。《声声慢》开篇连用十四个叠字,取得了惊人的艺术效果,不仅达到了"复而不厌,迹而不乱"的艺术境地,还进一步深化了主题。

5. 词体理论总结——《词论》

李清照除了在词的创作上取得了卓越的成就外,她还是最早触及和提出词学理论的作家,这些理论都集中地体现在了她所写的《词论》中。李清照在文中叙述了词的源流演变,总结以前各家创作上的优缺点,并指出了词体的特点及创作的标准。

三、辛弃疾

（一）生平与思想

辛弃疾（1140—1207），南宋词人。原字坦夫，后改字幼安，号稼轩，历城（今山东济南）人。出生时，中原已为金兵所占。21岁参加抗金义军，不久归南宋，历任湖北、江西、湖南、福建、浙东安抚使等职，一生力主抗金。辛弃疾不仅是开一代词风的伟大词人，也是一位勇冠三军、能征善战、熟稔军事的民族英雄。曾上《美芹十论》与《九议》，条陈战守之策，对战争形势有鞭辟入里的分析和鲜明具体的对策，显示出其卓越的军事才能与爱国热忱。其词抒写力图恢复国家统一的爱国热情，倾诉壮志难酬的悲愤，对当时执政者的屈辱求和有颇多谴责，敢于表达对偏安一隅不思北上的南宋小朝廷的不满。由于辛弃疾的抗金主张与当政的主和派政见不合，后被弹劾落职，退隐江西带湖。

（二）辛词的艺术成就

1. 意象群的独创

抒情意象的军事化，是稼轩词所独具的一大特色。稼轩词将所创造的有关战争与军事活动的意象，如刀、枪、箭、弓、剑、沙场等呈现于笔端，如《破阵子·为陈同甫赋壮词以寄之》，构成了词史上独特的景观，独创和发展了词的意象群。

2. 以文为词和用经用史

稼轩词不仅独创了意象群，还进而"以文为词"，独创性地将古文辞赋中常用的章法和议论、对话等手法移植于词，并汲取前代诗赋散文的语汇灵活入词，极大地扩大和丰富了词的语汇和表现力。

3. 刚柔相济和亦庄亦谐的多样化风格

内容的深广，形式的多变，语言的不主故常，构成了稼轩词多样化的艺术风格。而最能体现词人个性风格的是刚柔相济和亦庄亦谐的两种词风，悲壮中有婉约，豪气中有缠绵，柔情中有刚劲，是稼轩词风的独特处。稼轩词风格的多样化还体现在嬉笑怒骂皆成佳篇，亦庄亦谐，俱臻妙境。

（三）辛词的词境开拓

1. 英雄形象的自我展示

辛弃疾平生以英雄自诩，渴望成就英雄伟业。他钟情英雄、崇拜英雄，在词中呼唤英雄的到来，抒写英雄的精神，塑造英雄的形象，稼轩词展示了宋词史上独一无二的英雄形象。

2. 情感世界的拓展

稼轩词突破个人小我的情感世界，将个体的人生苦闷延伸为国家民族的社会忧患，将个人命运与国家民族紧紧相连,更深广地体现了民族之忧和个体之忧。

3. 乡村风景及人物剪影

稼轩词词境的拓展还表现在乡村田园生活和隐逸情趣上。如《清平乐·村居》和《西江月·夜行黄沙道中》,词人用剪影式的手法,质朴清新的语言,素描了一幅幅平凡而又新鲜的乡村风景图和人物速写图。而在唐宋词史上,唯有稼轩词展现了如此丰富多彩的乡村情景和鲜活生动的乡村人物。

语言知识

文言文翻译

一、文言文翻译

文言文翻译的基本方法有直译和意译两种。

所谓直译,是指用现代汉语的词对原文进行逐字逐句地对应翻译,做到实词、虚词尽可能文意相对。直译的好处是字字落实;其不足之处是有时译句文意难懂,语言也不够通顺。

所谓意译,则是根据语句的意思进行翻译,做到尽量符合原文意思,语句尽可能照顾原文词义。意译有一定的灵活性,文字可增可减,词语的位置可以变化,句式也可以变化。意译的好处是文意连贯,译文符合现代汉语的表达习惯,比较通顺、流畅、易懂。其不足之处是有时原文不能字字落实。

二、文言文句子翻译技巧提炼

1. 三个"遵照"

文言文句子翻译要遵照原文的语气、语义和习惯。

2. 四个步骤

(1)审。审清句中语法要点。在翻译之前,首先要审清文言文句中重要的语法现象。可以先在草稿纸上抄下要翻译的文言句子,然后用笔将这些语法现象一一地圈注出来,以引起自己的注意。

(2)切。将句子以词为单位逐一切分,逐一解释。

(3)连。按照现代汉语的语法习惯将释出的词义连缀成句。

(4)誊。在原句语法要点逐一落实后,将草稿纸上连缀好的译句誊写到纸上。在誊写过程中还要做到"三清""三不":"三清"就是稿纸清洁,字迹清楚,笔画清晰;"三不"就是不写潦草字,不写繁体字和不规范的简化字,不写错别字。

三、文言文翻译的方法

文言句子的翻译是以准确理解为前提的,而理解又是建立在掌握相当数量的文言实词、虚词和文言句式的基础之上的。通常,文言文翻译的方法可以概括为六个字:

留、对、换、补、删、调。

1. 留：保留法。保留文言文中古今词义完全相同的一些词,保留那些特殊名词,如人名、地名、官名、谥号、年号、庙号、特殊称谓、专门术语等,翻译时照搬即可。如:

"庆历四年春,滕子京谪守巴陵郡。"(《岳阳楼记》)"庆历四年"可不译。

误区点拨:强作对译。文言文中凡是国名、地名、人名、官名、年号、器物名、度量衡等,翻译时可予以保留,不要强作翻译,因为这些词大都难与现代汉语对译。如:

"晋侯、秦伯围郑,以其无礼于晋。"译成:"晋国侯王和秦国伯爵包围郑国,因为郑国对晋国无礼。"("晋侯、秦伯"应当保留)

2. 对：对译法。指译文尽可能对应原文,基本遵照原文的句式、风格,大量采用有相同语素的双音词(把单音词变成双音词),要求字字落实。如:

"断其喉,尽其肉,乃去。"(《狼》)可译为:"咬断了它的喉咙,吃光了它的肉,才离开。"

误区点拨:该译不译。文句对译,要求一一对应,减少不译的字词。特别是副、介、连三大虚词,翻译时常出现漏译的现象。如:

"以相如功大,拜上卿。"(《史记·廉颇蔺相如列传》)译成:"以蔺相如的功劳大,拜他为上卿。"(译句没有把"以"译出来,应当译成"因为",也没有把"拜"译出来,应当译成"任命"才算正确。)

3. 换：替换法。对那些词义已经发展,用法已经变化,说法已经不同的词,在翻译时要替换为现代词语。如:"岁征民间"(《促织》)的"岁"要替换成"年"或"每年"。

误区点拨:以今律古。有的词语随社会的发展,意义已经改变,如词义扩大、缩小、转移等,要根据原文的语境确定语义,切不可以今义当古义。如:

例1:"使者大喜,如惠语以让单于。"(《苏武传》)译成:"使者听了很高兴,按照常惠说的来辞让单于。"("让"属于词义缩小,在古代汉语中既可以表"辞让""谦让"之义,又可表"责备"之义,而现在只用于"辞让""谦让"的意思。译句中的"辞让"应改为"责备"。)

例2:"先帝不以臣卑鄙。"(《出师表》)译成:"先帝(刘备)不认为我卑鄙无耻。"("卑鄙"属于感情色彩变化。在古代,这个词是中性词,指地位低下,见识浅陋。现在是贬义词,指人的行为或品德恶劣。译句中以今义当古义,应改用古义。)

例3:"不爱珍器重宝肥饶之地。"(《过秦论》)译成:"不爱惜珍珠宝器肥田沃土。"(把"爱"译成"爱惜"不当,"爱"有爱惜之意,但在这个句子中是"吝啬"的意思。)

4. 补：增补法。补出相关省略成分和省略的语意。文言文省略现象较多,常考的是省略主语、宾语和介词"于",为使译文明白通顺,不产生歧义,必须补充译出被省略的成分。可先将其补足,然后依照常规句式翻译,译出补足部分后用括号标示。

(1)句子的省略成分必须增补出来。

如:"乃召其酋豪,谕以祸福,诸蛮皆以君言为可信。"(《君讳逊,字景山》)

译文:于是召集他们的首领,把利害关系告知(他们),各部落都认为许逊的话是可信的。

【解析】该句"谕"后面省略了代词"之"(部落首领),即"谕之以祸福",翻译时必须把它补上。

(2)词语活用时,必须根据活用的类型增补有关内容。

如:"是是、非非谓之知,非是、是非谓之愚。"(《荀子·修身》)

译文:肯定对的,否定错的,叫作聪明;否定对的,肯定错的,叫做愚蠢。

【解析】该句中加点的"是""非"是词类活用,属意动用法,翻译时必须增补上表意动的词语"以……为"或"把……看作"。

误区点拨:

(1)该补不补。文言文中,有的省略成分没有必要翻译出来,但也有的省略成分必须翻译出来语意才完整。如:

"权以示群下,莫不响震失色。"(《赤壁之战》)译成:"孙权给群臣看,没有谁不吓得改变了脸色的。"(句中的"以"后面省略"之",指代曹操的书信,应补上。)

(2)胡添乱补。一般说来,文言译句必须尊重原文意,不能根据个人的想当然增添一些内容,以至违背原文的意思。如:

"三人行,必有我师焉。"(《师说》)译成:"很多人在一起走,肯定有品行高洁、学有专长、乐于助人并且可以当我老师的人在里面。"(译句中的"品行高洁、学有专长、乐于助人的人",是翻译者随意加进去的,应删去。)

5.删:删削法。文言文中的某些虚词,如发语词、衬音助词、部分连词等,在句子中只起语法作用,无实在意义,可删去不译。如:

"独终日于涧谷之间兮,啄苍苔而履白石。"(《放鹤亭记》)

译文:独自整天在山涧峡谷中,啄食青苔,踩着白石头。

【解析】该句是苏轼散文《放鹤亭记》中的一句韵文,"兮"是句末语气词,没有实在意义,翻译时可以删去。"而"字不译出也不影响表达的准确顺畅。

误区点拨:该删却留。如:

"师道之不传也久矣。"(《师说》)译成:"从师学习的风尚也已经很久不存在了。"(译句中没把原句中的"也"删去,造成错误。)

6.调:调整法。将倒装语序调整为正常语序,对于倒装句式要先找出该句的谓语,

再以此为核心找出主、宾、定、状、补,然后分析出宾语前置、定语后置、谓语前置和介宾结构后置等现象,再做调整。如:

"蚓无爪牙之利,筋骨之强。"(《劝学》)应调整译为:"蚯蚓没有锋利的爪牙,也没有强壮的筋骨。"不可译为:"蚯蚓没有爪牙的锋利,也没有筋骨的强壮。"

误区点拨:该调不调。在古代汉语中,有这样那样的倒装句、省略句。在翻译这些句子时,一般说来,要将之还原成符合现代汉语语法规范的常用句式。如:

"求人可使报秦者,未得。"(《史记·廉颇蔺相如列传》)译成:"寻找人可以出使报告秦国的,没有找到。"(原句是定语后置,在翻译时必须把定语放回中心词前边,即"寻找可以出使报告秦国的人,却没有找到"。)

【知识链接】

文言文翻译顺口溜

熟读全文,领会文意;扣住词语,谨慎翻译。

字字落实,准确第一;单音词语,双音换替。

国年官地,保留不译;遇有省略,补充整齐。

调整词序,删去无义;修辞用典,辅以意译。

推断词义,前后联系;字词句篇,连成一气。

重回原文,检查仔细;通达完美,翻译完毕。

单元测验　　　单元讨论题

创意创新

　　创意创新是人们为了发展的需要,运用已有的信息,不断突破常规,发现或产生某种新颖独特的有社会或个人价值的新事物、新思维的活动。创意创新需要敏锐的发现问题的眼光,需要向旧事物提出质疑的勇气,需要锐意进取的改革意识,更需要强烈的责任担当。而这些正是当代大学生必须具备的品质。为此,在本单元作品精读部分,我们选取了《组织部来了个年轻人》《乔厂长上任记》和《小厂里来了个大学生》三部短篇小说作为主要学习内容。我们关注的焦点在于小说作品中的主人公在一定的环境下发现问题并进而改革创新的意识、勇气与艰难历程。作品中所蕴含的多层次艺术结构让我们在欣赏作品的同时,不仅能体会其主题并产生共鸣,也催动着我们精神上的觉醒,并赋予了我们批判的勇气与进取的精神。

　　在作品欣赏部分,我们聚焦于元杂剧、明清传奇,选取了《西厢记》《牡丹亭》中的两个故事片段予以呈现。我们将通过这三篇课文的学习,更深入全面地了解作品作者、内容及主题意义,进而以点带面地把握元杂剧和明清传奇的整体情况。

　　本单元文学常识部分,我们讲的是元杂剧和明清传奇,在对元杂剧和明清传奇作整体梳理的基础上,着重介绍了重点作家与作品,包括关汉卿的《窦娥冤》、王实甫的《西厢记》、汤显祖的《牡丹亭》、洪昇的《长生殿》和孔尚任的《桃花扇》等。

　　在语言知识部分,我们着重讲解现代汉字的字音、字形,并介绍了辨识错别字的方法。

作品精读

组织部来了个年轻人(节选)①

王蒙

《组织部来了个年轻人》节选

作品导读

王蒙的《组织部来了个年轻人》在1956年发表时,引起了文艺界的热烈争论。小说从组织部新来的年轻人林震的角度,以处理麻袋厂党支部的问题为中心情节展开叙述,塑造了林震、刘世吾等建设时期的知识分子形象。小说大胆地揭露了社会主义制度下的人民内部矛盾,揭露了官僚主义,暴露了生活的黑暗面,表现了新中国第一代青年人充满青春活力的革命理想主义精神,以及他们的个人理想与现实环境的冲突。

学习课文,注意把握主人公林震发现工作中存在的问题并为之斗争的成长经历。

四

吃完午饭,林震迫不及待地找韩常新汇报情况。韩常新有些疲倦地靠着沙发背,高大的身体显得笨重,从身上掏出火柴盒,拿起一根火柴剔牙。

林震杂乱地叙述他去麻袋厂的见闻,韩常新脚尖打着地不住地说:"是的,我知道。"然后他拍一拍林震的肩膀,愉快地说:"情况没了解上来不要紧,第一次下去嘛,下次就好了。"

林震说:"可是我了解了关于王清泉的情况。"他把笔记本打开。

韩常新把他的笔记本合上,告诉他:"对,这个情况我早知道。前年区委让我处理过这个事情,我严厉地批评过他,指出他的缺点和危险性,我们谈了至少有三四个钟头……"

"可是并没有效果呀,魏鹤鸣说他只好了一个月……"林震插嘴说。

"一个月也是效果,而且绝不止一个月。魏鹤鸣那个人思想上有问题,见人就告厂长的状……"

① 《组织部来了个年轻人》是王蒙创作的短篇小说,1956年发表于《人民文学》9月号,发表时标题为《组织部新来的青年人》。王蒙(1934—),河北南皮人,祖籍河北沧州,中国当代作家、学者,曾任文化部部长、中国作家协会名誉主席,著有长篇小说《青春万岁》《活动变人形》等近百部小说,其作品反映了中国人民在前进道路上的坎坷历程。

"他告的状是不是真的?"

"很难说不真,也很难说全真。当然这个问题是应该解决的……不过,你不要一下子就陷到这里边去。"

"我?"

"是的。你第一次去一个工厂,全面情况也不了解,你的任务又不是去解决王清泉的问题,而且,直爽地说,解决他的问题也需要更有经验的干部;何况我们并不是没有管过这件事……你要是一下子陷到这个里头,三个月也出不来,第一季度的建党总结还了解不了解?上级正催我们交汇报呢!"

林震说不出话。

韩常新又拍拍林震的肩膀:"不要急躁嘛。咱们区三千个党员,百十几个支部,你一来就什么问题都摸还行?"他打了个哈欠,有倦意的脸上的粉刺涨红了:"啊——哈,该睡午觉了。"

"那,发展工作怎么再去了解?"林震没有办法地问。

韩常新又去拍林震的肩膀,林震不由得躲开了。韩常新有把握地说:"明天咱们俩一齐去,我帮你去了解,好不?"然后他拉着林震一同到宿舍去。

第二天,林震很有兴趣地观察韩常新如何了解情况。三年前,林震在北京师范上学的时候,出去作过见习教师,老教师在前面讲,林震和学生一起听,学了不少东西。这次,他也抱着见习的态度,打开笔记本,准备把韩常新的工作过程详细记录下来。

韩常新问魏鹤鸣:"发展了几个党员?"

"一个半。"

"不是一个半,是两个,我是检查你们的发展情况,不是检查区委批没批。"韩常新纠正他,又问:"这两个人本季度生产计划完成的怎么样?"

"很好,他们一个超额 7%,一个超额 4%,厂里黑板报还表扬……"

谈起生产情况,魏鹤鸣似乎起劲了些,但是韩常新打断了他的话:"他们有些什么缺点?"

魏鹤鸣想了半天,空空洞洞地说了些缺点。

韩常新叫他给所举的缺点提一些例子。

提完例子,韩常新再问他党的积极分子完成本季度生产任务的情况,他特别感兴趣的是一些数字和具体事例,至于这些先进的工人克服困难、钻研创造的过程,他听都不要听。

回来以后,韩常新用流利的行书示范地写了一个"麻袋厂发展工作简况",内容是这样的:

……本季度（1956年1月至3月）麻袋厂支部基本上贯彻了积极慎重发展新党员的方针，在建党工作上取得了一定的成绩，新通过的党员朱××与范××受到了共产党员的光荣称号的鼓舞，增强了主人翁的观念，在第一季度繁重的生产任务中各超额7％、4％。广大积极分子围绕在支部周围，受到了朱××与范××模范事例的教育，并为争取入党的决心所推动，发挥了劳动的积极性与创造性，良好地完成或者超额完成了第一季度的生产任务……（下面是一系列数字与具体事例）这说明：一、建党工作不仅与生产工作不会发生矛盾，而且大大推动了生产，任何借口生产忙而忽视建党工作的作法都是错误的。二、……但同时必须指出，麻袋厂支部的建党工作，也仍然存在着一定的缺点……例如……

林震把写着"简况"的片艳纸捧在手里看了又看，他有一刹那，甚至于怀疑自己去没去过麻袋厂。还是上次与韩常新同去时自己睡着了，为什么许多情况他根本不记得呢？他迷惑地问韩常新：

"这，这是根据什么写的？"

"根据那天魏鹤鸣的汇报呀。"

"他们在生产上取得的成绩是因为建党工作么？"林震口吃起来。

韩常新抖一抖裤脚，说："当然。"

"不吧？上次魏鹤鸣并没有这样讲。他们的生产提高了，也可能是由于开展竞赛，也许由于青年团建立了监督岗，未必是建党工作的成绩……"

"当然，我不否认。各种因素是统一起来的，不能形而上学地割裂地分析这是甲项工作的成绩，那是乙项工作的成绩。"

"那，譬如我们写第一季度的捕鼠工作总结，是不是也可以用这些数字和事例呢？"韩常新沉着地笑了，他笑林震不懂"行"，他说："那可以灵活掌握……"

林震又抓住几个小问题问：

"你怎么知道他们的生产任务是繁重的呢？"

"难道现在会有一个工厂任务很清闲吗？"

林震目瞪口呆了。

五

初到区委会十天的生活，在林震头脑中积累起的印象与产生的问题，比他在小学呆了两年的还多。区委会的工作是紧张而严肃的，在区委书记办公室，连日开会到深夜。从汉语拼音到预防大脑炎，从劳动保护到政治经济学讲座，无一不经过区委会的忠实的手。林震有一次去收发室取报纸，看见一份厚厚的材料，第一页上写着"区人民委员会党组关于调整公私合营工商业的分布、管理、经营方法及贯彻市委关于公私合营工商业工人工资问题的报告的请示"。他怀着敬畏的心情看着这份厚得像一本书的材料和它的长题目。有时,一眼望去,却又觉得区委干部们是随意而松懈的,他们在办公时间聊天,看报纸,大胆地拿林震认为最严肃的题目开玩笑,例如,青年监督岗开展工作,韩常新半嘲笑地说:"吓,小青年们脑门子热起来啦……"林震参加的组织部一次部务会议也很有意思,讨论市委布置的一个临时任务,大家抽着烟,说着笑话,打着岔,开了两个钟头,拖拖沓沓,没有什么结果。这时,皱着眉思索了好久的刘世吾提出了一个方案,马上热烈地展开了讨论,很多人发表了使林震敬佩的精彩意见。林震觉得,这最后的三十多分钟的讨论要比以前的两个钟头有效十倍。某些时候,譬如说夜里,各屋亮着灯:第一会议室,出席座谈会的胖胖的工商业者愉快地与统战部长交换意见;第二会议室,各单位的学习辅导员们为"价值"与"价格"的关系争得面红耳赤;组织部坐着等待入党谈话的激动的年轻人,而市委的某个严厉的书记出现在书记办公室,找区委正副书记汇报贯彻工资改革的情况……这时,人声嘈杂,人影交错,电话铃声断断续续,林震仿佛从中听到了本区生活的脉搏的跳动,而区委会这座不新的、平凡的院落,也变得辉煌壮观起来。

在一切印象中,最突出和新鲜的印象是关于刘世吾的:刘世吾工作极多,常常同一个时间好几个电话催他去开会,但他还是一会儿就看完了《拖拉机站站长与总农艺师》,把书转借给了韩常新;而且,他已经把前一个月公布的拼音文字草案学会了,开始在开会时用拼音文字作记录了。某些传阅文件刘世吾拿过来看看题目和结尾就签上名送走,也有的不到三千字的指示他看上一下午,密密麻麻地画上各种符号。刘世吾有时一面听韩常新汇报情况,一面漫不经心地查阅其他的材料,听着听着却突然指出:"上次你汇报的情况不是这样!"韩常新不自然地笑着,刘世吾的眼睛捉摸不定地闪着光;但刘世吾并不深入追究,仍然查他的材料,于是韩常新恢复了常态,有声有色地汇报下去。

赵慧文与韩常新的关系也被林震看出了一些疑窦:韩常新对一切人都是拍着肩膀,称呼着"老王"、"小李",亲热而随便。独独对赵慧文,却是一种礼貌的"公事公办"的态度,这样说话:"赵慧文同志,党刊第104期放在哪里?"而赵慧文也用顺从包含警戒的神情对待他。

……四月,东风悄悄地刮起,不再被人喜爱的火炉蜷缩在阴暗的贮藏室,只有各房间熏黑了的屋顶还存留着严冬的痕迹。往年,这个时候,林震就会带着活泼的孩子们去卧佛寺或者西山八大处踏青,在早开的桃李与混浊的溪水中寻找春天的消息……区委会的生活却不怎么受季节的影响,继续以那种紧张的节奏和复杂的色彩流转着。当林震从院里的垂柳上摘下一颗多汁的嫩芽时,他稍微有点怅惘,因为春天来得那么快,而他,却没作出什么有意义的事情来迎接这个美妙的季节……

晚上九点钟,林震走进了刘世吾办公室的门。赵慧文正在这里,她穿着紫黑色的毛衣。脸儿在灯光下显得越发苍白。听到有人进来,她迅速地转过头来,林震仍然看见了她略略突出的颧骨上的泪迹。他回身要走,低着头吸烟的刘世吾作手势止住他:"坐在这儿吧,我们就谈完了。"

林震坐在一角,远远地隔着灯光看报,刘世吾用烟卷在空中画着圆圈,诚恳地说:

"相信我的话吧,没错。年轻人都这样,最初互相美化,慢慢发现了缺点,就觉得都很平凡。不要作不切实际的要求,没有遗弃,没有虐待,没有发现他政治上、品质上的问题,怎么能说生活不下去呢?才四年嘛。你的许多想法是从苏联电影里学来的,实际上,就那么回事……"

赵慧文没说话,她撩一撩头发,临走的时候,对林震惨然地一笑。

刘世吾走到林震旁边,问:"怎么样?"他丢下烟蒂,又掏出一支来点上火,紧接着贪婪地吸了几口,缓缓地吐着白烟,告诉林震:"赵慧文跟她爱人又闹翻了……"接着,他开开窗户,一阵风吹掉了办公桌上的几张纸,传来了前院里散会以后人们的笑声、招呼声和自行车铃响。

刘世吾把只抽了几口的烟扔出去,伸了个懒腰,扶着窗户,低声说:"真的是春天了呢!"

"我想谈谈来区委工作的情况,我有一些问题不知道怎么解决。"林震用一种坚决的神气说,同时把落在地上的纸页拾起来。

"对,很好。"刘世吾仍然靠着窗户框子。

林震从去麻袋厂说起:"……我走到厂长室,正看见王清泉同志……"

"下棋呢还是打扑克?"刘世吾微笑着问。

"您怎么知道?"林震惊骇了。

"他老兄什么时候干什么我都算得出来,"刘世吾慢慢地说,"这个老兄棋瘾很大,有一次在咱这儿开了半截会,他出去上厕所,半天不回来,我出去一找,原来他看见老吕和区委书记的儿子下棋,他在旁边'支'上'招儿'了。"

林震把魏鹤鸣对他的控告讲了一遍。

刘世吾关上窗户,拉一把椅子坐下,用两个手扶着膝头支持着身体,轻轻地摆动着头:"魏鹤鸣是个直性子,他一来就和王清泉吵得面红耳赤……你知道,王清泉也是个特殊人物,不太简单。抗日胜利以后,王清泉被派到国民党军队里工作,他作过国民党军的副团长,是个呱呱叫的情报人员。一九四七年以后他与我们的联系中断,直到解放以后才接上线。他是去瓦解敌人的,但是他自己也染上国民党军官的一些习气,改不过来,其实是个英勇的老同志。"

"这样……"

"是啊。"刘世吾严肃地点点头,接着说:"当然,这不能为他辩护,党是派他去战胜敌人而不是与敌人同流合污,所以他的错误是应该纠正的。"

"怎么去解决呢?魏鹤鸣说,这个问题已经拖了好久。他到处写过信……"

"是啊。"刘世吾又干咳了一会,作着手势说,"现在下边支部里各类问题很多,你如果一一地用手工业的方法去解决,那是事倍功半的。而且,上级布置的任务追着屁股,完成这些任务已经感到很吃力。作为领导,必须掌握一种把个别问题与一般问题结合起来,把上级分配的任务与基层存在的问题结合起来的艺术。再者,王清泉工作不努力是事实,但还没有发展到消极怠工的地步;作风有些生硬,也不是什么违法乱纪;显然,这不是组织处理问题而是经常教育的问题。从各方面看,解决这个问题的时机目前还不成熟。"

林震沉默着,他判断不清究竟哪样对;是娜斯嘉的"对坏事绝不容忍"对呢,还是刘世吾的"条件成熟论"对。他一想起王清泉那样的厂长就觉得难受,但是,他驳不倒刘世吾的"领导艺术"。刘世吾又告诉他:"其实,有类似毛病的干部也不只一个……"这更加使得林震睁大了眼睛,觉得这跟他在小学时所听的党课的内容不是一个味儿。

后来,林震又把看到的韩常新如何了解情况与写简报的事说了说,他说,他觉得这样整理简报不太真实。

刘世吾大笑起来,说:"老韩……这家伙……真高明……"笑完了,又长出一口气,告诉林震:"对,我把你的意见告诉他。"

林震犹豫着,刘世吾问:"还有别的意见么?"

于是林震勇敢地提出:"我不知道为什么,来了区委会以后发现了许多许多缺点,过去我想象的党的领导机关不是这样……"

刘世吾把茶杯一放:"当然,想象总是好的,实际呢,就那么回事。问题不在于有没有缺点,而在于什么是主导的。我们区委的工作,包括组织部的工作,成绩是基本的呢,还是缺点是基本的?显然成绩是基本的,缺点是前进中的缺点。我们伟大的事业,正是由这些有缺点的组织和党员完成着的。"

走出办公室以后,林震有一种奇怪的感觉;和刘世吾谈话似乎可以消食化气,而他自己的那些肯定的判断,明确的意见,却变得模糊不清了。他更加惶惑了。

六

不久,在党小组会上,林震受到了一次严厉的批评。

事情是这样:有一次,林震去麻袋厂,魏鹤鸣说,由于季度生产质量指标没有达到,王厂长狠狠地训了一回工人，工人意见很大，魏鹤鸣打算找些人开个座谈会，搜集意见，准备向上反映。林震很同意这种作法，以为这样也许能促进"条件的成熟"。过了三天，王清泉气急败坏地到区委会找副书记李宗秦，说魏鹤鸣在林震支持下搞小集团进行反领导的活动，还说参加魏鹤鸣主持的座谈会的工人都有历史问题……最后说自己请求辞职。李宗秦批评了他的一些缺点，同意制止魏鹤鸣再开座谈会，"至于林震，"他对王清泉说，"我们会给予应有的教育的。"

批评会上，韩常新分析道："林震同志没有和领导上商量，擅自同意魏鹤鸣召集座谈会，这首先是一种无组织无纪律的行为……"

林震不服气，他说："没有请示领导，是我的错。但是我不明白为什么我们不但不去主动了解群众的意见，反而制止基层这样作！"

"谁说我们不了解？"韩常新翘起一只腿，"我们对麻袋厂的情况统统掌握……"

"掌握了而不去解决，这正是最痛心的！党章上规定着，我们党员应该向一切违反党的利益的现象作斗争……"林震的脸变青了。

富有经验的刘世吾开始发言了，他向来就专门能在一定的关头起扭转局面的作用。

"林震同志的工作热情不错，但是他刚来一个月就给组织部的干部讲党章，未免仓促了些。林震以为自己是支持自下而上的批评，是作一件漂亮事，他的动机当然是好的；不过，自下而上的批评必须有领导地去开展，譬如这回事，请林震同志想一想：第一，魏鹤鸣是不是对王清泉有个人成见呢？很难说没有。那么魏鹤鸣那样积极地去召集座谈会，可不可能有什么个人目的呢？我看不一定完全不可能。第二，参加会的人是不是有一些历史复杂别有用心的分子呢？这也应该考虑到。第三，开这样一个会，会不会在群众里造成一种王清泉快要挨整了的印象因而天下大乱了呢？等等。至于林震同志的思想情况，我愿意直爽地提出一个推测：年轻人容易把生活理想化，他以为生活应该怎样，便要求生活怎样，作一个党的工作者，要多考虑的却是客观现实，是生活可能怎样。年轻人也容易过高估计自己，抱负甚多，一到新的工作岗位就想对缺点斗争一番，充当个娜斯嘉式的英雄。这是一种可贵的、可爱的想法，也是一种虚妄……"

林震像被打中了似的颤了一下，他紧咬住了下嘴唇。

他鼓起勇气再问："那么王清泉……"刘世吾把头一仰：

"我明天找他谈话，有原则性的并不仅是你一个人。"

七

星期六晚上，韩常新举行婚礼。林震走进礼堂，他不喜欢那弥漫的呛人的烟气，还有地上杂乱的糖果皮与空中杂乱的哄笑；没等婚礼开始他就退了出来。

组织部的办公室黑着,他拉开灯,看见自己桌上的信,是小学的同事们写来,其中还夹着孩子们用小手签了名的信:

林老师:您身体好吗;我们特别特别想您,女同学都哭了,后来就不哭了,后来我们作算术,题目特别特别难,我们费了半天劲,中于算出来了……

看着信,林震不禁独自笑起来了,他拿起笔把"中于"改成"终于",准备在回信时告诉他们下次要避免别字。他仿佛看见了系蝴蝶结的李琳琳、爱画水彩画的刘小毛和常常把铅笔头含在嘴里的孟飞……他猛把头从信纸上抬起来,所看见的却是电话、吸墨纸和玻璃板。他所熟悉的孩子的世界和他的单纯的工作已经离他而去了,新的工作要复杂得多……他想起前天党小组会上人们对他的批评。难道自己真的错了? 真的是莽撞和幼稚,再加几分年轻人的廉价的勇气? 也许真的应该切实估量一下自己,把分内的事作好,过两年,等到自己"成熟"了以后再干预一切吧?

礼堂里传来爆发的掌声和笑声。

一只手落在肩上,他吃惊地回过头来,灯光显得刺眼,赵慧文没有声响地站在他的身边,女同志走路都有这种不声不响的本事。

赵慧文问:"怎么不去玩?"

"我懒得去。你呢?"

"我该回家了,"赵慧文说,"到我家坐坐好吗? 省得一个人在这儿想心事。"

"我没有心事。"林震分辩着,但他接受了赵慧文的好意。

赵慧文住在离区委会不远的一个小院落里。

孩子睡在浅蓝色的小床里,幸福地含着指头,赵慧文吻了儿子,拉林震到自己房间里来。"他父亲不回来吗?"林震问。

赵慧文摇摇头。

这间卧室好像是布置得很仓促,墙壁因为空无一物而显得过分洁白,盆架孤单地缩在一角,窗台上的花瓶傻气地张着口;只有床头上桌上的收音机,好像还能扰乱这卧室的安静。林震坐在藤椅上,赵慧文靠墙站着。林震指着花瓶说,"应该插枝花",又指着墙壁说:"为什么不买几张画挂上?"

赵慧文说:"经常也不在,就没有管它。"然后她指着收音机问:"听不听? 星期六晚上,总有好的音乐。"

收音机响了,一种梦幻的柔美的旋律从远处飘来,慢慢变得热情激荡。提琴奏出的诗一样的主题,立即揪住了林震的心。他托着腮,屏住了气。他的青春,他的追求,他的碰壁,似乎都能与这乐曲相通。

赵慧文背着手靠在墙上,不顾衣服蹭上了石灰粉,等这段乐曲过去,她用和音乐一样的声音说:"这是柴可夫斯基的《意大利随想曲》,让人想到南国,想到海……我在文工团的时候常听它,慢慢觉得,这调子不是别人演奏出的,而是从我心里钻出来的……"

"在文工团?"

"参加军事干部学校以后被分配去的,在朝鲜,我用我的蹩脚的嗓子给战士唱过歌,我是个哑嗓子的歌手。"

林震像第一次见面似的又重新打量赵慧文。

"怎么? 不像了吧?"这时电台改放"剧场实况"了,赵慧文把收音机关了。

"你是文工团的,为什么很少唱歌?"林震问。她不回答,走到床边,坐下。她说:"我们谈谈吧,小林,告诉我,你对咱们区委的印象怎么样?"

"不知道,我是说,还不明确。"

"你对韩常新和刘世吾有点意见吧,是不?"

"也许。"

"当初我也这样,从部队转业到这里,和部队的严格准确比较,许多东西我看不惯。我给他们提了好多意见,和韩常新激动地吵过一回,但是他们笑我幼稚,笑我工作没作好意见倒一大堆,慢慢地我发现,和区委的这些缺点作斗争是我力不胜任的……"

"为什么力不胜任?"林震像刺痛了似的跳起来,他的眉毛拧在一起了。

"这是我的错,"赵慧文抓起一个枕头,放在腿上,"那时我觉得自己水平太低,自己也很不完美,却想纠正那些水平比自己高得多的同志,实在不量力。而且,刘世吾、韩常新还有别人,他们确实把有些工作作得很好。他们的缺点散布在咱们工作的成绩里边,就像灰尘散布在美好的空气中,你嗅得出来,但抓不住,这正是难办的地方。"

"对!"林震把右拳头打在左手掌上。

赵慧文也有些激动了,她把枕头抛开,话说得更慢,她说:"我做的是事务工作,领导同志也不大过问,加上个人生活上的许多牵扯,我沉默了,于是,上班抄抄写写,下班给孩子洗尿布、买奶粉。我觉得我老得很快,参加军干校时候那种热情和幻想,不知道哪里去了。"她沉默着,一个一个地捏着自己的手指,接着说:"两个月以前,北京市进入社会主义高潮,工人、店员还有资本家,放着鞭炮,打着锣鼓到区委会报喜,工人、店员把入党申请书直接送到组织部,大街上一天一变,整个区委会彻夜通明,吃饭的时候,宣传部、财经部的同志滔滔不绝地讲着社会主义高潮中的各种气象;可我们组织部呢? 工作改进很少! 打电话催催发展数字,按前年的格式添几条新例子写写总结……最近,大家检查保守思想,组织部也检查,拖拖沓沓开了三次会,然后写个材料完事。……哎,我说乱了,社会主义高潮中,每一声鞭炮都刺着我,当我复写批准新党员通知的时候,我的手激动得发抖,可是我们的工作就这样依然故我地下去吗?"她喘了一口气,来回踱着,然后接着说："我在党小组会上谈自己的想法，韩常新满足地问：'难道我们发展数字的完成比例不是各区最高的？难道市委组织部没要我们写过经验？'然后他进行分析，说我情绪不够乐观，是因为不安心事务工作……"

"开始的时候，韩常新给人一个了不起的印象，但是实际一接触……"林震又说起那次写汇报的事。

赵慧文同意地点头："这一二年，虽然我没提什么意见，但我无时无刻不在观察。生活里的一切，有表面也有内容，作到金玉其外，并不是难事。譬如韩常新，充领导他会拉长了声音训人，写汇报他会强拉硬扯生动的例子，分析问题，他会用几个无所不包的概念；于是，俨然成了个少壮有为的干部，他漂浮在生活上边，悠然得意。"

"那么刘世吾呢？"林震问，"他绝不像韩常新那样浅薄，但是他的那些独到的见解，精辟的分析，好像包含着一种可怕的冷漠。看到他容忍王清泉这样的厂长，我无法理解，而当我想向他表示什么意见的时候，他的议论却使人越绕越糊涂，除了跟着他走，似乎没有别的路……"

"刘世吾有一句口头语：就那么回事。他看透了一切，以为一切就那么回事。按他自己的说法，他知道什么是'是'，什么是'非'，还知道'是'一定战胜'非'，又知道'是'不是一下子战胜'非'，他什么都知道，什么都见过——党的工作给人的经验本来很多。于是他不再操心，不再爱也不再恨。他取笑缺陷，仅仅是取笑；欣赏成绩，仅仅是欣赏。他满有把握地应付一切，再也不需要虔诚地学习什么，除了拼音文字之类的具体知识。一旦他认为条件成熟需要干一气，他一把把事情抓在手里，教育这个，处理那个，俨然是一切人的上司。凭他的经验和智慧，他当然可以作好一些事，于是他更加自信。"赵慧文毫不容情地说道。这些话曾经在多少个不眠的夜晚萦绕在她的心头……

"我们的区委副书记兼部长呢？他不管么？"

赵慧文更加兴奋了，她说："李宗秦身体不好，他想去作理论研究工作，嫌区的工作过于具体。他作组织部长只是挂名，把一切事情推给刘世吾。这也是一种相当普遍的不正常的现象。有一批老党员，因为病，因为文化水平低，或者因为是首长爱人，他们挂着厂长、校长和书记的名，却由副厂长、教导主任、秘书或者某个干事作实际工作。"

"我们的正书记——周润祥同志呢？"

"周润祥是一个非常令人尊敬的领导同志，但是他工作太多，忙着肃反、私营企业的改造……各种带有突击性的任务。我们组织部的工作呢，一般说永远成不了带突击性的中心任务，所以他管的也不多。"

"那……怎么办呢？"林震直到现在，才开始明白了事情的复杂性，一个缺点，仿佛粘在从上到下的一系列的缘故上。

"是啊。"赵慧文沉思地用手指弹着自己的腿,好像在弹一架钢琴,然后她向着远处笑了,她说:"谢谢你……"

"谢我?"林震以为自己听错了。

"是的,见到你,我好像又年轻了。你天不怕地不怕,敢于和一切坏现象作斗争,于是我有一种婆婆妈妈的预感:你……一场风波要起来了。"

林震脸红了。他根本没想到这些,他正为自己的无能而十分羞耻。他嘟哝着说:"但愿是真正的风波而不是瞎胡闹。"然后他问:"你想了这么多,分析得这么清楚,为什么只是憋在心里呢?"

"我老觉得没有把握,"赵慧文把手放在自己的胸前,"我看了想,想了又看,我有时候想得一夜都睡不好,我问自己:'你的工作是事务性的,你能理解这些吗?'"

"你怎么会这样想?我觉得你刚才说的对极了!你应该把你刚才说的对区委书记谈,或者写成材料给《人民日报》……"

"瞧,你又来了。"赵慧文露出润湿的牙齿笑了。"怎么叫又来了?"林震不高兴地站起来,使劲搔着头皮,"我也想过多少次,我觉得,人要在斗争中使自己变正确,而不能等到正确了才去作斗争!"

赵慧文突然推门出去了,把林震一个人留在这空旷的屋子里,他嗅见了肥皂的香气。马上,赵慧文回来,端着一个长柄的小锅,她跳着进来,像一个梳着三只辫子的小姑娘。她打开锅盖,戏剧性地向林震说:

"来,我们吃荸荠,煮熟了的荸荠!我没有找到别的好吃的。"

"我从小就喜欢吃熟荸荠,"林震愉快地把锅接过来,他挑了一个大的没剥皮就咬了一口,然后他皱着眉吐了出来,"这是个坏的,又酸又臭。"赵慧文大笑了。林震气愤地把捏烂了的酸荸荠扔到地上。

临走的时候,夜已经深了,纯净的天空上布满了畏怯的小星星。有一个老头儿吆喝:"炸丸子开锅!"推车走过。林震站在门外,赵慧文站在门里,她的眼睛在黑暗中闪光,她说:"下次来的时候,墙上就有画了。"

林震会心地笑着:"而且希望你把丢下的歌儿唱起来!"他摇了一下她的手。

林震用力地呼吸着春夜的清香之气,一股温暖的泉水在心头涌了上来。

📖《组织部来了个年轻人》琐谈

乔厂长上任记（节选）①

蒋子龙

作品导读

《乔厂长上任记》讲述了经历十年动乱后，某重型电机厂生产停顿，人心混乱，老干部乔光朴主动请缨，上任后大刀阔斧地进行改革，扭转了生产的被动局面。小说塑造了改革家乔光朴坚毅的英雄形象，他是一位勇于向不正之风挑战、勇于承担改革重任、具有开拓魄力的改革者。小说应和了变革时代人们渴望雷厉风行的"英雄"的社会心理，成为"改革文学"的开山之作。小说包括"出山""上任"和"主角"三大部分，此处选择的"主角"，主要讲述乔光朴在工厂进行的系列改革。

学习课文时，要深刻把握乔光朴这一人物形象，特别是他强烈的责任感、大胆的改革勇气与锐意进取的时代精神。

主角

一

你设想吧，当舞台的大幕拉开，紧锣密鼓，音乐骤起，主角威风凛凛地走出台来，却一声不吭，既不说，也不唱，剧场里会是一种什么局面呢？

现在重型电机厂就是这种状况。乔光朴上任半个月了，什么令也没下，什么事也没干，既没召开各种应该召开的会议，也没有认真在办公室坐一坐。这是怎么回事？他以前当厂长可不是这样作风，乔光朴也不是这种脾气。

他整天在下边转，你要找也找不到；你不找他，他也许突然在你眼前冒了出来。按照生产流程一道工序一道工序地摸，正着摸完，倒着摸。谁也猜不透他的心气。更奇怪的是他对厂长的领导权完全放弃，几个职能科完全放任自流，对各车间的领导也不管不问。谁爱怎么干就怎么干，电机厂简直成了没头的苍蝇，生产直线跌下来。

机电局调度处的人饿不住劲了，几次三番催促霍大道赶紧到电机厂去坐阵。谁知

---

① 《乔厂长上任记》是蒋子龙创作的短篇小说兼成名作，1979年发表于《人民文学》第7期。蒋子龙（1941—），河北沧县人，著名作家、中国文化使者、中国作家协会原副主席、天津作家协会主席、天津文联副主席，先后出访过十几个欧美亚国家。

霍大道无动于衷,催急了,他反而批评说:"你们咋呼什么,老虎往后坐屁股,是为了向前猛扑。连这个道理都不懂?"

本来被乔光朴留在上边坐阵的石敢,终于也坐不住了。他把乔光朴找来,问:"怎么样,有眉目没有?"

"有了!"乔光朴胸有成竹地说:"咱们厂象个得了多种疾病的病人,你下这味药,对这一种病有利,对那一种病就有害。不抓准了病情,真不敢动大手术。"

石敢警惕地看看乔光朴,从他的神色上看出来这家伙的确是下了决心啦。石敢对电机厂的现状很担心,可是对乔光朴下狠心给电机厂做大手术,也不放心。

乔光朴却颇有点得意地说:"我这半个月撂挑子下去,还有一个很重要的收获:咱们厂的干部队伍和工人队伍并不象你估计的那样。忧国忧民之士不少,有人找到我提建议,有人还跟我吵架,说我辜负了他们的希望。乱世出英雄,不这么乱一下,真摸不出头绪,也分不出好坏人。我已经选好了几个人。"说着,眯起了双眼,他仿佛已经看见电机厂明天就要大翻个儿。

石敢突然问起了一个和工厂完全不相干的问题:"今天是你的生日?"

"生日?什么生日?"乔光朴脑子一时没转过来,他翻翻办公桌上的台历,忽然记起来了,"对,今天是我的生日。你怎么记得?"

"有人向我打听。你是不是要请客收礼?"

"扯淡。你要去当然会管你酒喝。"

石敢摇摇头。

乔光朴回到家,童贞已经把饭做好,酒瓶、酒杯也在桌子上都摆好了。女人毕竟是女人,虽然刚结婚不久,童贞却记住了乔光朴的生日,乔光朴很高兴,坐下就要吃,童贞笑着拦住了他的筷子。"我通知了望北,等他来了咱们就吃。"

"你没通知别人吧?"

"没有。"童贞是想借这个机会使乔光朴和郗望北坐在一块,和缓两人之间的关系。

乔光朴理解童贞的苦心,但对这做法大不以为然,他认为在酒席筵上建立不了真正的信任和友谊。他心里也根本没有把对方整过自己的事看得太重,倒是觉得,郗望北对过去那些事的记忆比他反倒更深刻。

郗望北还没有来,却来了几个厂里的老中层干部。乔光朴和童贞一面往屋里让客,一面感到很意外。这几个人都是十几年前在科室、车间当头头的,现在有的还是,有的已经不是了。

他们一进门就嘻笑着说:"老厂长,给你拜寿来了。"

乔光朴说:"别搞这一套,你们想喝酒我有,什么拜寿不拜寿。这是谁告诉你们的?"

其中一个秃头顶的人,过去是行政科长,弦外有音地说:"老厂长,别看你把我们忘了,我们可没忘了你。"

"谁说我把你们忘了?"

"还说没忘,从你回厂那一天起我们就盼着,盼了半个月啦,什么也没盼到。你看锅炉厂的刘厂长,回厂的当天晚上,就把老中层干部们全请到楼上,又吃又喝,不在喝多少酒、吃多少饭,而是出出心里的这口闷气。第二天全部恢复原职。这厂长才叫真够意思,也算对得起老部下。"

乔光朴心里烦了,但这是在自己家里,他尽力克制着,反问:"'四人帮',打倒快两年多了,你们的气还没出来?"

他们说:"'四人帮'倒了,还有帮四人呢。说停职,还没停一个月又要复职……"

不早不晚就在这时候郗望北进来了,那几个人的话头立刻打住了。郗望北听到了他们说的话,但满不在乎地和乔光朴点点头,就在那帮人的对面坐下了。这哪是来拜寿,一场辩论的架式算拉开了,童贞急忙找了一个话题,把郗望北拉到另一间屋里去。

那几个人互相使使眼色也站了起来,还是那个秃顶行政科长说:"看来这满桌酒菜并不是为我们预备的,要不'火箭干部'解脱那么快,原来已经和老厂长和解了。还是多少沾点亲戚好阿!"

他们说完就要告辞。童贞怕把关系搞僵,一定留他们吃饭。乔光朴一肚子火气,并不挽留,反而冷冷他说:"你们跑这一趟的目的还没有达到,就这么两手空空的回去了?"

"表示了我们的心意,目的已经达到了。"那几个人心里感到不安,秃顶人好象是他们的打头人,赶紧替那几个人解释。

"老王,你们不是想官复原职,或者最好再升一两级吗?"乔光朴盯着秃顶人,尖锐地说,"别着急,咱们厂干部不是太多,而是太少,我是指真正精明能干的干部,真正能把一个工段、一个车间搞好,能把咱们厂搞好的干部。从明天起全厂开始考核,你们既然来了,我就把一些题目向你们透一透。你们都是老同志了,也应该懂得这些,比如:什么是均衡生产?什么是有节奏的生产?为什么要搞标准化、系列化、通用化?现代化的工厂应该怎么布置?你那个车间应该怎么布置?有什么新工艺、新技术?……"

那几个人真有点懵了,有些东西他们甚至连听都没有听见过。更叫他们惊奇的是乔光朴不仅要考核工人,对干部还要进行考核。有人小声嘟囔说:"这办法可够新鲜的。"

"这有什么新鲜的,不管工人还是干部,往后光靠混饭吃不行!"乔光朴说,"告诉你们,我也一肚子气,甚至比你们的气还大,厂子弄成这副样子能不气?但气要用在这上面。"

他说完摆摆手,送走那几个人,回到桌前坐下来,陪郗望北喝酒。喝的是闷酒,吃的是哑菜,谁的心里都不痛快。童贞干着急,也只能说几句不咸不淡的家常话。一直到酒喝完,童贞给他们盛饭的时候,乔光朴才问郗望北:"让你停职并不是现在这一届党委决定的,为什么老石找你谈,宣布解脱,赶快工作,你还不干?"

郗望北说:"我要求党委向全厂职工说清楚,根据什么让我停职清理?现在不是都调查完了吗,我一没搞过打砸抢,二和'四人帮'没有任何个人联系,凭什么整我?就根据我曾经当过造反派的头头?根据我曾批判过走资派?就因为我是个所谓的新干部,就凭一些人编笆造模的议论?"

乔光朴看到郗望北挥动着筷子如此激动,嘴角闪过一丝冷笑。心想:"你现在也知道这种滋味了?当初你不也是根据编笆造模的议论来整别人?"

郗望北看出了乔光朴的心思,转口说:"乔厂长,我要求下车间劳动。"

"嗯?"乔光朴感到意外,他认为新干部这时候都不愿意下去,怕被别人说成是由于和"四人帮"有牵连而倒台了。郗望北倒有勇气自己要求下去,不管是真是假,先试试他,就说:"你有这种气魄就好,我同意。本来,作为领导和这领导的名义、权力,都不是一张任命通知书所能给予的,而是要靠自己的智慧、经验、才能和胆识到工作中去赢得。世界上有许多飞得高的东西,有的是凭自己的翅膀飞上去的,有的是被一阵风带上去的。你往后不要指望这种风了。"

郗望北冷冷一笑:"我不知道带我上来的是什么风,我只知道我若会投机的话,就不会有今天的被停职。我参加工作二十年,从学徒工当到生产组长,管过一个车间的生产,三十九岁当副厂长,一下子就成了'火箭干部'。其实火箭这个东西并不坏,要把卫星和飞船送上宇宙空间就得靠火箭一截顶替一截地燃烧。搞现代化也似乎是少不了火箭的。岂不知连外国的总统有不少也是一步登天的'火箭干部'。我现在宁愿坐火箭再下去,我不象有些人,占了个位子就想一直占到死,别人一旦顶替了他就认为别人爬得太快了,大逆不道了。官瘾大小不取决于年龄。事实是当过官的比没当过官的权力欲和官瘾也许更大些。"

这样谈话太尖锐了,简直就是吃饭前那场谈话的继续。老的埋怨乔光朴袒护新的,新的又把乔光朴当老的来攻。童贞生怕乔光朴的脾气炸了,一个劲地劝菜,想冲淡他们间的紧张气氛。但是乔光朴只是仔细玩味郗望北的话,并没有发火。

郗望北言犹未尽。他知道乔光朴的脾气是吃软不吃硬,但你要真是个松软货,永远也不会得到他的尊敬,他顶多是可怜你。只有硬汉子才能赢得乔光朴的信任,他想以硬碰硬碰到底,接着说:"中国到什么时候才不搞形而上学?文化大革命把干部一律打倒,现在一边大谈这种怀疑一切的教训,一边又想把新干部全部一勺烩了,当然,新干部中有'四人帮'分子,那能占多大比例?大多数还不是紧跟党的中心工作,这个运动跟得紧,下个运动就成了牺牲品。照这样看来还是滑头好,什么不干最安全。运动一来,班组长以上干部都受审批,工厂、车间、班组都搞一朝天子一朝臣,把精力都用在整人上,搞起工作来相互掣肘。常此以往,现代化的口号喊得再响,中央再着急,也是白搭。"

"得了,理论家,我们国家倒霉就倒在批判家多、空谈家多,而实干家和无名英雄又太少。随便什么场合也少不了夸夸其谈的评论家。"乔光朴嘴上这么说,但郗望北表现出来的这股情绪却引起了他的注意。他原以为老干部心里有些气是理所当然的,原来新干部肚里也有气。这两股气要是对干起那就了不得。这引起了乔光朴的警惕。

二

第二天,乔光朴开始动手了。

他首先把九千多名职工一下子推上了大考核、大评议的比赛场。通过考核评议,不管是干部还是工人,在业务上稀松二五眼的,出工不出力、出力不出汗的,占着茅坑不屙屎的,溜奸滑蹭的,全成了编余人员。留下的都一个萝卜一个坑,兵是精兵,将是强将。这样,整顿一个车间就上来一个车间,电机厂劳动生产率立刻提高了一大截。群众中那种懒洋洋、好坏不分的松松垮垮的劲儿,一下子变成了有对比、有竞争的热烈紧张气氛。

工人们觉得乔光朴那双很有神采的眼睛里装满了经验,现在已经习惯于服从他,甚至他一开口就服从。因为大伙相信他,他的确一次也没有辜负大伙的信任。他说一不二,敢拍板也敢负责,许了愿必还。他说扩建幼儿园,一座别致的幼儿园小楼已经竣工。他说全面完成任务就实行物质奖励,八月份电机厂工人第一次接到了奖金。黄玉辉小组提前十天完成任务,他写去一封表扬信,里面附了一百五十元钱。凡是那些技术上有一套,生产上肯卖劲,总之是正儿八经的工人,都说乔光朴是再好没有的厂长了。可是被编余的人呢,却恨死了他。因为谁也没想到,乔光朴竟想起了那么一个"绝主意"——把编余的组成了一个服务大队。

谁找道路,谁就会发现道路。乔光朴泼辣大胆,勇于实验和另辟蹊径。他把厂里从农村召用来搞基建和运输的一千多长期"临时工"全部辞掉,代之以服务大队。他派得力的财务科长李干去当大队长,从辞掉临时工省下的钱里拿出一部分作为给服务大队的奖励。编余的人在经济收入上并没有减少,可是有一些小青年却认为栽了跟头,没脸见人。特别是八车间的鬼怪式车工杜兵,被编余后女朋友跟他散了伙,他对乔光朴真有动刀子的心了。

在这条道路上乔光朴为自己树立的"仇敌"何止几个"杜兵"。一批被群众评下来成了"编余"的中层干部恼了。他们找到厂部,要求对厂长也进行考核。由于考核评判小组组长是童贞，怕他们两口子通气，还提出立刻就考。谁知乔光朴高兴得很，当即带着几个副厂长来到了大礼堂。一听说考厂长，下班的工人都来看新鲜，把大礼堂挤满了。任何人都可以提问题，从厂长的职责到现代化工厂的管理，乔光朴滔滔不绝，始终没有被问住。倒是冀申完全被考垮了，甚至对工人的一些基本常识都搞不清，当场就被工人们称为"编余厂长"。这下可把冀申气炸了，他虽然控制着在考场上没有发作出来，可是心里认为这一切全是乔光朴安排好了来捉弄他的。当生产副厂长，冀申本来就不胜任，而他对这种助手的地位却又很不习惯，简直不能忍受乔光朴对他的发号施令，尤其是在车间里当着工人的面。现在，经过考核，嫉妒和怨恨使他真地站到了反对乔光朴的那些被编余的人一边，由助手变为敌手了。他那青筋暴露的前额，阴气扑人的眼睛，仿佛是厂里一切祸水的根源。生产上一出事准和他有关，但又抓不住他大的把柄。乔光朴得从四面八方防备他，还得在四面八方给他堵漏洞。这怎么受得了？

乔光朴决定不叫冀申负责生产了，调他去搞基建。搞基建的服务大队像个火药桶，冀申一去非爆炸不可，乔光朴没有从政治角度考虑，石敢替他想到了。可是，乔光朴不仅没有听从石敢的劝告，反而又出人意料地调上来郗望北顶替冀申。郗望北是憋着一股劲下到二车间的，正是这股劲头赢得了乔光朴的好感。谁干得好让谁干，乔光朴毫不犹疑地跨过个人恩怨的障碍，使自己过去的冤家成了今天的助手。但是，正象石敢所预料的，冀申抓基建没有几天，服务大队里对乔光朴不满的那些人，开始活跃起来，甚至放出风，要把乔光朴再次打倒。

千奇百怪的矛盾，五花八门的问题，把乔光朴团团困在中间。他处理问题时拳打脚踢，这些矛盾回敬他时，也免不了会拳打脚踢。但眼下使他最焦心的并不是服务大队要把他打倒，而是明年的生产准备。明年他想把电机厂的产量数字搞到二百万千瓦，而电力部门并不欢迎他这个计划，倒满心希望能从国外多进口一些。还有燃料、锻件的协作等等都不落实，因此乔光朴决定亲自出马去打一场外交战。

如果乔光朴在自己的厂内还从来没有打过大败仗，这回出去搞外交，却是大败而归。他没有料到他的新里程上还有这么多的"雪山草地"，他不知道他的宏伟计划和现实之间还隔着一条组织混乱和作风腐败的鸿沟。厂内的"仇敌"他不在乎，可是厂外的"战友"不跟他合作却使他束手无策。他要求协作厂及早提供大的转子锻件，而且越多越好，但人家不受他指挥，不买他的账。要燃料也好，要材料也好，他不懂得这都是求人的事，协作的背后必须有心照不宣的互通有无，在计划的后面还得有暗地的交易。他这次出去总算长了一条见识：现在当一个厂长重要的不是懂不懂金属学、材料力学，而是看他是不是精通"关系学"，乔光朴恰恰这门学问成绩最差。他一向认为会处关系的人，大都成就不大。他这次出差的成果，恰好为自己的理论得了反证。

而他还不知道,当他十天后扫兴回来的时候,在他的工厂里,又有什么窝火的事在等着他呢!

三

乔光朴回厂先去找石敢。石敢一见是他进了门,慌忙把桌上的一堆材料塞到抽屉里。乔光朴心思全挂在厂里的生产上,没有在意。但和石敢还没有说上几句话,服务大队队长李干急匆匆推门进来,一见乔光朴,又惊又喜:"哎呀,厂长,你可回来了!"

"出了什么事?"乔光朴急问。

"咱们不是要增建宿舍大楼吗,生产队不让动工。郗望北被社员围住了,很可能还要挨两下打。市规划局已经批准,我们已经交完钱啦。"

"生产队提出额外再要五台拖拉机。"

"又是这一套!"乔光朴恼怒地喊起来,"我们是搞电机的,往哪儿去弄拖拉机!"

"冀副厂长以前答应的。"

"扯淡!老冀呢,找他去。"

"他调走了。把服务大队搅了个乱七八糟,拔脚就走了。"李干不满地说。

"嗯?"乔光朴看看石敢。

石敢点点头:"三天前,上午和我打了个招呼,下午就到外贸局上任去了,走的上层路线,并没有征求我们党委的意见。他的人事关系、工资关系还留在我们厂里。"

"叫他把关系转走,我们厂不能白养这样不干活的人。"乔光朴朝李干一挥手,"走,咱俩去看看。"

乔光朴和李干坐车去生产队,在半路就碰上了郗望北骑着自行车正往厂里赶。李干喊住了他:"望北,怎么样?"

"解决完了。"郗望北答了一声,骑上车又跑,好象有什么急事在等着他。

李干冲郗望北赞赏地点点头:"真行,有一套办法。"他叫司机开车追上郗望北,脑袋探出车外喊:"你跑这么急,有什么事? 乔厂长回来了。"

郗望北停下自行车,向坐在吉普车里的乔光朴打了招呼,说:"一车间下线出了问题。"

郗望北停下自行车交给李干,跳上吉普车奔一车间。李干在后边大声喊:"乔厂长,我找你还有事没说完哩。"

是啊,事儿总是不断的,快到年底了,最紧张也最容易出事。可这会儿乔光朴最担心是一车间出问题影响全厂的任务。

他和郗望北走进一车间下线工段,只见车间主任正跟副总工程师童贞一个劲讲好话。童贞以她特有的镇静和执拗摇着头。车间主任渐渐耐不住性子了。这种女人，真是从来没见过。她不喊不叫，脸上甚至还挂着甜蜜蜜的笑容，说话温柔好听，可就是在技术问题上总也不让步。不管你跟她发多大火，她总是那副温柔可亲的样子，但最后你还得按她的意见办。

车间主任正在气头上，一眼看见乔光朴，以为能治住这个女人的人来了，忙迎上去，抢了个原告："乔厂长，我们计划提前八天完成全年任务，明年一开始就来个开门红。可是这个十万千瓦发电机的下部线圈击穿率只超过百分之一，童总就非叫我们返工不可。您当然知道，百分之一根本不算什么，上半年我们的线圈超过百分之二十、三十，也都走了。"

乔光朴问："击穿率超过的原因找到了吗？"

车间主任："还没有。"

童贞接过来说："不，找到了，我已经向你说过两次了，是下线时掉进灰尘，再加鞋子踩脏。叫你们搭个塑料棚，把发电机罩起来。工人下线时要换上干净衣服，在线圈上铺橡皮，脚不直接踩线圈。可你们嫌麻烦！"

"噢。嫌麻烦。搞废品省事，可是国家就麻烦了。"乔光朴看看车间主任，嘲讽地说，"为什么要文明生产，什么是质量管理制度，你在考试的时候答得不错呀。原来说是说，做是做呀！好吧，彻底返工。扣除你和给这个电机下线的工人的奖金。"

车间主任愣了。

童贞赶紧求情："老乔，他们就是返工也能完成任务，不应该扣他们的奖金。"

"这不是你的职责！"乔光朴看也不看童贞，冷冷地说，"因返工而造成的时间和材料的损失呢？"说完他头也不回地拉着郗望北走出了车间。

车间主任苦笑着对童贞说："服务大队的人反他，我们拼命保他，你看他对我们也是这么狠。"

童贞一句话没说。对技术问题，她一丝不苟，对这种事情，她插不上手。她所能做的，只是设法宽慰车间主任的心。

四

童贞知道乔光朴心情不好，就买了四张《秦香莲》的京剧票，晚上拉着郗望北夫妇一块去看戏。郗望北还没有回家，他们只好把票子留下，先拉上外甥媳妇去了戏院。

三个人要进戏院门口的时候，李干不知从什么地方钻出来。乔光朴一见他那样子，知道有事，便叫童贞她们先进场，自己跟着李干来到戏院后面一个清静的地方。站定以后，乔光朴问："什么事？"

他态度沉着,眼睛里似有一种因挫折而激出来的威光。李干见厂长这副样子,象吞了定心丸,紧张的情绪也缓和下来了。说:"服务大队有人要闹事。"

"谁?"

"杜兵挑头,行政科刷下来的王秃子在后边使劲,他们叫嚷冀申也支持他们。杜兵三天没上班,和市里那批静坐示威的人可能挂上钩了。今天下午,他回厂和几个人嘀咕了一阵子,写了几张大字报,说是要贴到市委去,还要到市委门口去绝食。"

乔光朴看看精明能干的李干,问:"你有点害怕了?"

李干说:"我不怕他们。他们的矛头主要是朝你来的。"

乔光朴笑了:"那些你别管,你就严格按制度办事。无故不上班的按旷工论处。不愿干的、想退职的悉听尊便。"

一个领导,要比被他领导的人坚强。乔光朴的态度鼓舞了李干,他也笑了:"你散戏回家的道上要留神。我走了。"

乔光朴回到剧场刚坐下,催促观众安静的铃声就响了。象踩着铃声一样,又来了几个很有身份的人,坐在他们前一排的正中间座位上,冀申竟也在其中。他那灵活锐利的目光,显然在刚进场的时候就已经看见这几个人了。他回过头来,先冲童贞点点头,然后亲热地向乔光朴伸出手说:"你回来啦?收获怎么样?你这常胜将军亲自出马,必定会马到成功。"

乔光朴讨厌在公共场合故意旁若无人的高声谈笑,只是摇摇头没吭声。

冀申带着一副俯就的样子,望着乔光朴说:"以后有到外贸局,一定去找我,千万不要客气。"

乔光朴觉得嗓子眼里象吞了只苍蝇。在人类感情方面,最叫人受不了的就是得意之色。而乔光朴现在从冀申脸上看到的正是这种神色。他怎么也想不通冀申这种得意之情是从哪儿来的。是无缘无故的高升?还是讥笑他乔光朴的吃力不讨好?

冀申的确感到了自己现在比乔光朴地位优越,正象几个月前他感到乔光朴比自己地位优越一样。他曾对乔光朴是那样的嫉妒过,但是如果今天让他和乔光朴掉换一下,让他付出乔光朴那样的代价去换取电机厂生产面貌的改观,他是不干的。他认为一个人把身家性命押在一场运动上,在政治上是犯忌的,一旦中央政策有变,自己就会成为牺牲品。搞现代化也是一场运动,乔光朴把命都放在这上面了,等于把自己推到了危险的悬崖上,随时都有再被摔下去的可能。电机厂反他的火药似乎已经点着了,冀申选这个时候离开电机厂,很为自己在政治上的远见卓识得意。今晚在这个场合看见了乔光朴,使他十分得意的心情上又加了十分。他悠然自得地看着戏,间或向身边的人发上几句议论。

　　可是坐在他后边的乔光朴,却无论怎样强制自己集中精神,也看不明白台上在演什么。他正琢磨找个什么借口离开这儿,又不至于伤那两个女人的心。郗望北在服务员手电光的引导下坐在了乔光朴的身边。童贞小声问他为什么来晚了,他的妻子问他吃饭没有,他哼哼叽叽只点点头。他坐了一会,斜眼瞄瞄乔光朴,轻声说:"厂长,您还坐得下去吗?咱们别在这儿受罪了!"

　　乔光朴一摇脑袋,两个人离开了座位。他们来到剧场前厅,童贞追了出去。郗望北赶忙解释:"我来找乔厂长谈出差的事。乔厂长到机械部获得了我们厂可能得到的最大的支持,又到电力部揽了不少大机组。下面就是材料、燃料和各关系户的协作问题。这些问题光靠写在纸面上的合同、部里的文件和乔厂长的果断都是不能解决的。解决这些是副厂长的本分。"

　　乔光朴没有料到郗望北会自愿请行,自己出去都没办来,不好叫副手再出去。而且,他能办来吗?郗望北显然是看出了乔光朴的难处和疑虑。这一点使他心里很不舒服。

　　童贞问:"这么仓促?明天就走吗?"

　　"刚才征得党委书记的同意,已经叫人去买车票了,也许连夜出发呢。"郗望北望着童贞,实际是说给乔光朴听。他知道乔光朴对他出去并不抱信心,又说:"乔厂长作为领导大型企业的厂长,眼下有一个致命的弱点,不了解人的关系的变化。现在人与人之间的关系不同于战争年代,不同于五八年,也不同于文化大革命刚开始的那两年。历史在变,人也在变。连外国资本家都懂得人事关系的复杂难处,工业发展到一定程度,就大量搞自动化,使用机器人。机器人有个最大的优点,就是没有血肉,没有感情,但有铁的纪律,铁的原则。人的优点和缺点全在于有思想感情。有好的思想感情,也有坏的,比如偷懒耍滑、投机取巧、走后门等等。掌握人的思想感情是世界上最复杂的一门科学。"他突然把目光转向乔光朴,"您精通现代化企业的管理,把您的铁腕、精力要用在厂内。有重大问题要到局里、部里去,您可以亲自出马,您的牌子硬,说话比我们顶用。和兄弟厂、区社队、街道这些关系户打交道,应交给副厂长和科长们。这也可以留有余地,即便下边人捅了漏子,您还可以出来收场。什么事都亲自出头,厂长在外边顶了牛叫下边人怎么办?霍局长不是三令五申,提倡重大任务要敢立军令状吗,我这次出去也可以立军令状。但有一条,我反正要达到咱们的目的,不违犯国家法律,至于用什么办法,您最好别干涉。"

　　乔光朴左颊上的肉梭子跳动起来,用讥讽的目光瞅着郗望北,没有说话。

　　这下把郗望北激恼了:"如果有一天社会风气改变了,您可以为我现在办的事狠狠处罚我,我非常乐于接受。但是社会风气一天不改,您就没有权利嘲笑我的理论和实践。因为这一套现在能解决问题。"

"你可以去试一试。"乔光朴说,"但不许你再鼓吹那一套,而且每干一件事总要先发表一通理论。我生平最讨厌编造真理的人。"他要童贞继续陪外甥媳妇看戏,自己去找石敢了。

童贞同情地望着丈夫的背影,乔光朴不失常态,脚步坚定有力。她知道他时常把自己的痛苦和弱点掩藏起来,一个人悄悄地治疗,甚至在她面前也不表示沮丧和无能。有人坚强是因为被自尊心所强制,乔光朴却是被肩上的担子所强制的。电机厂好不容易搞成这个样子,如果他一退坡,立刻就会垮下来,他没有权利在这种时候表示软弱和胆怯。

郗望北却望着乔光朴的背影笑了。

童贞忧虑地说:"我一听到你们俩谈话就担心,生怕你们会吵起来。"

"不会的。"郗望北亲切地扶住童贞的胳膊说,"老姨,我说点使您高兴的话吧,乔厂长是目前咱们国家里不可多得的好厂长。您不见咱们厂好多干部都在学他的样子,学他的铁腕,甚至学他说话的腔调。在这样的厂长手下是会干出成绩来的。我不能说喜欢他,可是他整顿厂子的魄力使我折服。他这套作风,在五八年以前的厂长们身上并不稀少,现在却非常珍贵了。他对我也有一般强大的吸引力,不过我在拼命抵抗,不想完全向他投降。他瞧不起窝囊废。"

他看看手表:"哎呀,我得赶紧走了。说实话,给他这样的厂长当副手,也是真辛苦。"说完匆匆走了。

五

石敢在灯下仔细地研究着一封封控告信,这些信有的是直接写给厂党委的,有的是从市委和中央转来的。他的心情是复杂的,有恼怒,有惊怕,也有愧疚。控告信告的全是乔光朴,不仅没有一句控告他这个党委书记的话,甚至把他当做了乔光朴大搞夫妻店,破坏民主,独断专行的一个牺牲品。说乔光朴把他当成了聋子耳朵——摆设,在政治上把他搞成了活哑巴,这本来是他平时惯于装聋作哑的成绩,他应该庆幸自己在政治上的老谋深算。但现在他却异常憎恨自己,他开脱了自己却加重了老乔的罪过,这是他没有料到的。他算一个什么人呢?况且这几个月他的心叫乔光朴燎得已经活泛了。他的感情和理智一直在进行斗争,而且是感情占上风的时候多,在几个重要问题上他不仅是默许,甚至是暗地支持了乔光朴。他想如果干部都象老乔,而不象他石敢,如果工厂都象现在电机厂这么搞,国家也许能很快搞成个样子;党也许能返老还童,机体康复起来。可是这些控告信又象一顿冰雹似的撺头盖脸砸下来,可能将要被砸死的是乔光朴,但是却首先狠狠地砸伤了石敢那颗已经创伤累累的心。他真不知道怎样对付这些控告信,他生怕杜兵这些人和社会上那些正在闹事的人串联起来,酿成乱子。

石敢注意力集中在控告信上,听见外面有人喊他,开开门见是霍大道,赶紧让进屋。

霍大道看看屋子:"老乔没在你这儿?"

"他没来。"

"嗯?"霍大道端起石敢给他沏的茶喝了一口,"我听说他回来了,吃过饭就去看他,碰了锁,我估计他会到你这儿来。"

"噢,那我就在这儿等吧,今天晚上不管有多好的戏,他也不会看下去。可惜童贞的一片苦心。"霍大道轻轻笑了。

石敢表示怀疑地说:"他可是戏迷。"

"你要不信,咱俩打赌。"霍大道今晚上的情绪非常好,好象根本没注意石敢那愁眉苦脸的样子,又自言自语地说:"他真正迷的是他的专业、他的工厂。"

霍大道扫了一眼石敢桌上的那一堆控告信,好像不经意似地随便问道:"他都知道了吗?"

石敢摇摇头。

"出差的收获怎么样,心情还可以吗?"石敢又摇摇头。刚想说什么,门忽然开了,乔光朴走进来。霍大道突然哈哈大笑,使劲拍了一下石敢的肩膀。

这下把乔光朴笑傻了。石敢赶紧收藏控告信。这一回他的神情引起了乔光朴的注意。乔光朴走过去抓起一张纸看起来。霍大道向石敢示意:"都给他看看吧。"

心里并不畅快的乔光朴,看完一封封控告信,暴怒地把桌子一拍:"混蛋,流氓!"

他急促地在屋里走着,左额上的肌肉不住地颤抖。突然,嘴里咯嘣一声,一个下槽牙碎成了两半。他没有吱声,把掉下来的半块牙齿吐掉。他走到霍大道跟前,霍大道悠闲而专心地看报,没有看他。他问石敢:"你打算怎么办?"

石敢扫一眼乔光朴说:"现在你可以离开这个厂了,今年的任务肯定能完成,你完全可以回局交令。我一个人留下来,风波不平我不走。"

乔光朴吼起来:"你说什么? 叫我溜? 电机厂还要不要?"

"你这个人还要不要? 你要再完蛋了,要伤一大批人的心,往后谁还干!"石敢实际也是说给霍大道听。

霍大道静静看着他们俩,就是不吭声。

乔光朴怒不可遏,在屋里来回跑跑,嘴里嚷着:"我不怕这一套,我当一天厂长,就得这么干!"

石敢终于忍不住走到霍大道跟前说:"霍局长,你说怎么办?"

霍大道淡淡地说:"几封控告信就把你吓成这个样子。不过你还够朋友,挺讲义气,让老乔先撤，你为他两肋插刀顶上一阵子，然后两人一块上山。嗯，真不错。石敢同志大有进步了。"

石敢的脸腾一下红了。

霍大道含笑对乔光朴说："老乔，你回电机厂这半年，有条很大的功绩，就是把一个哑巴饲养员培养成了国家的十二级干部。石敢现在变化很大了，说话多了，以前需要别人绑上拖着去上任，现在自己又想当书记又想兼厂长。老石同志，你别脸红，我说的是实话。你现在开始有点像个党委书记了。不过有件事我还得批评你，冀申调动，不符合组织手续，没有通过局党委，你为什么放他走？"

石敢脸一红一白，这么大老头子了，他还没吃过这样的批评。

霍大道站起来走到乔光朴身边，透澈肺腑的目光，久久地盯住对方："怎么把牙都咬碎了？不值得。在我们民族的老俗话中，我喜爱这一句：宁叫人打死，不叫人吓死！请问：你的精力怎么分配？"

"百分之四十用在厂内正事上，百分之五十用去应付扯皮，百分之十应付挨骂、挨批。"乔光朴不假思索地说。

"太浪费了。百分之八十要用在厂里的正事上，百分之二十用来研究世界机电工业发展状态。"霍大道突然态度异常严肃起来，"老乔，搞现代化并不单纯是个技术问题，还要得罪人。不干事才最保险，但那是真正的犯罪。什么误解呀，委屈呀，诬告呀，咒骂呀，讥笑呀，悉听尊便。我在台上，就当主角，都得听我这么干。我们要的是实现现代化的'时间和数字'，这才是人民根本的和长远的利益所在。眼下不过是开场，好戏还在后头呢！"

霍大道见两个人的脸色越来开朗，继续说："昨天我接到部长的电话，他对你在电机厂的搞法很感兴趣，还叫我告诉你，不妨把手脚放开一点，各种办法都可试一试，积累点经验，存点问题，明年春天我们到国外去转一圈。中国现代化这个题目还得我们中国人自己做，但考察一下先进国家的做法还是有好处的……"

三个人坐下，一边喝着茶，一边谈起来，越谈兴致越高。霍大道突然对乔光朴说："听说你学黑头学的不错，来两口叫咱们听听。"

"行。"乔光朴毫不客气，喝了一口水，把脸稍微一侧，用很有点裘派的味道唱起来：

包龙图，打坐在开封府！

……

📖《文章合为时而著——从"乔厂长"到"改革文学"》

小厂里来了个大学生(节选)①

陈冲

作品导读

　　《小厂里来了个大学生》讲述了一位满怀改革热忱和现代管理知识丰富的大学生杜萌,甘愿放弃留在大城市的机会,自愿要求到一个中等城市的基层企业去工作,认为这样才可能学而致用,实现自己的价值。然而他在小厂却处处碰壁、一筹莫展,从而揭示了孤独的改革者、先进的科学管理理论与工厂陈旧僵化的小生产、宗法制管理机制之间难以调和的矛盾。

　　学习课文,注意把握细节描写的真实性、典型性以及杜萌这一年轻的改革者形象。

　　意见书一式三份,一份留底,一份递交路厂长,一份抄呈局领导。杜萌从一件常见的小事入手,首先描述了他第一次走进车间时看到的那个"极其壮观的景象",接着列举了通过实验得到的数据:一个平时文静的人,一上午曾因各种外界的动静停止工作十二次,共二十分钟;另一个平时好动的人,同类情况则为十八次,二十五分钟。下午发生此类情况比上午多百分之八十,四点以后的三个小时则为上午的一倍半。平均说来,仅此一项,一个工人一天里就有一个小时没干活。

　　意见书涉及企业管理的各个方面。他指出这样加班加点违背国家有关规定,而通过科学管理,目前十一个小时的工作量,完全有可能在八个小时内完成。他警告说本厂产品结构太单调,近乎俗话所说的"一棵树上吊死人"。既然没有取得外贸专厂的法定地位,就不宜完全放弃内贸生产。而外贸业务又在很大程度上依赖省外贸局的意愿,并非本厂真有居压倒优势的竞争力。即使全做外贸,也不能象现在这样只做一个国别,有限几个品种。他居然对人员使用也提出了不同意见:有些重要岗位上的人选,尽管得到领导信任,业务或技术上并不称职。

　　意见书密密麻麻一共十六页,路明艳接到手后,叠了个对折装进了口袋。她没有时间也没有兴趣看它,但很快就疑心它是个不祥之物。当天下午,一百九十四条裤衩,从旧金山万里迢迢退回到永红服装厂。裤衩前脸上有三个装饰性的纽扣,钉扣子时却把

---

① 《小厂里来了个大学生》是陈冲的代表作品,曾获 1984 年全国第七届短篇小说奖,成为"改革文学"的代表作之一。陈冲(1937—2017),天津人,中国当代文学家。

前脸和后片缝在一起了。路明艳下令追查责任者,几个心腹忙了半天,却毫无头绪:没人承认,而退货厂商又来说明这些裤衩属于哪一批哪几箱。倒是另一个心腹报告了一个新动向:车间里有少数人在议论,说这个事故完全是因为加班太多、人困马乏造成的。一追根,竟追到那个"新来的大学生"头上。

"这个浑小子! 不知道这是在拆我的台吗?"路明艳恨恨地想,但没有声张。她虽然脾气暴躁,大事上却决不鲁莽。明年要当市劳模,就得笼络住这个大学生。前几天她已经容忍过一次,没有批驳那份调查报告,虽未改变规定,却也没有处罚诸葛云裳。

祸不单行。紧接着就是一封电报,内称崔洁在口岸上突然病倒住院。这根台柱子无论如何垮不得! 她当即派了两名精干的女工,携款赶去护理。转天口岸又来了长途,路明艳听出是崔洁的声音。崔洁没提她的病,只是叮嘱对美出口的毛皮里女茄克,一定要比原计划提前四天发运。中美纺织品谈判正僵持着,生意难做,若赶不上口岸的船期,很可能引起严重后果。听着电话里那焦急的但却有气无力的声音,路明艳大为感动。她下了决心,如果在家养病的党支部书记下个月还不来上班,她就直接找局党委谈谈崔洁的入党问题。决不能让手下人的忠心得不到报偿! 后来她由崔洁想到了杜萌。尽管她对意见书里那些术语、理论、外国人名很陌生,气味却一下子就嗅了个准。此人不是自己人!

路明艳得出这个结论,意味着杜萌从此进入了危险状态。而他本人竟毫无所知,仍在大量翻阅资料,每天都搞得很晚。意见书重点在于指出问题,建设性的意见不多。路厂长是个善于果断采取行动的人,说不定很快就会要他拿出一套完整的改进办法来。想到自己对此准备得还很不充分,不免十分着急。

越是紧张,越有人打翁。这天晚上,诸葛云裳竟到招待所来找他。

看得出她有话要讲。凭心而论,他也很愿意跟她无拘无束地聊聊天,那肯定会让他感到轻松而愉快。可是看到桌上摊着的一大堆资料,他又不能不抱歉地表示:最好别超过二十分钟……

"十五分钟就够了。"这次诸葛云裳倒未显出对他的冷淡有什么不满,"我来,共有两件事。第一件,感谢你替我开脱,居然使路厂长轻易饶过了我。"

"那是因为你本来就没有错。"

"路厂长完全是看在你的面子上才饶过我的,这说明她并不认为我做得对。奇怪的是,你在她那儿怎么有这么大的面子?"

"这,我说不上来,也没想过。"

"那就存疑吧。第二件,有几个人托我打听一下,你对崔洁的妹妹是什么态度?"

"崔洁的妹妹?"杜萌认真吃了一惊。

诸葛云裳用那双好看的凤眼把杜萌探究地注视了一会儿,忽然噗嗤一笑:

"看来你还蒙在鼓里,厂里可早就传开了,崔洁要把她妹妹介绍给你,后台是咱们路大厂长。"

"哦——"这拖长的一声,表明他心里真的解开了一个谜,接着,他又问:"可是这跟别人有什么关系呢?"

"你可真够书呆子的! 实话明说了吧,厂里很有几个姑娘看上你了。"

"原来这样,那么就拜托你传个话,我在大学里有女朋友了。"

"就是你去过几封信,而一封回信也没收着的那一位吗? 算了吧! 现在的姑娘们可不管那一套,别说是单相思,就是两厢情愿,她们也敢插进来碰碰运气,她们只是不敢跟崔洁的妹妹捣乱,因为那后面有路厂长。"

"莫名其妙……"

"有啥莫名其妙的? 很清楚嘛! 你是大学生,而现在正是大学生吃香的时候。"

"她们并不了解我的专业。"

"她们也有自己的专业,只不过没有文凭。吃香的是文凭而不是专业。当然,她们想从你身上沾点光。夫贵妻荣嘛! 不过人家也会报答你的。将来伺候你,肯定比那个连信都不回的大学生强。"

"等一等! 这些事你们怎么知道的?"

"这很平常。外国人认为中国是个缺乏信息的社会,其实我们这儿自有民办的路透社、法新社、美联社,消息灵通,内容准确,传播迅速。"她略一停顿,又回到原来的话题,"我劝你别把这儿的姑娘们想得太粗俗。谈起文明或者艺术,他们也满能说一气,从贝多芬到贝娄,从莎士比亚到萨特或者格里高尔·萨姆沙,从艾斯米拉达到艾青或者 T.S.艾略特,知道的并不少!"

杜萌目瞪口呆,诸葛云裳却轻轻地笑出声来。他也跟着笑了。真是个精明聪颖的姑娘! 一些并不陌生的名字,经她这样奇特的加以排列组合,便产生了强烈的戏剧性的效果。他们真的谈论了一会贝多芬和萨特,然后杜萌又讲到佛隆、麦克利兰、白莱克,讲到这些人对企业管理学所做出的程度不同的贡献……

诸葛云裳似乎待了不大功夫就走了。可是看看表,才发现溜掉的不是十五而是四十五分钟。杜萌并不真是书呆子,直觉向他发出了警告:在诸葛云裳所说的那些"姑娘们"中间,未必不包括着她自己;而她那双好看的凤眼,确实已在产生吸引力。

但是,真正的危险并不在这里。

为了赶制那批将要穿在美国女人身上的毛皮里茄克,路明艳把加班时间一再延长,到第四天,时过午夜还毫无宣布收工之意。厂门口外面,渐渐聚集起一群男人。他们是来接妻子、女儿的。骚乱就从这群人中开始,始而议论纷纷,继则骂骂咧咧,最后一起拥进厂里朝路明艳"要人"了。他们的妻女平时就因加班加点顾不上家务,现在又要他们深更半夜地来接人,还得在外面候着,长期的积怨和跟前的怒气一起发作,在院子里把路明艳团团围住,鸡一嘴鸭一嘴吵闹起来。工人们也无心干活了,远远地站在车间门口或墙根底下看热闹。路明艳只得宣布收工。

"不识抬举!"人们散去以后,她愤愤地想,"好心好意让你们多挣点钱,你们倒又嫌苦嫌累!往后,谁不想干谁走人,我还怕找不着想挣钱的人?"

杜萌目睹这一切,真想过去劝劝厂长:时间耗得越长,工作效率越低。可是看到路明艳正在气头上,又不敢去劝。他也有点怕这位厂长了。

第二天,一耗又耗到了十一点,仍然没有要收工的意思。出去解手的人回来说,"大老爷们"又围在厂门口了。杜萌放心不下,决定无论如何要去劝劝厂长。可是厂长不在车间里。有人告诉他:厂长在包装组。

包装组正在突击装箱。一辆卡车停在院里,车斗里已经码起了很高的纸箱。装车工正把一个个纸箱从包装组搬出来,装到车上。

路明艳果然在这儿,正满脸是汗地和小伙子们一起打包装。她的实干精神没说的!

一个装车工夹着纸箱从杜萌面前走过,纸箱侧面的包装标记在他眼前一晃:

B L I

NEW YORK

12 PCS

STYLE No. 503

MRDE IN CHINA

C/N

"等一等!"杜萌突然大喊一声。装车工吓了一跳,站住了。杜萌把包装标记又细看一遍,触了电似的跑到别的纸箱前一一察看。都一样!全都一样!本来嘛,全都是一块模板"漏"下来的。所有的纸箱上,都把"MADE"误印成了"MRDE"。

听说此情,路明艳先是一怔,接着就刷地惨白了脸,口岸上很严格,包装标记有差错的货物决不放行。重打包装,且不说损失,定做新纸箱,最快也得二十天才能到货,根本赶不上船期啦!

她强自镇定,下令全厂收工,吩咐包装组帮着把装了车的纸箱卸下来,让杜萌把省外贸局随合同下达的包装标记样单找来。

她回到办公室,风风火火地给省外贸局挂长途电话,可是对方没人接。样单找来了,是复写的,那个搞错的字母潦草而模糊,看起来既象是"R",又象是"A"。

这一夜,莫说是路明艳,连杜萌都难以入睡,他深深自责:标记是上个月底刷的,他来厂这些天竟没有察觉。他认为,包装是"二线",任务单纯,根本没去看过。危险偏偏就发生在你认为最安全的地方!可是,厂里好几百人,包括包装组那十多个人——他们每天都无数次看见那批纸箱,其中有的人还亲手把那错误的标记往纸箱上刷了几十遍、上百遍,为什么就没有一个人发现呢?不懂外文?可这是一个相当常见的字呀!归根到底是因为缺乏主人翁思想!而他们之所以缺乏主人翁思想,除了缺乏政治思想教育这个原因以外,更主要的还是由于他们缺乏主人翁的感觉!没有这种感觉,一切大道理全是空话!

好不容易盼到天亮,一进厂门,杜萌就被叫到厂长室。路明艳总算挂通了省外贸局的长途电话,然后就把话筒交给杜萌:

"你跟他们讲!我讲不清楚。"

事情毫不复杂,但讲清楚谈何容易!对方打起了官腔,扯出一连串杜萌搞不清楚的问题:手续、权限、分工、责任,以及样单怎样下达,模板怎样刻制,字母怎样辨认,等等等等。路明艳又把话筒夺了过去,压着火气乞求地说:"责任的事先放一放,我路某人不会逃跑的,还是请你们先派个人来,商量商量善后事宜吧!"

人很快就来了,脸上没有皱纹,留着胡子,西服革履花衬衫,很容易让人把他鉴定为某位小贵的令郎。架子大,口气更大,但仍旧绝口不谈善后处置,只是追问厂里应负什么责任。路明艳呈上样单,他只拿眼角扫了扫就放在一旁:"即使样单有错,责任还在厂里。你们不长眼睛?不长脑袋?made in China 都不认识?"

这时候厂里已经乱了套,工人们撂下活三五成群地议论纷纷,车间主任弹压不住,把路明艳叫了出去。杜萌不愿独自陪那位小钦差,怕一时压不住火顶撞起来,也找个托词告便一会儿。及至他和路厂长回来,那人却不见了,一问,方知早已打道回省,接着又发现那张样单也被他带走了。

路明艳火冒三丈,又往省外贸挂长途。这回却怎么也挂不通了。黄昏时节,骑摩托的邮递员送来一份加急电报,电文如下:

此次事故后果严重影响极坏说明你厂管理混乱亟待整顿为确保外贸信誉挽回国际影响经研究决定此前下达给你厂的全部合同即日起一律撤销省外贸局

看罢电文,路明艳两眼发直,嘴唇发青,好半天才从牙齿缝里挤出半句话来:

"这是报复……"

现实就是如此严峻:永红厂不得不全面停产了……

杜萌致孙颖的第五封信

……因为出了这个事,领导一时顾不上研究我的意见书,我也被搞得心烦意乱,未能及时给你写信。

尽管如此,我还是一直惦记着你的工作问题的。阿洪来信说,你竟屈从地干起了食堂管理员的工作。我认为这样做是不对的!现在多么缺乏受过系统教育的企业管理人才!

我们学到的知识,应该贡献给社会,为发展国民经济服务。这是我们的义务,也是我们的权利!你如果有顾虑,我愿意出面替你反映。……

路明艳到省里去了三天,回来时脸瘦了一圈,比走时更加阴沉。对于那三天的经历,她绝口不提,也没人敢问。其实,那三天她全呆在了招待所里,哪儿也没去。本来,她确实准备到省外贸局大闹一场,但住下以后,又冷静下来。她想到了自己是个党员。毕竟,永红服装厂不是她路家的买卖,而是党的一份事业。党把这份事业交给她掌管,她得对得起这个信任,得把这个厂从危急中挽救过来,搞下去。闹场不会有任何结果,相反会得罪外贸局这个衙门口,也就断了厂子今后的路啊!

她回来了,指示供销科两个一向抓内贸的业务员赶紧出去找活。"没合同也干!既是工厂,不干活反正不行!"她用几乎失了声的嗓子主持紧急会议,制订应急计划。春秋衫、男女西式长裤……反正是大路货,做出来不怕没销路。任务到了车间,而车间竟不再正常运转!迟到早退,蹓逛聊天。女工们心里自有一杆秤:内销服装,你再不能拿"政治任务"压人了,何况你路明艳已经自身难保!路明艳可不信这个邪!她让心腹们把那些调皮捣蛋、消极怠工的都记下来。她要抓个典型,狠狠整顿一下。

天无绝人之路。崔洁回来了,那张圆脸已经变成了尖下颏。她的病只不过略有好转,听说厂里的情况,二话没讲,当天就去了省城。四天以后,她重新站在路明艳面前,交出了一份对某国出口猎服的合同!而且,经她一番努力,第一批布料和全套辅料一周后即可到厂!

路明艳亲自护送崔洁进医院,亲自搀扶那虚弱的身体躺在病床上,热泪在她眼眶里打转。是崔洁的忠心保国,才使她转危为安!想到自己至今还没把崔洁入党的事办成,她感到深深的自责和不安。

发现包装标记有错误的时候,如果崔洁在场就好了。崔洁一定会周旋好与省外贸的关系,决不会象杜萌那样,跟人家争辩,把人家得罪了。大学生——哼!不过是块晃眼的招牌罢了。真要他办点事,成事不足,败事有余!

现在路明艳心里有底了。只要有活干,她就有办法让工人们乖乖地给她干活。召开干部会时,她目光炯炯,神色严厉,语气坚定,放出风去:猎装一投产,全厂大力整顿劳动纪律!"少数个别的",也许要处分三几个!到时候可别说我是杀鸡给猴看!

在这段时间里,杜萌的心情很复杂,很矛盾。厂子出现危机,证明他的意见书确有道理。但作为这个厂的一员,他又不能不为厂子的前途焦虑不安。他很想出一把力,却又无能为力。路厂长早已把他抛在脑后,而没有路厂长的将令,他无权采取任何行动。看到路厂长确实远比自己更有行动能力,他不能不佩服这个坚强的女人。他也不能不佩服崔洁,跟省外贸局的关系如此紧张,却在四天之内拿回了合同。有这样一批坚韧不拔的干部,再加上一大批吃苦耐劳、忠厚本分、顾全大局的工人,我们这些中小企业才能苦撑苦熬地维持下去,有时还能搞得火红热闹!可是,或许正因为如此,人们反而忽视了科学的企业管理?很明显,崔洁能从省外贸拿回合同来,靠的不是《销售学》……

国庆节放了三天假,人们玩了玩,歇了歇,再上班时,厂里出现了一种平静气氛。风波已经过去,大家都准备好恢复过去的老样子,干活就干活,加班就加班。午后,大喇叭广播了通知:明天开大会,布置生产任务,整顿劳动纪律,重申各项规章制度。杜萌不觉也舒了一口气:等一切走上正轨,领导就可以研究他的意见书了。

快下班时,有人来传话:厂长有请。

还是在厂长办公室——看来路明艳有意显示谈话的郑重性。她的脸色是平平的,喜怒哀乐一概看不出来。谈话只有两句:

"局里来了调令,调你回局组干科另行分配工作。明天你就不用来上班了。"

孙颖给杜萌的回信

杜萌同志:

本来不准备给你回信,之所以写这封回信,就是要告诉你我今后绝对不会再写任何回信,同时也请你绝对不要再来信。我的未婚夫不喜欢有这样一个男人死乞白赖地不断给我写信。

多谢你关心我的工作问题,不过你误会了。当食堂管理员,是事先讲好的。我的门子不够硬,只能这样,反正待遇一样,干什么都无所谓。我早说过,在中国,工厂需要有专业知识的管理人员那种时代还远未到来。你的情况,合眼一想,就能猜个八九不离十。我仍然希望你回头,虽然这已经跟我无关了,但终究对你有好处。

孙颖　9月30日

《小厂里来了个大学生》全文

作品欣赏

西厢记·长亭送别

（元）王实甫

《西厢记》

（夫人、长老上云）今日送张生赴京，十里长亭，安排下筵席。我和长老先行，不见张生、小姐来到。（旦、末、红娘同上）（旦云）今日送张生上朝取应，早是离人伤感，况值那暮秋天气，好烦恼人也呵！悲欢聚散一杯酒，南北东西万里程。

【正宫·端正好】碧云天，黄花①地，西风紧，北雁南飞。晓来谁染霜林醉？总是离人泪。

【滚绣球】恨相见得迟，怨归去得疾。柳丝长玉骢②难系，恨不倩③疏林挂住斜晖。马儿迍迍④的行，车儿快快的随，却告了相思回避，破题⑤儿又早别离。听得道一声"去也"，松了金钏⑥；遥望见十里长亭，减了玉肌⑦：此恨⑧谁知？

（红云）姐姐今日怎么不打扮？（旦云）你那知我的心里呵！

【叨叨令】见安排着车儿、马儿，不由人熬熬煎煎的气；有甚么心情花儿、靥儿⑨，打扮得娇娇滴滴的媚；准备着被儿、枕儿，则索昏昏沉沉的睡；从今后衫儿、袖儿，都揾做重重叠叠的泪。兀的不闷杀人也么哥！兀的不闷杀人也么哥！久已后书儿、信儿，索与我恓恓惶惶⑩的寄。

（做到）（见夫人科）（夫人云）张生和长老坐，小姐这壁坐，红娘将酒来。张生，你向前来，是自家亲眷，不要回避。俺今日将莺莺与你，到京师休辱末⑪了俺孩儿，争揣⑫一个状元回来者。（末云）小生托夫人余荫，凭着胸中之才，视官如拾芥⑬耳。（洁云）夫人

---

① 黄花：指菊花。
② 玉骢（cōng）：指的是一种青白毛色相杂的马，后来也泛指骏马。
③ 倩（qìng）：请别人来代替自己做事情。
④ 迍（tún）迍：形容行动缓慢，徘徊不前的样子。
⑤ 破题：点破主旨的意思，即起头。唐宋时期写文章多于文前用三两句话点破所写的主旨。
⑥ 钏（chuàn）：古代指的是臂环，现在指手镯。
⑦ 减了玉肌：光泽如玉的肌肤日渐消瘦。
⑧ 恨：对某些事物不满意，觉得不称心，不如意。
⑨ 靥（yè）儿：古代女子贴在脸颊边的装饰物。
⑩ 恓（xī）恓惶惶：内心烦忧不安的样子。
⑪ 辱末：即辱没，玷辱、埋没的意思。
⑫ 争揣：努力争取，夺得。
⑬ 拾芥（jiè）：从地上捡起一根草棍，比喻事情非常容易。

主见不差,张生不是落后的人。(把酒了,坐)(旦长吁科)

【脱布衫】下西风黄叶纷飞,染寒烟衰草萋迷。酒席上斜签著坐①的,蹙愁眉死临侵地②。

【小梁州】我见他阁泪③汪汪不敢垂,恐怕人知;猛然见了把头低,长吁气,推④整素罗衣。

【幺篇】虽然久后成佳配,奈时间⑤怎不悲啼。意似痴,心如醉,昨宵今日,清减了小腰围。

(夫人云)小姐把盏者!(红递酒,旦把盏长吁科,云)请吃酒!

【上小楼】合欢未已,离愁相继。想着俺前暮私情,昨夜成亲,今日别离。我谂知⑥这几日相思滋味,却原来此别离情更增十倍。

【幺篇】年少呵轻远别,情薄呵易弃掷⑦。全不想腿儿相挨,脸儿相偎,手儿相携。你与俺崔相国做女婿,妻荣夫贵⑧,但得一个并头莲,煞强如状元及第。

(夫人云)红娘把盏者!(红把酒科)(旦唱)

【满庭芳】供食太急,须臾⑨对面,顷刻别离。若不是酒席间子母每当回避,有心待与他举案齐眉。虽然是厮守得一时半刻,也合着俺夫妻每共桌而食。眼底空留意⑩,寻思起就里,险化做望夫石。

(红云)姐姐不曾吃早饭,饮一口儿汤水。(旦云)红娘,甚么汤水咽得下!

【快活三】将来的酒共食,尝着似土和泥。假若便是土和泥,也有些土气息泥滋味。

【朝天子】暖溶溶玉醅⑪,白泠泠似水,多半是相思泪。眼面前茶饭怕不待⑫要吃,恨塞满愁肠胃。"蜗角虚名,蝇头微利⑬",拆鸳鸯在两下里。一个这壁,一个那壁,一递⑭一声长吁气。

---

① 斜签著坐:一种坐姿,类似于侧着身子半坐,是晚辈在长辈面前侍坐的一种礼节。
② 死临侵地:死气沉沉,没有精神的样子。临侵,语气助词,无实义。
③ 阁泪:含泪,泪水在眼眶里打转的样子。
④ 推:推脱,找借口。这里有"假装"的意思。
⑤ 时间:目前,当下,眼下。
⑥ 谂(shěn)知:深深地了解,明白。谂,知悉。
⑦ 弃掷:本义是抛弃,丢下。这里是张生因进京赶考而丢下莺莺。
⑧ 妻荣夫贵:这里是反用古代封建社会下妻子因丈夫的爵位而变得尊贵的思想,意在表达张生如果做了崔家的女婿,会因此而富贵荣华,也便不用再去考取功名了。
⑨ 须臾(yú):一瞬间,眨眼间,顷刻间。
⑩ 眼底空留意:只能用眉目传情来表达自己的心意。
⑪ 玉醅(pēi):美酒。醅,没过滤的酒。
⑫ 怕不待:难道不,岂不,何尝不。
⑬ 蜗角虚名,蝇头微利:如蜗牛角一般细小而虚幻的名利,此指因为贪图小利而不顾自身处于危难之中。
⑭ 一递:一个接一个,表示交替而做同样的动作。

（夫人云）辆起车儿①，俺先回去，小姐随后和红娘来。（下）（末辞洁科）（洁云）此一行别无话儿，贫僧准备买登科录②看，做亲的茶饭少不得贫僧的。先生在意，鞍马上保重者！"从今经忏无心礼，专听春雷第一声③。"（下）（旦唱）

【四边静】霎时间杯盘狼藉④，车儿投东，马儿向西，两意徘徊，落日山横翠。知他今宵宿在那里？有梦也难寻觅。

张生，此一行得官不得官，疾便回来。（末云）小生这一去白夺一个状元，正是"青霄有路终须到，金榜无名誓不归"。（旦云）君行别无所赠，口占一绝⑤，为君送行："弃掷今何在，当时且自亲。还将旧来意，怜取眼前人。"（末云）小姐之意差矣，张珙更敢怜谁？谨赓⑥一绝，以剖⑦寸心："人生长远别，孰与最关亲？不遇知音者，谁怜长叹人？"（旦唱）

【耍孩儿】淋漓襟袖啼红泪，比司马青衫更湿。伯劳东去燕西飞，未登程先问归期。虽然眼底人千里，且尽生前酒一杯。未饮心先醉，眼中流血⑧，心内成灰。

【五煞】到京师服水土⑨，趁程途⑩节饮食，顺时自保揣身体⑪。荒村雨露宜眠早，野店风霜要起迟！鞍马秋风里，最难调护⑫，最要扶持⑬。

【四煞】这忧愁诉与谁？相思只自知，老天不管人憔悴。泪添九曲黄河溢，恨压三峰华岳低⑭。到晚来闷把西楼倚，见了些夕阳古道，衰柳长堤。

【三煞】笑吟吟一处来，哭啼啼独自归。归家若到罗帏里，昨宵个绣衾香暖留春住，今夜个翠被生寒有梦知。留恋你别无意，见据鞍⑮上马，阁不住泪眼愁眉。

（末云）有甚言语嘱咐小生咱？（旦唱）

【二煞】你休忧"文齐福不齐⑯"，我则怕你"停妻再娶妻"。休要"一春鱼雁无消息⑰"！我这里青鸾有信频须寄，你却休"金榜无名誓不归"，此一节君须记，若见了那异

---

① 辆起车儿：把马车套好。辆，用作动词，驾起、套起。
② 登科录：科举时代记载了进士姓名的册子。
③ 春雷第一声：进士及第的消息。
④ 杯盘狼藉：杯子盘子放得乱七八糟，表现的是宴饮已结束或将结束时的情景。反衬出人糟糕的心情。狼藉，杂乱不堪的样子。
⑤ 口占一绝：随口就吟诵出一首绝句诗。口占，是指即兴作诗，随口吟诵。
⑥ 赓（gēng）：续，续作。
⑦ 剖（pōu）：表白的意思，向对方表露自己的真心。
⑧ 眼中流血，心内成灰：眼中流出鲜血，内心如死灰一般。形容一个人极度悲痛的样子。
⑨ 服水土：适应一个地方的生活习惯。服，习惯，适应。
⑩ 趁程途：赶路。趁，赶。
⑪ 顺时自保揣身体：要顺应气候的变化，估量自己的身体状况，以保重身体。揣，估量，揣度。
⑫ 调护：调养护理。
⑬ 扶持：扶助，护持。
⑭ 恨压三峰华岳低：自己忧愁浓重，把华山的三座山峰都压低了。比喻内心极度忧愁。
⑮ 据鞍：跨鞍上马的意思。
⑯ 文齐福不齐：文章虽然写得好，但是运气不够好，参加科举考试时也不能高中。
⑰ 一春鱼雁无消息：是指莺莺一直都没有张生的消息。

乡花草,再休似此处栖迟①。

(末云)再谁似小姐?小生又生此念。(旦唱)

【一煞】青山隔送行,疏林不做美,淡烟暮霭相遮蔽。夕阳古道②无人语,禾黍③秋风听马嘶。我为甚么懒上车儿内,来时甚急,去后何迟?

(红云)夫人去好一会,姐姐,咱家去!(旦唱)

【收尾】四围山色中,一鞭残照里。遍人间烦恼填胸臆,量④这些大小⑤车儿如何载得起?

(旦、红下)(末云)仆童赶早行一程儿,早寻个宿处。泪随流水急,愁逐野云飞。(下)

📖古人们别具一格的"饯行"文化

作品赏析

"长亭送别"是《西厢记》第四本第三折。在第一折"酬简"、第二折"拷红"后,老夫人无奈之下,只得承认崔张既成事实的夫妻关系。但她并不就此善罢甘休,以"俺三辈不招白衣女婿"为借口,逼迫张生进京赶考,"长亭送别"讲的就是莺莺、红娘、老夫人等到十里长亭为张生饯行的情景。从创作上看,本折戏具有以下艺术魅力。

第一,细腻的心理描写。"长亭送别"并没有曲折复杂的戏剧情节,其艺术魅力主要来自对人物心灵的深刻探索和真实描摹。作者将艺术触角伸展到处于"长亭送别"这一特定时空交叉点上的莺莺的心灵深处,细腻而多层次地展示了"此恨谁知"的复杂心理内涵——交织着对"昨夜成亲,今日别离"的亲人的百般依恋,对即将来临的"南北东西万里程"的别离的无限悲戚,对逼求"蜗角虚名,蝇头微利"而"强拆鸳鸯在两下里"的做法的深深怨恨,从而抒写出对当时司空见惯的身荣弃妻爱情悲剧的不尽忧虑。同时,作者也深刻而令人信服地揭示了这一复杂心理活动背后隐藏的纯净灵魂。莺莺在送别张生时的依恋、痛苦、怨恨、忧虑,都是与她美好的爱情理想紧紧联系在一起的。爱情,是她与张生相互倾慕的产物,丝毫没有掺杂进世俗的考虑和利害的打算。在她看来,"但得一个并头莲,煞强如状元及第"。她所追求的是纯真专一、天长地久的爱情幸福,而不是封建的"家世利益"。总之,作者不仅写出了人物心灵中颤动着的爱情旋律,而且写出了激荡着的巨大情感潮汐。

第二,情景交融的艺术手法。在【正宫·端正好】中,作者选取了蓝天的"云",凋零

---

① 栖迟:留连,逗留。
② 古道:对蒲地通往长安的道路的称呼,因这条路开辟已久,故名。
③ 禾黍:禾与黍,泛指各种庄稼。这里是指田野。
④ 量:考量,估量。
⑤ 大小:偏义复词,意义上更偏重于"小"。

的黄花、红叶以及西风、归雁——五种悲秋中最有代表性的景物,与当时莺莺的离别的凄凉心境十分吻合。"晓来谁染霜林醉?总是离人泪。"两句,情景交融。枫叶经霜自红,它本来无所谓悲还是喜,但在充满着离愁的莺莺看来,枫叶的红色是由离人的泪水染成的。"染"把泪水和霜林贯穿起来,使无情的树木带上了感情色彩。"醉"既写出了枫林的色彩,更赋予了在离愁的重压下不能自持的人的情态。这是莺莺对霜林的独特感受,是移情于景。这种情景交融的描写在此折还有多处。

第三,诗意典雅的语言。作者用典雅华美的曲词,营造出浓郁的抒情气氛,如"碧云天,黄花地,西风紧,北雁南飞。晓来谁染霜林醉?总是离人泪。"把莺莺送别张生的离情别绪与萧瑟的秋景水乳交融地结合在一起,十分真切感人。重叠、押韵的句式,摹形传声,旋律优美,如【叨叨令】中"不由人熬熬煎煎的气""打扮得娇娇滴滴的媚""则索昏昏沉沉的睡"等。

牡丹亭·游园惊梦

(明)汤显祖

📹《牡丹亭·游园惊梦》

【绕池游】(旦上)梦回莺啭,乱煞年光遍①。人立小庭深院。(贴)注尽沉烟②,抛残绣线,恁今春关情似去年?

【乌夜啼】(旦)晓来望断梅关③,宿妆残④。(贴)你侧着宜春髻子⑤,恰凭阑。(旦)剪不断,理还乱⑥,闷无端。(贴)已分付催花莺燕借春看。(旦)春香,可曾叫人扫除花径?(贴)分付了。(旦)取镜台衣服来。(贴取镜台衣服上)"云髻罢梳还对镜,罗衣欲换更添香。"镜台衣服在此。

【步步娇】(旦)袅晴丝⑦,吹来闲庭院,摇漾春如线。停半晌,整花钿。没揣⑧菱花,偷人半面,迤逗的彩云偏⑨。(行介)步香闺怎便把全身现!(贴)今日穿插的好。

---

① 乱煞年光遍:缭乱的春光到处都是。
② 沉烟:沉水香,薰用的香料。
③ 梅关:即大庾岭,宋代在这里设有梅关。在本剧故事发生地点江西省南安府(大庾)的南面。
④ 宿妆:隔夜的残妆。
⑤ 宜春髻子:相传立春那天,妇女剪彩作燕子状,戴在髻上,上贴"宜春"二字。
⑥ 剪不断,理还乱:南唐后主李煜词《相见欢》中的两句。
⑦ 晴丝:游丝、飞丝,也即后文所说的烟丝,虫类所吐的丝缕,常在空中飘游。在春天晴朗的日子最易看见。
⑧ 没揣:不意,蓦然。菱花:镜子。古时用铜镜,背面所铸花纹一般为菱花,因此称菱花镜,或用菱花作镜子的代称。
⑨ 迤(tuō)逗的彩云偏:迤逗,引惹,挑逗;彩云,美丽的发卷的代称。全句,想不到镜子(拟人化)偷偷地照见了她。害得(迤逗的)她羞答答地把发卷也弄歪了。这几句写出一个少女含情脉脉的微妙心理,她是连看见镜子里自己的影子也有些不好意思。迤逗,元曲中或作拖逗。

【醉扶归】(旦)你道翠生生出落的裙衫儿茜①,艳晶晶花簪八宝填②,可知我常一生儿爱好是天然③。恰三春好处④无人见。不隄防沉鱼落雁鸟惊喧,则怕的羞花闭月花愁颤。(贴)早茶时⑤了,请行。(行介)你看:画廊金粉半零星,池馆苍苔一片青。踏草怕泥⑥新绣袜,惜花疼煞小金铃⑦。(旦)不到园林,怎知春色如许?

【皂罗袍】原来姹紫嫣红⑧开遍,似这般都付与断井颓垣。良辰美景奈何天,赏心乐事谁家⑨院!恁般景致,我老爷和奶奶再不提起。(合)朝飞暮卷⑩,云霞翠轩;雨丝风片,烟波画船。锦屏人⑪忒看的这韶光贱!

(贴)是⑫花都放了,那牡丹还早。

【好姐姐】(旦)遍青山啼红了杜鹃⑬,荼蘼⑭外烟丝醉软。春香呵,牡丹虽好,他春归怎占的先!(贴)成对儿莺燕呵。(合)闲凝眄,生生燕语明如翦,呖呖莺歌溜的圆。

(旦)去罢。(贴)这园子委是观之不足⑮也。(旦)提他怎的!(行介)

【隔尾】观之不足由他缱⑯,便赏遍了十二亭台是枉然,到不如兴尽回家闲过遣。

(作到介)(贴)开我西阁门,展我东阁床。瓶插映山紫⑰,炉添沉水香。小姐,你歇息片时,俺瞧老夫人去也。(下)(旦叹介)默地游春转,小试宜春面⑱。春呵,得和你两留连,春去如何遣?咳!恁般天气,好困人也。春香那里?(左右瞧介)(又低首沉吟介)天呵,春色恼人,信有之乎?常观诗词乐府,古之女子,因春感情,遇秋成恨,诚不谬矣。吾今年已二八,未逢折桂之夫;忽慕春情,怎得蟾宫之客?昔日韩夫人得遇于郎⑲,张生

---

① 翠生生出落的裙衫儿茜(qiàn):翠生生,极言彩色鲜艳。出落的,显出,衬托出。茜,茜红色。

② 艳晶晶花簪八宝填:镶嵌着多种宝石的光灿灿的簪子。

③ 天然:天性使然。

④ 三春好处:比喻自己的青春美貌。

⑤ 时:伺候,守候。

⑥ 泥:沾污。这里作动词用。

⑦ 惜花疼煞小金铃:《开元天宝遗事》:"天宝初,宁王……于后园中纫红丝为绳,密缀金铃,系于花梢之上。每有鸟鹊翔集,则令园吏掣铃索以惊之。盖惜花之故也。"疼,为惜花常常掣铃,连小金铃都被拉得疼煞了。这是夸大的拟人化描写。

⑧ 姹(chà)紫嫣红:花色鲜艳貌。

⑨ 谁家:哪一家。

⑩ 朝飞暮卷:唐王勃《滕王阁诗》:"画栋朝飞南浦云,朱帘暮卷西山雨。"

⑪ 锦屏人:深闺中人。

⑫ 是:凡是、所有的。

⑬ 啼红了杜鹃:开遍了红色的杜鹃花。从杜鹃(鸟)泣血联想起来的。

⑭ 荼蘼:花名,晚春时开放。

⑮ 观之不足:看不厌。

⑯ 缱(qiǎn):留恋。

⑰ 映山紫:映山红(杜鹃花)的一种。

⑱ 宜春面:指新妆。

⑲ 韩夫人得遇于郎:唐人传奇故事:唐僖宗时,宫女韩氏以红叶题诗,从御沟中流出,被于祐拾到。于祐也以红叶题诗,投入沟水的上流,寄给韩氏。后来两人结为夫妇。汤显祖的同时代人王骥德曾以这个故事写成戏曲《题红记》。

偶逢崔氏①，曾有《题红记》、《崔徽传》二书。此佳人才子，前以密约偷期②，后皆得成秦晋③。（长叹介）吾生于宦族，长在名门。年已及笄④，不得早成佳配，诚为虚度青春，光阴如过隙耳。（泣介）可惜妾身颜色如花，岂料命如一叶⑤乎！

【山坡羊】（旦）没乱里⑥春情难遣，蓦地里怀人幽怨。则为我生小婵娟，拣名门一例一例里神仙眷。甚良缘，把青春抛的远。俺的睡情谁见？则索⑦因循腼腆。想幽梦谁边？和春光暗流转。迁延，这衷怀那处言？淹煎，泼残生⑧，除问天。

身子困乏了，且自隐儿⑨而眠。（睡介）（梦生介）（生持柳枝上）莺逢日暖歌声滑，人遇风情笑口开。一径落花随水入，今朝阮肇到天台⑩。小生顺路儿跟着杜小姐回来，怎生不见？（回看介）呀！小姐，小姐。（旦作惊起，相见介）（生）小生那一处不寻访小姐来，却在这里。（旦作斜视不语介）（生）恰好花园内折取垂柳半枝，姐姐，你既淹通书史，可作诗以赏此柳枝乎？（旦作惊喜，欲言又止介）（背云）这生素昧平生，何因到此？（生笑介）小姐，咱爱杀你哩。

【山桃红】则为你如花美眷，似水流年。是答儿⑪闲寻遍，在幽闺自怜。小姐，和你那答儿讲话去。（旦作含笑不行）（生作牵衣介）（旦低问介）那边去？（生）转过这芍药栏前，紧靠着湖山石边。（旦低问）秀才，去怎的？（生低答）和你把领扣松，衣带宽，袖稍儿揾着牙儿苫也，则待你忍耐温存一晌⑫眠。（旦作羞）（生前抱）（旦推介）（合）是那处曾相见，相看俨然，早难道⑬这好处相逢无一言。（生强抱旦下）

（末花神束发冠红衣插花上）催花御史⑭惜花天，检点春工又一年。蘸⑮客伤心红雨下，勾人悬梦采云边。吾乃掌管南安府后花园花神是也。因杜知府小姐丽娘，与柳梦梅秀才，后日有姻缘之分。杜小姐游春感伤，致使柳秀才入梦。咱花神专掌惜玉怜香，竟

---

① 张生偶逢崔氏：即张生和崔莺莺的爱情故事，见唐元稹《会真记》。后来《西厢记》演的就是这个故事。下文说的《崔徽传》是另外一个故事，见《丽情集》：妓女崔徽和裴敬中相爱，分别之后不再相见。崔徽请画工画了一幅像，托人带给敬中说："崔徽一旦不及卷中人，徽且为郎死矣！"这里《崔徽传》疑是《莺莺传》或《西厢记》的笔误。
② 偷期：幽会。
③ 得成秦晋：得成夫妇。春秋时代，秦、晋两国世代联姻，后世称联姻为秦晋之好。
④ 及笄（jī）：古代女子十五岁开始以笄（簪）束发，叫及笄。及笄，意指女子已成年，到了婚配的年龄。
⑤ "岂料命如一叶"句：元好问《鹧鸪天·薄命妾》词："颜色如花画不成，命如叶薄可怜生。"
⑥ 没乱里：形容心绪很乱。
⑦ 则索，只得。索，要、须。
⑧ 迁延，停留不前；淹煎，泼残生，淹煎，受熬煎，遭磨折；泼残生，苦命儿。泼，表示厌恶，原来是骂人的话。
⑨ 隐儿：靠着几案。
⑩ 阮肇到天台：见到爱人。用刘晨和阮肇在天台山桃源洞遇见仙女的故事。
⑪ 是答儿⑪到处。是，凡。下文，那答儿，那边。
⑫ 一晌：一会儿。
⑬ 早难道：这里就是难道，但语气较强。
⑭ 催花御史：《说郛》卷二十七《云仙散录》引《玉尘集》："唐穆宗，每宫中花开，则以重顶帐蒙蔽栏槛，置惜花御史掌之。"
⑮ 蘸（zhàn）：指红雨（落花）沾在人的身上。

来保护他,要他云雨十分欢幸也。

【鲍老催】单则是混阳蒸变,看他似虫儿般蠢动把风情扇,一般儿娇凝翠绽魂儿颤①。这是景上缘,想内成,因中见②。呀!淫邪展污③了花台殿。咱待拈片落花儿惊醒他。(向鬼门④丢花介)他梦酣春透了怎留连?拈花闪碎的红如片。

秀才,才到得半梦儿,梦毕之时,好送杜小姐仍归香阁。吾神去也。(下)

【山桃红】(生旦携手上)这一霎天留人便,草借花眠。小姐可好?(旦低头介)(生)则把云鬟点,红松翠偏。小姐,休忘了呵,见了你紧相偎,慢厮连,恨不得肉儿般团成片也,逗的个日下胭脂雨上鲜。(旦)你可去呵?(合前)

(生)姐姐,你身子乏了,将息,将息。(送旦依前作睡介)(轻拍旦介)姐姐,俺去了。(作回顾介)姐姐,你可十分将息,我再来瞧你那。行来春色三分雨,睡去巫山一片云。(下)(旦作惊醒低叫介)秀才,秀才,你去了也。(又作痴睡介)(老上)夫婿坐黄堂,娇娃立绣窗。怪他裙衩上,花鸟绣双双。孩儿,孩儿,你为甚瞌睡在此?(旦作醒,叫秀才介)咳也!(老)孩儿怎的来?(旦作惊起介)奶奶到此。(老)我儿何不做些针指,或观玩书史,舒展情怀?因何昼寝于此?(旦)儿适花园中闲玩,忽值春暄恼人,故此回房,无可消遣,不觉困倦少息。有失迎接,望母亲恕儿之罪!(老)孩儿,这后花园中冷静,少去闲行。(旦)领母亲严命。(老)孩儿,学堂看书去。(旦)先生不在,且自消停⑤。(老叹介)女孩家长成,自有许多情态,且自由他。正是:宛转随儿女,辛勤做老娘。(下)(旦长叹介,看老旦下介)哎也天那!今日杜丽娘有些侥幸也。偶到后花园中,百花开遍,睹景伤情。没兴而回。昼眠香阁,忽遇一生,年可弱冠⑥,丰姿俊妍。于园中折得柳丝一枝,笑对奴家说:姐姐既淹通书史,何不将柳枝题赏一篇。那时待要应他一声,心中自忖,素昧平生,不知名姓,何得轻与交言。正如此想间,只见那生向前,说了几句伤心话儿,将奴搂抱去牡丹亭畔,芍药阑边,共成云雨之欢。两情和合,真个是千般爱惜,万种温存。欢毕之时,又送我睡眠,几声"将息"。正待自送那生出门,忽值母亲来到,唤醒将来。我一身冷汗,乃是南柯一梦⑦。忙身参礼母亲,又被母亲絮了许多闲话。奴家口虽无言答应,心内思想梦中之事,何曾放怀?行坐不宁,自觉如有所失。娘呵,你叫我学堂看书去,知他看那一种书消闷也?(作掩泪介)

① 形容幽会。
② 景上缘,想内成,喻姻缘短暂,是不真实的梦幻;因中见(现),佛家认为一切事物都由因缘造合而成。
③ 展污:沾污、弄脏。
④ 鬼门:作古门,戏台上演员的上、下场门。
⑤ 消停:休息。
⑥ 弱冠:二十岁。冠,男子到二十岁行冠礼,表示已轻成人。
⑦ 南柯一梦:唐人传奇故事:淳于梦见自己被大槐安国国王招为驸马,做南柯太守。历尽了富贵荣华,人世浮沉。醒来,才发现槐安国不过是大槐树下的一个蚁穴,南柯郡则是南面树枝下的另一个蚁穴。南柯,后来被用作梦的代称。

【绵搭絮】雨香云片①，才到梦儿边。无奈高堂，唤醒纱窗睡不便。泼新鲜冷汗粘煎，闪的俺心悠步軃②，意软鬏偏。不争多③费尽神情，坐起谁忺④，则待去眠。

（贴上）晚妆销粉印，春润费香篝⑤。小姐，熏了被窝睡罢。

【尾声】（旦）困春心游赏倦，也不索香熏绣被眠。天呵，有心情那梦儿还去不远。

> 🎬 戏剧《游园惊梦》唱段

作品赏析

杜丽娘生活在程朱理学盛行，压抑窒息人性的宋代，父亲杜宝是个恪守礼教的正统官僚，他按照种种封建礼教规范禁锢束缚杜丽娘的心性，杜丽娘二八芳龄，竟连后花园都未曾到过。但是，私塾先生的一首《诗经·关雎》有关"后妃之德"的讲解，拨动了少女的心弦。为了排遣愁闷，她在春香的鼓动下，走出深闺，来到春光明媚的后花园，于是出现了游园惊梦这一幕。从结构上看，"游园惊梦"可分为"游园"和"惊梦"两部分；就内容而言，主要写女主人公杜丽娘的青春觉醒，梦里钟情，是她反抗和追求的叛逆之路的开始。本出戏文采飞扬，历来为人们所传诵，艺术创作上表现出以下特色。

第一，细腻复杂的心理描写。游园之前，作者着重刻画其春情难遣的寂寞和对环境的隐隐不满。来到园中之后，则着重刻画满园春色在女主人公内心激起的巨大波澜：惊诧、感慨、悲叹、幽怨等。杜丽娘初赏春光，先是一"惊"，惊叹"姹紫嫣红"的美景，"似这般都付于断井颓垣"的衰败；接着便是"怨"，埋怨爹娘向她瞒着"恁般景致"；最后又是"叹"，感叹这"锦屏人忒看的这韶光贱！"杜丽娘不满怨恨情绪的矛头直指耽误自己青春的父母。这里有对自然和青春的热爱，有对春色的惊叹和对命运的感伤，也有对礼教的不满和无可奈何的苦闷。作品成功地写出了人物从不断的感情沉积中走向冲破临界状态的心灵历程，其间有踌躇徘徊，有回旋起伏。她前进的脚印承受着人物所特有的艰涩和沉重的负担。正是在这一点上，作品获得了极大的成功。

第二，情景交融的艺术手法。写景、抒情和人物的心理刻画，浑然一体。如【步步娇】"袅晴丝吹来闲庭院，摇漾春如线。""晴"与"情"、"丝"与"思"谐音，所以"晴丝"语意双关。它既指晴空里的游丝，又是女主人公心中缠绵飘忽的情丝。春风将轻软的游丝吹进幽深庭院的景象，也可以看做是春光打开了丽娘闭锁的心扉。情与景，物与我，虚与实结合得非常巧妙。"遍青山啼红了杜鹃，荼蘼外烟丝醉软，牡丹虽好，他春归怎占的先。闲凝眄，

---

① 雨香云片：云雨，指梦中的幽会。
② 闪得俺：弄得我，害得我；步軃（duǒ）：脚步挪不动。軃，偏斜。
③ 不争多：差不多，几乎。
④ 忺（xiān）：惬意。
⑤ 香篝：即薰笼，薰香用。

生生燕语明如翦,呖呖莺歌溜的圆。"通过杜丽娘对具体景物的感受,进一步抒发了哀怨之情。【皂罗袍】这支曲子则是典型的以乐景写哀情:描绘了一幅姹紫嫣红、景色宜人的春景图,富于诗情画意。在这绮丽如画的游园场面里,年轻貌美的杜丽娘步入花园后,顿感美好的自然景色与幽禁的深闺生活迥然不同,她不由得思绪万千,益增惆怅,引起了她对年华在深闺寂寞生活中淡淡消逝的叹惜,唤醒了她青春的觉醒,以乐景衬托哀情。

第三,文词典丽。《游园惊梦》的曲词一向为人称道,如【皂罗袍】"原来姹紫嫣红开遍,似这般都付与断井颓垣。良辰美景奈何天,赏心乐事谁家院!""朝飞暮卷,云霞翠轩,雨丝风片,烟波画船。锦屏人忒看的这韶光贱!"曲词典雅,旋律优美。

文学常识

元杂剧与明清传奇

第一节　元杂剧概要

一、元杂剧的形成

13 世纪前半叶，即蒙古灭金(1234)前后，元杂剧以宋杂剧和金院本为基础，融合宋金以来的音乐、说唱、舞蹈等艺术而成。它是以中国北方流行的曲调演唱的，因此也称北曲或北杂剧。"元曲"包括元杂剧和散曲两个部分。

元杂剧先在中国北方流行，到 13 世纪 80 年代，即元灭南宋(1279)以后，又逐渐流行到中国南方。元代后期，元杂剧渐趋衰落，继宋元南戏发展起来的明代传奇，代之而起。

元杂剧的直接源头主要有两个：诸宫调与宋杂剧、金院本。诸宫调是宋金元时流行的说唱文学形式之一，它取同一宫调的若干曲牌联成短套，首尾一韵，再用不同宫调的许多短套联成长篇，以说唱长篇故事。北宋中叶由艺人孔三传创立。宋杂剧是在继承了唐代参军戏，并且广泛吸收了许多表演和歌唱技艺的基础上进一步综合而形成的。金院本与宋杂剧属于同一种类型的戏剧形式。金院本的出现，为元杂剧的诞生提供了十分成熟的条件，它是宋杂剧的发展，又是元杂剧的孕育者。

二、元杂剧的体制

结构：元杂剧的剧本结构，一般是四折加一楔子。一"折"意味着一个故事单元。一本四折，就是指一个剧本采用不同宫调的四套曲子和穿插其间的科白，构成戏曲情节发展中的四个段落，表现出情节起、承、转、合的变化。楔子是指对剧情起交代或连接作用的短小开场戏或过场戏。楔子放在第一折之前，相当于序幕，即开场戏；或在折与折之间，起过场戏的作用。

题目正名：剧本后面标明"题目正名"，是两句或四句对子，总括全剧内容，以最后一句作为剧名。

唱词和演唱：元杂剧的核心部分是唱词。每一折由同一宫调的一套曲子组成，并一韵到底——所以说"折"也是音乐单元。四折可以选用四种不同的宫调。这些宫调的调性即音乐情绪各有不同,四折之间宫调的变换,也是同剧情变化相对应的。元杂剧通常限定每一本由正旦或正末两类角色中的一类主唱,正旦所唱的本子为"旦本",正末所唱的本子为"末本"。一人主唱可以突出剧中主要人物,但对合理安排剧情和塑造众多人物形象造成了一定的限制。

宾白:元杂剧以唱为主,以说白为宾,所以说白称为"宾白"。它不仅用于叙事,还用作除主角以外人物的抒情,对于表现剧情和人物性格有很重要的作用,所以有"曲白相生"的说法。

科范简称"科",在剧本中表示舞台效果和演员的动作、表情等。

角色:元杂剧的角色可分为旦、末、净、外、杂五大类,每类下又分若干小类。旦是女角,除了正旦的女主角,还有小旦、贴旦、搽旦等配角;末是男角,正末为男主角,外末、冲末等为男配角;净,类似京剧的花脸,一般为性格刚猛的人物,也包括丑角等反派人物。

三、元杂剧的分期

(一) 前期情况

元杂剧发展的前期,也是元杂剧的繁荣期,名家辈出,名作涌现。首屈一指的就是被誉为元杂剧奠基者的关汉卿,他与马致远、白朴、郑光祖被并称为"元曲四大家"。王实甫剧作不多,但他的《西厢记》却成为千古绝唱,被认为是元杂剧的压卷之作。

(二) 后期情况

元杂剧后期,创作演出活动中心已由北方的大都移到南方的杭州。从元杂剧整个发展历程来看,此时的元杂剧呈现出了由盛而衰的局面。元杂剧后期的主要作家有郑光祖、宫天挺、乔吉、秦简夫等,后期的代表作家是郑光祖。

第二节　元杂剧重点作家评述

一、关汉卿

关汉卿(1220?—1300?),号已斋叟,字汉卿,大都(今北京市)人,曾任太医院尹。关汉卿为"元曲四大家"之首,是当时杂剧界的领袖人物,在当时的戏剧界有很高的地位和声望。他的悲剧《窦娥冤》是中国古典悲剧的典范,1838年《窦娥冤》就有英译本流传海外。1958年,关汉卿被世界和平理事会提名为"世界文化名人"。

关汉卿蔑视传统,具有勇于揭露与抨击社会黑暗的战斗精神。他个性耿直,狂傲倔强,在散曲【南吕·一枝花】《不伏老》中说,"我是个蒸不烂、煮不熟、捶不扁、炒不爆、响当当一粒铜豌豆"。同时,关汉卿又深受儒家思想影响,认同仁政学说,流露出对仕进的向往。总之,关汉卿的思想复杂,一方面,他蔑视传统,关注民生,同情百姓,大胆揭露与抨击社会黑暗;另一方面,他又认同儒家仁政学说,流露出对功名富贵、清明盛世、清官王法的向往。

关汉卿编有杂剧 67 部,现存《窦娥冤》《救风尘》《望江亭》《拜月亭》《鲁斋郎》《单刀会》《调风月》等 18 部。关汉卿杂剧不论是取材于现实生活还是取材于历史故事,都热情地歌颂被压迫人民的斗争,从多方面揭露了封建社会的黑暗和残酷。他的创作主题,集中于对社会黑暗的真实反映与大胆揭露,对人民痛苦的深切同情与对人民奋起抗争的热情歌颂;在创作方法上,现实主义与浪漫主义相结合,以现实主义为主;他创造了一大批栩栩如生、性格鲜明的人物形象,大大丰富了中国古代戏剧文学形象的画廊,如窦娥、赵盼儿等都给人留下深刻的印象。

二、王实甫

王实甫(1260—1336?),字德信,河北省定兴县人。王实甫不仅出身官宦名门之家,先以县官入仕,因治县有声,后提升为陕西行台监察御史。因"与台臣议不合,四十岁即弃官不复仕"。王实甫晚年弃官归隐,过着吟风弄月、纵游园林的生活。

王实甫的思想主要体现在两方面:一是不拘礼法,长期混迹于勾栏。他经常出入于演出杂剧及歌舞的游艺场所,能体会社会下层人的生活,反映他们的愿望,是个不为封建礼法所拘、与倡优有密切交往的文人。二是对自由幸福爱情的讴歌。在《西厢记》中他把男女主人公(书生张君瑞和相国之女莺莺)塑造成为了爱情敢于冲破封建礼教的束缚,并经过不懈的努力,终于得到美满结果的一对青年,突出了"愿普天下有情的都成眷属"的主题思想。

王实甫一生创作了 14 部杂剧。他的代表作《西厢记》,无论思想性,还是艺术性,都达到了元杂剧的高峰。该剧结构宏伟紧凑,严整巧妙,呈现出纵横交错、跌宕多姿的复杂面貌;成功地塑造了莺莺、张生、红娘、老夫人等典型形象;语言自然华美,典雅富丽,具有诗意浓郁、情趣盎然的独特风格。《西厢记》打破了元杂剧一本四折外加一楔子的通例,由五本二十折组成。它也打破了每折只能由一人主唱到底的成规,在必要时一折戏可轮番主唱。体制的革新,大大丰富了戏剧的艺术表现力。

三、马致远

马致远（1250—1324），字千里，名不详，晚号东篱，以示效陶渊明之志，大都今（北京）人。马致远名气很大，素有"曲状元"之誉。元代的周德清在《中原音韵·序》中"关、马、郑、白"并提，最早尊马致远为"元曲四大家"之一。

马致远早年热衷功名，有"佐国心，拿云手"的政治抱负，积极入世，志向远大。马致远的报国理想最终未能实现，他为自己的才华、志向无人赏识而悲哀。仕途的坎坷失意，使马致远渐渐心灰意冷。他宣称看破世俗名利，隐居山林，以隐士高人自居，过着"酒中仙、尘外客、林中友、曲中游"的生活，其本人也自称"东篱本是风月主，晚节园林趣"。

马致远有杂剧 16 种，现存辑本《东篱乐府》一卷，收入小令 104 首，套数 17 套。《汉宫秋》是马致远早期的作品，讲述王昭君出塞和亲的故事，写汉元帝作为一国之君，却不能主宰自己、不能保全自己所爱的女人，强烈地表现了个人被命运所主宰、为历史的巨大变化所颠簸时的内在情绪，也抒发了作者对历史变迁、人生无常的感受。在马致远的杂剧创作中，有相当一部分为神仙道化剧，大多宣扬浮生若梦、富贵功名不足凭，在山林隐逸和寻仙访道中获得解脱与自由的思想。马致远的杂剧情调总是凄凉的、怆伤的、悲愤的，具有浓郁的抒情氛围、悲凉的感情基调。

第三节　明清传奇概要

一、明清传奇的形成过程

元代后期，在北曲杂剧衰落的同时，南戏却得到了迅速的发展。南戏在发展中吸收了北曲杂剧的某些长处。明初，南戏逐渐演进到了传奇的阶段，从而开创了我国戏曲史上以传奇为主的新时期。明清传奇是在宋元南戏的基础上发展而来的。

南戏，又称南曲戏文。它原是宋代以来江浙一带用村坊小曲演唱的民间小戏，在其形成发展过程中，吸收了大曲、诸宫调、滑稽戏等民间说唱技艺和宋杂剧表演故事的形式。南戏发源于温州，温州在唐以前称永嘉，故又叫"永嘉杂剧"或"温州杂剧"。元灭宋统一中国后，在南北文化交流中，南戏的故事题材和演唱艺术又受到北杂剧的影响，并逐渐成为一种较为成熟的戏曲形式。

"四大南戏"：元末明初流行的《荆钗记》《刘知远白兔记》《拜月亭记》和《杀狗记》，合称"荆、刘、拜、杀""四大传奇"，或"古戏四大家"。

南戏的顶峰之作是编创于元朝至正年间的《琵琶记》，作者为温州瑞安人高明。南戏虽繁荣的时期很短，但它为中国古代戏剧第二个高峰——明清传奇的发展奠定了基础。

二、明清传奇的发展阶段

传奇从明初兴起到清代中叶衰落，历时三百五十多年，它大致经历了三个阶段。

（一）明代初年

这是南戏逐渐向传奇演进的阶段。这一阶段的传奇在体制和表演形式上还不够完善，再加上统治者对戏曲表演内容的干涉，影响了传奇的发展。明王朝建立以后，明朝统治者为了巩固自己的统治地位，在文化上采取了相应的措施。他们一方面严令禁演那些有损于帝王后妃形象、不利于封建统治的戏曲，另一方面又鼓励戏曲作家写神仙道扮及义夫节妇、孝子顺孙的戏曲，企图用戏曲来宣传封建道德观念，为巩固封建统治服务。

（二）明代中叶到明末清初

第一个高潮是在嘉靖年间。魏良辅改革昆山腔并经梁辰鱼作《浣纱记》传奇将昆山腔搬上舞台以后，许多文人学士纷纷加入编写传奇的队伍中来，作家和作品大量涌现。这样就在传奇的题材和内容上，初步扭转了明初以来那股"以时文为南曲"、宣扬封建伦理道德的逆流，出现了具有现实主义内容的"三大传奇"作品：《宝剑记》《鸣凤记》《浣纱记》。

第二个高潮以万历年间汤显祖的"临川四梦"为标志。明代中后期，城市经济有了较大的发展，东南沿海一带已经出现了资本主义生产关系的萌芽。城市经济的发展给戏曲的繁荣提供了雄厚的物质条件和大量的观众。这一时期传奇创作出现了几个特点：一是作家和作品大量涌现。二是出现了许多具有反封建内容的作品。三是戏曲批评获得了较大的发展，一些戏曲作家开始注重于对传奇创作的规律作系统的总结和探讨，出现许多戏曲理论著作。四是涌现了不同艺术风格的戏曲流派。

第三个高潮即是明末清初以李玉为首的苏州派作家的出现。明末清初，传奇作家们大都经历了破国亡家的动乱生活，这就使他们能够面向社会现实，较真实地反映这一动乱的社会。

（三）清代中叶

这是传奇逐渐衰落的阶段。传奇的衰落不仅表现在作品数量相对于此前大量减少，而且表现在作品的质量和影响力也大大降低。在传奇走向衰落的时期，也出现了以

"南洪北孔"为标志的最后一个创作高峰,但终究挽回不了传奇创作衰落的命运。自明初以来传奇在曲坛上的霸主地位,终为新兴的花部乱弹戏所代替。

第四节 明清传奇重点作家评述

一、汤显祖

汤显祖(1550—1616),字义仍,号海若,又号若士,晚号茧翁,自署清远道人,江西临川人。汤显祖既是明代首屈一指的剧作家,也是把传奇体制发展到顶峰、代表传奇最高成就的戏曲文学家。

汤显祖的人生态度主要表现为:一是积极用世,希望在政治上有所作为,但在屡遭挫折后,难免以佛道虚无之说看待现实,视尘世为梦幻,而这种虚幻感并不能完全排除他内心的愤激;一是强烈反对程朱理学对人性的桎梏。这两者在他的文学创作中都有突出的表现。汤显祖哲学上否定程朱理学的"存天理,灭人欲",主张"情有者理必无,理有者情必无",认为男女生活之私,都是属于自然本性的要求,毫不掩饰自己对道学的强烈不满,这些体现在他的文学思想上即尊情、抑理、尚奇。

汤显祖早年创作以诗文为主,但主要成就是戏曲,包括《紫钗记》《牡丹亭》《邯郸记》《南柯记》,这四种传奇合称"临川四梦",又以其书斋名合称"玉茗堂四梦"。其代表作为《牡丹亭》(又名《还魂记》),描写了官家千金杜丽娘对梦中书生柳梦梅倾心相爱,竟伤情而死,化为魂魄寻找现实中的爱人,人鬼相恋,最后起死回生,终于与柳梦梅永结同心的故事。该作歌颂了超越生死的真挚感情,贬斥了封建的道德规范。汤显祖的作品充满了对真情、至情的礼赞与讴歌,对伪情、矫情的揭露与批判;汤显祖喜欢写梦,但他所写的虚幻梦境,又是现实生活的写照,是现实主义与浪漫主义的结合。

二、洪昇

洪昇(1645—1704),字思,号稗畦,又号稗村、南屏樵者,钱塘(今浙江杭州市)人。洪昇一方面对功名心存希冀,一方面是对出世与入世犹豫不决,在坎坷与失意中,品味着现实的苦难与黑暗。洪昇与孔尚任被誉为"南洪北孔"。《长生殿》是洪昇的传奇代表作,全剧对唐明皇和杨贵妃"在天愿做比翼鸟,在地愿为连理枝"生死相依的伟大爱情,进行了超乎前人的歌颂,寄寓了自己对历史与人生的独特见解,有"千百年来曲中巨擘"之称。

《长生殿》结构独特,以李、杨爱情故事为主线,以朝政军国之事为副线结构全剧,以

"情缘总归虚幻"为主旨。作品有现实主义的写实,如安史之乱,全军在皇帝面前哗变,要求处死杨国忠和杨贵妃等,都是忠于历史的写实。同时,还有浪漫主义的手法,如写杨贵妃的香魂不散,最终与李隆基在天宫团圆。

三、孔尚任

孔尚任(1648—1718),字聘之,又字季重,号东塘,别号岸堂,自称云亭山人。山东曲阜人,孔子六十四代孙,清初诗人、戏曲家。《桃花扇》标志着中国戏曲文学自元代以后又发展到了一个新的高峰,具有极高的文学艺术价值,故后人将其与《西厢记》《牡丹亭》《长生殿》并称为中国古代"四大名剧"。

作为孔子的第六十四代孙,孔尚任幼承儒学,其尊孔崇儒之虔诚与自觉,表现得相当强烈。但后来他从明朝灭亡的历史事实中,深刻认识到,传统的理学再也难以维系封建社会日趋衰败的命运,以理学为精神支柱、以清谈为能事的封建士大夫更无法挽救明朝之覆亡。至此,孔尚任对自己的老祖宗、儒家创始人的孔子表现出明显的不满,他把救世之希望寄托在下层百姓身上,思想中已闪现出早期启蒙主义的进步光芒。

《桃花扇》是清代戏剧中影响最大的作品,与洪昇的《长生殿》并称清代戏曲"双璧"。全剧主旨为"借离合之情,写兴亡之感",以复社文人侯方域和秦淮名妓李香君的爱情为中心线索,展现南明王朝一代兴亡的历史画卷。全剧两条线索互相穿插,结构严谨有致,浑然一体。剧中人物上至皇帝朝臣,下至歌妓艺人,三教九流,各色人等,血肉丰满,鲜活生动。

语言知识

现代汉字的字音、字形

一、汉字的字音

一个汉字的字音可分成三部分：声母、韵母和声调。

研究现代汉字的字音，侧重于"常用字的字音"，普通话中常用字 2500 个，次常用字 1000 个。

（一）多音字

在汉语中，一字多音现象主要是因一字多用而产生的变调或异音现象。多音字的认读比较复杂，容易出错，必须引起特别的重视。

1. 注意区别口语与书面语的读音

例如，"薄"字在书面语中读 bó，如薄弱、单薄、淡薄、日薄西山、薄利多销；而在口语中读 báo，如纸太薄。又如，"熟"字在书面语中读 shú，如熟悉、成熟、深思熟虑、熟视无睹；而在口语中读 shóu，如熟透了、烧熟了。再如，"壳"在书面语中读 qiào，如地壳、甲壳、躯壳、金蝉脱壳；而在口语中读 ké，如外壳儿、乌龟壳、脑壳、驳壳枪等。

2. 注意字义与字音的联系

有些字，字义不同时，读音也往往不同。根据不同的意义来掌握不同的读音，这是掌握多音字音的重要方法。例如"奇"，表示罕见、特殊时，读 qí，如"奇迹、奇闻"；表示单个时，读 jī，如"奇数"。又如，"阿"，当前缀用，读 ā，如阿姨、阿拉伯；作"迎合"讲时，读 ē，如阿谀、刚直不阿。"模"读 mú 时跟模子有关，如模板、模具、模样等；读 mó 有规范、标准等意思，如模型、楷模等。再如，乘风破浪的"乘"读 chéng，而千乘之国的"乘"则读 shèng，等等。

3. 注意区别一般词语与专业词语的读音

如"小巷""万人空巷""街谈巷议"，为一般词语，其中的"巷"读 xiàng；而"巷道"为专业词语，"巷"读 hàng。

4. 有的字的读音，在个别词语中的读音与一般词语中的有区别

如"松柏""柏树"的"柏"读 bǎi，但在"柏林"中读 bó，而在"黄柏"中读 bò。

5. 有的字单用时的读音与用这个字组成词语时的读音不同

如"剥花生"的"剥"读 bāo，而"剥削"的"剥"读 bō。

6. 有的字由于词性不同,读音也往往不同

例如"畜",作名词时,读 chù,如"家畜、牲畜";作动词时,读 xù,如"畜牧、畜养"。

7. 有的字用法不同,读音也不相同

例如"仇",一般读 chóu,如:仇敌、仇人,作姓氏时则读 qiú。

学习多音字,不仅要了解某个字有几个读音,分别表示什么意思,同时,还要了解不同读音的不同搭配习惯。如"强",读 qiáng 时,常说"强大""强盛""强壮""强烈"等,一般表示力量大;读 qiǎng 时,常常说"强迫""强求""强人所难",有"勉强"的意味;读 jiàng 时,则说"倔强",有"固执"的意思。

(二) 形似字

一般地说,形似字可分为两类。一类是声旁相同的形似字。这一类具有相同声旁的形似字,有的读音是相同的,但有时因形旁所表意义不同而出现读音不同的情况。如"畸形""绮丽""崎岖""不偏不倚""掎角之势"中的"畸""绮""崎""倚""掎"五个字的声旁皆为"奇",但读音全都不相同,分别读 jī、qǐ、qí、yǐ、jǐ。另一类是笔画差异极小的形似字。这一类汉字笔画只有细微的差别,但读音迥然不同。如"肄业"的"肄"(yì),与"肆意"的"肆"(sì),羸(léi)与赢(yíng),肓(huāng)与盲(máng)等,需要仔细辨别。

(三) 同音字

一般来说,同音字可分为两类。一类是音同形异字,汉字属表意文字,其中的形声字也不同于纯表音文字。同一个字可能有几个读音,同一个读音也可以写出很多字形不同的字。如,同是 shì 音,却有"事""是""市""式""视""室""试""世""势""饰""释""仕""士""誓""嗜""噬""谥""拭"等几十个不同的汉字。另一类是音同形似字,即读音相同字形也相似的汉字,与上文形似字中声符相同读音也相同的情况交叉,兹不举例。

(四) 形声字

汉字中绝大多数的字是形声字,但由于古今语音的演变和字形的演变(简化、整理)等原因,很多形声字的读音与声旁不一致。主要有三种情况:①声旁的声母并不表示该字的声母。如"歼灭"的"歼",读 jiān,而不读 qiān。②声旁的韵母并不表示该字的韵母。如"绦虫"的"绦"读 tāo,而不读 tiáo。③声旁的声母、韵母全与字的读音无关。如"粳米"的"粳"读 jīng,而不读 gēng。

(五) 习惯性误读字

很多地方都存在多种方言,有些方言声母 n、l 不分,z、c、s 与 zh、ch、sh 不分;有些方言韵母 in、ing 不分,en、eng 不分;有些方言声调与普通话不同;有些方言没有了普通话中的介音;等等。这些都为语音辨正增加了难度。此外,由于"秀才不识字,见字读半边"等习惯的误导,以及不了解原先的一些异读字现已统读,等等,对汉字的习惯性误读屡见不鲜。如"呆""凿"就已经分别统读为 dāi、záo，不论用于何种情况，都只读此一个音了。

(六) 难读字

汉语中有些字，特别是某些成语中的个别字，读音特别难以把握。如"卖官鬻爵"中的"鬻"(yù)，"鞠审"中的"鞠"(jū)，其读音都很难从字形中找到依据。有些字虽然有声旁，但也不能贸然认读，如"沆瀣一气"中的"沆瀣"(hàng xiè)等。

二、现代汉字的字形

现代汉字是现代汉语用字，也是现代白话文用字。从内涵说，现代汉字包括古今通用的字和现代汉语专用的字。汉字是中华文化瑰宝，是世界上从产生到现在一脉相承、仍然通用的唯一文字。要掌握现代汉字的字形，应重点注意辨别词语中容易出现的错别字。

(一) 常见错别字的成因

1. 形近致误(括号中为正确字形，下同)：修茸(葺)；膏盲(肓)；肆(肄)业；赢(羸)弱；松驰(弛)、缭(潦)草、燎(缭)乱、掂(惦)念、诬诣(陷)、如火如荼(荼)、相形见拙(绌)、沓(杳)无音信、鬼鬼崇崇(祟祟)……

2. 音近致误：题纲(提)、国藉(籍)、重迭(叠)、更叠(迭)、仗义直(执)言、穿(川)流不息、随声附合(和)、委屈(曲)求全、人情事(世)故、人才汇萃(荟)、百战不怠(殆)、反应(映)意见、礼上(尚)往来、手(首)屈一指、再接再厉(厉)、纷至踏(沓)来、一愁(筹)莫展……

3. 义近致误：坠(堕)胎；弱不经(禁)风；串(穿)插；哀(唉)声叹气、门可落(罗)雀、积毁消(销)骨、东奔西撞(闯)、天花乱堕(坠)……

4. 偏旁同化致误：按(安)排、编缉(辑)、脉膊(搏)、脉胳(络)、沤(呕)心……

5. 音义两近致误：如把"贡献""省察""鸠占鹊巢"误写成"供献""省查""鸠占雀巢"。

6. 音形两近致误。如：急燥(躁)、泻(泄)密、插科打浑(诨)、贪脏(赃)枉法、气冲宵(霄)汉、脱颖(颖)而出、精神攫(矍)铄、蘖(孽)根祸种、娇生贯(惯)养、冒天下之大不违(韪)……

7. 音形义关系错杂致误：如"溶解"与"熔解"，"熔化""融化""溶化"的混用。

8. 简化不规范致误：如把"篮球"写成"兰球"，"停止"写成"仃止"。

(二)辨识错别字的方法

1. 运用组词辨形

首先弄清楚字义，再根据字义组词。如："骄"与"娇"，"娇"的义项有"小孩或花朵柔嫩、美丽可爱""娇气""过度爱护"三种,组成相应的词语就有娇贵、撒娇、娇纵、娇生惯养等。"骄"的义项有"骄傲""猛烈"两种,组成相应的词语就有骄横、骄矜、骄阳。如果词语表示的是骄傲,写成"娇"显然就错了,如:胜不骄,败不馁。

2. 根据字义辨形

汉字的一个重要特点是"音随意转""形因义异",弄清楚字义是正确书写汉字的关键所在。例如,"贪赃枉法"的"赃"之所以不能写成"脏"是因为"赃"表示"财物",应从贝,古代"贝"充当过财物,而"脏"是不干净的意思,不合词义;"脉搏"的"搏"之所以不能写成"膊",在于"搏"表示"搏动、跳动",不可误用名词意义的"膊";"良辰美景"中的"晨"不合词义,表"时辰"自然应为"辰"。

可以使用此法辨别的词还有(括号内正确):集思广义(益:好主意)撕打、撕混、耳鬓撕磨(厮:互相);水泻不通、排泻、宣泻(泄:泄露,流出),腹泄、一泄千里、上吐下泄(泻:快速流);兵慌马乱(荒:灾荒);开门缉盗(揖:作揖);不容质疑(置疑:放置疑问,有疑问);凭心而论(平心:平心静气);一愁莫展(筹:计策)。

3. 根据语境辨形

有些汉字必须根据词(或成语的组合情况或语句的意思)确定用字。如"化装"有"假扮"和"演员为了适合所扮演的角色的形象而修饰容貌"两种意思。"化妆"意为用脂粉等使容貌美丽。"他俩为了迷惑敌人,化妆成夫妻"就是错误用法。再如,"他退休了才真正感到清静"。"清静"应为"清净",指无人打扰,而"清静"应与环境搭配。当然,使用此法首先应该弄清字词本身的意思、色彩等。

4. 根据对称辨形

对称是汉语许多短语的一个特点,我们可以借此来推断这类短语中有没有别字。如"伶牙利齿",可根据"伶俐"一词加对称特点推知有误。再如,"纷至踏来","纷"是形容词性的语素,那么对称位置的"踏"也应如此,而"踏"显然是动词,可知它是别字。另外,像"委屈求全",并列结构,即"动宾+动宾","全"是形容词,那么"屈"的位置上也应是形容词,而"屈"为动词,故有误(应为"曲")。"理曲词穷"中的"穷"是"说完了",动词,故不能写成"曲";同理可知"卑躬曲膝"的"曲"应为"屈"。

可用此法辨别的还有:仗义直言("直"应为"执")、积毁消骨("消"应为"销")、精兵减政("减"应为"简",同"精"位置对称,都是形容词的使动用法)、远见灼(卓)识、挑拨事(是)非、重(崇)山峻岭、提心掉(吊)胆、层现迭(叠)出、旁证(征)博引、山青水秀("青"应为清,同"秀"位置对称)、前倨后躬(恭:谦恭)、瓜熟缔落(蒂)等。

5. 探究源头辨形

有些字的误写就是用现代的观念推测而致,因此,有时我们需要追根溯源。如:

①"再接再厉"的"厉",常被人误写成"励",大概因原词是一种"鼓励"语吧,殊不知"厉"通"砺",本是"磨砺"之意,与"鼓励"风马牛不相及。②"针砭时弊"的"砭",常被人误写成"贬",可稍有历史知识就知道,古人用石针给人治病,故此。③"脱颖而出"的"颖"常被人误写成"颍",如果知道它出自"锥处囊中,颖脱而出"(《毛遂自荐》),指锥子尖,就不会写错。因为"水"是没有"尖"的,而从"禾"的稻穗、麦穗却是有"尖"的。

可用此法辨别的还有:默守成规(墨:墨子善守)、名列前矛(茅:古代行军走在前面的军士均持茅草)、黄粱美梦(粱)、中流抵(砥)柱、搬(班)门弄斧、按步(部)就班等。

6. 根据形旁推测

汉字形声字占80%,形声字的形旁至少能表示其意义类型。因而,据形旁推断是辨别书写正误的重要方法。如"讴歌"要用语言,"讴"不能用"呕"(用语言而不是口),呕吐则恰恰相反,"怄气"与心里有关,"沤肥"需要水。下面的易错字都可以据此推断。

题(提)纲、烦燥(躁)、竣(峻)峭、瞻(赡)养、暇不掩瑜(瑕:玉上的斑点)、目不遐接(暇:空闲时间)、珠联壁(璧)合、响彻云宵(霄)、插科打浑(诨)、功亏一蒉(篑)、棉(绵)里藏针、一畴(筹)莫展等。

7. 根据逻辑推断

有些字只要结合生活常识就可以推知其正误。如,不径而走,指没有脚却走了,那么"径"肯定就是"胫"的误写。鸠占雀巢,"鸠"那么大,麻雀的巢岂能装下它?岂能承载它?可见,"雀"是"鹊"的误写。同样,欢呼鹊跃,是形容人高兴得一跳一跳的,谁看见过喜鹊一跳一跳的?而麻雀一跳一跳确实是常见的,可见,"鹊"是"雀"的误写。迫不急待,"迫"是"急迫",既然"急迫",又怎么"不急"(等待)?岂非矛盾?

可用此法辨别的还有:姗姗来迟(姗姗:缓慢,女子走路如此)、立杆见影(竿:竹竿插稳很容易,而木杆不易,做同一件事,谁不愿用容易的办法?)等。

8. 联想比较推断

许多字孤立地记,难。但,如将形似的或意思相关的词联系起来举一反三,则可以触类旁通。戍戌戌戍戒,可以如此联想比较:横戌点戍戊中空,画个十字就念戒,两竖一横猪八戒。掇缀辍啜,可以如此联想比较:用手拾掇屋子,用线连缀裙子,用车接回辍学的孩子,用嘴啜泣伤心的日子。另:相象像、钓钩钩、竣峻俊、己已巳、仓仑等都可以如此。

当然,任何方法技巧都只是一种辅助手段。要想游刃有余,还须平时多积累,如"销声匿迹"的"销"(易写成"消")、"不假思索"的"假"(易写成"加")、"既往不咎"的"咎"(易写成"究"),等等非下硬功不可。

三、常见易读错的字词

息列索落(luō)　塞(sè)责　稼(jià)穑(sè)　觊(jì)觎(yú)　江皋(gāo)　皴(cūn)裂

掎(jǐ)角之势　犄(jī)角　风光旖(yǐ)旎(nǐ)　倒嚼(dǎo jiào)　螳臂当(dāng)车

创(chuāng)伤　予以重创(chuàng)　混(hùn)话　羁縻(mí)　家给(jǐ)人足

矿藏(cáng)丰富　钻(zuàn)床　钻(zuàn)探　着(zhuó)落　擦(cā)边球　给(gěi)以

蓓蕾(bèi lěi)　毗(pí)邻　妊娠(rèn shēn)　悭(qiān)吝　剽(piāo)悍　不即(jí)不离

标识(zhì)　登载(zǎi)　徜徉(cháng yáng)　混(hún)水摸鱼　跫(qióng)音

症(zhēng)结　祓(fú)除　缄(jiān)默　咯血(kǎ xiě)　唯唯(wěi)诺诺　爱憎(zēng)分明

挑剔(tī)　气息惙(chuò)然　时作时辍(chuò)　邂逅(xiè hòu)　缠绵悱(fěi)恻

蜿(wān)蜒　蔓菁(mán jīng)　龋(qǔ)齿　怙(hù)恶不悛(quān)　订(dìng)正

桎梏(zhì gù)　麻痹(bì)　压轴(zhòu)　勾(gòu)当　晕(yùn)车　胴(dòng)体

掮(qián)客　拎(līn)起　说(shuō)服　叱咤(chì zhà)风云　令人咋(zé)舌

量(liàng)体裁衣　锲(qiè)而不舍　颠簸(bǒ)　作坊(zuō fang)　一绺(liǔ)

拖累(lěi)　牵累(lěi)　倥偬(kǒng zǒng)　泅(qiú)水　藩(fān)篱　樊(fán)篱

洋芋(yù)　劈(pǐ)柴　铮铮(zhēng)　涟漪(yī)　骨殖(shi)　鸣镝(dí)　打颤(zhàn)

硕(shuò)果　敝屣(xǐ)　空阒(qù)　畏葸(xǐ)　精髓(suǐ)　采撷(xié)　扑棱棱(lēng)

焙(bèi)　滹沱(hū tuó)河　贫瘠(jí)　扇(shān)巴掌　田塍(chéng)　沉疴(kē)固疾

仓颉(jié)造字　里弄(lòng)　椎(chuí)心泣血　脸色刷(shuà)白　正当(dàng)防卫

怦(pēng)然心动　如法炮(páo)制　尽(jǐn)量　游弋(yì)　咎(jiù)由自取　复辟(bì)

辟(pì)谣　日削(xiāo)月割　尽(jǐn)管　尽(jǐn)着　尽(jǐn)早　尽(jìn)力　削(xuē)减

果脯(fǔ)　轮船启碇(dìng)　怏怏(yàng)不乐　酽(yàn)　忠悃(kǔn)　封禅(shàn)

劈(pǐ)叉　舌苔(tāi)　苔(tái)藓　牵强(qiǎng)附会　强(qiǎng)颜欢笑　徘徊(huái)

低徊(huí)　角(jué)逐　闷(mēn)声闷气　书声琅琅(láng)　挨(āi)着　挨(ái)打

骠(piào)勇　疏浚(jùn)　裨(pí)将　睥(pì)睨(nì)　捭(bǎi)阖　沁人心脾(pí)

稗(bài)官野史　啤(pí)酒　俾(bǐ)　跻(jī)身　侪(chái)辈　寒伧(chen)　楔(xiē)子

锲(qiè)而不舍　提纲挈(qiè)领　觐(jìn)见　骒(kè)马　狡黠(xiá)　攻讦(jié)

艾蒿(ài hāo)　心广体胖(pán)　熨(yù)帖　妥帖(tiē)　请帖(tiě)　字帖(tiè)

佣(yōng)工　佣(yòng)金　荫(yīn)蔽　荫(yìn)庇　荫(yìn)凉　一哄(hòng)而散

着(zháo)急　韶(sháo)光　熏(xūn)陶(táo)　渐(jiān)染　气氛(fēn)　昵(nì)称

宁(nìng)缺毋(wú)滥　呕(ǒu)心沥血　因为(wèi)　呕哑(ōu yā)　嘲哳(zhāo zhā)

偃(yǎn)旗息鼓　籼(xiān)米　潸(shān)然泪下　戏谑(xuè)　鱼鳔(biào)

血(书面语 xuè 口语 xiě)　简明扼(è)要　捉摸(zhuō mō)　肖(主要读 xiào 只有作姓氏时读 xiāo)　绷(bēng)带　绷(běng)脸　绷(bèng)裂　通缉(jī)　咸与(yù)维新　克(kē)扣　歃(shà)血(xuè)为盟　拮据(jū)　诡谲(jué)　犯而不校(jiào)　宽宥(yòu)　嚓(xué)头

四、常见易混淆的字词

原型——原形毕露	直接——直截了当	附加——无以复加	风声——谈笑风生
委屈——委曲求全	成功——计日程功	桃园——世外桃源	直言——仗义执言
事故——老于世故	一般——略见一斑	褴褛——筚路蓝缕	功力——工力悉敌
经纬——泾渭分明	迎接——应接不暇	陈规——墨守成规	义气——意气风发
意气——义气凛然	提名——金榜题名	剧增——与日俱增	具备——万事俱备
精心——漫不经心	求实——实事求是	事实——实事求是	渊源——源远流长
音讯——杳无音信	修养——休养生息	付出——入不敷出	行迹——形迹可疑
俯视——俯拾皆是	抱怨——以德报怨	出奇——出其不意	株连——珠联璧合
留恋——留连忘返	往返——留连忘返		

单元测验　　　单元讨论题

第六单元

艺术品位

　　带着进步的审美倾向,运用较强的感受力与想象力,去欣赏艺术作品以及生活与工作中的一切事物,具有一定的审美能力和高雅的艺术品位,是现代人高素质的重要体现。本单元作品精读部分,我们要学习关于艺术欣赏的四篇文章。中国古诗词是我国文学史上精彩的一笔,用一定的审美能力去欣赏其中的美,是我们每一位文化传承者应有的修养。对此,我们选择了宋代严羽的《沧浪诗话》和清代王国维的《人间词话》作为学习内容。我们将在各自不同的审美主张与审美趣味下,领略古诗词的艺术魅力。我们选取了当代作家阿城的短篇小说《棋王》,试图展示艺术与人生的关系,以及中国传统文化思想在艺术审美中的重要地位。

　　在作品欣赏部分,我们聚焦于明清小说,选取了《聊斋志异》《儒林外史》和《红楼梦》中三个故事片段予以呈现。我们将通过这三篇节选文字的学习,更深入全面地了解小说作者及整部小说,进而把握明清小说的整体情况,以一斑窥全貌。

　　本单元文学常识部分,我们讲的是明清小说,在对明清小说做整体梳理的基础上,着重介绍了重点作家与作品,包括罗贯中的《三国演义》、施耐庵的《水浒传》、吴承恩的《西游记》、兰陵笑笑生的《金瓶梅》、蒲松龄的《聊斋志异》、吴敬梓的《儒林外史》和曹雪芹的《红楼梦》等。

　　在语言知识部分,我们着重讲解现代语法之病句修改,通过例句全面梳理病句类型及其修改方法。

作品精读

沧浪诗话·诗辩①

(宋)严羽

作品导读

《沧浪诗话》包括五部分:"诗辩"阐述理论观点,是全篇总纲;"诗体"探讨诗歌的体制、风格和流派;"诗法"研究诗歌的写作方法;"诗评"评论历代诗人诗作;"考证"对一些诗篇的文字、篇章、作者等进行考辨。《沧浪诗话》是针对宋诗的流弊而作的,作者"以禅喻诗",深入探讨并总结了古代诗歌的历史演变以及唐、宋诗所提供的正反两方面的经验,成为读者把握这一时期文学思潮的重要枢纽。在"诗辩"中,作者全面阐述了诗歌创作与欣赏的理论主张,强调诗歌艺术的特殊性,提出了"别才""别趣"的中心口号。

学习课文时,要注意结合诗作,领悟作者提出的关于诗歌的基本观点,把握其中所蕴含的诗歌艺术的美学特点和审美意识活动的特殊规律。

禅家②者流,乘有小大③,宗有南北④,道有邪正⑤;学者须从最上乘,具正法眼⑥,悟第一义⑦。若小乘禅,声闻辟支果,皆非正也⑧。论诗如论禅:汉魏晋与盛唐之诗,则第一义也;大历以还之诗,则小乘禅也,已落第二义矣;晚唐之诗,则声闻辟支果也。学汉

---

① 《沧浪诗话》,作者严羽,是宋代最负盛名、对后世影响最大的一部诗话,也是中国著名的诗歌理论著作。"辨"同"辩"。严羽,字仪卿,一字丹邱,号沧浪逋客,邵武(今属福建)人,生卒年不详,约活动于宁宗和理宗统治期间(1194—1264),南宋后期著名诗论家,因居于邵武樵川莒溪与沧浪水合流处,故自称"沧浪逋客"。

② 禅家:禅宗,佛教中的一个宗派。

③ 乘有小大:乘,乘载,运载。佛经中将佛法比喻成渡船,言其能把众生运载至涅槃之彼岸。佛法有大乘、小乘之分,以自我解脱为目标者谓之小乘,以普度众生为目标者谓之大乘。禅家论禅法,也有大乘禅、小乘禅之分。严羽所谓"乘有小大",指的是禅宗的大、小乘禅法。

④ 宗有南北:禅宗在中国传至五祖弘忍,弟子中有神秀、慧能二人。神秀于北方传法,为北宗;慧能于南方传法,为南宗。二者在开导的方法上有不同,北宗主渐修,南宗主顿悟。后人以南宗为禅宗之正宗,严羽也持此见。

⑤ 道有邪正:禅家有种种法门,以符合禅家真理者为正道,反之为邪道。然不同宗派对此有不同评价标准。

⑥ 正法眼:佛门用语,即辨别高下正邪的眼力。

⑦ 第一义:至高无上的真理。

⑧ "若小乘禅"三句:小乘包括辟支乘和声闻乘。声闻者,即听佛之讲教而觉悟者;辟支者,指自己觉悟而成道者,又叫独觉。此二者都为自我解脱,故为小乘。果,果位,证道后身处的位置。皆非正也,是说声闻与辟支都不是正道。

魏晋与盛唐诗者,临济下①也。学大历以还之诗者,曹洞②下也。大抵禅道惟在妙悟③,诗道亦在妙悟。且孟襄阳学力下韩退之远甚④,而其诗独出退之之上者,一味妙悟而已。惟悟乃为当行,乃为本色⑤。然悟有浅深,有分限⑥,有透彻之悟,有但得一知半解之悟。汉魏尚矣,不假悟也⑦。谢灵运至盛唐诸公,透彻之悟也;他虽有悟者,皆非第一义也。吾评之非僭⑧也,辩之非妄⑨也。天下有可废之人,无可废之言。诗道如是也。若以为不然,则是见诗之不广,参诗之不熟耳。试取汉、魏之诗而熟参⑩之,次取晋宋之诗而熟参之,次取南北朝之诗而熟参之,次取沈宋王杨卢骆陈拾遗⑪之诗而熟参之,次取开元天宝诸家之诗而熟参之,次独取李杜二公之诗而熟参之,又取大历十才子之诗而熟参之,又取元和之诗而熟参之,又尽取晚唐诸家之诗而熟参之,又取本朝苏黄以下诸家之诗而熟参之,其真是非自有不能隐者。傥犹于此而无见焉,则是野狐外道⑫,蒙蔽其真识,不可救药,终不悟也。

夫学诗者以识⑬为主:入门须正,立志须高;以汉魏晋盛唐为师,不作开元天宝以下人物。若自退屈⑭,即有下劣诗魔⑮入其肺腑之间,由立志之不高也。行有未至,可加工力;路头⑯一差,愈骛愈远,由入门之不正也。故曰:学其上,仅得其中;学其中,斯为下矣。又曰:见过于师,仅堪传授;见与师齐,减师半德也。工夫须从上做下,不可从下做上。先须熟读《楚辞》,朝夕讽咏以为之本;及读《古诗十九首》,乐府四篇,李陵苏武汉魏五言皆须熟读;即以李杜二集枕藉观之,如今人之治经,然后博取盛唐名家,酝酿胸中,久之自然悟入。虽学之不至,亦不失正路。此乃是从顶顁⑰上做来,谓之向上一路,谓

---

① 临济下:临济,南宗禅的一个宗派,"下"是表示宗派传承关系的术语。临济下,即临济宗的继续者。
② 曹洞:也是南宗禅的一个宗派。
③ 妙悟:在禅家看来,佛性就在人心中,只要明心见性,就能成佛。妙悟即对本原的佛性的觉悟。悟即开悟、觉悟,妙,是对悟的赞美形容。
④ 孟襄阳:孟浩然,襄阳人。学力:学问的水平、能力。韩退之即韩愈,字退之。
⑤ 本色:本然的颜色,指事物本有的特征。
⑥ 分限:悟的一个层次,即有限的悟,低于彻悟,高于一知半解之悟。
⑦ 尚:久远之意。假:凭借。
⑧ 僭:僭越,指言行超越了自己的身份。
⑨ 妄:非分。
⑩ 熟参:反复探究研讨,达到精熟之境。
⑪ 沈宋王杨卢骆陈拾遗:分别指沈佺期、宋之问、王勃、杨炯、卢照邻、骆宾王、陈子昂。
⑫ 野狐外道:佛家称佛家之外的宗教为外道,后指佛教中违背真理之邪说。野狐也指外道。
⑬ 识:此指识别诗的邪正高下。
⑭ 退屈:退缩。
⑮ 下劣诗魔:佛家以妨害人性命或佛法者为魔,此借以比喻那些妨害诗道的不正确的见解或作品。
⑯ 路头:禅家语,指成佛的途径。
⑰ 顶顁(nǐng):头顶,顶巅。

之直截根源①,谓之顿门②,谓之单刀直入也。

诗之法有五:曰体制③,曰格力④,曰气象⑤,曰兴趣⑥,曰音节⑦。

诗之品⑧有九:曰高,曰古,曰深,曰远,曰长,曰雄浑,曰飘逸,曰悲壮,曰凄婉。

其用工⑨有三:曰起结⑩,曰句法,曰字眼⑪。

其大概有二:曰优游不迫,曰沉着痛快。

诗之极致有一:曰入神。诗而入神,至矣,尽矣,蔑⑫以加矣!惟李杜得之,他人得之盖寡也。

夫诗有别材,非关书也;诗有别趣,非关理也。然非多读书,多穷理,则不能极其至。所谓不涉理路,不落言筌⑬者,上也。诗者,吟咏情性也。盛唐诸公,惟在兴趣,羚羊挂角⑭,无迹可求。故其妙处,透彻玲珑,不可凑泊⑮,如空中之音⑯,相中之色⑰,水中之月,镜中之象⑱,言有尽而意无穷。近代诸公乃作奇特解会⑲,遂以文字为诗,以才学为诗,以议论为诗。夫岂不工,终非古人之诗也。盖于一唱三叹⑳之音,有所歉㉑焉。且其作多务使事㉒,不问兴致㉓,用字必有来历,押韵必有出处,读之反覆终篇,不知着到何在。其末流甚者,叫噪怒张㉔,殊乖㉕忠厚之风,殆以骂詈㉖为诗。诗而至此,可谓一厄

---

① 直截根源:直接抓住事物的根本。
② 顿门:佛家之语,顿悟之门。
③ 体制:体裁及其特征。
④ 格力:诗的语言等方面的力量。
⑤ 气象:诗的生命力或风格。
⑥ 兴趣:诗的艺术表现,指"兴象"与"趣味"(韵味)。
⑦ 音节:音调节奏。
⑧ 品:种,类。
⑨ 用工:需下功夫之处。
⑩ 起结:诗歌的开头和结尾。
⑪ 字眼:诗句中的关键字。
⑫ 蔑:无,没有。
⑬ 不落言筌:《庄子·外物》篇云,"筌者所以在鱼,得鱼而忘筌,蹄者所以在兔,得兔而忘蹄,言者所以在意,得意而忘言"。不落言筌,意为不拘泥于语言文字。
⑭ 羚羊挂角:禅家语,凡事物都有迹可循,但羚羊把它的"踪迹"即"角"挂在树上,因而无迹可循。
⑮ 凑泊:禅家语,意思是生硬地结合在一起。
⑯ 空中之音:可声闻而不可寻觅。
⑰ 相中之色:相,事物的形状,表现于外又能想象于心。色,事物之表色。相中之色,可看见但不可与事物割离。
⑱ 水中之月,镜中之象:佛家常说的"镜花水月",看似真象又非真象。
⑲ 奇特解会:禅家语,意思是奇特不当的理解。
⑳ 一唱三叹:指诗歌有余味。
㉑ 歉:欠缺,不足。
㉒ 使事:使用典故。
㉓ 兴致:兴趣。
㉔ 叫噪怒张:叫噪,叫嚷,叫闹。怒张,愤怒外露。
㉕ 殊乖:殊,特别。乖,违背。
㉖ 骂詈(lì):詈,责骂。

也。然则近代之诗无取乎？曰，有之。吾取其合于古人者而已。国初之诗，尚沿袭唐人，王黄州①学白乐天，杨文公、刘中山②学李商隐，盛文肃学韦苏州③，欧阳公④学韩退之古诗，梅圣俞⑤学唐人平澹处。至东坡、山谷⑥始自出己意以为诗，唐人之风变矣。山谷用工，尤为深刻，其后法席⑦盛行，海内称为江西宗派。近世赵紫芝、翁灵舒辈，独喜贾岛姚合⑧之诗，稍稍复就清苦之风。江湖诗人多效其体，一时自谓之唐宗，不知止入声闻辟支之果，岂盛唐诸公大乘正法眼者哉！嗟乎！正法眼之无传久矣！唐诗之说未唱⑨，唐诗之道或有时而明也。今既唱其体曰唐诗矣，则学者谓唐诗诚止于是耳，得非诗道之重不幸耶！故予不自量度，辄⑩定诗之宗旨，且借禅以为喻，推原汉魏以来，而截然谓当以盛唐为法，（后舍汉魏而独言盛唐者，谓古律之体备也。）虽获罪于世之君子，不辞也。

📖 钱穆《谈诗》

人间词话（节选）⑪

（清）王国维

🎥《人间词话》

作品导读

"境界说"是《人间词话》的核心，统领其他论点，贯穿全文脉络。王国维不仅把它视为创作原则，也把它当作批评标准，论断诗词的演变，评价词人的得失、作品的优劣及词品的高低，均从"境界"出发。王国维认为，景多无限，情也说不尽，"境界"本质上是"景"和"情"两个元质构成的，提出了"造境"与"写境"，"理想"与"写实"的问题。但不论是客观的"景"，还是主观的"情"，都是"观"——人的精神活动的结果。"情""景"这种特殊矛盾的多样化的对立统一，便形成千姿百态、丰富多彩的文学艺术作品。

学习课文，注意把握王国维先生的文艺观，深刻理解"境界说"，学会用他的批评标

---

① 王黄州：王禹偁，北宋诗人，尝知黄州。
② 杨文公、刘中山：杨亿、刘筠。北宋"西昆派"代表人物。
③ 盛文肃：盛度，北宋诗人。韦苏州：韦应物，唐代诗人。
④ 欧阳公：欧阳修，北宋诗人。
⑤ 梅圣俞：梅尧臣，字圣俞，北宋诗人。
⑥ 山谷：黄庭坚，号山谷道人，北宋诗人。
⑦ 法席：诗法，诗歌创作的具体方法、技巧。
⑧ 贾岛姚合：晚唐两位诗人，合称"姚贾"，两人诗歌以"苦吟"著称。
⑨ 唱：大声报，高声念。
⑩ 辄：独，特。
⑪ 《人间词话》是中国近代最负盛名的一部词话著作，在中国近代文学批评史上具有崇高的地位。王国维（1877—1927），字静安，又字人间，号观堂，浙江海宁人，中国近、现代相交时期享有国际声誉的著名学者。

准欣赏具体词作。

    词以境界①为最上②。有境界则自成高格③，自有名句。五代、北宋之词所以独绝者在此。

    有造境④，有写境⑤，此"理想"与"写实"二派之所由分。然二者颇难分别，因大诗人所造之境必合乎自然⑥，所写之境亦必邻于理想故也。

    有有我之境，有无我之境。"泪眼问花花不语，乱红飞过秋千去"⑦，"可堪孤馆闭春寒，杜鹃声里斜阳暮"⑧，有我之境也。"采菊东篱下，悠然见南山"⑨，"寒波澹澹起，白鸟悠悠下"⑩，无我之境也。有我之境，以我观物，故物皆著我之色彩。无我之境，以物观物，故不知何者为我，何者为物。古人为词，写有我之境者为多。然未始不能写无我之境，此在豪杰之士⑪能自树立耳。

    无我之境，人惟于静中得之。有我之境，于由动之静时得之。故一优美，一宏壮也。

    自然中之物，互相关系，互相限制。然其写之于文学及美术中也，必遗⑫其关系、限制之处。故虽写实家，亦理想家也。又虽如何虚构之境，其材料必求之于自然，而其构造，亦必从⑬自然之法则。故虽理想家，亦写实家也。

    境非独谓景物也，喜怒哀乐亦人心中之一境界。故能写真景物真感情者，谓之有境界；否则谓之无境界。

    "红杏枝头春意闹"⑭，著一"闹"字而境界全出；"云破月来花弄影"⑮，著一"弄"字而境界全出矣。

    境界有大小，不以是而分优劣。"细雨鱼儿出，微风燕子斜。"何遽⑯不若"落日照大旗，马鸣风萧萧。""宝帘闲挂小银钩"，何遽不若"雾失楼台，月迷津渡"也？

---

① 境界：本指疆土范围，诗家所说的境界包括物境、情境和意境。王国维的境界是指"言有尽而意无穷"。
② 最上：最上乘，兼具高尚之义。
③ 高格：高尚的文格或人格。
④ 造境：创作者通过想象、联想等虚构出的意境，是浪漫主义的创作方法，重于艺术虚构。
⑤ 写境：创作者对现实世界、现实生活的描写和再现，是现实主义的创作方法，但带有一定的理想倾向。
⑥ 自然：此指客观世界，即兼指自然界和现实人生。
⑦ 出自欧阳修《蝶恋花》(庭院深深深几许)。
⑧ 出自秦观《踏莎行》(雾失楼台)。
⑨ 出自陶渊明《饮酒二十首》(其五)。
⑩ 出自元好问《颍亭留别》。
⑪ 豪杰之士：诗坛词坛中的名家高手。
⑫ 遗：抛弃。
⑬ 从：遵从、符合。
⑭ 出自宋祁《玉楼春》(春景)。
⑮ 出自张先《天仙子》。
⑯ 何遽(jù)：表示反问，怎么。

严沧浪《诗话》谓："盛唐诸公唯在兴趣，羚羊挂角，无迹可求。故其妙处，透彻玲珑，不可凑泊，如空中之音，相中之色，水中之影，镜中之象，言有尽而意无穷。"余谓：北宋以前之词亦复如是。然沧浪所谓"兴趣"，阮亭①所谓"神韵"，犹不过道其面目，不若鄙人拈出"境界"二字，为探其本也。

词至李后主而眼界始大，感慨遂深，遂变伶工之词而为士大夫之词。周介存②置诸温、韦之下，可谓颠倒黑白矣。"自是人生长恨水长东"，"流水落花春去也，天上人间"③，《金荃》《浣花》④，能有此气象耶！

词人者，不失其赤子之心⑤者也。故生于深宫之中，长于妇人之手，是后主为人君所短处，亦即为词人所长处。

客观之诗人，不可不多阅世⑥，阅世愈深，则材料愈丰富、愈变化，《水浒传》《红楼梦》之作者是也。主观之诗人，不必多阅世，阅世愈浅，则性情愈真，李后主是也。

古今之成大事业、大学问者，必经过三种之境界。"昨夜西风凋碧树，独上高楼，望尽天涯路"⑦，此第一境也。"衣带渐宽终不悔，为伊消得人憔悴"⑧，此第二境也。"众里寻他千百度，回头蓦见（当作"蓦然回首"），那人正（当作"却"）在灯火阑珊处"⑨，此第三境也。此等语皆非大词人不能道。然遽以此意解释诸词，恐为晏、欧诸公所不许也。

问"隔"与"不隔"之别，曰：陶⑩、谢⑪之诗不隔，延年⑫则稍隔矣；东坡之诗不隔，山谷⑬则稍隔矣。"池塘生春草""空梁落燕泥"⑭等二句，妙处唯在不隔。词亦如是。即以一人一词论，如欧阳公《少年游·咏春草》上半阕云："阑干十二独凭春，晴碧远连云，二月三月，千里万里，行色苦愁人。"语语都在目前，便是不隔。至云"谢家池上，江淹浦畔"，则隔矣。白石⑮《翠楼吟》："此地，宜有词仙，拥素云黄鹤，与君游戏。玉梯凝望久，叹芳草萋萋千里。"便是不隔。至"酒祓⑯清愁，花消英气"，则隔矣。然南宋词虽不隔

---

① 阮亭：清初杰出诗人王士祯，号阮亭，创立"神韵说"诗论，以"不著一字，尽得风流"为作诗要诀。
② 周介存：清代词人、文学评论家周济。
③ "自是人生"与"流水落花"两句分别出自李煜《乌夜啼》和《浪淘沙》。
④ 《金荃》《浣花》分别是温庭筠和韦庄的词集。
⑤ 赤子之心：出自《孟子·离娄下》的"大人者，不失其赤子之心者也"。形容人的心地善良、纯洁。
⑥ 阅世：人经历的时世。
⑦ 出自晏殊《蝶恋花》。
⑧ 出自柳永《凤栖梧》(伫倚危楼风细细)。
⑨ 出自辛弃疾《青玉案》(元夕)。
⑩ 陶：陶渊明，东晋著名诗人。
⑪ 谢：谢灵运，南北朝诗人。
⑫ 延年：颜延之，字延年，南朝诗人，与谢灵运齐名，并称为"颜谢"。
⑬ 山谷：黄庭坚，号山谷道人，北宋诗人，出于苏轼门下，世称"苏黄"。
⑭ 此两句分别出自谢灵运的《登池上楼》与薛道衡的《昔昔盐》。
⑮ 白石：南宋词人姜夔，号白石道人。
⑯ 祓(fú)：古代用斋戒沐浴等方法除灾求福，亦泛指扫除。

处,比之前人,自有浅深厚薄之别。

东坡之词旷①,稼轩之词豪。无二人之胸襟而学其词,犹东施之效捧心②也。

大家之作,其言情也必沁人心脾,其写景也必豁人耳目③,其辞脱口而出,无矫揉妆束之态。以其所见者真,所知者深也。诗词皆然。持此以衡④古今之作者,可无大误矣。

诗人对宇宙人生,须入乎其内,又须出乎其外。入乎其内,故能写之;出乎其外,故能观之。入乎其内,故有生气;出乎其外,故有高致⑤。美成⑥能入而不出,白石以降,于此二事皆未梦见。

诗人必有轻视外物之意,故能以奴仆命风月⑦。又必有重视外物之意,故能与花鸟共忧乐。

📖古典诗词中
的常见意象

棋王(节选)⑧

阿城

作品导读

《棋王》被视作是新时期"寻根文学"的发轫之作。故事讲述了在"文革"时代,知青"棋呆子"王一生四处寻找对手下棋、拼棋的故事。全文以"我"为叙述者来反观王一生的人道、食道、棋道,它们皆在"道"上达到统一,共同构成了他对人生的态度。王一生成天心游神驰于棋盘上的咫尺方寸之间,他"呆在棋里",呆在那"楚河汉界"的厮杀里。这样,他心里舒服,可以忘掉世间那恼人的权力和路线的纷争,忘掉这种纷争造成的精神与物质的双重困扰。他心如止水,万物自鉴,空心寥廓,复返宁谧,不随流,不合污,矢志弥坚,操守如一,有那么一般超然于世、物我两忘的痴迷。他不把艺术当成谋取外在功利的手段,而看成是解忧散怀、寄情养性的闲适和雅兴。作者正是借下棋之道颂扬传统文化——追求心灵清净和精神自由的道禅哲学。小说语言朴实而飘逸俊美。

---

① 旷:开阔明朗。
② 东施之效捧心:东施效颦的典故,见庄子《庄子·天运》。
③ 豁人耳目:开阔人的眼界。
④ 衡:权衡,衡量。
⑤ 高致:高雅的情致、格调。
⑥ 美成:北宋词人周邦彦,字美成。
⑦ 风月:此指清风明月,后指爱情。
⑧ 《棋王》是当代作家阿城的一部短篇小说,1984年发表于《上海文学》。阿城,原名钟阿城,1949年生,北京人,当代作家,"寻根文学"的代表人物。

　　小说全文共四部分,此处选取第一部分。学习课文时,注意把握王一生这一人物形象,深刻领悟作者赋予这一人物的哲学内涵,并结合实际提升自身的艺术品位。

一

　　车站是乱得不能再乱,成千上万的人都在说话。谁也不去注意那条临时挂起来的大红布标语。这标语大约挂了不少次,字纸都折得有些坏。喇叭里放着一首又一首的语录歌儿,唱得大家心更慌。

　　我的几个朋友,都已被我送走插队,现在轮到我了,竟没有人来送。我虽无父无母,孤身一人,却算不得独子,不在留城政策之内。父母生前颇有些污点,运动一开始即被打翻死去。家具上都有机关的铝牌编号,于是统统收走,倒也名正言顺。我野狼似的转悠一年多,终于还是决定要走。此去的地方按月有二十几元工资,我便很向往,争了要去,居然就批了。因为所去之地与别国相邻,斗争之中除了阶级,尚有国际,出身孬一些,组织上不太放心。我争得这个信任和权利,欢喜是不用说的,更重要的是,每月二十几元,一个人如何用得完? 只是没人来送,就有些不耐烦,于是先钻进车厢,想找个地方坐下,任凭站台上千万人话别。

　　车厢里靠站台一面的窗子已经挤满各校的知青,都探出身去说笑哭泣。另一面的窗子朝南,冬日的阳光斜射进来,冷清清地照在北边儿众多的屁股上。两边儿行李架上塞满了东西。我走动着找我的座位号,却发现还有一个精瘦的学生孤坐着,手拢在袖管儿里,隔窗望着车站南边儿的空车皮。

　　我的座位恰与他在一个格儿里,是斜对面儿,于是就坐下了,也把手拢在袖里。那个学生瞄了我一下,眼里突然放出光来,问:"下棋吗?"倒吓了我一跳,急忙摆手说:"不会!"他不相信地看着我说:"这么细长的手指头,就是个捏棋子儿的,你肯定会。来一盘吧,我带着家伙呢。"说着就抬身从窗钩上取下书包,往里掏着。我说:"我只会马走日,象走田。你没人送吗?"他已把棋盒拿出来,放在茶几上。塑料棋盘却搁不下,他想了想,就横摆了,说:"不碍事,一样下。来来来,你先走。要不,让你车、马、炮?"我笑起来,说:"你没人送吗? 这么乱,下什么棋?"他一边码好最后一个棋子,一边说:"我他妈要谁送? 去的是有饭吃的地方,闹得这么哭哭啼啼的。来,你先走。"我奇怪了,可还是拈起炮,往当头上一移。我的棋还没移到,他的马却"啪"的一声跳好,比我还快。我就故意将炮移过当头的地方停下。他很快地看了一眼我的下巴,说:"你还说不会? 这炮二平六的开局,我在郑州遇见一个高人,就是这么走,险些输给他。炮二平五当头炮,是老开局,可有气势,而且是最稳的。嗯? 你走。"我倒不知怎么走了,手在棋盘上游移着。他不动声色地看着整个棋盘,又把手袖起来。

就在这时,车厢乱了起来。好多人拥进来,隔着玻璃往外招手。我就站起身,也隔着玻璃往北看月台上。站上的人都拥到车厢前,都在叫,乱成一片。车身忽地一动,人群"嗡"地一下,哭声四起。我的背被谁捅了一下,回头一看,他一手护着棋盘,说:"没你这么下棋的,走哇!"我实在没心思下棋,而且心里有些酸,就硬硬地说:"我不下了。这是什么时候!"他很惊愕地看着我,忽然像明白了,身子软下去,不再说话。

车开了一会儿,车厢开始平静下来。有水送过来,大家就掏出缸子要水。我旁边的人打了水,说:"谁的棋?收了放缸子。"他很可怜的样子,问:"下棋吗?"要放缸的人说:"反正没意思,来一盘吧。"他就很高兴,连忙码好棋子。对手说:"这横着算怎么回事儿?没法儿看。"他搓着手说:"凑合了,平常看棋的时候,棋盘不等于是横着的?你先走。"对手很老练地拿起棋子儿,嘴里叫着:"当头炮。"他跟着跳上马。对手马上把他的卒吃了,他也立刻用马吃了对方的炮。我看这种简单的开局没有大意思,又实在对象棋不感兴趣,就转了头。

这时一个同学走过来,像在找什么人,一眼望到我,就说:"来来来,四缺一,就差你了。"我知道他们是在打牌,就摇摇头。同学走到我们这一格,正待伸手拉我,忽然大叫:"棋呆子,你怎么在这儿?你妹妹刚才把你找苦了,我说没见啊。没想到你在我们学校这节车厢里,气儿都不吭一声。你瞧你瞧,又下上了。"

棋呆子红了脸,没好气地说:"你管天管地,还管我下棋?走,该你走了。"就又催促我身边的对手。我这时听出点音儿来,就问同学:"他就是王一生?"同学睁了眼,说:"你不认识他?唉呀,你白活了。你不知道棋呆子?"我说:"我知道棋呆子就是王一生,可不知道王一生就是他。"说着,就仔细看着这个精瘦的学生。王一生勉强笑一笑,只看着棋盘。

王一生简直大名鼎鼎。我们学校与旁边几个中学常常有学生之间的象棋厮杀,后来拼出几个高手。几个高手之间常摆擂台,渐渐地,几乎每次冠军就都是王一生了。我因为不喜欢象棋,也就不去关心什么象棋冠军,但王一生的大名,却常被班上几个棋篓子供在嘴上,我也就对其事迹略闻一二,知道王一生外号棋呆子,棋下得神不用说,而且在他们学校那一年级里数理成绩总是前数名。我想棋下得好而且有个数学脑子,这很合情理。可我又不信人们说的那些王一生的呆事,觉得不过是大家"寻逸闻鄙事,以快言论"罢了,后来运动起来,忽然有一天大家传说棋呆子在串连时犯了事儿,被人押回学校了。我对棋呆子能出去串连表示怀疑,因为以前大家对他的描述说明他不可能解决串连时的吃喝问题。可大家说呆子确实去串连了,因为老下棋,被人瞄中,就同他各处走,常常送他一点儿钱,他也不问,只是收下。后来才知道,每到一处,呆子必要挤地头看下棋。看上一盘,必要把输家挤开,与赢家杀一盘。初时大家见他其貌不扬,不与他下。他执意要杀,于是就杀。几步下来,对方出了小汗,嘴却不软。呆子也不说话,只是出手极快,像是连想都不想。待到对方终于闭了嘴,连一圈儿观棋的人也要慢慢思索棋路而不再支招儿的时候,与呆子同行的人就开始摸包儿。大家正看得紧张,哪里想到钱包已经易主?待三盘下来,众人都摸头。这时呆子倒成了棋主,连问可有谁还要杀?有那不服的,就坐下来杀,最后仍是无一盘得利。后来常常是众人齐做一方,七嘴八舌与呆子对手。呆子也不忙,反倒促众人快走,因为师傅多了,常为一步棋如何走自家争吵起来。就这样,在一处呆子可以连杀上一天。后来有那观棋的人发觉钱包丢了,闹嚷起来。慢慢有几个有心计的人暗中观察,看见有人掏包,也不响,之后见那人晚上来邀呆子走,就发一声喊,将扒手与呆子一齐绑了,由造反队审。呆子糊糊涂涂,只说别人常给他钱,大约是可怜他,也不知钱如何来,自己只是喜欢下棋。审主看他呆像,就命人押了回来,一时各校传为逸事。后来听说呆子认为外省马路棋手高手不多,不能长进,就托人找城里名手近战。有个同学就带他去见自己的父亲,据说是国内名手。名手见了呆子,也不多说,只摆一副据说是宋时留下的残局,要呆子走。呆子看了半晌,一五一十道来,替古人赢了。名手很惊讶,要收呆子为徒。不料呆子却问:"这残局你可走通了?"名手没反应过来,就说:"还未通。"呆子说:"那我为什么要做你的徒弟?"名手只好请呆子开路,事后对自己的儿子说:"你这同学倨傲不逊,棋品连着人品,照这样下去,棋品必劣。"又举了一些最新指示,说若能好好学习,棋锋必健。后来呆子认识了一个捡烂纸的老头儿,被老头儿连杀三天而仅赢一盘。呆子就执意要替老头儿去撕大字报纸,不要老头儿劳动。不料有一天撕了某造反团刚贴的"檄文",被人拿获,又被这造反团栽诬于对立派,说对方"施阴谋,弄诡计",必讨之,而且是可忍,孰不可忍!对立派又阴使人偷出呆子,用了呆子的名义,对先前的造反团反戈一击。一时呆子的大名"王一生"贴得满街都是,许多外省来取经的革命战士许久才明白王一生原来是个棋呆子,就有人请了去外省会一些江湖名手。交手之后,各有胜负,不过呆子的棋据说是越下越精了。只可惜全国忙于革命,否则呆子不知会有什么造就。

这时我旁边的人也明白对手是王一生,连说不下了。王一生便很沮丧。我说:"你妹妹来送你,你也不知道和家里人说说话儿,倒拉着我下棋!"王一生看着我说:"你哪儿知道我们这些人是怎么回事儿?你们这些人好日子过惯了,世上不明白的事儿多着呢!你家父母大约是舍不得你走了?"我怔了怔,看着手说:"哪儿来父母,都死毬了。"我的同学就添油加醋地叙了我一番,我有些不耐烦,说:"我家死人,你倒有了故事了。"王一生想了想,对我说:"那你这两年靠什么活着?"我说:"混一天算一天。"王一生就看定了我问:"怎么混?"我不答。呆了一会儿,王一生叹一声,说:"混可不易。一天不吃饭,棋路都乱。不管怎么说,你父母在时,你家日子还好过。"我不服气,说:"你父母在,当然要说风凉话。"我的同学见话不投机,就岔开说:"呆子,这里没有你的对手,走,和我们打牌去吧。"呆子笑一笑,说:"牌算什么,瞌睡着也能赢你们。"我旁边儿的人说:"据说你下棋可以不吃饭?"我说:"人一迷上什么,吃饭倒是不重要的事。大约能干出什么事儿的人,总免不了有这种傻事。"王一生想一想,又摇摇头,说:"我可不是这样。"说完就去看窗外。

　　一路下去,慢慢我发觉我和王一生之间,既开始有互相的信任和基于经验的同情,又有各自的疑问。他总是问我与他认识之前是怎么生活的,尤其是父母死后的两年是怎么混的。我大略地告诉他,可他又特别在一些细节上详细地打听,主要是关于吃。例如讲到有一次我一天没有吃到东西,他就问:"一点儿都没吃到吗?"我说:"一点儿也没有。"他又问:"那你后来吃到东西是在什么时候?"我说:"后来碰到一个同学,他要用书包装很多东西,就把书包翻倒过来腾干净,里面有一个干馒头,掉在地上就碎了。我一边儿和他说话,一边儿就把这些碎馒头吃下去。不过,说老实话,干烧饼比干馒头解饱得多,而且顶时候儿。"他同意我关于干烧饼的见解,可马上又问:"我是说,你吃到这个干馒头的时候是几点?过了当天夜里十二点吗?"我说:"噢,不。是晚上十点吧。"他又问:"那第二天你吃了什么?"我有点儿不耐烦。讲老实话,我不太愿意复述这些事情,尤其是细节。我觉得这些事情总在腐蚀我,它们与我以前对生活的认识太不合辙,总好像是在嘲笑我的理想。我说:"当天晚上我睡在那个同学家。第二天早上,同学买了两个油饼,我吃了一个。上午我随他去跑一些事,中午他请我在街上吃。晚上嘛,我不好意思再在他那儿吃,可另一个同学来了,知道我没什么着落,硬拉了我去他家,当然吃得还可以。怎么样?还有什么不清楚?"他笑了,说:"你才不是你刚才说的什么'一天没吃东西'。你十二点以前吃了一个馒头,没有超过二十四小时。更何况第二天你的伙食水平不低,平均下来,你两天的热量还是可以的。"我说:"你恐怕还是有些呆!要知道,人吃饭,不但是肚子的需要,而且是一种精神需要。不知道下一顿在什么地方,人就特别想到吃,而且,饿得快。"他说:"你家道尚好的时候,有这种精神压力吗?恐怕没有什么精神需求吧?有,也只不过是想好上再好,那是馋。馋是你们这些人的特点。"我承认他说得有些道理,禁不住问他:"你总在说你们、你们,可你是什么人?"他迅速看着其他地方,只是不看我,说:"我当然不同了。我主要是对吃要求得比较实在。唉,不说这些了,你真的不喜欢下棋?'何以解忧?唯有象棋。'"我瞧着他说:"你有什么忧?"他仍然不看我,"没有什么忧,没有。'忧'这玩意儿,是他妈文人的佐料儿。我们这种人,没有什么忧,顶多有些不痛快。何以解不痛快?唯有象棋"。

　　我看他对吃很感兴趣,就注意他吃的时候。列车上给我们这几节知青车厢送饭时,他若心思不在下棋上,就稍稍有些不安。听见前面大家拿吃时铝盒的碰撞声,他常常闭上眼,嘴巴紧紧收着,倒好像有些恶心。拿到饭后,马上就开始吃,吃得很快,喉节一缩一缩的,脸上绷满了筋。常常突然停下来,很小心地将嘴边或下巴上的饭粒儿和汤水油花儿用整个儿食指抹进嘴里。若饭粒儿落在衣服上,就马上一按,拈进嘴里。若一个没按住,饭粒儿由衣服上掉下地,他也立刻双脚不再移动,转了上身找。这时候他若碰上我的目光,就放慢速度。吃完以后,他把两只筷子吮净,拿水把饭盒冲满,先将上面一层油花吸净,然后就带着安全到达彼岸的神色小口小口的呷。有一次,他在下棋,左手轻轻地叩茶几。一粒干缩了的饭粒儿也轻轻地小声跳着。他一下注意到了,就迅速将那个饭粒儿放进嘴里,腮上立刻显出筋络。我知道这种干饭粒儿很容易嵌到槽牙里,巴在那儿,舌头是赶它不出的。果然,呆了一会儿,他就伸手到嘴里去抠。终于嚼完,和着一大股口水,"咕"地一声儿咽下去,喉节慢慢地移下来,眼睛里有了泪花。他对吃是虔诚的,而且很精细。有时你会可怜那些饭被他吃得一个渣儿都不剩,真有点儿惨无人道。我在火车上一直看他下棋,发现他同样是精细的,但就有气度得多。他常常在我们还根本看不出已是败局时就开始重码棋子,说:"再来一盘吧。"有的人不服输,非要下完,总觉得被他那样暗示死刑存些侥幸。他也奉陪,用四五步棋逼死对方,略带嘲讽地说:"给你棋脸,非要听'将',有瘾?"

我每看到他吃饭,就回想起杰克·伦敦的《热爱生命》,终于在一次饭后他小口呷汤时讲了这个故事。我因为有过饥饿的经验,所以特别渲染了故事中的饥饿感觉。他不再喝汤,只是把饭盒端在嘴边儿,一动不动地听我讲。我讲完了,他呆了许久,凝视着饭盒里的水,轻轻吸了一口,才很严肃地看着我说:"这个人是对的。他当然要把饼干藏在褥子底下。照你讲,他是对失去食物发生精神上的恐惧,是精神病?不,他有道理,太有道理了。写书的人怎么可以这么理解这个人呢?杰……杰什么?嗯,杰克·伦敦,这个小子他妈真是饱汉子不知饿汉饥。"我马上指出杰克·伦敦是一个如何如何的人。他说:"是呀,不管怎么样,像你说的,杰克·伦敦后来出了名,肯定不愁吃的,他当然会叼着根烟,写些嘲笑饥饿的故事。"我说:"杰克·伦敦丝毫也没有嘲笑饥饿,他是……"他不耐烦地打断我说:"怎么不是嘲笑?把一个特别清楚饥饿是怎么回事儿的人写成发了神经,我不喜欢。"我只好苦笑,不再说什么。可是一没人和他下棋了,他就又问我:"嗯?再讲个吃的故事?其实杰克·伦敦那个故事挺好。"我有些不高兴地说:"那根本不是个吃的故事,那是一个讲生命的故事。你不愧为棋呆子。"大约是我脸上有种表情,他于是不知怎么办才好。我心里有一种东西升上来,我还是喜欢他的,就说:"好吧,巴尔扎克的《邦斯舅舅》听过吗?"他摇摇头。我就又好好儿描述一下邦斯舅舅这个老饕。不料他听完,马上就说:"这个故事不好,这是一个馋的故事,不是吃的故事。邦斯这个老头儿若只是吃而不馋,不会死。我不喜欢这个故事。"他马上意识到这最后一句话,就急忙说:"倒也不是不喜欢。不过洋人总和咱们不一样,隔着一层。我给你讲个故事吧。"我马上感了兴趣:棋呆子居然也有故事!他把身体靠得舒服一些,说,"从前哪",笑了笑,又说,"老是他妈从前,可这个故事是我们院儿的五奶奶讲的。嗯——老辈子的时候,有这么一家子,吃喝不愁。粮食一囤一囤的,顿顿想吃多少吃多少,嘿,可美气了。后来呢,娶了个儿媳妇。那真能干,就没说把饭做糊过,不干不稀,特解饱。可这媳妇,每做一顿饭,必抓出一把米来藏好……"听到这儿,我忍不住插嘴:"老掉牙的故事了,还不是后来遇了荒年,大家没饭吃,媳妇把每日攒下的米拿出来,不但自家有了,还分给穷人?"他很惊奇地坐直了,看着我说:"你知道这个故事?可那米没有分给别人,五奶奶没有说分给别人。"我笑了,说:"这是教育小孩儿要节约的故事,你还拿来有滋有味儿地讲,你真是呆子。这不是一个吃的故事。"他摇摇头,说:"这太是吃的故事了。首先得有饭,才能吃,这家子有一囤一囤的粮食。可光穷吃不行,得记着断顿儿的时候,每顿都要欠一点儿。老话儿说'半饥半饱日子长'嘛。"我想笑但没笑出来,似乎明白了一些什么。为了打消这种异样的感触,就说:"呆子,我跟你下棋吧。"他一下高兴起来,紧一紧手脸,啪啪啪就把棋码好,说:"对,说什么吃的故事,还是下棋。下棋最好,何以解不痛快?唯有下象棋。啊?哈哈哈!你先走。"我又是当头炮,他随后把马跳好。我随便动了一个子儿,他很快地把兵移前一格儿。我并不真心下棋,心想他念到中学,大约是读过不少书的,就问:"你读过曹操的《短歌行》?"他说:"什么《短歌行》?"我说:"那你怎么知道'何以解忧,唯有杜康'?"他愣了,问:"杜康是什么?"我说:"杜康是一个造酒的人,后来也就代表酒,你把杜康换成象棋,倒也风趣。"他摆了一下头,说:"啊,不是。这句话是一个老头儿说的,我每回和他下棋,他总说这句。"我想起了传闻中的捡烂纸老头儿,就问:"是捡烂纸的老头儿吗?"他看了我一眼,说:"不是。不过,捡烂纸的老头儿棋下得好,我在他那儿学到不少东西。"我很感兴趣地问:"这老头儿是个什么人?怎么下得一手好棋还捡烂纸?"他很轻地笑了一下,说:"下棋不当饭。老头儿要吃饭,还得捡烂纸。可不知他以前是什么人。有一回,我抄的几张棋谱不知怎么找不到了,以为当垃圾倒出去了,就到垃圾站去翻。正翻着,这老头儿推着筐过来了,指着我说:'你个大小伙子,怎么抢我的买卖?'我说不是,是找丢了的东西,他问什么东西,我没搭理他。可他问个不停,'钱,存折儿?结婚帖子?'我只好说是棋谱,正说着,就找到了。他说叫他看看。他在路灯底下挺快就看完了,说,'这棋没根哪'。我说这是以前市里的象棋比赛。可他说,'哪儿的比赛也没用,你瞧这,这叫棋路?狗脑子。'我心想怕是遇上异人了,就问他当怎么走。老头儿哗哗说了一通棋谱儿,我一听,真的不凡,就提出要跟他下一盘。老头让我先说。我们俩就在垃圾站下盲棋,我是连输五盘。老头儿棋路猛听头几步,没什么,可着子真阴真狠,打闪一般,网得开,收得又紧又快。后来我们见天儿在垃圾站下盲棋,每天回去我就琢磨他的棋路,以后居然跟他平过一盘,还赢过一盘。其实赢的那盘我们一共才走了十几步。老头儿用铅丝扒子敲了半天地面,叹一声,'你赢了。'我高兴了,直说要到他那儿去看看。老头儿白了我一眼,说,'撑的?!'告诉我明天晚上再在这儿等他。第二天我去了,见他推着筐远远来了。到了跟前,从筐里取出一个小布包,递到我手上,说这也是谱儿,让我拿回去,看瞧得懂不。又说哪天有走不动的棋,让我到这儿来说给他听听,兴许他就走动了。我赶紧回到家里,打开一看,还真他妈不懂。这是本异书,也不知是哪朝哪代的,手抄,边边角角儿,补了又补。上面写的东西,不像是说象棋,好像是说另外的什么事儿。我第二天又去找老头儿,说我看不懂,他哈哈一笑,说他先给我说一段儿,提个醒儿。他一开说,把我吓了一跳。原来开宗明义,是讲男女的事儿,我说这是四旧。老头儿叹了,说什么是旧?我这每天捡烂纸是不是在捡旧?可我回去把它们分门别类,卖了钱,养活自己,不是新?又说咱们中国道家讲阴阳,这开篇是借男女讲阴阳之气。阴阳之气相游相交,初不可太盛,太盛则折,折就是'折断'的'折'。我点点头。'太盛则折,太弱则泻。'老头儿说我的毛病是太盛。又说,若对手盛,则以柔化之。可要在化的同时,造成克势。柔不是弱,是容,是收,是含,含而化之,让对手入你的势。这势要你造,需无为而无不为。无为即是道,也就是棋运之大不可变,你想变,就不是象棋,输不用说了,连棋边儿都沾不上。棋运不可悖,但每局的势要自己造。棋运和势既有,那可就无所不为了。玄是真玄,可细琢磨,是那么个理儿。我说,这么讲是真提气,可这下棋,千变万化,怎么才能准赢呢?老头儿说这就是造势的学问了。造势妙在契机。谁也不走子儿,这棋没法儿下。可只要对方一动,势就可入,就可导。高手你入他很难,这就要损。损他一个子儿,损自己一个子儿,先导开,或找眼钉下,止住他的入势,铺排下自己的入势。这时你万不可死损,势式要相机而变。势势有相因之气,势套势,小势开导,大势含而化之,根连根,别人就奈何不得。老头儿说我只有套,势不太明。套可以算出百步之远,但无势,不成气候。又说我脑子好,有琢磨劲儿,后来输我的那一盘,就是大势已破,再下,就是玩了。老头儿说他日子不多了,无儿无女,遇见我,就传给我吧。我说你老人家棋道这么好,怎么干这种营生呢?老头儿叹了一口气,说这棋是祖上传下来的,但有训——'为棋不为生',为棋是养性,生会坏性,所以生不可太盛。又说他从小没学过什么谋生本事,现在想来,倒是训坏了他。"我似乎听明白了一些棋道,可很奇怪,就问:"棋道与生道难道有什么不同么?"王一生说:"我也是这么说,而且魔症起来,问他天下大势。老头儿说,棋就是这么几个子儿,棋盘就是这么大,无非是道同势不同,可这子儿你全能看在眼底。天下的事,不知道的太多。这每天的大字报,张张都新鲜,虽看出点道儿,可不能究底。子儿不全摆上,这棋就没法儿下。"

我就又问那本棋谱。王一生很沮丧地说:"我每天带在身上,反覆地看。后来你知道,我撕大字报被造反团提住,书就被他们搜了去,说是四旧,给毁了,而且是当着我的面儿毁的。好在书已在我脑子里,不怕他们。"我就又和王一生感叹了许久。

火车终于到了,所有的知识青年都又被用卡车运到农场。在总场,各分场的人上来领我们。我找到王一生,说:"呆子,要分手了,别忘了交情,有事儿没事儿,互相走动。"他说当然。

📖《棋王》续文　　📖寻根文学

作品欣赏

聊斋志异·瑞云

（清）蒲松龄

《瑞云》

瑞云，杭①之名妓，色艺②无双。年十四。其母蔡媪，将使出应客。瑞云告曰："此奴终身发轫③之始，不可草草。价由母定，客则听奴自择之。"媪曰："诺。"乃定价十五金，遂日见客。客求见者必以贽④：贽厚者，接以弈，酬以画；薄者，留一茶而已。瑞云名噪已久，自此富商贵介⑤，日接于门。

余杭贺生，才名夙著，而家仅中赀。素仰瑞云，固未敢拟同鸳梦⑥，亦竭微贽，冀得一睹芳泽。窃恐其阅人既多，不以寒畯⑦在意；及至相见一谈，而款接殊殷。坐语良久，眉目含情，作诗赠生曰："何事求浆者，蓝桥叩晓关？有心寻玉杵，端只在人间。"⑧生得诗狂喜。更欲有言，忽小鬟来白"客至"，生仓猝遂别。既归，吟玩诗意，梦魂萦扰。过一二日，情不自已，修贽复往。瑞云接见良欢。移坐近生，悄然谓："能图一宵之聚否？"生曰："穷踧⑨之士，惟有痴情可献知己。一丝之贽⑩，已竭绵薄。得近芳容，意愿已足；若肌肤之亲，何敢作此梦想。"瑞云闻之，戚然不乐，相对遂无一语。生久坐不出，媪频唤瑞云以促之，生乃归。心甚邑邑⑪，思欲罄家以博一次⑫，而更尽而别，此情复何可耐？筹思及此，热念都消，由是音息遂绝。

瑞云择婿数月，更不得一当，媪恚⑬，将强夺之，而未发也。一日，有秀才投贽，坐语少时，便起，以一指按女额曰："可惜，可惜！"遂去。瑞云送客返，共视额上有指印黑如

---

① 杭：指浙江杭州。
② 色艺：容貌和才艺。
③ 发轫（rèn）：喻事情的开端；这里指妓女初次应客。轫，止住车轮转动的闸木，车启行时须先去轫，称"发轫"。
④ 贽（zhì）：见面的赠礼。
⑤ 贵介：尊贵，指贵家子弟。
⑥ 鸳梦：喻男女欢合。
⑦ 寒畯（jùn）：贫穷的读书人。
⑧ "何事求浆者"四句：此诗化用裴铏《传奇》中裴航与云英的爱情故事，见《辛十四娘》"千金觅玉杵"一诗注。此诗前二句，以裴航在蓝桥驿会见云英，比喻贺生求见瑞云；后二句以裴航寻觅玉杵为聘，示意贺生备资与瑞云欢聚。叩晓关，清晨叩门。端，端的，确实。
⑨ 穷踧（cù）：穷困。踧，通"蹙"。
⑩ 一丝之贽：微薄之礼。丝，重量的微小单位。
⑪ 邑邑（yì）：忧愁不乐。
⑫ 罄家：拿出全部家产。博：取得。
⑬ 恚（huì）：恨，怒。

墨，濯之益真。过数日，墨痕渐阔；年余，连颧彻准①矣。见者辄笑，而车马之迹②以绝。媪斥去妆饰，使与婢辈伍。瑞云又荏弱③，不任驱使，日益憔悴。贺闻而过之④，见蓬首厨下，丑状类鬼。起首见生，面壁自隐。贺怜之，便与媪言，愿赎作妇。媪许之。贺货田倾装⑤，买之而归。入门，牵衣揽涕⑥，不敢以伉俪自居，愿备妾媵，以俟来者⑦。贺曰："人生所重者知己：卿盛时犹能知我，我岂以衰故忘卿哉！"遂不复娶。闻者共姗笑之，而生情益笃。

居年余，偶至苏，有和生与同主人⑧，忽问："杭有名妓瑞云，近如何矣？"贺以适人对。又问："何人？"曰："其人率与仆等⑨。"和曰："若能如君，可谓得人矣。不知其价几何？"贺曰："缘有奇疾，姑从贱售耳。不然，如仆者，何能于勾栏中买佳丽哉！"又问："其人果能如君否？"贺以其问之异，因反诘之。和笑曰："实不相欺：昔曾一觇其芳仪，甚惜其以绝世之姿，而流落不偶⑩，故以小术晦其光而保其璞⑪，留待怜才者之真鉴⑫耳。"贺急问曰："君能点之，亦能涤之否？"和笑曰："乌得不能？但须其人一诚求⑬耳。"贺起拜曰："瑞云之婿，即某是也。"和喜曰："天下惟真才人为能多情，不以妍媸易念⑭也。请从君归，便赠一佳人。"遂同返杭。既至，贺将命酒，和止之曰："先行吾法，当先令治具者⑮有欢心也。"即令以盥器贮水，戟指而书之⑯，曰："濯之当愈。然须亲出一谢医人也。"贺笑捧而去，立俟瑞云自靧⑰之，随手光洁，艳丽一如当年。夫妇共德之，同出展谢，而客已渺，遍觅之不得，意者其仙欤？

作品赏析

作为一个花季少女，瑞云十四岁前就已陷身于风尘之中。她不敢幻想爱情.她只能降格以求：不追求天长地久.只在乎曾经拥有。她希望能将"第一次"献给自己心仪的

① 连颧（quán）彻准：谓墨痕漫延至左右颧骨及上下鼻梁。颧，颧骨。准，鼻梁。
② 车马之迹：指来访的贵客。
③ 荏（rěn）弱：柔弱，怯懦。
④ 过之：探望她。过，访。
⑤ 货田倾装：变卖田地，竭尽所有。倾装，犹言倾囊。
⑥ 揽涕：挥泪。
⑦ "愿备妾媵（yìng）"二句：谓自惭形秽，只愿权充姬妾，等待贺生另娶正妻。
⑧ 与同主人：和他住一处。主人，指旅居的房东。
⑨ 率（shuài）与仆等：与我略同。率，大致。等，相等。
⑩ 不偶：不遇。
⑪ 晦其光而保其璞：谓遮掩其光采，保护其纯真。晦，使其晦暗。光，指玉石的光泽。璞，未雕琢的玉石，比喻天真、本色。
⑫ 鉴：鉴别，鉴赏。
⑬ 一诚求：言诚求一次就可以了。
⑭ 妍媸（chī）：美丑。易念：改变心意。
⑮ 治具者：准备酒食之人，指瑞云。
⑯ 戟指而书之：指书写符篆，施行法术。戟指，屈指如戟形，施法术时所做的手势。
⑰ 靧（huì）：洗脸。

男人。当自己中意的贺生出现在面前时，瑞云是积极与兴奋的，为了尽快实现自己的梦想，她放下少女的矜持与羞涩，与贺生第二次见面时就主动问贺生"能图一宵之聚否？"然而贺生因为担心忍受不了不能与瑞云天长地久的痛苦，干脆放弃了短暂快乐。按照现实的逻辑，瑞云梦想的破灭只是迟早的事。

蒲松龄不忍心看着有情人理想幻灭，在瑞云卑微愿望即将破灭之际，他换用了浪漫主义手法进行写作：在老鸨还没有来得及采取行动之前，一个不速之客——秀才造访瑞云，他用手指按了按瑞云的额头，结果瑞云就被神秘地"毁容"了。由于从美女突变为丑女，一代名妓瑞云骤然"门前冷落鞍马稀"了。从风尘生涯看，瑞云从高峰状态跌入了低谷，但换一个角度看，却使瑞云摆脱了卖身的厄运。作者这样写显然是有用意的，他不忍心看到美被毁灭，也愤恨于人世间爱情的凋零，他要在文学世界里勾勒理想的爱情。瑞云容貌的被毁，为贺生与之再续前缘提供了可能。只要贺生愿意，他完全有能力为"丑状类鬼"的瑞云赎身了。但贺生愿意吗？难道他爱瑞云仅仅是贪图她的美色吗？作者借贺生的言行对此做出了漂亮的回答，他顶住了"闻者共姗笑"的世俗压力，不仅"不复娶"而且"情益笃"。

小说如果就此结束也够感人的了，因为它表达了一种坚贞不渝的高尚的爱，虽然这种爱带着某种残缺。但作者显然不愿意让这一高尚的爱带有残缺，他要将它变成理想的爱，完美的爱。于是那个"毁"了瑞云容貌的秀才与贺生相遇了，瑞云的容貌"艳丽一如当年"。这样贺生与瑞云的婚配就了无遗憾了。

何物和生？"毁"人容貌而能不伤害人身体，为人"整容"又是小菜一碟，当瑞云夫妇出来感谢他时，他却神秘地消失了。他到底是高人还是神仙？作者没有正面回答，而是像读者一样"猜测"："意者其仙欤？"神龙见首不见尾，这样就更增添了小说的美感。

周学道校士拔真才　胡屠户行凶闹捷报（节选）①

（清）吴敬梓

话说周进在省城要看贡院，金有余见他真切，只得用几个小钱同他去看。不想才到天字号，就撞死在地下。众人多慌了，只道一时中了恶。行主人道："想是这贡院里久没有人到，阴气重了，故此周客人中了恶。"金有余道："贤东，我扶着他，你且去到做工的那里借口开水来，灌他一灌。"行主人应诺，取了水来，三四个客人一齐扶着，灌了下去，喉

---

① 选自《儒林外史》第三回。

咙里咯咯的响了一声,吐出一口稠涎来。众人道:"好了!"扶着立了起来。周进看着号板,又是一头撞将去。这回不死了,放声大哭起来;众人劝着不住。金有余道:"你看,这不是疯了么?好好到贡院来耍,你家又不死了人,为甚么这号啕痛哭是的?"周进也不听见,只管伏着号板哭个不住。一号哭过,又哭到二号、三号,满地打滚,哭了又哭,哭的众人心里都凄惨起来。金有余见不是事,同行主人一左一右,架着他的膀子。他那里肯起来,哭了一阵又是一阵,直哭到口里吐出鲜血来。

　　众人七手八脚将他扛抬了出来,在贡院前一个茶棚子里坐下,劝他吃了一碗茶,犹自索鼻涕,弹眼泪,伤心不止。内中一个客人道:"周客人有甚心事?为甚到了这里这等大哭起来?却是哭得利害。"金有余道:"列位老客有所不知,我这舍舅本来原不是生意人。因他苦读了几十年的书,秀才也不曾做得一个,今日看见贡院,就不觉伤心起来。"自因这一句话道着周进的真心事,于是不顾众人,又放声大哭起来。又一个客人道:"论这事,只该怪我们金老客。周相公既是斯文人,为甚么带他出来做这样的事?"金有余道:"也只为赤贫之士,又无馆做,没奈何上了这一条路。"又一个客人道:"看令舅这个光景,毕竟胸中才学是好的;因没有人识得他,所以受屈到此田地。"金有余道:"他才学是有的,怎奈时运不济。"那客人道:"监生①也可以进场。周相公既有才学,何不捐他一个监进场?中了,也不枉了今日这一番心事。"金有余道:"我也是这般想。只是那里有这一注银子?"此时,周进哭的住了。那客人道:"这也不难。现放着我这几个兄弟在此,每人拿出几十两银子,借与周相公纳监进场。若中了做官,那在我们这几两银子?就是周相公不还,我们走江湖的人,那里不破掉了几两银子?何况这是好事。你众位意下如何?"众人一齐道:"君子成人之美。"又道:"'见义不为,是为无勇。'俺们有甚么不肯!只不知周相公可肯俯就?"周进道:"若得如此,便是重生父母,我周进变驴变马,也要报效!"爬到地下就磕了几个头。众人还下礼去。金有余也称谢了众人。又吃了几碗茶,周进再不哭了,同众人说说笑笑,回到行里。

　　次日,四位客人果然备了二百两银子,交与金有余。一切多的使费,都是金有余包办。周进又谢了众人和金有余。行主人替周进备一席酒,请了众位。金有余将着②银

---

① 监生:明、清最高学府,名"国子监"(别称"太学"),在监肄业叫"监生"。清朝制度:秀才因品行优良被保举入监的叫"优监"。不拘资格,由皇帝恩赐的叫"恩监"。凭上代勋劳资历取得的叫"荫监"。向官府缴纳一笔钱捐得的叫"例监"。监生不一定到监就学,具有了这资格,虽非秀才也可以同秀才一样参加乡试。

② 将着:拿着,带着。

子,上了藩库①,讨出库收②来。正直宗师来省录遗③,周进就录了个贡监首卷。到了八月初八日进头场,见了自己哭的所在,不觉喜出望外。自古道"人逢喜事精神爽",那七篇文字,做的花团锦簇一般。出了场,仍旧住在行里。金有余同那几个客人还不曾买完了货。直到放榜那日,巍然中了。众人各各欢喜,一齐回到汶上县。拜县父母、学师,典史拿④晚生帖子上门来贺,汶上县的人,不是亲的也来认亲,不相与的也来认相与,忙了个把月。申祥甫听见这事,在薛家集敛了分子,买了四只鸡、五十个蛋,和些炒米、欢团⑤之类,亲自上县来贺喜。周进留他吃了酒饭去。荀老爹贺礼是不消说了。看看上京会试,盘费衣服,都是金有余替他设处。到京会试,又中了进士,殿在三甲⑥,授了部属⑦。荏苒三年,升了御史⑧,钦点⑨广东学道。

明清科举制度

作品赏析

在科举考场上,周进是很凄惨的,六十多岁时还没有捞到生员资格,还是一个童生。他不得不忍受年轻秀才梅玖的调侃奚落,不得不毕恭毕敬地叫三十多岁的王惠为"老先生"。在他面前,王惠用餐是"管家捧上酒饭,鸡、鱼、鸭、肉,堆满春台",而他用餐则是由和尚送出饭来,外加"一碟老菜叶,一壶热水"。为了养家糊口,周进便不得不以记账人身份跟随姐夫金有余等商人来到了省城。

到了省城后,周进的生命历程发生了戏剧性的变化,引发这些变化的触媒则是贡院——象征科举考试的贡院。读了大半生的书,六十多岁了,周进竟然没有资格在贡院里参加一次考试,竟然还是第一次见到贡院,刺激该是何等之大呀。难怪他百感交集,难怪他感情失控,"一头撞在号板上,直僵僵不省人事",难怪他"满地打滚,哭了又哭","直哭到口里吐出鲜血来"。多少年来,他活得如此卑微,不就是因为他没有机会中举人、中进士嘛。当众人同情他的遭遇讨论为他捐监时,他突然"哭的住了",这说明他对

---

① 藩库:藩台衙门即布政使衙门里管收付银钱的库房。
② 库收:官厅收银后发给的一种收据。
③ 录遗:学政在三年任期内,依次到本省各地举行院试(称"案临"),有"岁考""科考"两种名目,收考童生,从中录取秀才,是次要任务,主要任务是考验一般秀才的平时学业。科考并具有给乡试做准备工作的作用,考得好的即册送参加乡试。"录遗"是各地科考完毕后集中在省城举行的一次补考。
④ 典史拿:原作"典史那",知县的辅佐官。
⑤ 欢团:也叫作"欢喜团",用炒熟的糯米和糖搓成球形的一种食物。
⑥ 殿在三甲:殿即"殿试录取"的省略。殿试三甲即殿试取在三甲。
⑦ 部属:在六部里面各司署办事的官员。
⑧ 御史:明、清设在中央执行纠察弹劾等职的机关名都察院,主官是左都御史、左副都御史,下设各道监察御史,简称"御史"。
⑨ 钦点:"钦"是专制时代表示尊敬皇帝的用语。皇帝直接点派臣下差使,叫"钦点",皇帝交办的案件叫"钦案",案内有关人犯、赃证,叫"钦犯""钦赃"。

科举考试之事是何等敏感。一旦听到众人愿意为他捐监时,他当即表态:"若得如此,便是重生父母,我周进变驴变马,也要报效!"并马上"爬到地下就磕了几个头",其反应又是何等迅速。有了参加乡试的希望,刚才还哭得口吐鲜血的周进又"同众人说说笑笑"了,由此可以看出科举考试倾倒芸芸众生的魔力。周进的喜怒哀乐真实地再现了封建社会读书人的生存处境。

通过捐监途径参加科举考试,周进奇迹般地一路高歌猛进,中举人后再中进士,短短的三年时间,他就"升了御史",被"钦点"为广东学道,占据了要津。周进否极泰来是自中举人之日开始的,中举人后他衣锦还乡,"汶上县的人,不是亲的也来认亲,不相与的也来认相与,忙了个把月"。读书仅仅读成秀才是远远不够的,秀才在人们眼里往往还是"穷秀才",但中举人就不一样了。也许可以说,能否中举人,是明清时代读书人能否过上富贵生活的分水岭。难怪读书人梦寐以求的就是中举人、中进士呢。由于集体无意识的潜在影响,甚至在一些人的名字当中都会嵌入"进"字,如周进、范进者流。周进的遭遇既揭示了读书人热衷科举的必然性,又揭示了科举及第的偶然性。如果他没有随姐夫到省城,如果他没有在贡院的情绪失控,如果他没有碰上一群极富同情心为他捐监的商人,他能科举及第吗?

宝玉挨打①

《宝玉挨打》

（清）曹雪芹

原来宝玉会过雨村回来听见了,便知金钏儿含羞赌气自尽,心中早又五内摧伤,进来被王夫人数落教训,也无可回说。见宝钗进来,方得便出来,茫然不知何往,背着手,低头一面感叹,一面慢慢的走着,信步来至厅上。刚转过屏门,不想对面来了一人正往里走,可巧儿撞了个满怀。只听那人喝了一声"站住!"宝玉唬了一跳,抬头一看,不是别人,却是他父亲,不觉的倒抽了一口气,只得垂手一旁站了。贾政道:"好端端的,你垂头丧气瞎些什么?方才雨村来了要见你,叫你那半天你才出来;既出来了,全无一点慷慨挥洒谈吐,仍是葳葳蕤蕤萎靡不振。我看你脸上一团思欲愁闷气色,这会子又咳声叹气。你那些还不足,还不自在?无故这样,却是为何?"宝玉素日虽是口角伶俐,只是此时一心总为金钏儿感伤,恨不得此时也身亡命殒,跟了金钏儿去。如今见了他父亲说这些话,究竟不曾听见,只是怔呵呵的站着。

---

① 选自《红楼梦》第三十三、三十四回。

贾政见他惶悚，应对不似往日，原本无气的，这一来倒生了三分气。方欲说话，忽有回事人来回："忠顺亲王府里有人来，要见老爷。"贾政听了，心下疑惑，暗暗思忖道："素日并不和忠顺府来往，为什么今日打发人来？"一面想，一面令"快请"，急走出来看时，却是忠顺府长史官①，忙接进厅上坐了献茶。未及叙谈，那长史官先就说道："下官此来，并非擅造潭府②，皆因奉王命而来，有一件事相求。看王爷面上，敢烦老大人作主，不但王爷知情，且连下官辈亦感谢不尽。"贾政听了这话，抓不住头脑，忙陪笑起身问道："大人既奉王命而来，不知有何见谕，望大人宣明，学生好遵谕承办。"那长史官便冷笑道："也不必承办，只用大人一句话就完了。我们府里有一个做小旦的琪官，一向好好在府里，如今竟三五日不见回去，各处去找，又摸不着他的道路③，因此各处访察。这一城内，十停④人倒有八停人都说，他近日和衔玉的那位令郎相与甚厚。下官辈等听了，尊府不比别家，可以擅入索取，因此启明王爷。王爷亦云：'若是别的戏子呢，一百个也罢了，只是这琪官随机应答，谨慎老诚，甚合我老人家的心，竟断断少不得此人。'故此求老大人转谕令郎，请将琪官放回，一则可慰王爷谆谆奉恳，二则下官辈也可免操劳求觅之苦。"说毕，忙打一躬。

贾政听了这话，又惊又气，即命唤宝玉来。宝玉也不知是何原故，忙赶来时，贾政便问："该死的奴才！你在家不读书也罢了，怎么又做出这些无法无天的事来！那琪官现是忠顺王爷驾前承奉的人，你是何等草芥，无故引逗他出来，如今祸及于我。"宝玉听了唬了一跳，忙回道："实在不知此事。究竟连'琪官'两个字不知为何物，岂更又加'引逗'二字！"说着便哭了。贾政未及开言，只见那长史官冷笑道："公子也不必掩饰。或隐藏在家，或知其下落，早说了出来，我们也少受些辛苦，岂不念公子之德？"宝玉连说不知，"恐是讹传，也未见得"。那长史官冷笑道："现有据证，何必还赖？必定当着老大人说了出来，公子岂不吃亏？既云不知此人，那红汗巾子⑤怎么到了公子腰里？"宝玉听了这话，不觉轰去魂魄，目瞪口呆，心下自思："这话他如何得知！他既连这样机密事都知道了，大约别的瞒他不过，不如打发他去了，免的再说出别的事来。"因说道："大人既知他的底细，如何连他置买房舍这样大事倒不晓得了？听得说他如今在东郊离城二十里有个什么紫檀堡，他在那里置了几亩田地几间房舍。想是在那里也未可知。"那长史官听了，笑道："这样说，一定是在那里。我且去找一回，若有了便罢，若没有，还要来请教。"说着，便忙忙的走了。

---

① 长史官：总管王府内事务的官吏。从南朝起始设，以后各代王府都沿设。
② 潭府：深宅大院。常用作对他人住宅的尊称。潭，深邃的样子。
③ 道路：行踪，去向。
④ 停：总数分成几份，其中一份叫一停。
⑤ 汗巾子：系内裤用的腰巾，因近身受汗，故名。

　　贾政此时气的目瞪口歪，一面送那长史官，一面回头命宝玉"不许动！回来有话问你！"一直送那官员去了。才回身，忽见贾环带着几个小厮一阵乱跑。贾政喝令小厮"快打，快打！"贾环见了他父亲，唬的骨软筋酥，忙低头站住。贾政便问："你跑什么？带着你的那些人都不管你，不知往那里逛去，由你野马一般！"喝令叫跟上学的人来。贾环见他父亲盛怒，便乘机说道："方才原不曾跑，只因从那井边一过，那井里淹死了一个丫头，我看见人头这样大，身子这样粗，泡的实在可怕，所以才赶着跑了过来。"贾政听了惊疑，问道："好端端的，谁去跳井？我家从无这样事情，自祖宗以来，皆是宽柔以待下人。——大约我近年于家务疏懒，自然执事人①操克夺之权②，致使生出这暴殄轻生③的祸患。若外人知道，祖宗颜面何在！"喝令快叫贾琏、赖大、来兴。小厮们答应了一声，方欲叫去，贾环忙上前拉住贾政的袍襟，贴膝跪下道："父亲不用生气。此事除太太房里的人，别人一点也不知道。我听见我母亲说……"说到这里，便回头四顾一看。贾政知意，将眼一看众小厮，小厮们明白，都往两边后面退去。贾环便悄悄说道："我母亲告诉我说，宝玉哥哥前日在太太屋里，拉着太太的丫头金钏儿强奸不遂，打了一顿。那金钏儿便赌气投井死了。"

　　话未说完，把个贾政气的面如金纸，大喝"快拿宝玉来！"一面说，一面便往里边书房里去，喝令"今日再有人劝我，我把这冠带家私④一应⑤交与他与宝玉去！我免不得做个罪人，把这几根烦恼鬓毛剃去，寻个干净去处⑥自了，也免得上辱先人下生逆子之罪。"众门客仆从见贾政这个形景，便知又是为宝玉了，一个个都是啖指咬舌⑦，连忙退出。那贾政喘吁吁直挺挺坐在椅子上，满面泪痕，一叠声"拿宝玉！拿大棍！拿索子捆上！把各门都关上！有人传信往里头去，立刻打死！"众小厮们只得齐声答应，有几个来找宝玉。

　　那宝玉听见贾政吩咐他"不许动"，早知多凶少吉，那里承望贾环又添了许多的话。正在厅上干转，怎得个人来往里头去捎信，偏生没个人，连焙茗也不知在那里。正盼望时，只见一个老妈妈出来。宝玉如得了珍宝，便赶上来拉他，说道："快进去告诉：老爷要打我呢！快去，快去！要紧，要紧！"宝玉一则急了，说话不明白；二则老婆子偏生又聋，竟不曾听见是什么话，把"要紧"二字只听作"跳井"二字，便笑道："跳井让他跳去，二

① 执事人：具体操办某件事务的人。
② 克夺之权：生杀予夺之权。
③ 暴殄(tiǎn)轻生：暴殄，恣意糟踏。殄，灭绝。轻生，不爱惜生命。
④ 冠带家私：冠带，帽子和束带，是官服的代称，这里代指官爵。家私，财产，代指家业。
⑤ 一应：所有的一切。
⑥ 烦恼鬓毛……干净去处：鬓毛，即头发，佛家称为"烦恼丝"。干净，佛家以为人世污浊不净，唯有佛门才能通向清净世界，即所谓净土。剃去烦恼鬓毛与寻个干净去处，都是出家当和尚的意思。
⑦ 啖(dàn)指咬舌：恐惧不敢多言的样子。

爷怕什么?"宝玉见是个聋子,便着急道:"你出去叫我的小厮来罢。"那婆子道:"有什么不了的事? 老早的完了。太太又赏了衣服,又赏了银子,怎么不了事的!"

宝玉急的跺脚,正没抓寻处,只见贾政的小厮走来,逼着他出去了。贾政一见,眼都红紫了,也不暇问他在外流荡优伶,表赠私物,在家荒疏学业,淫辱母婢等语,只喝令"堵起嘴来,着实打死!"小厮们不敢违拗,只得将宝玉按在凳上,举起大板打了十来下。贾政犹嫌打轻了,一脚踢开掌板的,自己夺过来,咬着牙狠命盖了三四十下。众门客见打的不祥了,忙上前夺劝。贾政那里肯听,说道:"你们问问他干的勾当可饶不可饶! 素日皆是你们这些人把他酿①坏了,到这步田地还来解劝。明日酿到他弑君杀父,你们才不劝不成!"

众人听这话不好听,知道气急了,忙又退出,只得觅人进去给信。王夫人不敢先回贾母,只得忙穿衣出来,也不顾有人没人,忙忙赶往书房中来,慌的众门客小厮等避之不及。王夫人一进房来,贾政更如火上浇油一般,那板子越发下去的又狠又快。按宝玉的两个小厮忙松了手走开,宝玉早已动弹不得了。贾政还欲打时,早被王夫人抱住板子。贾政道:"罢了,罢了! 今日必定要气死我才罢!"王夫人哭道:"宝玉虽然该打,老爷也要自重。况且炎天暑日的,老太太身上也不大好,打死宝玉事小,倘或老太太一时不自在了,岂不事大!"贾政冷笑道:"倒休提这话。我养了这不肖的孽障,已不孝;教训他一番,又有众人护持;不如趁今日一发勒死了,以绝将来之患!"说着,便要绳索来勒死。王夫人连忙抱住哭道:"老爷虽然应当管教儿子,也要看夫妻分上。我如今已将五十岁的人,只有这个孽障,必定苦苦的以他为法,我也不敢深劝。今日越发要他死,岂不是有意绝我。既要勒死他,快拿绳子来先勒死我,再勒死他。我们娘儿们不敢含怨,到底在阴司里得个依靠。"说毕,爬在宝玉身上大哭起来。贾政听了此话,不觉长叹一声,向椅上坐了,泪如雨下。王夫人抱着宝玉,只见他面白气弱,底下穿着一条绿纱小衣皆是血渍,禁不住解下汗巾看,由臀至胫,或青或紫,或整或破,竟无一点好处,不觉失声大哭起来,"苦命的儿吓!"因哭出"苦命儿"来,忽又想起贾珠来,便叫着贾珠哭道:"若有你活着,便死一百个我也不管了。"此时里面的人闻得王夫人出来,那李宫裁王熙凤与迎春姊妹早已出来了。王夫人哭着贾珠的名字,别人还可,惟有宫裁禁不住也放声哭了。贾政听了,那泪珠更似滚瓜一般滚了下来。正没开交处,忽听丫鬟来说:"老太太来了。"一句话未了,只听窗外颤巍巍的声气说道:"先打死我,再打死他,岂不干净了!"贾政见他母亲来了,又急又痛,连忙迎接出来,只见贾母扶着丫头,喘吁吁的走来。

贾政上前躬身陪笑道:"大暑热天,母亲有何生气亲自走来? 有话只该叫了儿子进

---

① 酿:惯,纵容。

去吩咐。"贾母听说,便止住步喘息一回,厉声说道:"你原来是和我说话!我倒有话吩咐,只是可怜我一生没养个好儿子,却教我和谁说去!"贾政听这话不像,忙跪下含泪说道:"为儿的教训儿子,也为的是光宗耀祖。母亲这话,我做儿的如何禁得起?"贾母听说,便啐了一口,说道:"我说一句话,你就禁不起,你那样下死手的板子,难道宝玉就禁得起了?你说教训儿子是光宗耀祖,当初你父亲怎么教训你来!"说着,不觉就滚下泪来。

贾政又陪笑道:"母亲也不必伤感,皆是作儿的一时性起,从此以后再不打他了。"贾母便冷笑道:"你也不必和我使性子赌气的。你的儿子,我也不该管你打不打。我猜着你也厌烦我们娘儿们。不如我们赶早儿离了你,大家干净!"说着便令人去看①轿马,"我和你太太宝玉立刻回南京去!"家下人只得干答应着。贾母又叫王夫人道:"你也不必哭了。如今宝玉年纪小,你疼他,他将来长大成人,为官作宰的,也未必想着你是他母亲了。你如今倒不要疼他,只怕将来还少生一口气呢。"贾政听说,忙叩头哭道:"母亲如此说,贾政无立足之地。"贾母冷笑道:"你分明使我无立足之地,你反说起你来!只是我们回去了,你心里干净,看有谁来许你打。"一面说,一面只令快打点行李车轿回去。贾政苦苦叩求认罪。

贾母一面说话,一面又记挂宝玉,忙进来看时,只见今日这顿打不比往日,既是心疼,又是生气,也抱着哭个不了。王夫人与凤姐等解劝了一会,方渐渐的止住。早有丫鬟媳妇等上来,要搀宝玉,凤姐便骂道:"糊涂东西,也不睁开眼瞧瞧!打的这么个样儿,还要搀着走!还不快进去把那藤屉子春凳②抬出来呢!"众人听说连忙进去,果然抬出春凳来,将宝玉抬放凳上,随着贾母王夫人等进去,送至贾母房中。

彼时贾政见贾母气未全消,不敢自便,也跟了进去。看看宝玉,果然打重了。再看看王夫人,"儿"一声,"肉"一声,"你替珠儿早死了,留着珠儿,免你父亲生气,我也不白操这半世的心了。这会子你倘或有个好歹,丢下我,叫我靠那一个!"数落一场,又哭"不争气的儿"。贾政听了,也就灰心,自悔不该下毒手打到如此地步。先劝贾母,贾母含泪说道:"你不出去,还在这里做什么!难道于心不足,还要眼看着他死了才去不成!"贾政听说,方退了出来。

此时薛姨妈同宝钗、香菱、袭人、史湘云也都在这里。袭人满心委屈,只不好十分使出来,见众人围着,灌水的灌水,打扇的打扇,自己插不下手去,便越性走出来到二门前,令小厮们找了焙茗来细问:"方才好端端的,为什么打起来?你也不早来透个信儿!"焙茗急的说:"偏生我没在跟前,打到半中间我才听见了。忙打听原故,却是为琪官金钏姐

---

① 看:料理,备办。
② 藤屉子春凳:藤屉子,凳面用藤皮编成。春凳,一种面较宽的可坐可卧的长凳。

姐的事。"袭人道："老爷怎么得知道的？"焙茗道："那琪官的事,多半是薛大爷素日吃醋,没法儿出气,不知在外头唆挑了谁来,在老爷跟前下的火①。那金钏儿的事是三爷说的,我也是听见老爷的人说的。"袭人听了这两件事都对景②,心中也就信了八九分。然后回来,只见众人都替宝玉疗治。调停完备,贾母令"好生抬到他房内去"。众人答应,七手八脚,忙把宝玉送入怡红院内自己床上卧好。又乱了半日,众人渐渐散去,袭人方进前来经心服侍,问他端的。且听下回分解。

话说袭人见贾母王夫人等去后,便走来宝玉身边坐下,含泪问他："怎么就打到这步田地？"宝玉叹气说道："不过为那些事,问他做什么！只是下半截疼的很,你瞧瞧打坏了那里。"袭人听说,便轻轻的伸手进去,将中衣褪下。宝玉略动一动,便咬着牙叫"嗳哟",袭人连忙停住手,如此三四次才褪了下来。袭人看时,只见腿上半段青紫,都有四指宽的僵痕高了起来。袭人咬着牙说道："我的娘,怎么下这般的狠手！你但凡听我一句话,也不得到这步地位。幸而没动筋骨,倘或打出个残疾来,可叫人怎么样呢！"

正说着,只听丫鬟们说："宝姑娘来了。"袭人听见,知道穿不及中衣,便拿了一床袷纱被③替宝玉盖了。只见宝钗手里托着一丸药走进来,向袭人说道："晚上把这药用酒研开,替他敷上,把那淤血的热毒散开,可以就好了。"说毕,递与袭人,又问道："这会子可好些？"宝玉一面道谢说："好了。"又让坐。宝钗见他睁开眼说话,不像先时,心中也宽慰了好些,便点头叹道："早听人一句话,也不至今日。别说老太太、太太心疼,就是我们看着,心里也——"刚说了半句又忙咽住,自悔说的话急了,不觉的就红了脸,低下头来。宝玉听得这话如此亲切稠密,大有深意,忽见他又咽住不往下说,红了脸,低下头只管弄衣带,那一种娇羞怯怯,非可形容得出者,不觉心中大畅,将疼痛早丢在九霄云外,心中自思："我不过挨了几下打,他们一个个就有这些怜惜悲感之态露出,令人可玩可观,可怜可敬。假若我一时竟遭殃横死,他们还不知是何等悲感呢！既是他们这样,我便一时死了,得他们如此,一生事业纵然尽付东流,亦无足叹惜,冥冥之中若不怡然自得,亦可谓糊涂鬼祟矣。"想着,只听宝钗问袭人道："怎么好好的动了气,就打起来了？"袭人便把焙茗的话说了出来。

宝玉原来还不知道贾环的话,见袭人说出方才知道。因又拉上薛蟠,惟恐宝钗沉心④,忙又止住袭人道："薛大哥哥从来不这样的,你们不可混猜度。"宝钗听说,便知道是怕他多心,用话相拦袭人,因心中暗暗想道："打的这个形象,疼还顾不过来,还是这样

---

① 下的火：使坏进谗的意思。
② 对景：对得上号,情况符合。
③ 袷(jiá)纱被：表里两层的纱被。袷,同"夹"。
④ 沉心：多指言者无意而听者有心,陡生不快。也叫"吃心"或"嗔心"。

222

细心，怕得罪了人，可见在我们身上也算是用心了。你既这样用心，何不在外头大事上做工夫，老爷也欢喜了，也不能吃这样亏。但你固然怕我沉心，所以拦袭人的话，难道我就不知我的哥哥素日恣心纵欲，毫无防范的那种心性。当日为一个秦钟，还闹的天翻地覆，自然如今比先又更利害了。"想毕，因笑道："你们也不必怨这个，怨那个。据我想，到底宝兄弟素日不正，肯和那些人来往，老爷才生气。就是我哥哥说话不防头①，一时说出宝兄弟来，也不是有心调唆：一则也是本来的实话，二则他原不理论②这些防嫌小事。袭姑娘从小儿只见宝兄弟这么样细心的人，你何尝见过天不怕地不怕、心里有什么口里就说什么的人。"袭人因说出薛蟠来，见宝玉拦他的话，早已明白自己说造次了，恐宝钗没意思，听宝钗如此说，更觉羞愧无言。宝玉又听宝钗这番话，一半是堂皇正大，一半是去己疑心，更觉比先畅快了。方欲说话时，只见宝钗起身说道："明儿再来看你，你好生养着罢。方才我拿了药来交给袭人，晚上敷上管就好了。"说着便走出门去。袭人赶着送出院外，说："姑娘倒费心了。改日宝二爷好了，亲自来谢。"宝钗回头笑道："有什么谢处。你只劝他好生静养，别胡思乱想的就好了。不必惊动老太太、太太众人，倘或吹到老爷耳朵里，虽然彼时不怎么样，将来对景，终是要吃亏的。"说着，一面去了。

　　袭人抽身回来，心内着实感激宝钗。进来见宝玉沉思默默似睡非睡的模样，因而退出房外，自去栉沐③。宝玉默默的躺在床上，无奈臀上作痛，如针挑刀挖一般，更又热如火炙，略展转时，禁不住"嗳哟"之声。那时天色将晚，因见袭人去了，却有两三个丫鬟伺候，此时并无呼唤之事，因说道："你们且去梳洗，等我叫时再来。"众人听了，也都退出。

　　这里宝玉昏昏默默，只见蒋玉菡走了进来，诉说忠顺府拿他之事，又见金钏儿进来哭说为他投井之情。宝玉半梦半醒，都不在意。忽又觉有人推他，恍恍忽忽听得有人悲戚之声。宝玉从梦中惊醒，睁眼一看，不是别人，却是林黛玉。宝玉犹恐是梦，忙又将身子欠起来，向脸上细细一认，只见两个眼睛肿的桃儿一般，满面泪光，不是黛玉，却是那个？宝玉还欲看时，怎奈下半截疼痛难忍，支持不住，便"嗳哟"一声，仍就倒下，叹了一声，说道："你又做什么跑来！虽说太阳落下去，那地上的余热未散，走两趟又要受了暑。我虽然挨了打，并不觉疼痛。我这个样儿，只装出来哄他们，好在外头布散与老爷听，其实是假的。你不可认真。"此时林黛玉虽不是嚎啕大哭，然越是这等无声之泣，气噎喉堵，更觉得利害。听了宝玉这番话，心中虽然有万句言词，只是不能说得，半日，方抽抽噎噎的说道："你从此可都改了罢！"宝玉听说，便长叹一声，道："你放心，别说这样话。就便为这些人死了，也是情愿的！"

---

①　不防头：不留神，不经意。

②　不理论：不注意，不在意。

③　栉(zhì)沐：梳洗。

一句话未了，只见院外人说："二奶奶来了。"林黛玉便知是凤姐来了，连忙立起身说道："我从后院子去罢，回来再来。"宝玉一把拉住道："这可奇了，好好的怎么怕起他来。"林黛玉急的跺脚，悄悄的说道："你瞧瞧我的眼睛，又该他取笑开心呢。"宝玉听说赶忙的放手。黛玉三步两步转过床后，出后院而去。

作品赏析

本文记叙了宝玉挨打的起因、过程，以及挨打后众人探望宝玉的情景。宝玉与戏子琪官结交、与母亲的婢女金钏儿调笑导致金钏儿被王夫人所逐而跳井自杀，庶弟贾环又从中挑拨，这成了宝玉挨打的导火索。而宝玉荒疏学业、鄙视和背离家人为他安排的仕途道路则是他挨打的根本原因。"宝玉挨打"这一大事件，是作为封建秩序的叛逆者贾宝玉与封建势力的卫道士贾政世界观誓不两立的必然结果，而王夫人及其嫡出贾宝玉跟赵姨娘及其庶出贾环的明争暗斗又导致了矛盾的爆发。

在文中，作者以多种手法刻画了人物形象，多方面表现了人物性格。在刻画人物形象方面，本文有两个特点：一是将众多人物放在同一事件的矛盾冲突中去表现不同人物不同的性格特点。作者非常巧妙地利用了宝玉挨打这个非同寻常的事件，围绕着起因、过程和后续发展，写出了不同人物出于不同的考虑和目的，而在事件中表现出不同的态度、情感，以此反映不同人物的性格特征。二是通过人物的语言、行动、心理描写来刻画人物。小说中宝玉挨打后众人探望宝玉的情景最具典型性。这一部分重点写了四个人物：一是袭人，她是宝玉的贴身丫头。她精心照料宝玉，细心探察宝玉挨打的原因。二是薛宝钗，她先送上治伤的丸药，然后安慰宝玉，在安慰中暗送爱情，并劝宝玉改悔。三是林黛玉，她见了宝玉只有哭泣，哭得"气噎喉堵"，"抽抽噎噎的说道：你从此可都改了罢！"最后怕被凤姐看到哭肿的眼，特意从后门退出。这里作者通过人物语言、行动描写了林黛玉对宝玉真诚的爱和悲伤，刻画了她不喜欢张扬、不虚伪的性格特征。四是贾宝玉，写他伤痛中仍细心想到别人，怕薛宝钗多想，表现出了他温柔、细心、体贴的一面。同时，宝玉虽然被打得遍体鳞伤，但对自己选定的生活道路仍无悔改之意。当父亲要打他时，他急于寻求保护伞，告知老太太，不过是权宜之计。逃过这顿打，他仍将我行我素，打他的过程中，他知道求饶没有用，故"只是呜呜地哭"。而他从痛楚中醒来后的第一句话是："不过为那些事，问他做什么！"他并没有在毒打之下屈服，他对前来看他的黛玉说："你放心，别说这样话。就便为这些人死了，也是情愿的！"这表明他对已经选定的生活道路绝无改悔的坚定决心。

本文语言简洁纯净而又丰富多彩，人物的对话富于个性化，这些也为人物形象的塑造增添了光彩。

文学常识

明清小说

第一节　明清小说概况

　　小说是伴随着城市商业经济的繁荣而发展起来的。宋代前后,手工业和商业的发展带来了都市的繁荣,为民间说唱艺术的发展提供了场所和观众,不断扩大的市民阶层对文化娱乐的需求又大大刺激了这种发展,从而产生出新的文学样式——话本。话本是说话人所用的底本,有讲史、小说、公案、灵怪等不同题材,已初具小说规模。章回小说是分章叙事、标明回目的小说,它是我国古典长篇小说的唯一形式,是由宋元话本发展而来的。明代是章回小说诞生、发展、繁荣的时期。

　　元朝末年政治黑暗、吏治腐败,阶级斗争与民族矛盾极其尖锐,经群雄逐鹿,朱元璋取得了最终胜利并建立了明王朝。为张扬变革现实、推翻黑暗王朝的时代精神,罗贯中与施耐庵分别在元代说书基础上,或以史书《三国志》为主要依据,或以民间传说为基本素材,借鉴吸纳其他不同文学样式的创作成果,创作出历史演义与英雄传奇的典范之作《三国演义》《水浒传》。这两部著作的出现,在中国文学史上是划时代的大事,标志着处于边缘的文学体裁——小说正在发生大规模的位移,取代其他文学样式而居于主导地位。之后,文坛上依次出现了以《西游记》为代表的神魔小说和以《金瓶梅》为代表的世情小说创作高潮。到了明末,又出现了以冯梦龙编著的"三言"(《喻世明言》《警世通言》《醒世恒言》)和凌濛初创作的"二拍"(《拍案惊奇》和《二刻拍案惊奇》)为代表的短篇小说创作高峰。

　　与明代小说相比,清代小说取得了更为辉煌的成就。文言小说与白话小说互相影响,齐头并进,达到了各自的鼎盛时期。在文言小说方面,清代出现了蒲松龄的《聊斋志异》,它堪称中国古代文言小说的集大成之作,影响深远。在白话小说方面,清代不但出现了中国古代最杰出的讽刺文学代表作《儒林外史》,而且诞生了中国古代小说乃至整个中国古代文学的巅峰之作《红楼梦》。此外,清代小说类型在明代基础上继续发展,并出现了许多新的小说类型,如谴责小说。李伯元的《官场现形记》、吴趼人的《二十年目睹之怪现状》、刘鹗的《老残游记》以及曾朴的《孽海花》号称清末"四大谴责小说"。

第二节　重点作家作品

一、历史演义小说《三国演义》

历史演义小说是在一朝一代的历史事实立基础上,吸取野史杂说和民间传说的内容,敷衍扩大而成的。所谓"七分事实,三分虚构"。元末明初罗贯中的《三国演义》是最典型的历史演义小说,也是中国第一部长篇章回体历史演义小说。罗贯中(1330?—1400?),元末明初小说家,名本,字贯中,号湖海散人,山西太原人。

《三国演义》描写了从东汉末年到西晋初年之间近百年的历史风云,以描写战争为主,述说了东汉末年的群雄割据混战和汉、魏、吴三国之间的政治和军事斗争,以没落的汉室宗亲刘备和以宗族起兵的曹操作为两条主线展开了中前期的故事,而中后期以大汉丞相诸葛亮率领汉军北伐,与魏国重臣司马懿的斗智斗勇为主线,以三国归晋而告终。《三国演义》反映了三国时代各类社会斗争与矛盾的转化,并概括了这一时代的历史巨变,塑造了一群叱咤风云的三国英雄人物;揭示了封建统治阶级内部的黑暗和腐朽,控诉了统治者的暴虐和丑恶。《三国演义》继承了《左传》中对战争场面的描写手法,着重描述双方会战前的备战过程和精神状态,到了两军对垒战幕拉开时,结局水到渠成,让读者仿佛置身战局之中。总体来说,《三国演义》传达了"拥刘反曹"的思想倾向。作者将作品的主要篇幅留给了刘备集团,将曹操定为蜀汉的主要对立面,将孙吴置于从属的地位。

二、英雄传奇小说《水浒传》

英雄传奇小说是以描写理想化的传奇式的英雄为主的小说。明初施耐庵所著的《水浒传》是英雄传奇小说的代表作。施耐庵(1296—1371),扬州兴化人,原名施彦端,别号耐庵。

《水浒传》是在长期民间传说和说书艺人加工的基础上,由文人作家写定成书的。《水浒传》的主题集中在"逼上梁山"和"乱自上作"上。全书以农民起义的发生、发展过程为主线,通过各个英雄被逼上梁山的不同经历,描写出他们由个体觉醒到走上小规模联合反抗的门道路,再发展为盛大的农民起义队伍的全过程,表现了"官逼民反"这一封建时代农民起义的必然规律。小说深刻地挖掘出了封建时代农民起义的深层原因。小说以高俅发迹作为故事的开端,意在表明"乱自上作",作者还写了大批的贪官污吏和地方恶霸,正是他们狼狈为奸,鱼肉百姓,才迫使善良而正直的人们不得不铤而走险,奋起反抗。小说通过宋江起义的失败客观总结了封建时代农民起义失败的经验教训。宋江原是一位扶困的义士，当他被逼上梁山后，"替天行道"，壮大了起义军的声威，取得了一系列胜利。但由于他性格的二重性和思想的局限性，在起义事业登上峰巅之时选择了妥协、招安，最终葬送了起义事业。小说歌颂了农民起义领袖们劫富济贫、除暴安良的正义行为，肯定了他们敢于造反、敢于斗争的革命精神。

三、神魔小说《西游记》

神魔小说的内容涉及鬼神魔怪，充满奇异的幻想。吴承恩的《西游记》是神魔小说中最优秀的一部，也是中国古代第一部浪漫主义章回体长篇神魔小说。吴承恩（1500？—1582？），字汝忠，号射阳山人，淮安府山阳县（今江苏省淮安市淮安区）人。

《西游记》以"唐僧取经"这一历史事件为蓝本，通过作者的艺术加工，深刻地描绘了当时的社会现实。全书以"历险式"的故事框架，描写了孙悟空出世及大闹天宫后，遇见了唐僧、猪八戒和沙僧三人，西行取经，一路降妖伏魔，经历了九九八十一难，终于到达西天见到如来佛祖，最终五圣成真的故事。取经的主角原本是唐僧，但在小说中，孙悟空却成为主角。他破石而出，远游学艺，闹龙宫，闹冥司，大闹天宫，把整个世界的秩序搅得一塌糊涂，即使后来受到镇压和束缚，被戴上了"紧箍咒"，孙悟空依旧保持着桀骜不驯的性格。所以，孙悟空这一形象，实际上是人的天性中对自由的强烈渴望。猪八戒则是人性中贪恋世俗享乐的象征。他形象粗蠢，贪恋食物、女人和财富，取经路上时时想着散伙回他的高老庄。但是，作者对他的嘲谑是善意的，因为猪八戒身上的毛病其实是人类身上普遍存在的弱点。

作者运用浪漫主义手法，描绘了一个色彩缤纷、神奇瑰丽的幻想世界，创造了一系列妙趣横生、引人入胜的神话故事，曲折地反映出世态人情和世俗情怀。

四、世情小说《金瓶梅》

世情小说是以社会现实生活尤其是家庭生活为题材，刻画种种世态人情的小说。《金瓶梅》是中国古代第一部世情小说，作者以"兰陵笑笑生"为化名，他究竟是何人，历代有各种猜测和推考，但没有定论。

《金瓶梅》的书名由小说中三位主要女性（潘金莲、李瓶儿、春梅）的名字合成。它借用《水浒传》中西门庆与潘金莲的故事作开头，写潘金莲未被武松杀死，嫁给西门庆为妾，由此转入西门庆家庭内发生的一系列事件，以及与这家庭相联系的社会景象，直到西门庆纵欲身亡，家庭破败，众妾风云流散，揭露了明代中叶社会的黑暗和腐败。

《金瓶梅》中的男主人公西门庆和三位女主角中最活跃的潘金莲，都是邪恶而又生机勃勃的人物,他们的生活态度和命运是小说的主要色调。西门庆是一个暴发户式的富商,是新兴的市民阶层中的显赫人物。他凭借金钱买通政治权力,为所欲为。在小说中,对异性永无休止的追逐,是西门庆体现自身存在的方式。潘金莲美丽、伶俐、乖张,具有色情狂和虐待狂的性格,她的邪恶是在悲惨的命运中滋长起来的:九岁被卖到王招宣府上学弹唱,后来被转卖给张大户,十八岁就被收用了,再后来又被迫嫁给猥琐的武大。来到西门庆家中,她只能凭借自己的美貌与机灵,用邪恶的手段来夺取幸福和快乐,同时又在邪恶中毁灭了自己。

五、蒲松龄的《聊斋志异》

蒲松龄(1640—1715),字留仙,别号柳泉居士,山东淄博人。十九岁时以县、府、道试三个第一补博士弟子生员,文名大振。但此后的科场考试却困顿不振,一直到七十一岁才得到一个岁贡生名义。中年开始一边教书一边写作《聊斋志异》。

《聊斋志异》简称《聊斋》,俗名《鬼狐传》,是中国清朝著名小说家蒲松龄创作的文言短篇小说集。《聊斋志异》的意思是在书房里记录奇异的故事,"聊斋"是他的书斋名称,"志"是指记述,"异"是指奇异的故事。《聊斋志异》是志怪和传奇的混合,共近五百篇作品,一部分为各类奇闻异事的简单记录,一部分则是涉及神鬼、狐妖、花木精灵的奇异故事,另有近七十篇作品是写儒生蹉跎科场、落拓不遇的惨痛遭际。全书故事或者揭露封建统治的黑暗,或者抨击科举制度的腐朽,或者反抗封建礼教的束缚,具有丰富深刻的思想内容。描写爱情主题的作品,在全书中数量最多,它们表现了强烈的反封建礼教的精神。其中一些作品,通过花妖狐魅和人的恋爱,表现了作者理想的爱情。

《聊斋志异》被认为是中国文言短篇小说的巅峰。在艺术形式上,《聊斋志异》兼具唐传奇和志怪小说的写法,想象丰富,情节曲折,描写细腻。此外,语言方面,既用了简洁而文雅的文言又用了口语,使小说呈现出既典雅精炼又通俗活泼的语言风格。

六、吴敬梓的《儒林外史》

吴敬梓(1701—1754),字敏轩,晚年自号文木老人,安徽全椒人。吴敬梓二十岁考上秀才,但此后历经多次乡试,均未能中举。长期以来的应试挫折,使他对科举考试的弊端有了深刻认识,从此不再应乡试。

《儒林外史》代表着中国古代讽刺小说的高峰。全书以明代为背景,以写实主义描绘各类人士对于"功名富贵"的不同表现,一方面真实地揭示人性被腐蚀的过程和原因,从而对当时吏治的腐败、科举的弊端、礼教的虚伪等进行了深刻的批判和嘲讽;一方面热情地歌颂了少数人物以坚持自我的方式所做的对于人性的守护,从而寄寓了作者的理想。小说《儒林外史》，"儒林"是指小说写的是知识分子以及与知识分子相关的地主豪绅、官僚名士等人物，"外史"指小说写了正史所不愿写或不敢写的内容。《儒林外史》用周进和范进两位穷儒生的科场沉浮的经历，揭示科举制度是如何摧残读书人的心灵的。作者最后以四个"市井奇人"的故事来结束全书：一个写得一手好字，一个下得一手好棋，一个能作诗读书，再一个能弹一手好琴。这些人身上有清高名士的风雅气息，是作者理想的寄托。

小说结构比较独特，是一个个相对独立的故事的连环套：前面一个故事说完了，引出一些新的人物，这些新的人物便成为后一个故事的主要角色。小说语言是一种高度纯熟的白话文，简练准确，生动传神。写作手法则是写实与夸张讽刺的巧妙结合。

七、曹雪芹的《红楼梦》

曹雪芹(1715？—1763？)名霑，号雪芹，字梦阮。曹雪芹的曾祖曹玺妻孙氏做过康熙幼年的保姆，祖父曹寅做过康熙的伴读，因此与皇室有特殊关系。康熙六次南巡，四次以江宁织造府为行宫，曹家地位如日中天。但是，雍正上台到乾隆初年，曹家逐渐败落，家境潦倒。"生于繁华，终于沦落"，经历过富贵繁华贵族生活的曹雪芹，十三四岁随全家迁回北京，过着穷困潦倒的生活。尽管如此，曹雪芹以坚韧的毅力从事《红楼梦》的写作与修订工作。1762年，因为幼子夭亡的沉重打击，贫病交加的曹雪芹于是年除夕辞世。

《红楼梦》又名《石头记》《金玉缘》，中国古典四大名著之首(另三部为《三国演义》《水浒传》《西游记》)。此书分为120回"程本"和80回"脂本"两种版本系统。程本后四十回，一般认为是高鹗(1738？—1815？)续写的。

《红楼梦》以贾、史、王、薛四大家族的兴衰为背景，以贾府的家庭琐事、闺阁闲情为脉络，以贾宝玉、林黛玉、薛宝钗的爱情婚姻故事为主线，刻画了以贾宝玉和金陵十二钗为中心的人性美和悲剧美，通过家族悲剧、女儿悲剧及主人公的人生悲剧，揭示出封建末世危机。作者将贾宝玉和一群身份、地位不同的少女放在大观园这个既是诗化的、又是真实的小说世界里，来展示她们的青春生命和美被毁灭的悲剧。作品极为深刻之处在于，并没有把这个悲剧完全归于恶人的残暴，而是点明了其中一部分悲剧是封建势力直接摧残的结果，如鸳鸯、晴雯、司棋的悲惨下场，但是更多的悲剧是封建伦理关系中的"通常之道德、通常之人情、通常之境遇"所造成的，是几千年积淀而凝固下来的正统文化的深层结构造成的人生悲剧。《红楼梦》揭露了封建社会后期的种种黑暗和罪恶及其不可克服的内在矛盾，对腐朽的封建统治阶级和行将崩溃的封建制度做了有力的批判，使读者预感到它必然要走向覆灭的命运；同时小说还通过对贵族叛逆者的歌颂，表达了对不能泯灭的人性的渴望。

《红楼梦》在艺术上最值得称道的是人物形象的塑造。贾宝玉、林黛玉、薛宝钗、王熙凤等主要人物都有鲜明的个性和丰富的性格层面。其次是精彩绝伦的艺术结构。小说讲述的每件生活琐事,有其前因后果,又彼此纠缠,作者将其井然有序地组织于笔下,呈现出多条线索齐头并进、交互联结又相互制约的精密的网状结构,令人叹为观止。《红楼梦》的语言艺术成就更是代表了中国古典小说语言艺术的高峰,平淡之中蕴涵着浓郁的诗情画意。

语言知识

病句修改

现代汉语中经常会出现一些病句。我们在辨识句子时,就要梳理出句子的主干和枝叶,看成分是否残缺或者赘余。我们要看句子的主干即主、谓、宾和句子的枝叶即定、状、补与中心语之间是否搭配,看是否有不同的句式混用,语序是否恰当,是否符合逻辑思维,表意是否明确,答案为"否"的就是病句。

一、常见的语病类型

（一）语序不当

例1：据媒体报道,中国将在2017年左右实现月球软着陆探测自动巡视勘查,这为中国深空探测的发展奠定进一步的技术基础。（语序不当,应为"进一步奠定技术基础"。）

例2：在休息室里许多老师昨天都同他热情的交谈。（多层状语语序不当,表对象的介宾短语一般紧挨中心语,应改为"许多老师在休息室里都热情地同他交谈"。）

例3：文件对经济领域中的一些问题,从理论上和政策上作了详细的规定和深刻的说明。（词语的前后顺序排列不当,"深刻说明"应照应"理论","详细的规定"应照应"政策"。）

（二）搭配不当

例1：《野鸭子》最打动人的是对真善美的热情讴歌,透过剧情的审美体验,让人们信了一个事实、一条真理：世上还是好人多,人间自有真情在。（搭配不当,"透过""体验"无法搭配。）

例2：该厂狠抓生产质量,重视企业文化,十几年来凝聚了一批技术骨干,所生产的内衣产量成为全国同行业销售额率先突破十亿大关的一个著名品牌。（"凝聚"和"骨干"搭配不当,"产量成为品牌"搭配不当,可改为"十几年来培养了一批技术骨干,所生产的内衣在全国同行业销售额率先突破十亿大关,成为一个著名品牌"。）

例3：成千上万的亚运志愿者都在忙碌着,他们在共同努力,完成举办一次令亚洲乃至全世界都瞩目的文明亚运的理想。（搭配不当,"完成"与"理想"搭配不当,应为"完成任务"或"实现理想"。）

（三）成分残缺或赘余

例1：鲁迅先生在斗争中创造了杂文,成了文学艺术中的奇葩。（缺主语,将"创造了"改为"创造的"。）

例2：我国计划在2011年向太空发射目标飞行器"天宫一号"的实验,这一消息引起世界各国极大关注,被全球各大媒体争相报道。(成分赘余,删去"的实验"。)

例3：只要有勤奋、肯吃苦,什么样的难题都难不倒你。(缺宾语,在"肯吃苦"后加上"的决心"。)

(四) 结构混乱

例1：止咳祛痰片,它里面的主要成分是由远志、桔梗、贝母、氯化铵等配制而成的。(应该是"它里面的主要成分是远志……等"或"它是由远志……等配制而成",两种格式任选一个。)

例2：你可知道,要出版一本译作是要经过多少人的努力以后,才能与读者见面的。(把"要出版……的努力"和"一本译作……见面的"两句话揉在一块儿说了,只能选一句说。)

(五) 表意不明

例1：局长、副局长和其他局领导出席了这次表彰会。("其他局领导"是"本局领导"还是"别局的领导",不明确。)

例2：巴勒斯坦游击队对以色列的进攻是早有准备的。(是"巴勒斯坦游击队进攻以色列",还是"以色列进攻巴勒斯坦游击队",不清楚。)

例3：刘老先生热心支持家乡的教育、慈善等公益事业。他这次返乡,主动提出要与部分福利院参加高考的孤儿合影留念。(表意不明,"部分"既可修饰"福利院",也可修饰"孤儿"。)

(六) 不合逻辑

例1：他是多少个死难者中幸免的一个。(既然是"幸免",就是没有死,怎么能说"死难者"中的"一个"呢?)

例2：在我们的生活经验里,虚假宣传似乎已经见怪不怪,相关行政执法部门本有查处之责,怎可坐等媒体爆料,甚至在媒体努力推动之后仍不闻不问?(不合逻辑,应为"我们对于虚假宣传已经见怪不怪"。)

二、常见的病句修改方法

(一) 句中有多重限定或修饰成分,可考虑是否语序不当或赘余。

例：参加这次探险活动前他已写下遗嘱,万一若在探险中遇到不测,四个子女都能从他的巨额遗产中按月领取固定数额的生活费。(句中"万一"与"若"重复,属赘余。)

(二) 句中有并列成分,当考虑它们同其他成分是否搭配或照应,它们是否存在从属关系或交叉关系。

例1：今年春节期间,这个市的消防车、三千多名消防官兵,放弃休假,始终坚持在各自值勤的岗位上。(句中并列主语中"消防车"同动词谓语"放弃休假""坚持"不搭配。)

例2：许多穿裙子的妇女和青年正在那里拍照。(句中的定语"穿裙子的"和中心语"青年"不搭配；"青年"和"妇女"词义有交叉，不能并列。)

例3：采风小组搜集了近七百万字的民间故事、七百余首情歌和少量民歌。("情歌"与"民歌"互有包含，二者是交叉关系，不能并列。)

(三) 句中出现选择性判断词语，应考虑可能存在一面与两面搭配不当的语病，但须注意，有些句子"症状"明显，但并没有语病，辨识要小心，谨防掉入命题者的陷阱。

例1：我们能不能培养出"四有"新人，是关系到我们党和国家前途命运的大事，也是教育战线的根本任务。(谓语部分只有一面，"是根本任务"，而主语部分却说了两面，"能不能"，主谓不搭配。)

例2：储蓄所吸收储蓄额的高低对国家流动资金的增长有重要作用，因而动员城乡居民参加储蓄是积累资金的重要手段。("高低"是两面，"增长"是一面，但由于储蓄额的高和低都是增长，所以并不存在两面与一面不搭配的语病。)

(四) 否定、多重否定或否定加反问，应考虑句意是否明确。

例1：睡眠有三忌：一忌睡前不可恼怒，二忌睡前不可饱食，三忌卧处不可当风。("忌"和"不可"双重否定，使意思反了。)

例2：对雷锋精神当然要赋予新的内涵，但谁又能否认现在就不需要学习雷锋了呢？("否认""不"与反问语气构成三重否定，使意思反了。)

(五) 代词指代句中内容应考虑指代是否明确。

例1：之华同志去世前，满心希望我能写一篇有关秋白同志文学活动的文章，就像他写《序言》一样。(句中"他"是指"之华"还是指"秋白"，不明确。)

例2：欣赏一首好诗不容易，创作一首好诗更不是简单的事，小王对诗歌情有独钟，因此，他平时在这方面做了不少努力。("这方面"是"欣赏"还是指"创作"，不明确。)

(六) 句中出现数字，可考虑数字说明是否前后矛盾或重复，是否有歧义，等等。

例1：这个事故造成的经济损失，据有关人员保守估计，直接损失至少在六千万元以上。("至少"与"以上"矛盾。)

例2：这两年，不少名牌彩电的价格和前几年比，几乎下降了一倍。("下降"与"一倍"不搭配。"倍"仅表示增加。)

例3：局长嘱咐几个学校的领导，新学期的工作一定要有新的起色。(是说一个学校的几个领导，还是不同学校的几个领导？有歧义。)

（七）句中有判断动词"是"，可考虑主语与宾语是否搭配。

例1：东端有两座石碑，一座是乾隆题燕京八景之一"卢沟晓月"四个大字，碑的四周有四根龙抱柱。（"一座是"与"四个大字"搭配不当。）

例2：这种"大雪压青松，青松挺且直"的高风亮节是我们永远学习的榜样。（"高风亮节"与"榜样"不搭配。）

（八）句中有介词或连词，可考虑其是否用得恰当。

例1：他们在遇到困难的时候，并没有消沉，而是在大家的信赖和关怀中得到力量，树立了克服困难的信心。（句中第二个介词"在"使用不当，应改为"从"。）

例2：3月17日，6名委员因受贿丑闻被逐出国际奥委会，第二天，世界各大报纸关于这起震惊国际体坛的事件都做了详细报道。（"关于"应改为"对于"或"对"。）

（九）句子是复句，应考虑分句顺序是否正确，关联词语是否恰当，分句关系是否符合逻辑。

例1：一个人有错误不加改正，如果是很小的错误，也可能会酿成大害。（该句是让步关系的假设复句，"如果"应改为"即使"。）

例2：《红楼梦》写了那么多的人，就是因为作者和他描写的对象长期相处，深深理解了他们的一切。（分句间没有因果关系。）

（十）如果句子的"病状"不明显，可压缩句子的主干，看相关成分是否搭配、残缺，或结构是否混乱，等等。

这是辨识病句最基本的方法。除辨识复句外，辨识单句也必须以此为基础。在一时找不到"病症"的情况下，适宜采用这种方法。

例1：随着社会的不断进步，科技知识的价值日益显现，人类已进入知识产权的归属和利益的分成，并已开始向科技工作者倾斜。（主干"进入"不能与"分成"搭配，即成分残缺，需在"分成"之后补上中心语"的时代"，这样句子才通顺。）

例2：针对国际原油价格步步攀升，美国、印度等国家纷纷建立或增加了石油储备，我国也必须尽快建立国家的石油战略储备体系。（"针对"与"攀升"不搭配，状语"针对"的中心语"的形势"残缺。）

单元测验　　单元讨论题

第七单元

家国情怀

　　《完善中华优秀传统文化教育指导纲要》指出：要"开展以天下兴亡、匹夫有责为重点的家国情怀教育"，"着力引导青少年学生深刻认识中国梦是每个人的梦，以祖国的繁荣为最大的光荣，以国家的衰落为最大的耻辱，增强国家认同，培养爱国情感，树立民族自信"。培养认同国家、认同民族、认同地域的家国情怀，是现代人应有的文化涵养。本单元作品精读部分主要学习关于家国情怀的四篇文章：郁达夫的《故都的秋》描绘了故都之秋的三个层次、五种景况，传承了中国文学的"悲秋"主题，抒发了对故都的眷恋之情。柯灵的《乡土情结》告诉我们，无论是"小家"还是"大家"，无论是"离家"还是"归家"，家才是心灵的港湾，乡土才是诗意的栖居地。柔石的《为奴隶的母亲》反映了浙东旧时代野蛮落后的"典妻"习俗，深刻揭露了旧时代农村底层妇女身心遭受的严重摧残。

　　在作品欣赏部分，我们聚焦于现代文学，选取了三首现代诗以及《桨声灯影里的秦淮河》《药》予以呈现。我们将通过这些篇目的学习，以点带面地了解现代文学概貌。

　　在常识部分，我们介绍了现代文学基本知识，在对现代文学做整体梳理的基础上，着重介绍重点作家与作品，包括鲁迅的《阿Q正传》、郭沫若的《女神》、茅盾的《子夜》、巴金的《家》、老舍的《骆驼祥子》、徐志摩的《再别康桥》、周作人的小品散文等。

　　在语言知识部分，我们围绕修辞方法，对比喻、比拟、借代、夸张、对偶等做较为详细的讲解。

作品精读

故都的秋①

😊 故都的秋

郁达夫

作品导读

《故都的秋》的情感基调总体偏于"悲凉",作者通过表现"种种衰亡的生命",显示了对生命满怀感伤和哀怜的情感态度。文章通过对北平秋色的描绘,赞美了故都的自然风物,抒发了向往、眷恋故都之秋的真情,并流露出忧郁、孤独的心境。开头和结尾均以北国之秋和江南之秋作对比,表达对北国之秋的向往之情。中间主体部分从记叙和议论两方面描述故都纷繁多彩的清秋景象:记叙部分采用并列结构,根据"清""静""悲凉"三个层次,逐一描绘故都秋院感秋、秋槐缀秋、秋蝉啼秋、秋雨叹秋、秋果盛秋五种景况;议论部分从喻理的角度,进一步赞颂自然之秋、北国之秋。首尾照应,回环往复;中部充分展开,酣畅淋漓。

学习课文时,要注意体会作者思想感情的时代性。社会风云和个人遭际在作者心里投下了阴影,以致对故都清秋的"品味"夹杂着一些苦涩。

秋天,无论在什么地方的秋天,总是好的;可是啊,北国的秋,却特别地来得清,来得静,来得悲凉。我的不远千里,要从杭州赶上青岛,更要从青岛赶上北平来的理由,也不过想饱尝一尝这"秋",这故都的秋味。

江南,秋当然也是有的;但草木凋得慢,空气来得润,天的颜色显得淡,并且又时常多雨而少风;一个人夹在苏州上海杭州,或厦门香港广州的市民中间,浑浑沌沌地过去,只能感到一点点清凉,秋的味,秋的色,秋的意境与姿态,总看不饱,尝不透,赏玩不到十足。秋并不是名花,也并不是美酒,那一种半开,半醉的状态,在领略秋的过程上,是不合适的。

不逢北国之秋,已将近十余年了。在南方每年到了秋天,总要想起陶然亭的芦花,钓鱼台的柳影,西山的虫唱,玉泉的夜月,潭柘寺的钟声。在北平即使不出门去吧,就是在皇城人海之中,租人家一椽破屋来住着,早晨起来,泡一碗浓茶,向院子一坐,你也能

---

① 郁达夫(1896—1945),名文,字达夫,浙江富阳人,现代小说家、散文家、诗人、革命烈士。1921 年出版的小说集《沉沦》是中国现代文学史上第一部短篇小说集。

看得到很高很高的碧绿的天色,听得到青天下驯鸽的飞声。从槐树叶底,朝东细数着一丝一丝漏下来的日光,或在破壁腰中,静对着像喇叭似的牵牛花(朝荣)的蓝朵,自然而然地也能够感觉到十分的秋意。说到了牵牛花,我以为以蓝色或白色者为佳,紫黑色次之,淡红色最下。最好,还要在牵牛花底,教长着几根疏疏落落的尖细且长的秋草,使作陪衬。

北国的槐树,也是一种能使人联想起秋来的点缀。像花而又不是花的那一种落蕊,早晨起来,会铺得满地。脚踏上去,声音也没有,气味也没有,只能感出一点点极微细极柔软的触觉。扫街的在树影下一阵扫后,灰土上留下来的一条条扫帚的丝纹,看起来既觉得细腻,又觉得清闲,潜意识下并且还觉得有点儿落寞,古人所说的梧桐一叶而天下知秋的遥想,大约也就在这些深沉的地方。

秋蝉的衰弱的残声,更是北国的特产;因为北平处处全长着树,屋子又低,所以无论在什么地方,都听得见它们的啼唱。在南方是非要上郊外或山上去才听得到的。这秋蝉的嘶叫,在北平可和蟋蟀耗子一样,简直像是家家户户都养在家里的家虫。

还有秋雨哩,北方的秋雨,也似乎比南方的下得奇,下得有味,下得更像样。

在灰沉沉的天底下,忽而来一阵凉风,便息列索落地下起雨来了。一层雨过,云渐渐地卷向了西去,天又青了,太阳又露出脸来了;著着很厚的青布单衣或夹袄的都市闲人,咬着烟管,在雨后的斜桥影里,上桥头树底下去一立,遇见熟人,便会用了缓慢悠闲的声调,微叹着互答着的说:

"唉,天可真凉了——"(这了字念得很高,拖得很长。)

"可不是么?一层秋雨一层凉啦!"

北方人念阵字,总老像是层字,平平仄仄起来,这念错的歧韵,倒来得正好。

北方的果树,到秋来,也是一种奇景。第一是枣子树;屋角,墙头,茅房边上,灶房门口,它都会一株株地长大起来。像橄榄又像鸽蛋似的这枣子颗儿,在小椭圆形的细叶中间,显出淡绿微黄的颜色的时候,正是秋的全盛时期;等枣树叶落,枣子红完,西北风就要起来了,北方便是尘沙灰土的世界,只有这枣子,柿子,葡萄,成熟到八九分的七八月之交,是北国的清秋的佳日,是一年之中最好也没有的 Golden Days(意为金色的时光)。

有些批评家说,中国的文人学士,尤其是诗人,都带着很浓厚的颓废色彩,所以中国的诗文里,颂赞秋的文字特别的多。但外国的诗人,又何尝不然?我虽则外国诗文念得不多,也不想开出账来,做一篇秋的诗歌散文钞,但你若去一翻英德法意等诗人的集子,或各国的诗文的 Anthology(意为英文选集)来,总能够看到许多关于秋的歌颂与悲啼。各著名的大诗人的长篇田园诗或四季诗里,也总以关于秋的部分,写得最出色而最有味。足见有感觉的动物，有情趣的人类，对于秋，总是一样的能特别引起深沉、幽远、严厉、萧索的感触来的。不单是诗人，就是被关闭在牢狱里的囚犯，到了秋天，我想也一定会感到一种不能自己的深情；秋之于人，何尝有国别，更何尝有人种阶级的区别呢？不过在中国，文字里有一个"秋士"的成语，读本里又有着很普遍的欧阳子的《秋声》与苏东坡的《赤壁赋》等，就觉得中国的文人，与秋的关系特别深了。可是这秋的深味，尤其是中国的秋的深味，非要在北方，才感受得到的。

南国之秋，当然是也有它的特异的地方的，譬如廿四桥的明月，钱塘江的秋潮，普陀山的凉雾，荔枝湾的残荷等等，可是色彩不浓，回味不永。比起北国的秋来，正像是黄酒之与白干，稀饭之与馍馍，鲈鱼之与大蟹，黄犬之与骆驼。

📖 郁达夫给沈从文的公开信

秋天，这北国的秋天，若留得住的话，我愿把寿命的三分之二折去，换得一个三分之一的零头。

乡土情结①

柯灵

👥 乡土情结

作品导读

《乡土情结》由"小家"到"大家"，由"离家"到"归家"，将乡土情结升华为爱国主义思想感情。第一部分先提出话题，说明什么是"乡土情结"。引用古诗，引导读者去想象具有特定意义的场景及体现乡土之思的具体行为表现，也说明了思乡情结的久远。接着，按人生成长的时间顺序写乡土情结的形成、发展、表现及升华。最后，归结全文，点明主旨，升华主题。一方面，强调乡土之恋不会消失；另一方面，又鼓励在祖国强盛的时代应有大展宏图的志向，极富时代气息。

学习课文时，要注意把握作者在充分抒写乡土情结是什么，怎样形成、发展之后，为乡土情结所赋予的新的内涵，这也显示了作者丰富的情感世界和深刻的思想认识。

君自故乡来，应知故乡事。来日绮窗前，寒梅着花未？——王维

每个人的心里，都有一方魂牵梦萦的土地。得意时想到它，失意时想到它。逢年逢

---

① 《乡土情结》是柯灵为纪念《香港文学》创刊七周年而作的散文。柯灵（1909—2000），广东广州人，当代电影理论家、剧作家、评论家。

节,触景生情,随时随地想到它。海天茫茫,风尘碌碌,酒阑灯灺人散后,良辰美景奈何天,洛阳秋风,巴山夜雨,都会情不自禁地惦念它。离得远了久了,使人愁肠百结:"客舍并州已十霜,归心日夜忆咸阳。无端又渡桑乾水,却望并州是故乡。"好不容易能回家了,偏又忐忑不安:"岭外音书断,经冬复历春。近乡情更怯,不敢问来人。"异乡人这三个字,听起来音色苍凉;"他乡遇故知",则是人生一快。一个怯生生的船家女,偶尔在江上听到乡音,就不觉喜上眉梢,顾不得娇羞,和隔船的陌生男子搭讪:"君家居何处?妾住在横塘。停船暂借问,或恐是同乡。"辽阔的空间,悠邈的时间,都不会使这种感情褪色:这就是乡土情结。

人生旅途崎岖修远,起点站是童年。人第一眼看见的世界——几乎是世界的全部,就是生我育我的乡土。他开始感觉饥饱寒暖,发为悲啼笑乐。他从母亲的怀抱,父亲的眼神,亲族的逗弄中开始体会爱。但懂得爱的另一面——憎和恨,却须在稍稍接触人事以后。乡土的一山一水,一虫一鸟,一草一木,一星一月,一寒一暑,一时一俗,一丝一缕,一饮一啜,都溶化为童年生活的血肉,不可分割。而且可能祖祖辈辈都植根在这片土地上,有一部悲欢离合的家史。在听祖母讲故事的同时,就种在小小的心坎里。邻里乡亲,早晚在街头巷尾、桥上井边、田塍篱角相见,音容笑貌,闭眼塞耳也彼此了然,横竖呼吸着同一的空气,濡染着同一的风习,千丝万缕沾着边。一个人为自己的一生定音定调定向定位,要经过千磨百折的摸索,前途充满未知数,但童年的烙印,却像春蚕作茧,紧紧地包着自己,又像文身的花纹,一辈子附在身上。

"金窝银窝,不如家里的草窝。"但人是不安分的动物,多少人仗着年少气盛,横一横心,咬一咬牙,扬一扬手,向恋恋不舍的家乡告别,万里投荒,去寻找理想,追求荣誉,开创事业,富有浪漫气息。有的只是一首朦胧诗,——为了闯世界。多数却完全是沉重的现实主义格调:许多稚弱的童男童女,为了维持最低限度的生存要求,被父母含着眼泪打发出门,去串演各种悲剧。人一离开乡土,就成了失根的兰花,逐浪的浮萍,飞舞的秋蓬,因风四散的蒲公英,但乡土的梦,却永远追随着他们。"慈母手中线,游子身上衣",这根线的长度,足够绕地球三匝,随卫星上天。

浪荡乾坤的结果,多数是少年子弟江湖老,黄金、美人、虚名、实惠,都成了竹篮打水一场空。有的侘傺①无聊,铩羽而归②。有的春花秋月,流连光景,"未老莫还乡,还乡须断肠"。有的倦于奔竞,跳出名利场,远离是非地,"只应守寂寞,还掩故园扉"。有的素性恬淡,误触尘网,不愿为五斗米折腰,归去来兮,种菊东篱,怡然自得。——但要达到

---

① 侘(chà)傺(chì):失意而神情恍惚的样子。

② 铩(shā)羽而归:意思是被摧落羽毛后逃回。比喻遭受挫折或失败后不光彩地返回。

这境界,至少得有几亩薄田、三间茅舍作退步,否则就只好寄人篱下,终老他乡。只有少数中的少数、个别中的个别,在亿万分之一的机会里冒险成功,春风得意,衣锦还乡,——"富贵不归故乡,如衣绣夜行,谁知之者!"这句名言的创作者是楚霸王项羽,但他自己功败垂成,并没有做到。他带着江东八千子弟出来造反,结果无一生还,自觉无颜再见江东父老,毅然在乌江慷慨自刎。项羽不愧为盖世英雄,论力量对比,他比他的对手刘邦强得多,但在政治策略上棋输一着:他自恃无敌,所过大肆杀戮,乘胜火烧咸阳;而刘邦虽然酒色财货无所不好,入关以后,却和百姓约法三章,秋毫无犯,终于天下归心,奠定了汉室江山,当了皇上。回到家乡,大摆筵席,宴请故人父老兄弟,狂歌酣舞,足足闹了十几天。"大风起兮云飞扬,威加海内兮归故乡,安得猛士兮守四方!"这就是刘邦当时的得意之作,载在诗史,流传至今。

灾难使成批的人流离失所,尤其是战争,不但造成田园寥落,骨肉分离,还不免导致道德崩坏,人性扭曲。刘邦同项羽交战败北,狼狈逃窜,为了顾自己轻车脱险,三次把未成年的亲生子女狠心从车上推下来。项羽抓了刘邦的父亲当人质,威胁要烹了他,刘邦却说:咱哥儿们,我爹就是你爹,你要是烹了他,别忘记"分我杯羹"。为了争天下,竟可以丧心病狂到这种地步!当然,战争有正义与非正义之分,"国家兴亡,匹夫有责";"匈奴未灭,何以家为";"四方丈夫事,平心铁石心";"男儿何不带吴钩,收取关山五十州",都是千古美谈。但正义战争的终极目的,正在于以战止战、缔造和平,而不是以战养战、以暴易暴。比灾难、战争更使人难以为怀的,是放逐:有家难归,有国难奔。屈原、贾谊、张俭、韩愈、柳宗元、苏东坡,直至康有为、梁启超,真可以说无代无之。——也许还该特别提一提林则徐,这位揭开中国近代史开宗明义第一章的伟大爱国前贤,为了严禁鸦片,结果获罪革职,遣戍伊犁。他在赴戍登程的悲凉时刻,口占一诗,告别家人:"苟利国家生死以,岂因祸福避趋之。谪居正是君恩厚,养拙刚于戍卒宜。"百年后重读此诗,还令人寸心如割,百脉沸涌,两眼发酸,低徊歔欷①不已。

安土重迁是中华民族的传统,我们祖先有个根深蒂固的观念,以为一切有生之伦,都有返本归元的倾向:鸟恋旧林,鱼思故渊,胡马依北风,狐死必首丘,树高千丈,落叶归根。有一种聊以慰情的迷信,还以为人在百年之后,阴间有个望乡台,好让死者的幽灵在月明之夜,登台望一望阳世的亲人。但这种缠绵的情致,并不能改变冷酷的现实,百余年来,许多人依然不得不离乡别井,乃至飘洋过海,谋生异域。有清一代,出国的华工不下一千万,足迹遍于世界,新兴资本主义国家的金矿、铁路、种植园里,渗透了他们

---

① 歔欷:同"唏嘘",哭泣后不由自主地急促呼吸。歔欷不已:伤心地哭泣难以自止。现在通常引申为:因为一些遗憾或悲哀的事情而感慨不已,连连叹息。

的血汗。美国南北战争以后，黑奴解放了，我们这些黄皮肤的同胞，恰恰以刻苦、耐劳、廉价的特质，成了奴隶劳动的后续部队，他们当然做梦也没有想到什么叫人权。为了改变祖国的命运，孙中山领导的革命运动发轫于美国檀香山，第一代中国共产党人，很多曾在法国勤工俭学。改革开放后掀起的出国潮，汹涌澎湃，方兴未艾。还有一种颇似难料而其实易解的矛盾现象：鸦片战争后清王朝被迫割让的香港岛，经过一百五十年的沧桑世变，终于回到了祖国的怀抱，这是何等的盛事！而不少生于斯、食于斯、惨淡经营于斯的香港人，却看作"头上一片云"，宁愿抛弃家业，纷纷作移民计。这一代又一代华夏子孙浮海远游的潮流，各有其截然不同的背景、色彩和内涵，不可一概而论，却都是时代浮沉的倒影，历史浩荡前进中飞溅的浪花。民族向心力的凝聚，并不取决于地理距离的远近。我们第一代的华侨，含辛茹苦，寄籍外洋，生儿育女，却世代翘首神州，不忘桑梓之情，当祖国需要的时候，他们都作了慷慨的奉献。香港蕞尔一岛，从普通居民到各业之王、绅士爵士、翰苑名流，对内地踊跃输将，表示休戚相关、风雨同舟的情谊，是近在眼前的动人事例。"美不美，故乡水，亲不亲，故乡人"，此中情味，离故土越远，就体会越深。

科学进步使天涯比邻，东西文化的融会交流使心灵相通，地球会变得越来越小。但乡土之恋不会因此消失。株守乡井，到老没见过轮船火车，或者魂丧域外，飘泊无归的现象，早该化为陈迹。我们应该有鹏举鸿飞的豪情，鱼游濠水的自在，同时拥有温暖安稳的家园，还有足以自豪的祖国，屹立于现代世界文明之林。

📖《故园春》

为奴隶的母亲（节选）①

柔石

🎬《为奴隶的母亲》

作品导读

《为奴隶的母亲》着力刻画了一个被压迫、被摧残、被蹂躏的贫苦妇女——春宝娘的形象。因生活所迫，她不得不忍痛撇下5岁的儿子春宝，被丈夫典到邻村一个地主秀才家当生儿子的工具。当地主的目的达到后，她又被迫和与秀才所生的儿子秋宝生离死别。当她拖着黄瘦疲惫的身体，带着痴呆麻木的神情，离开秀才家，回到自己那间破屋的时候，分离了3年的儿子春宝又陌生得不认识她了。作者以十分严峻冷静的笔触，采

---

① 《为奴隶的母亲》1930年发表在《萌芽》第1卷第3期上，曾先后被拍成电影和电视连续剧。柔石（1902—1931），原名赵平福，后改为赵平复，笔名柔石、金桥等，浙江宁海人，现代作家，左联五烈士之一。

用白描手法,将深挚的情感蕴含在朴素、真切的生活描写中,不夸饰、不渲染,冷静谛观人生,严峻解剖现实,让读者从清晰的生活画卷里去思考重大的人生问题,表现了深刻的现实主义精神。

学习课文时,要注意把握春宝娘的经历所揭示的在旧时代封建社会农村最底层妇女在身心上备受压迫的本质,理解女子在婚姻中的卑微,在宗族利益面前的渺小,在命运面前的无奈。

她底丈夫是一个皮贩,就是收集乡间各猎户底兽皮和牛皮,贩到大埠上出卖的人。但有时也兼做点农作,芒种的时节,便帮人家插秧,他能将每行插得非常直,假如有五人同在一个水田内,他们一定叫他站在第一个做标准,然而境况是不佳,债是年年积起来了。他大约就因为境况的不佳,烟也吸了,酒也喝了,钱也赌起来了。这样,竟使他变做一个非常凶狠而暴躁的男子,但也就更贫穷下去,连小小的移借,别人也不敢答应了。

在穷底结果的病以后,全身便变成枯黄色,脸孔黄得和小铜鼓一样,连眼白也黄了。别人说他是黄疸病,孩子们也就叫他"黄胖"了。有一天,他向他底妻说:

"再也没有办法了。这样下去,连小锅子也都卖去了。我想,还是从你底身上设法罢。你跟着我挨饿,有什么办法呢?"

"我底身上?……"

他底妻坐在灶后,怀里抱着她刚满三周的男小孩——孩子还在啜着奶,她讷讷地低声地问。

"你,是呀,"她底丈夫病后的无力的声音,"我已经将你出典了……"

"什么呀?"她底妻子几乎昏去似的。

屋内是稍稍静寂了一息。他气喘着说:

"三天前,王狼来坐讨了半天的债回去以后,我也跟着他去,走到九亩潭边,我很不想要做人了。但是坐在那株爬上去一纵身就可落在潭里的树下,想来想去,总没有力气跳了。猫头鹰在耳朵边不住地啭,我底心被它叫寒起来,我只得回转身,但在路上,遇见了沈家婆,她问我,晚也晚了,在外做什么。我就告诉她,请她代我借一笔款,或向什么人家的小姐借些衣服或首饰去暂时当一当,免得王狼底狼一般得绿眼睛天天在家里闪烁。可是沈家婆向我笑道:

"'你还将妻养在家里做什么呢?你自己黄也黄到这个地步了?'

"我低着头站在她面前没有答,她又说:

"'儿子呢,你只有一个,舍不得。但妻——'

"我当时想:'莫非叫我卖去妻了么?'"

"而她继续道：

"'但妻——虽然是结发的，穷了，也没有法。还养在家里做什么呢？'

"这样，她就直说出：'有一个秀才，因为没有儿子，年纪已五十岁了，想买一个妾；又因他底大妻不允许，只准他典一个，典三年或五年，叫我物色相当的女人：年纪约三十岁左右，养过两三个儿子的，人要沉默老实，又肯做事，还要对他底大妻肯低眉下首。这次是秀才娘子向我说的，假如条件合，肯出八十元或一百元的身价。我代她寻了好几天，总没有相当的女人。'她说：'现在碰到我，想起了你来，样样都对的。'当时问我底意见怎样，我一边掉了几滴泪，一边却被她催得答应她了。"

说到这里，他垂下头，声音很低弱，停止了。他底妻简直痴似的，话一句没有。又静寂了一息，他继续说：

"昨天，沈家婆到过秀才底家里，她说秀才很高兴，秀才娘子也喜欢，钱是一百元，年数呢，假如三年养不出儿子，是五年。沈家婆并将日子也拣定了——本月十八，五天后。今天，她写典契去了。"

这时，他底妻简直连腑脏都颤抖，吞吐着问：

"你为什么早不对我说？"

"昨天在你底面前旋了三个圈子，可是对你说不出。不过我仔细想，除出将你底身子设法外，再也没有办法了。"

"决定了么？"妇人战着牙齿问。

"只待典契写好。"

"倒霉的事情呀，我！——一点也没有别的方法了么？春宝底爸呀！"

春宝是她怀里的孩子底名字。

"倒霉，我也想到过，可是穷了，我们又不肯死，有什么办法？今年，我怕连插秧也不能插了。"

"你也想到过春宝么？春宝还只有五岁，没有娘，他怎么好呢？"

"我领他便了，本来是断了奶的孩子。"

他似乎渐渐发怒了，也就走出门外去了。她，却呜呜咽咽地哭起来。

这时，在她过去的回忆里，却想起恰恰一年前的事：那时她生下了一个女儿，她简直如死去一般地卧在床上。死还是整个的，她却肢体分作四碎与五裂。刚落地的女婴，在地上的干草堆上叫"呱呀，呱呀"，声音很重的，手脚揪缩。脐带绕在她底身上，胎盘落在一边，她很想挣扎起来给她洗好，可是她底头昂起来，身子凝滞在床上。这样，她看见她底丈夫，这个凶狠的男子，飞红着脸，提了一桶沸水到女婴的旁边。她简单用了她一生底最后的力向他喊："慢！慢……"但这个病前极凶狠的男子，没有一分钟商量的余地,也不答半句话,就将"呱呀,呱呀,"声音很重地在叫着的女儿,刚出世的新生命,用他底粗暴的两手捧起来,如屠户捧将杀的小羊一般,扑通,投下在沸水里了！除出沸水的溅声和皮肉吸收沸水的嘶声以外,女孩一声也不喊——她疑问地想,为什么也不重重地哭一声呢？竟这样不响地愿意冤枉死去么？啊！——她转念,那是因为她自己当时昏过去的缘故,她当时剜去了心一般地昏去了。

想到这里,似乎泪竟干涸了。"唉！苦命呀！"她低低地叹息了一声。这时春宝拔去了奶头,向他底母亲的脸上看,一边叫:

"妈妈！妈妈！"

在她将离别底前一晚,她拣了房子底最黑暗处坐着。一盏油灯点在灶前,萤火那么的光亮。她,手里抱着春宝,将她底头贴在他底头发上。她底思想似乎浮漂在极远,可是她自捉摸不定远在那里。于是慢慢地跑过来,跑到眼前,跑到她底孩子底身上。她向她底孩子低声叫:

"春宝,宝宝！"

"妈妈,"孩子含着奶头答。

"妈妈明天要去了……"

"唔,"孩子似不十分懂得,本能地将头钻进他母亲底胸膛。

"妈妈不回来了,三年内不能回来了！"

她擦一擦眼睛,孩子放松口子问:

"妈妈哪里去呢？庙里么？"

"不是,三十里路外,一家姓李的。"

"我也去。"

"宝宝去不得的。"

"呃！"孩子反抗地,又吸着并不多的奶。

"你跟爸爸在家里,爸爸会照料宝宝的:同宝宝睡,也带宝宝玩,你听爸爸底话好了。过三年……"

她没有说完,孩子要哭似地说:

"爸爸要打我的！"

"爸爸不再打你了,"同时用她底左手抚摸着孩子底右额,在这上,有他父亲在杀死他刚生下的妹妹后第三天,用锄柄敲他,肿起而又平复了的伤痕。

她似要还想对孩子说话,她底丈夫踏进门了。他走到她底面前,一只手放在袋里,掏取着什么,一边说:

"钱已经拿来七十元了。还有三十元要等你到了后十天后付。"

停了一息说:"也答应轿子来接。"

又停了一息说:"也答应轿夫一早吃好早饭来。"

这样,他离开了她,又向门外走出去了。

这一晚,她和她底丈夫都没有吃晚饭。

第二天,春雨竟滴滴淅淅地落着。

轿是一早就到了。可是这妇人,她却一夜不曾睡。她先将春宝底几件破衣服都修补好;春将完了,夏将到了,可是她,连孩子冬天用的破烂棉袄都拿出来,移交给他底父亲——实在,他已经在床上睡去了。以后,她坐在他底旁边,想对他说几句话,可是长夜是迟延着过去,她底话一句也说不出。而且,她大着胆向他叫了几声,发了几个听不清楚的声音,声音在他底耳外,她也就睡下不说了。

等她朦朦胧胧地刚离开思索将要睡去,春宝醒了。他就推叫他底母亲,要起来。以后当她给他穿衣服的时候,向他说:

"宝宝好好地在家里,不要哭,免得你爸爸打你。以后妈妈常买糖果来,买给宝宝吃,宝宝不要哭。"

而小孩子竟不知道悲哀是什么一回事,张大口子"唉,唉,"地唱起来了。她在他底唇边吻了一吻,又说:

"不要唱,你爸爸被你唱醒了。"

轿夫坐在门首的板凳上,抽着旱烟,说着他们自己要听的话。一息,邻村的沈家婆也赶到了。一个老妇人,熟悉世故的媒婆,一进门,就拍拍她身上的雨点,向他们说:

"下雨了,下雨了,这是你们家里此后会有滋长的预兆。"

老妇人忙碌似地在屋内旋了几个圈,对孩子底父亲说了几句话,意思是讨酬报。因为这件契约之能订的如此顺利而合算,实在是她底力量。

"说实在话,春宝底爸呀,再加五十元,那老头子可以买一房妾了。"她说。

于是又转向催促她——妇人却抱着春宝,这时坐着不动。老妇人声音很高地:

"轿夫要赶到他们家里吃中饭的,你快些预备走呀!"

可是妇人向她瞧了一瞧,似乎说:

"我实在不愿离开呢!让我饿死在这里罢!"

声音是在她底喉下,可是媒婆懂得了,走近到她前面,迷迷地向她笑说:

"你真是一个不懂事的丫头,黄胖还有什么东西给你呢?那边真是一份有吃有剩的人家,两百多亩田,经济很宽裕,房子是自己底,也雇着长工养着牛。大娘底性子是极好的,对人非常客气,每次看见人总给人一些吃的东西。那老头子——实在并不老,脸是很白白的,也没有留胡子,因为读了书,背有些偻偻的,斯文的模样。可是也不必多说,你一走下轿就看见的,我是一个从不说谎的媒婆。"

妇人拭一拭泪,极轻地:

"春宝……我怎么抛开他呢!"

"不用想到春宝了。"老妇人一手放在她底肩上,脸凑近她和春宝。"有五岁了,古人说'三周四岁离娘身,'可以离开你了。只要你底肚子争气些,到那边,也养下一二个来,万事都好了。"

轿夫也在门首催起身了,他们噜苏着说:

"又不是新娘子,啼啼哭哭的。"

这样,老妇人将春宝从她底怀里拉去,一边说:

"春宝让我带去罢。"

小小的孩子也哭了,手脚乱舞的,可是老妇人终于给他拉到小门外去。当妇人走进轿门的时候,向他们说:

"带进屋里来罢,外边有雨呢。"

她底丈夫用手支着头坐着,一动没有动,而且也没有话。

《为奴隶的
母亲》全文

作品欣赏

我有一个恋爱

徐志摩

我有一个恋爱——

我爱天上的明星；

我爱它们的晶莹：

人间没有这异样的神明。

在冷峭的暮冬的黄昏，

在寂寞的灰色的清晨，

在海上，在风雨后的山顶——

永远有一颗，万颗的明星！

山涧边小草花的知心，

高楼上小孩童的欢欣，

旅行人的灯亮与南针——

万万里外闪烁的精灵！

我有一个破碎的魂灵，

像一堆破碎的水晶，

散布在荒野的枯草里——

饱啜你一瞬瞬的殷勤。

人生的冰激与柔情，

我也曾尝味，我也曾容忍；

有时阶砌下蟋蟀的秋吟，

引起我心伤，逼迫我泪零。

我袒露我的坦白的胸襟，

献爱与一天的明星：

任凭人生是幻是真，

地球存在或是消泯——

太空中永远有不昧的明星！

作品赏析

《我有一个恋爱》中抒情主人公的恋爱对象是"天上的明星",把"天上的明星"作为恋爱对象,这本身就表明,"明星"所指的不是常人眼中的自然现象,而是诗人眼中人格化的明星,带有强烈的主观色彩。因此,"明星"这一艺术形象具有自然和情感双重属性。

在这首诗里,诗人对"明星"的审美其实是对自己的理想和思想感情的审美观照。他造出了一个独立的纯美的艺术境界与现实人生相抗衡,并以此作为坚定的信仰慰藉与激励自己人生的追求。诗之末了,诗人高歌:"任凭人生是幻是真/地球存在或是消泯——/太空中永远有不昧的明星!"这是一曲人生理想之歌,在这里,诗人的人生追求与晶莹的星光互相融合,表达出诗人执着的爱恋与坚定的信仰。

这首诗在艺术上比较集中地体现了徐志摩诗歌的特点:形式上或追求变幻的自由,或力求单纯和统一,前者更适宜表达激荡的心灵。所以这首诗前三节句式整饬、节奏单纯,及至诉说衷心,便改用错综交替、自由变幻的句子,但都工而有变,散而有序,错落有致。这首诗在爱的感激昂奋中每每略带忧郁,表现了诗人感受人世沧桑的心怀。这种矛盾的情绪以对比手法表现得尤为突出:如二、三、四节各以现实人生与天上明星作视觉上、触觉上、心灵感受上的对比,现实人生越灰暗,明星越显得光明美好;明星越亮,现实越灰暗。于是,诗人便忧虑人生,更深深爱恋明星。

寻梦者

戴望舒

梦会开出花来的,
梦会开出娇妍的花来的:
去求无价的珍宝吧。
在青色的大海里,
在青色的大海的底里,
深藏着金色的贝一枚。
你去攀九年的冰山吧,
你去航九年的旱海吧,
然后你逢到那金色的贝。
它有天上的云雨声,

它有海上的风涛声，

它会使你的心沉醉。

把它在海水里养九年，

把它在天水里养九年，

然后，它在一个暗夜里开绽了。

当你鬓发斑斑了的时候，

当你眼睛朦胧了的时候，

金色的贝吐出桃色的珠。

把桃色的珠放在你怀里，

把桃色的珠放在你枕边，

于是一个梦静静地升上来了。

你的梦开出花来了，

你的梦开出娇妍的花来了，

在你已衰老了的时候。

作品赏析

这是戴望舒的一首抒情名篇，它以美丽的意象展示了一个寻梦者的精神苦旅。"梦"在诗中的具体形象为"金色的贝吐出的桃色的珠"。寻梦人或许因生命的衰老而辛酸落泪，更可能是因梦想的终于实现而含泪微笑，诗人所要表达的正是这样一种复杂的人生况味。

诗中的"冰山""旱海""海水""天水"以及一连串的"九年"当然都不是实指，而是一种象征，它隐喻着人生历程中的种种磨难。而这些意象，大多见于中国古代的神话故事，用在这里，加重了寻梦的传奇色彩。寻梦人所经历的似乎是一条漫长的朝圣之路，也似乎是一条浪漫的传奇之路，整首诗描述的好像是一个现代的传奇故事。

由于运用了意象、象征和隐喻的表现手法，诗歌在呈现朦胧美的境界的同时，也表现出主题的丰富性和多义性。如"梦"的内涵到底是什么，我们可以理解为神圣的爱情，也可以理解为某种美好的理想，甚至还可以理解为一种超越现实苦难的自由生命形态。寻梦人或许是为了心中至真至圣的爱情而浪迹天涯，或许是不满于现实的颓败而航行在理想的海洋中，再或许是在生命的苦难中寻求诗意的栖居之地。总之，此诗给了我们多重阐释的空间。

📖情有独钟：艾青和戴望舒

太阳的话

艾青

打开你们的窗子吧，

打开你们的板门吧，

让我进去，让我进去。

进到你们的小屋里。

我带着金黄的花束，

我带着林间的香气，

我带着晨曦和温暖，

我带着满身的露水。

快起来，快起来，

快从枕头上抬起头来，

睁开你的被睫毛盖住的眼，

让你的眼看见我的到来，

让你们的心像小小的木板房，

打开它们关闭了很久的窗子，

让我把花束、把香气，

把晨曦、温暖和露水，

撒满你们心的空间。

作品赏析

"太阳""火把""灯"等这些象征光明与希望的意象经常出现在艾青的诗中。"太阳"更是他所钟爱的抒情意象。在《太阳的话》中，艾青用"太阳"象征光明和希望，用紧闭着门户的"木板房"比喻当时人民生活的闭塞、陈旧和落后，以第一人称代表"太阳"呼唤国人改变现状，迎接光明。诗歌倾诉着民族的苦难，歌颂了祖国的战斗，以满腔的热情鼓励民众投身到拯救民族危亡的斗争中，为中国开辟光明美好的前程。

诗人写太阳是一种象征，一种代言，他代言的是民主政治，是能够给人类带来解放的民主政体。诗中借"太阳"象征光明、进步，表达了作者对进步、民主的新生活的向往。

现代诗歌
鉴赏方法

桨声灯影里的秦淮河

朱自清

一九二三年八月的一晚，我和平伯同游秦淮河；平伯是初泛，我是重来了。我们雇了一只"七板子"，在夕阳已去，皎月方来的时候，便下了船。于是桨声汩——汩，我们开始领略那晃荡着蔷薇色的历史的秦淮河的滋味了。

秦淮河里的船，比北京万牲园，颐和园的船好，比西湖的船好，比扬州瘦西湖的船也好。这几处的船不是觉着笨，就是觉着简陋、局促；都不能引起乘客们的情韵，如秦淮河的船一样。秦淮河的船约略可分为两种：一是大船；一是小船，就是所谓"七板子"。大船舱口阔大，可容二三十人。里面陈设着字画和光洁的红木家具，桌上一律嵌着冰凉的大理石面。窗格雕镂颇细，使人起柔腻之感。窗格里映着红色蓝色的玻璃；玻璃上有精致的花纹，也颇悦人目。"七板子"规模虽不及大船，但那淡蓝色的栏干，空敞的舱，也足系人情思。而最出色处却在它的舱前。舱前是甲板上的一部。上面有弧形的顶，两边用疏疏的栏干支着。里面通常放着两张藤的躺椅。躺下，可以谈天，可以望远，可以顾盼两岸的河房。大船上也有这个，便在小船上更觉清隽罢了。舱前的顶下，一律悬着灯彩；灯的多少，明暗，彩苏的精粗，艳晦，是不一的。但好歹总还你一个灯彩。这灯彩实在是最能钩人的东西。夜幕垂垂地下来时，大小船上都点起灯火。从两重玻璃里映出那辐射着的黄黄的散光，反晕出一片朦胧的烟霭；透过这烟霭，在黯黯的水波里，又逗起缕缕的明漪。在这薄霭和微漪里，听着那悠然的间歇的桨声，谁能不被引入他的美梦去呢？只愁梦太多了，这些大小船儿如何载得起呀？我们这时模模糊糊的谈着明末的秦淮河的艳迹，如《桃花扇》及《板桥杂记》里所载的。我们真神往了。我们仿佛亲见那时华灯映水、画舫凌波的光景了。于是我们的船便成了历史的重载了。我们终于恍然秦淮河的船所以雅丽过于他处，而又有奇异的吸引力的，实在是许多历史的影象使然了。

秦淮河的水是碧阴阴的；看起来厚而不腻，或者是六朝金粉所凝么？我们初上船的时候，天色还未断黑，那漾漾的柔波是这样的恬静，委婉，使我们一面有水阔天空之想，一面又憧憬着纸醉金迷之境了。等到灯火明时，阴阴的变为沉沉了：黯淡的水光，像梦一般；那偶然闪烁着的光芒，就是梦的眼睛了。我们坐在舱前，因了那隆起的顶棚，仿佛总是昂着首向前走着似的；于是飘飘然如御风而行的我们，看着那些自在的湾泊着的船，船里走马灯般的人物，便像是下界一般，迢迢的远了，又像在雾里看花，尽朦朦胧胧的。这时我们已过了利涉桥，望见东关头了。沿路听见断续的歌声：有从沿河的妓楼飘来的,有从河上船里度来的。我们明知那些歌声,只是些因袭的言词,从生涩的歌喉里机械的发出来的;但它们经了夏夜的微风的吹漾和水波的摇拂,袅娜着到我们耳边的时候,已经不单是她们的歌声,而混着微风和河水的密语了。于是我们不得不被牵惹着,震撼着,相与浮沉于这歌声里了。从东关头转湾,不久就到大中桥。大中桥共有三个桥拱,都很阔大,俨然是三座门儿;使我们觉得我们的船和船里的我们,在桥下过去时,真是太无颜色了。桥砖是深褐色,表明它的历史的长久;但都完好无缺,令人太息于古昔工程的坚美。桥上两旁都是木壁的房子,中间应该有街路?这些房子都破旧了,多年烟熏的迹,遮没了当年的美丽。我想象秦淮河的极盛时,在这样宏阔的桥上,特地盖了房子,必然是髹漆得富富丽丽的;晚间必然是灯火通明的。现在却只剩下一片黑沉沉!但是桥上造着房子,毕竟使我们多少可以想见往日的繁华;这也慰情聊胜无了。过了大中桥,便到了灯月交辉,笙歌彻夜的秦淮河;这才是秦淮河的真面目哩。

大中桥外,顿然空阔,和桥内两岸排着密密的人家的大异了。一眼望去,疏疏的林,淡淡的月,衬着蓝蔚的天,颇像荒江野渡光景;那边呢,郁丛丛的,阴森森的,又似乎藏着无边的黑暗:令人几乎不信那是繁华的秦淮河了。但是河中眩晕着的灯光,纵横着的画舫,悠扬着的笛韵,夹着那吱吱的胡琴声,终于使我们认识绿如茵陈如酒的秦淮水了。此地天裸露着的多些,故觉夜来的独迟些;从清清的水影里,我们感到的只是薄薄的夜——这正是秦淮河的夜。大中桥外,本来还有一座复成桥,是船夫口中的我们的游踪尽处,或也是秦淮河繁华的尽处了。我的脚曾踏过复成桥的脊,在十三四岁的时候。但是两次游秦淮河,却都不曾见着复成桥的面;明知总在前途的,却常觉得有些虚无缥缈似的。我想,不见倒也好。这时正是盛夏。我们下船后,借着新生的晚凉和河上的微风,暑气已渐渐销散;到了此地,豁然开朗,身子顿然轻了——习习的清风荏苒在面上,手上,衣上,这便又感到了一缕新凉了。南京的日光,大概没有杭州猛烈;西湖的夏夜老是热蓬蓬的,水像沸着一般,秦淮河的水却尽是这样冷冷地绿着。任你人影的憧憧,歌声的扰扰,总像隔着一层薄薄的绿纱面幂似的;它尽是这样静静的,冷冷的绿着。我们出了大中桥,走不上半里路,船夫便将船划到一旁,停了桨由它宕着。他以为那里正是繁华的极点,再过去就是荒凉了;所以让我们多多赏鉴一会儿。他自己却静静的蹲着。他是看惯这光景的了,大约只是一个无可无不可。这无可无不可,无论是升的沉的,总之,都比我们高了。

那时河里闹热极了;船大半泊着,小半在水上穿梭似的来往。停泊着的都在近市的那一边,我们的船自然也夹在其中。因为这边略略的挤,便觉得那边十分的疏了。在每一只船从那边过去时,我们能画出它的轻轻的影和曲曲的波,在我们的心上;这显着是空,且显着是静了。那时处处都是歌声和凄厉的胡琴声,圆润的喉咙,确乎是很少的。

但那生涩的,尖脆的调子能使人有少年的,粗率不拘的感觉,也正可快我们的意。况且多少隔开些儿听着,因为想象与渴慕的做美,总觉更有滋味;而竞发的喧嚣,抑扬的不齐,远近的杂沓,和乐器的嘈嘈切切,合成另一意味的谐音,也使我们无所适从,如随着大风而走。这实在因为我们的心枯涩久了,变为脆弱;故偶然润泽一下,便疯狂似的不能自主了。但秦淮河确也腻人。即如船里的人面,无论是和我们一堆儿泊着的,无论是从我们眼前过去的,总是模模糊糊的,甚至渺渺茫茫的;任你张圆了眼睛,揩净了眦垢,也是枉然。这真够人想呢。在我们停泊的地方,灯光原是纷然的;不过这些灯光都是黄而有晕的。黄已经不能明了,再加上了晕,便更不成了。灯愈多,晕就愈甚;在繁星般的黄的交错里,秦淮河仿佛笼上了一团光雾。光芒与雾气腾腾的晕着,什么都只剩了轮廓了;所以人面的详细的曲线,便消失于我们的眼底了。但灯光究竟夺不了那边的月色;灯光是浑的,月色是清的,在浑沌的灯光里,渗入了一派清辉,却真是奇迹!那晚月儿已瘦削了两三分。她晚妆才罢,盈盈的上了柳梢头。天是蓝得可爱,仿佛一汪水似的;月儿便更出落得精神了。岸上原有三株两株的垂杨树,淡淡的影子,在水里摇曳着。它们那柔细的枝条浴着月光,就像一支支美人的臂膊,交互的缠着,挽着;又像是月儿披着的发。而月儿偶然也从它们的交叉处偷偷窥看我们,大有小姑娘怕羞的样子。岸上另有几株不知名的老树,光光的立着;在月光里照起来,却又俨然是精神矍铄的老人。远处——快到天际线了,才有一两片白云,亮得现出异彩,像美丽的贝壳一般。白云下便是黑黑的一带轮廓;是一条随意画的不规则的曲线。这一段光景,和河中的风味大异了。但灯与月竟能并存着,交融着,使月成了缠绵的月,灯射着渺渺的灵辉;这正是天之所以厚秦淮河,也正是天之所以厚我们了。

这时却遇着了难解的纠纷。秦淮河上原有一种歌妓,是以歌为业的。从前都在茶舫上,唱些大曲之类。每日午后一时起;什么时候止,却忘记了。晚上照样也有一回。也在黄晕的灯光里。我从前过南京时,曾随着朋友去听过两次。因为茶舫里的人脸太多了,觉得不大适意,终于听不出所以然。前年听说歌妓被取缔了,不知怎的,颇涉想了几次——却想不出什么。这次到南京,先到茶舫上去看看,觉得颇是寂寥,令我无端的怅怅了。不料她们却仍在秦淮河里挣扎着,不料她们竟会纠缠到我们,我于是很张皇了。她们也乘着“七板子”,她们总是坐在舱前的。舱前点着石油汽灯,光亮眩人眼目;坐在下面的,自然是纤毫毕见了——引诱客人们的力量,也便在此了。舱里躲着乐工等人,映着汽灯的余辉蠕动着;他们是永远不被注意的。每船的歌妓大约都是二人;天色一黑,她们的船就在大中桥外往来不息的兜生意。无论行着的船,泊着的船,都要来兜揽的。这都是我后来推想出来的。那晚不知怎样,忽然轮着我们的船了。我们的船好好的停着,一只歌舫划向我们来的;渐渐和我们的船并着了。铄铄的灯光逼得我们皱起了眉头；我们的风尘色全给它托出来了，这使我踧踖不安了。那时一个伙计跨过船来，拿着摊开的歌折，就近塞向我的手里，说，"点几出吧！"他跨过来的时候，我们船上似乎有许多眼光跟着。同时相近的别的船上也似乎有许多眼睛炯炯的向我们船上看着。我真窘了！我也装出大方的样子，向歌妓们瞥了一眼，但究竟是不成的！我勉强将那歌折翻了一翻，却不曾看清了几个字；便赶紧递还那伙计，一面不好意思地说，"不要，我们……不要。"他便塞给平伯。平伯掉转头去，摇手说，"不要！"那人还腻着不走。平伯又回过脸来，摇着头道，"不要！"于是那人重到我处。我窘着再拒绝了他。他这才有所不屑似的走了。我的心立刻放下，如释了重负一般。我们就开始自白了。

我说我受了道德律的压迫，拒绝了她们；心里似乎很抱歉的。这所谓抱歉，一面对于她们，一面对于我自己。她们于我们虽然没有很奢的希望；但总有些希望的。我们拒绝了她们，无论理由如何充足，却使她们的希望受了伤；这总有几分不做美了。这是我觉得很怅怅的。至于我自己，更有一种不足之感。我这时被四面的歌声诱惑了，降服了；但是远远的，远远的歌声总仿佛隔着重衣搔痒似的，越搔越搔不着痒处。我于是憧憬着贴耳的妙音了。在歌舫划来时，我的憧憬，变为盼望；我固执的盼望着，有如饥渴。虽然从浅薄的经验里，也能够推知，那贴耳的歌声，将剥去了一切的美妙；但一个平常的人像我的，谁愿凭了理性之力去丑化未来呢？我宁愿自己骗着了。不过我的社会感性是很敏锐的；我的思力能拆穿道德律的西洋镜，而我的感情却终于被它压服着，我于是有所顾忌了，尤其是在众目昭彰的时候。道德律的力，本来是民众赋予的；在民众的面前，自然更显出它的威严了。我这时一面盼望，一面却感到了两重的禁制：

一，在通俗的意义上，接近妓者总算一种不正当的行为；

二，妓是一种不健全的职业，我们对于她们，应有哀矜勿喜之心，不应赏玩的去听她们的歌。

在众目睽睽之下，这两种思想在我心里最为旺盛。她们暂时压倒了我的听歌的盼望，这便成就了我的灰色的拒绝。那时的心实在异常状态中，觉得颇是昏乱。歌舫去了，暂时宁靖之后，我的思绪又如潮涌。两个相反的意思在我心头往复：卖歌和卖淫不同，听歌和狎妓不同，又干道德甚事？——但是，但是，她们既被逼的以歌为业，她们的歌必无艺术味的；况她们的身世，我们究竟该同情的。所以拒绝倒也是正办。但这些意思终于不曾撇开我的听歌的盼望。它力量异常坚强；它总想将别的思绪踏在脚下。从这重重的争斗里，我感到了浓厚的不足之感。这不足之感使我的心盘旋不安，起坐都不安宁了。唉！我承认我是一个自私的人！平伯呢，却与我不同。他引周启明先生的诗，"因为我有妻子，所以我爱一切的女人，因为我有子女，所以我爱一切的孩子。"（原诗是，"我为了自己的儿女才爱小孩子，为了自己的妻才爱女人"，见《雪朝》第48页。）

他的意思可以见了。他因为推及的同情,爱着那些歌妓,并且尊重着她们,所以拒绝了她们。在这种情形下,他自然以为听歌是对于她们的一种侮辱。但他也是想听歌的,虽然不和我一样,所以在他的心中,当然也有一番小小的争斗;争斗的结果,是同情胜了。至于道德律,在他是没有什么的;因为他很有蔑视一切的倾向,民众的力量在他是不大觉着的。这时他的心意的活动比较简单,又比较松弱,故事后还怡然自若;我却不能了。这里平伯又比我高了。

在我们谈话中间,又来了两只歌舫。伙计照前一样的请我们点戏,我们照前一样的拒绝了。我受了三次窘,心里的不安更甚了。清艳的夜景也为之减色。船夫大约因为要赶第二趟生意,催着我们回去;我们无可无不可的答应了。我们渐渐和那些晕黄的灯光远了,只有些月色冷清清的随着我们的归舟。我们的船竟没个伴儿,秦淮河的夜正长哩! 到大中桥近处,才遇着一只来船。这是一只载妓的板船,黑漆漆的没有一点光。船头上坐着一个妓女;暗里看出,白地小花的衫子,黑的下衣。她手里拉着胡琴,口里唱着青衫的调子。她唱得响亮而圆转;当她的船箭一般驶过去时,余音还袅袅的在我们耳际,使我们倾听而向往。想不到在弩末的游踪里,还能领略到这样的清歌! 这时船过大中桥了,森森的水影,如黑暗张着巨口,要将我们的船吞了下去,我们回顾那渺渺的黄光,不胜依恋之情;我们感到了寂寞了! 这一段地方夜色甚浓,又有两头的灯火招邀着;桥外的灯火不用说了,过了桥另有东关头疏疏的灯火。我们忽然仰头看见依人的素月,不觉深悔归来之早了! 走过东关头,有一两只大船湾泊着,又有几只船向我们来着。嚣嚣的一阵歌声人语,仿佛笑我们无伴的孤舟哩。东关头转湾,河上的夜色更浓了;临水的妓楼上,时时从帘缝里射出一线一线的灯光;仿佛黑暗从醉睡里眨了一眨眼。我们默然的对着,静听那泪——汩的桨声,几乎要入睡了;朦胧里却温寻着适才的繁华的余味。我那不安的心在静里愈显活跃了! 这时我们都有了不足之感,而我的更其浓厚。我们却只不愿回去,于是只能由懊悔而怅惘了。船里便满载着怅惘了。直到利涉桥下,微微嘈杂的人声,才使我豁然一惊;那光景却又不同。右岸的河房里,都大开了窗户,里面亮着晃晃的电灯,电灯的光射到水上,蜿蜒曲折,闪闪不息,正如跳舞着的仙女的臂膊。我们的船已在她的臂膊里了;如睡在摇篮里一样,倦了的我们便又入梦了。那电灯下的人物,只觉像蚂蚁一般,更不去萦念。这是最后的梦;可惜是最短的梦! 黑暗重复落在我们面前,我们看见傍岸的空船上一星两星的,枯燥无力又摇摇不定的灯光。我们的梦醒了,我们知道就要上岸了;我们心里充满了幻灭的情思。

作品赏析

"纸醉金迷""六朝金粉"的秦淮河,随着历史长河的流淌而逐渐失去了昔日风韵,朱自清《桨声灯影里的秦淮河》以浓墨重彩为它猛绘一笔,再次展现了浓妆艳丽秦淮河的风采。文章记叙夏夜泛舟秦淮河的见闻感受,作者在声光色彩的协奏中,敏锐地捕捉到了秦淮河不同时地、不同情境中的绰约风姿,引发人思古之幽情。

富有诗情画意是文章的最大特色,秦淮河在作者笔下如诗、如画、如梦一般。奇异的"七板子"船,足以让人发幽思之情;温柔飘香的绿水,仿佛六朝金粉所凝;飘渺的歌声,似是微风和河水的密语……平淡中见神奇,意味隽永,有诗的意境、画的境界,正是文中有画、画中有文。作者的笔触是细致的,描绘秦淮河风光时,不求气势豪放,而以精巧展现美,具体细腻地描绘秦淮河的秀丽安逸,充分体现了作者细致的描写手法。船只、绿水、灯光、月光、大中桥、歌声……种种景物,作者抓住其光、形、色、味,细细描绘,却是明丽中不见雕琢,淡雅而不俗气,使得秦淮河在水、灯、月中交相辉映。

总的来说,这篇文章明显地体现了朱自清散文慎密、细致的特色。朱自清在描绘秦淮河的景色时,将自然景色、历史影象、真实情感融会起来,洋溢着一股真挚深沉而又细腻的感情,给人以眷恋、思慕、追怀的感受。

药

鲁迅

《药》

一

秋天的后半夜,月亮下去了,太阳还没有出,只剩下一片乌蓝的天;除了夜游的东西,什么都睡着。华老栓忽然坐起身,擦着火柴,点上遍身油腻的灯盏,茶馆的两间屋子里,便弥满了青白的光。

"小栓的爹,你就去么?"是一个老女人的声音。里边的小屋子里,也发出一阵咳嗽。

"唔。"老栓一面听,一面应,一面扣上衣服;伸手过去说,"你给我罢。"

华大妈在枕头底下掏了半天,掏出一包洋钱,交给老栓,老栓接了,抖抖的装入衣袋,又在外面按了两下;便点上灯笼,吹熄灯盏,走向里屋子去了。那屋子里面,正在窸窸窣窣的响,接着便是一通咳嗽。老栓候他平静下去,才低低的叫道,"小栓……你不要起来。……店么?你娘会安排的。"

老栓听得儿子不再说话,料他安心睡了;便出了门,走到街上。街上黑沉沉的一无所有,只有一条灰白的路,看得分明。灯光照着他的两脚,一前一后的走。有时也遇到几只狗,可是一只也没有叫。天气比屋子里冷多了;老栓倒觉爽快,仿佛一旦变了少年,得了神通,有给人生命的本领似的,跨步格外高远。而且路也愈走愈分明,天也愈走愈亮了。

老栓正在专心走路，忽然吃了一惊，远远里看见一条丁字街，明明白白横着。他便退了几步，寻到一家关着门的铺子，蹩进檐下，靠门立住了。好一会，身上觉得有些发冷。

"哼，老头子。"

"倒高兴……"

老栓又吃一惊，睁眼看时，几个人从他面前过去了。一个还回头看他，样子不甚分明，但很像久饿的人见了食物一般，眼里闪出一种攫取的光。老栓看看灯笼，已经熄了。按一按衣袋，硬硬的还在。仰起头两面一望，只见许多古怪的人，三三两两，鬼似的在那里徘徊；定睛再看，却也看不出什么别的奇怪。

没有多久，又见几个兵，在那边走动；衣服前后的一个大白圆圈，远地里也看得清楚，走过面前的，并且看出号衣①上暗红的镶边。——一阵脚步声响，一眨眼，已经拥过了一大簇人。那三三两两的人，也忽然合作一堆，潮一般向前进；将到丁字街口，便突然立住，簇成一个半圆。

老栓也向那边看，却只见一堆人的后背；颈项都伸得很长，仿佛许多鸭，被无形的手捏住了的，向上提着。静了一会，似乎有点声音，便又动摇起来，轰的一声，都向后退；一直散到老栓立着的地方，几乎将他挤倒了。

"喂！一手交钱，一手交货！"一个浑身黑色的人，站在老栓面前，眼光正像两把刀，刺得老栓缩小了一半。那人一只大手，向他摊着；一只手却撮着一个鲜红的馒头②，那红的还是一点一点的往下滴。

老栓慌忙摸出洋钱，抖抖的想交给他，却又不敢去接他的东西。那人便焦急起来，嚷道，"怕什么？怎的不拿！"老栓还踌躇着；黑的人便抢过灯笼，一把扯下纸罩，裹了馒头，塞与老栓；一手抓过洋钱，捏一捏，转身去了。嘴里哼着说，"这老东西……"

"这给谁治病的呀？"老栓也似乎听得有人问他，但他并不答应；他的精神，现在只在一个包上，仿佛抱着一个十世单传的婴儿，别的事情，都已置之度外了。他现在要将这包里的新的生命，移植到他家里，收获许多幸福。太阳也出来了；在他面前，显出一条大道，直到他家中，后面也照见丁字街头破匾上"古□亭口"这四个黯淡的金字。

二

老栓走到家，店面早经收拾干净，一排一排的茶桌，滑溜溜的发光。但是没有客人；

---

① 号衣：指清朝士兵的军衣，前后胸都缀有一块圆形白布，上有"兵"或"勇"字样。

② 鲜红的馒头：即蘸有人血的馒头。旧时迷信，以为人血可以医治肺痨，刽子手便借此骗取钱财。

只有小栓坐在里排的桌前吃饭,大粒的汗,从额上滚下,夹袄也帖住了脊心,两块肩胛骨高高凸出,印成一个阳文的"八"字。老栓见这样子,不免皱一皱展开的眉心。他的女人,从灶下急急走出,睁着眼睛,嘴唇有些发抖。

"得了么?"

"得了。"

两个人一齐走进灶下,商量了一会;华大妈便出去了,不多时,拿着一片老荷叶回来,摊在桌上。老栓也打开灯笼罩,用荷叶重新包了那红的馒头。小栓也吃完饭,他的母亲慌忙说:

"小栓——你坐着,不要到这里来。"

一面整顿了灶火,老栓便把一个碧绿的包,一个红红白白的破灯笼,一同塞在灶里;一阵红黑的火焰过去时,店屋里散满了一种奇怪的香味。

"好香!你们吃什么点心呀?"这是驼背五少爷到了。这人每天总在茶馆里过日,来得最早,去得最迟,此时恰恰蹩到临街的壁角的桌边,便坐下问话,然而没有人答应他。"炒米粥么?"仍然没有人应。老栓匆匆走出,给他泡上茶。

"小栓进来罢!"华大妈叫小栓进了里面的屋子,中间放好一条凳,小栓坐了。他的母亲端过一碟乌黑的圆东西,轻轻说:

"吃下去罢,——病便好了。"

小栓撮起这黑东西,看了一会,似乎拿着自己的性命一般,心里说不出的奇怪。十分小心的拗开了,焦皮里面窜出一道白气,白气散了,是两半个白面的馒头。——不多工夫,已经全在肚里了,却全忘了什么味;面前只剩下一张空盘。他的旁边,一面立着他的父亲,一面立着他的母亲,两人的眼光,都仿佛要在他身上注进什么又要取出什么似的;便禁不住心跳起来,按着胸膛,又是一阵咳嗽。

"睡一会罢,——便好了。"

小栓依他母亲的话,咳着睡了。华大妈候他喘气平静,才轻轻的给他盖上了满幅补钉的夹被。

三

店里坐着许多人,老栓也忙了,提着大铜壶,一趟一趟的给客人冲茶;两个眼眶,都围着一圈黑线。

"老栓,你有些不舒服么?——你生病么?"一个花白胡子的人说。

"没有。"

"没有?——我想笑嘻嘻的,原也不像……"花白胡子便取消了自己的话。

"老栓只是忙。要是他的儿子……"驼背五少爷话还未完,突然闯进了一个满脸横肉的人,披一件玄色布衫,散着纽扣,用很宽的玄色腰带,胡乱捆在腰间。刚进门,便对老栓嚷道:

"吃了么? 好了么? 老栓,就是运气了你! 你运气,要不是我信息灵……"

老栓一手提了茶壶,一手恭恭敬敬的垂着;笑嘻嘻的听。满座的人,也都恭恭敬敬的听。华大妈也黑着眼眶,笑嘻嘻的送出茶碗茶叶来,加上一个橄榄,老栓便去冲了水。

"这是包好! 这是与众不同的。你想,趁热的拿来,趁热的吃下。"横肉的人只是嚷。

"真的呢,要没有康大叔照顾,怎么会这样……"华大妈也很感激的谢他。

"包好,包好! 这样的趁热吃下。这样的人血馒头,什么痨病都包好!"

华大妈听到"痨病"这两个字,变了一点脸色,似乎有些不高兴;但又立刻堆上笑,搭讪着走开了。这康大叔却没有觉察,仍然提高了喉咙只是嚷,嚷得里面睡着的小栓也合伙咳嗽起来。

"原来你家小栓碰到了这样的好运气了。这病自然一定全好;怪不得老栓整天的笑着呢。"花白胡子一面说,一面走到康大叔面前,低声下气的问道,"康大叔——听说今天结果的一个犯人,便是夏家的孩子,那是谁的孩子? 究竟是什么事?"

"谁的? 不就是夏四奶奶的儿子么? 那个小家伙!"康大叔见众人都耸起耳朵听他,便格外高兴,横肉块块饱绽,越发大声说,"这小东西不要命,不要就是了。我可是这一回一点没有得到好处;连剥下来的衣服,都给管牢的红眼睛阿义拿去了。——第一要算我们栓叔运气;第二是夏三爷赏了二十五两雪白的银子,独自落腰包,一文不花。"

小栓慢慢的从小屋子里走出,两手按了胸口,不住的咳嗽;走到灶下,盛出一碗冷饭,泡上热水,坐下便吃。华大妈跟着他走,轻轻的问道,"小栓,你好些么? ——你仍旧只是肚饿?……"

"包好,包好!"康大叔瞥了小栓一眼,仍然回过脸,对众人说,"夏三爷真是乖角儿,要是他不先告官,连他满门抄斩。现在怎样? 银子! ——这小东西也真不成东西! 关在牢里,还要劝劳头造反。"

"阿呀,那还了得。"坐在后排的一个二十多岁的人,很现出气愤模样。

"你要晓得红眼睛阿义是去盘盘底细的,他却和他攀谈了。他说:这大清的天下是我们大家的。你想:这是人话么? 红眼睛原知道他家里只有一个老娘,可是没有料到他竟会这么穷,榨不出一点油水,已经气破肚皮了。他还要老虎头上搔痒,便给他两个嘴巴!"

"义哥是一手好拳棒,这两下,一定够他受用了。"壁角的驼背忽然高兴起来。

"他这贱骨头打不怕,还要说可怜可怜哩。"

花白胡子的人说,"打了这种东西,有什么可怜呢?"

康大叔显出看他不上的样子,冷笑着说,"你没有听清我的话;看他神气,是说阿义可怜哩!"

听着的人的眼光,忽然有些板滞;话也停顿了。小栓已经吃完饭,吃得满头流汗,头上都冒出蒸气来。

"阿义可怜——疯话,简直是发了疯了。"花白胡子恍然大悟似的说。

"发了疯了。"二十多岁的人也恍然大悟的说。

店里的坐客,便又现出活气,谈笑起来。小栓也趁着热闹,拚命咳嗽;康大叔走上前,拍他肩膀说:

"包好!小栓——你不要这么咳。包好!"

"疯了。"驼背五少爷点着头说。

四

西关外靠着城根的地面,本是一块官地;中间歪歪斜斜一条细路,是贪走便道的人,用鞋底造成的,但却成了自然的界限。路的左边,都埋着死刑和瘐毙的人,右边是穷人的丛冢。两面都已埋到层层叠叠,宛然阔人家里祝寿时候的馒头。

这一年的清明,分外寒冷;杨柳才吐出半粒米大的新芽。天明未久,华大妈已在右边的一坐新坟前面,排出四碟菜,一碗饭,哭了一场。化过纸①,呆呆的坐在地上;仿佛等候什么似的,但自己也说不出等候什么。微风起来,吹动他短发,确乎比去年白得多了。

小路上又来了一个女人,也是半白头发,褴褛的衣裙;提一个破旧的朱漆圆篮,外挂一串纸锭,三步一歇的走。忽然见华大妈坐在地上看他,便有些踌躇,惨白的脸上,现出些羞愧的颜色;但终于硬着头皮,走到左边的一坐坟前,放下了篮子。

坟与小栓的坟,一字儿排着,中间只隔一条小路。华大妈看他排好四碟菜,一碗饭,立着哭了一通,化过纸锭;心里暗暗地想,"这坟里的也是儿子了"。那老女人徘徊观望了一回,忽然手脚有些发抖,跄跄踉踉退下几步,瞪着眼只是发怔。

华大妈见这样子,生怕他伤心到快要发狂了;便忍不住立起身,跨过小路,低声对他说,"你这位老奶奶不要伤心了,——我们还是回去罢。"

那人点一点头,眼睛仍然向上瞪着;也低声吃吃的说道,"你看,——看这是什么呢?"

华大妈跟了他指头看去,眼光便到了前面的坟,这坟上草根还没有全合,露出一块

---

① 化过纸:纸指纸钱,一种迷信用品,旧俗认为把它火化后可供死者在"阴间"使用。下文说的纸锭,是用纸或锡箔折成的元宝。

一块的黄土,煞是难看。再往上仔细看时,却不觉也吃一惊;——分明有一圈红白的花,围着那尖圆的坟顶。

他们的眼睛都已老花多年了,但望这红白的花,却还能明白看见。花也不很多,圆圆的排成一个圈,不很精神,倒也整齐。华大妈忙看他儿子和别人的坟,却只有不怕冷的几点青白小花,零星开着;便觉得心里忽然感到一种不足和空虚,不愿意根究。那老女人又走近几步,细看了一遍,自言自语的说,"这没有根,不像自己开的。——这地方有谁来呢?孩子不会来玩;——亲戚本家早不来了。——这是怎么一回事呢?"他想了又想,忽又流下泪来,大声说道:

"瑜儿,他们都冤枉了你,你还是忘不了,伤心不过,今天特意显点灵,要我知道么?"他四面一看,只见一只乌鸦,站在一株没有叶的树上,便接着说,"我知道了。——瑜儿,可怜他们坑了你,他们将来总有报应,天都知道;你闭了眼睛就是了。——你如果真在这里,听到我的话,——便教这乌鸦飞上你的坟顶,给我看罢。"

微风早经停息了;枯草支支直立,有如铜丝。一丝发抖的声音,在空气中愈颤愈细,细到没有,周围便都是死一般静。两人站在枯草丛里,仰面看那乌鸦;那乌鸦也在笔直的树枝间,缩着头,铁铸一般站着。

许多的工夫过去了;上坟的人渐渐增多,几个老的小的,在土坟间出没。

华大妈不知怎的,似乎卸下了一挑重担,便想到要走;一面劝着说,"我们还是回去罢"。

那老女人叹一口气,无精打采的收起饭菜;又迟疑了一刻,终于慢慢地走了。嘴里自言自语的说,"这是怎么一回事呢?……"

他们走不上二三十步远,忽听得背后"哑——"的一声大叫;两个人都悚然的回过头,只见那乌鸦张开两翅,一挫身,直向着远处的天空,箭也似的飞去了。

作品赏析

《药》通过对茶馆主人华老栓夫妇为儿子华小栓买人血馒头治病的故事,揭露了乡村的落后和乡民的愚昧无知,颂扬了革命者夏瑜英勇不屈的革命精神。

作品以华老栓夫妇给儿子治病为明线,以革命者夏瑜被军阀杀害为暗线,两线交织,结构完整。明线是主线,突出群众的愚昧麻木;暗线是次线,揭示革命者的悲哀。两条线从并行到融合,突出因群众的冷漠而带来的革命者的悲哀。

鲁迅与友人谈到《药》时说:《药》描写了群众的愚昧,和革命者的悲哀;或者说,因群众的愚昧而来的革命者的悲哀;更直接地说,革命者为了愚昧的群众奋斗而牺牲了,愚昧的群众并不知道这牺牲为的是谁,却还要因了愚昧的见解,以为这牺牲可以享用,增加群众中的某一私人的福利。"(孙伏园《鲁迅先生二三事·〈药〉》)鲁迅自己的说法,既符合作品本身的实际,又符合他当时的思想,是对《药》的主题的精当概括。

文学常识

现代文学

第一节 现代文学概况

　　中国现代文学通常指从"五四"运动后到中华人民共和国成立之前的 30 年间的文学。以新的现实为基础,继承古典文学传统而使之适合于现代需要,吸收外国文学营养而使之具有民族特点,由此达到有高度成就的综合性创造,这已是为中国现代文学发展的历史所证明了的一条正确的道路。

　　"五四"新诗运动是伴随着新文化运动产生并逐步发展的。新思潮的大量引进,诗歌创作有了新的时代内涵;随着诗歌现代意识的觉醒,产生了完全不同于传统诗歌的现代诗歌理念,实现了诗歌内容和形式的大解放;而白话文运动的最终成果也使得诗歌创作摆脱了文言的束缚,能自由地抒写,尽情地发挥。最早在《新青年》《新潮》等报刊上发表新诗的有胡适、刘半农、周作人等,胡适是第一个"尝试"写新诗的人,著有《尝试集》。郭沫若是中国新诗的伟大开拓者,代表初期新诗最高成就。代表作《女神》是我国新诗史上第一部产生巨大影响的新诗集,也是我国现代新诗史上第一个浪漫主义高峰。

　　新诗从旧诗长期固有的严格形式中挣脱出来,得到了前所未有的自由。然而这种绝对的自由带来的是诗歌形式的粗陋,从而也伤害了诗歌本身固有的艺术特性。因此,新诗如何从语言和形式的自由化走向艺术的规范化,在旧诗留下的废墟之上新建起一个属于自己的家园,成了新诗发展与生存的必然要求。自觉肩负起这一历史重责的是以闻一多、徐志摩为代表的新月派诗人。新月派以北京《晨报副刊·诗镌》为基本阵地,提出"理性节制感情"的美学原则,鼓吹诗的音乐美、绘画美与建筑美,明确地提出以"和谐"与"均齐"为新诗最重要的审美特征,把诗的感情收纳在严格规范的形式中。新月派纠正了早期新诗创作过于散漫自由的混乱局面,使新诗趋向精炼与集中,具有相对规范的形式,巩固了新诗的地位。对新诗格律化的大力倡导和对新诗形式美的探索是新月诗派对中国现代文学的一个重要贡献。

　　20 世纪 20 年代中期,以李金发为代表,另有王独清、穆木天和冯乃超等,对于新诗草创期普遍存在的"缺少了一种余香与回味"的艺术倾向作出适时的反拨,为新诗艺术发展开辟了一条新的路径。他们提出"诗的世界是潜在意识的世界","诗是要暗示的,诗是最忌说明的",这一创作倾向形成的流派即象征诗派。

现代诗派从初期象征诗派与后期新月诗派演变而来,形成于 20 世纪 30 年代,主要诗人有戴望舒、施蛰存、何其芳、李广田、卞之琳等。他们强调要写纯然的现代诗,表现现代人在现代生活中所感受到的现代情绪,用现代的辞藻排列成现代的诗形。现代诗派在艺术上追求诗意的朦胧美和诗形的散文美,在形式上超越了新月派的格律体,创造了具有散文美的自由诗体。

戴望舒(1905—1950),原名戴朝安,又名戴梦鸥,浙江杭州人,现代诗派中最重要的诗人、翻译家,有诗集《我的记忆》《望舒草》《灾难的岁月》等。《雨巷》是最能体现现代派诗朦胧美的诗篇,诗人也因其获得"雨巷诗人"的美称。

七月诗派是我国现代文学史上重要的现实主义诗歌流派,崛起于抗战烽火之中,跨越了抗日战争与解放战争两个历史阶段,是这一时期坚持时间最长、影响广大的文学流派。七月诗派以艾青、田间为先驱诗人,在胡风的理论引导和组织下,聚集了一大批青年诗人,主要有鲁藜、绿原、冀汸、阿垅、曾卓、牛汉等。七月派诗歌的题材与内容主要是抒写战争,表现民族的复兴与崛起,以及中国人民顽强坚韧的抗敌意志和高昂的爱国主义激情;揭露黑暗,反抗专制,对真理、对自由、对光明与理想的歌颂与追求,诗风质朴、明朗、粗犷、豪放。

艾青(1910—1996),原名蒋海澄,浙江金华人,中国现代诗人,被誉为中国诗坛泰斗。《大堰河——我的褓姆》是其代表作、成名作,《手推车》《死地》《北方》《雪落在中国的土地上》等是其最具特色、最脍炙人口的诗篇,长诗《火把》《向太阳》是其创作史上最具里程碑意义的代表性作品。艾青诗歌的两个中心意象:"土地"和"太阳"——"土地"的意象,凝聚了艾青对祖国和人民最深沉的爱,对民族危难和人民疾苦的深广忧愤;"太阳"的意象表现了诗人对光明、理想、一切美好事物不倦的追求。艾青在中国新诗发展史上,所完成的是历史的"综合"的任务,他将现实的内容和高度艺术技巧结合在一起,以其创造性劳动为现代诗歌开辟了新的境界,使现实主义诗潮成了诗坛的主流。

"新青年"散文群不是严格意义上的散文流派,它是在思想革命和文学革命中,以《新青年》《每周评论》等刊物为阵地,自然而然形成的一个社会批评与文明批评的文学团体。其主要作家有陈独秀、李大钊、鲁迅、周作人、刘半农、钱玄同等,创作以杂感、短论为主要样式,长短不拘,形式灵活,个性突出,致力于对社会时弊、文化痼疾以及保守思想的批评与抨击,形成了独具特色的新文体"随感录",因而,他们又被称为"随感录"作家群。他们的杂文在"五四"时期发挥了巨大的思想启蒙与文学启蒙作用。鲁迅的杂感代表"随感录"的最高成就。

语丝派是第一个以流派命名的散文创作群体,它得名于 1924 年创刊的《语丝》,其上刊载了大量的杂感、随笔与小品散文，主要作家有鲁迅、周作人、林语堂、钱玄同等。他们承继了"新青年"散文群落的批判传统，以广泛的社会批评和文明批评为基本内容，提倡思想自由，并兼采众长。他们共同的特征是：排旧促新、纵意而谈、不拘一格、幽默泼辣。这种鲜明的文体风格被称为"语丝文体"。这种文体又呈现出两种不同倾向：一是以鲁迅为代表的杂文，泼辣犀利、敏锐深刻，触及社会种种弊端与国民劣根性，此类散文至三四十年代继续发挥着"匕首"与"投枪"的作用；二是以周作人为代表的小品文，冲淡平和、幽默谐趣，写个人的志趣与生活情趣，此类散文至三四十年代由于其远离现实与政治而影响日益衰微。

五四运动以后，一些经受新思潮冲击并且怀着美好希望觉醒过来的小资产阶级知识分子，渴望通过文艺来表述自己的政治苦闷和人生理想；文学革命的发展也要求在创作实绩上有新的突破。新的文学社团于是应运而生。文学研究会于1921年1月在北京正式成立，是新文学运动中成立最早、影响和贡献最大的文学社团之一，发起人有郑振铎、沈雁冰、叶绍钧、许地山等，成员先后共达170余人。其宗旨是"研究介绍世界文学，整理中国旧文学，创造新文学"。他们反对将文艺当作高兴时的游戏或失意时的消遣，他们的创作大都以现实人生问题为题材，产生了一批所谓"问题小说"。因此他们的创作被称为"人生派"或"为人生"的文学。在创作方法上，文学研究会继《新青年》之后，进一步高举现实主义的旗帜，强调"新文学上的写实主义，于材料上最注重精密严肃，描写一定要忠实"。1932年年初，该会活动即基本停顿。

创造社是中国现代文学又一重要团体，1921年7月由郭沫若、成仿吾、郁达夫、张资平、田汉、郑伯奇等人在日本东京创立。前期作家们的创作侧重主观内心世界的刻画，注重自我表现，具有浓重的抒情色彩。他们的文学主张、创作以及所介绍的外国作品形成了浪漫主义和唯美主义的倾向，对"五四"以来新文学的发展起了巨大的促进作用。他们强调文学必须忠实于自己"内心的要求"，这一思想也是前期创造社文艺思想的核心，后期创作带有教条主义、宗派主义倾向。1929年2月，创造社为国民党政府封闭。

人生写实派以文学研究会作家为主体，主要有冰心、朱自清、许地山、叶圣陶等，他们反对将文学视为游戏和消遣，主张文学应该反映社会，表现人生，关注现实人生，探索人生的意义，以写实的态度客观地描摹人生，抒写情感，很少作强烈的主观感兴。

浪漫感伤派以创造社作家为主体，主要有郁达夫、郭沫若、田汉等，强调自我，裸露自己的内心要求，表达人生的悲凉和时代的苦闷。他们也反映人生，但缺乏写实派的理性思考，更多的是情感的倾泄，表达对现实的深深失望，哀愁、悲伤、怨愤是其作品主体情绪。郁达夫的散文代表了此派的最高成就，它的散文毫不掩饰地裸露自己的内心，带着强烈的抒情性和鲜明的自叙性。

社会写实派以写实的精神，及时、广泛、深刻地反映出现实生活的真实性与复杂性，体现着一种皈依现实的自觉性。中国社会的剧变，民族经济的衰退与破产，城乡社会的动荡不安，百姓民众日趋贫困的生活境地等，成为这派作家表现的题材。茅盾是这派作家的杰出代表，他具有强烈的社会责任感，善于观察与分析社会现象，往往于现实生活中有独到的发现，直逼事物的本质。

朱自清（1898—1948），原名自华，号秋实，后改名自清，字佩弦。中国现代散文家、诗人、学者、民主战士。朱自清的散文以"漂亮""缜密"著称，被誉为"白话美术文的模范"，为我国现代散文创作提供了足资借鉴的范本。他的散文可分三类：反映社会人生的；抒写个人际遇的；写景状物记游的。其艺术成就体现在："温柔敦厚"的美学风格（舒缓、有分寸、哀而不伤、怨而不怒）；情景交融的意境创造；圆熟精巧的艺术构思；清新隽永的语言运用。

第二节　重点作家作品

一、鲁迅和《阿Q正传》

鲁迅（1881—1936），原名周樟寿，后改名周树人，字豫才，浙江绍兴人。主要作品有：短篇小说集《呐喊》《彷徨》《故事新编》，散文诗集《野草》，散文集《朝花夕拾》，以及17本杂文集。《狂人日记》是中国现代文学史上第一篇现代白话短篇小说，短篇小说集《呐喊》和《彷徨》是中国现代小说成熟的标志。

阿Q是辛亥革命时期具有严重病态心理的流浪农民的艺术典型。他对自己的失败命运、奴隶地位采取辩护、粉饰和盲目自尊的态度；惯于以"忘却"或向更弱者（如小尼姑）泄愤来转嫁屈辱，求得自我满足。他自轻自贱，自甘处于被奴役的地位；或者自欺欺人，在自我幻觉中变现实的失败为精神上虚幻的胜利。这种阿Q式的"精神胜利法"，是一定社会环境和历史条件的产物，也体现着苟活状态下人类的某种普遍弱点。

《阿Q正传》的艺术特色：一是高度的思想性。小说并非仅仅在于批评辛亥革命的不彻底性，而是从更新国民"魂灵"出发，总结中国农民革命的历史教训，呼唤具有"坚信的主义"的真正革命者，提出了如何启发农民民主主义觉悟的问题。二是悲喜剧相结合与出色的讽刺艺术。其喜剧因素由夸张、幽默、滑稽、讥嘲、反语等多种表现手法构成。讽刺艺术主要分两类：对赵太爷等重在揭露其贪婪阴毒的丑恶灵魂；对阿Q则是含泪的鞭挞，重在显示其虚妄、健忘和耻辱。

二、郭沫若和《女神》

郭沫若(1892—1978),原名郭开贞,字鼎堂,四川乐山人。主要作品有:诗集《女神》,剧本《屈原》《虎符》等。

自我抒情主人公形象的创造,成为《女神》思想艺术的主要追求。《女神》的自我抒情主人公首先是"开辟洪荒的大我"——"五四"时期觉醒的中华民族的自我形象。这是一个具有彻底破坏和大胆创造精神的新人。《女神》形象系列以革命浪漫主义为特色,表现出奇异的壮阔感,动态的诗美。

《女神》的艺术特色:一是火山爆发式的激情,狂涛巨浪般的气势。郭沫若的诗感情炽烈,气势雄浑,有着强烈的艺术感染力。在诗作中,郭沫若常常不顾及诗的"忌重复",而采用回环复迭的方式,重复的句式、反反复复的感情渲染,造成情感的叠加,形成强烈的艺术感染力。二是叛逆追求的化身——理想化的自我形象的创造。《女神》把反抗、破坏、创造精神形象化,创造了一个叛逆追求的化身——理想化的自我形象。这个自我形象在诗中非常突出,它占据了宇宙中心,成了宇宙的主宰。三是借助神话传说、历史故事,寄托诗人理想,表现时代精神。《女神》本着"古为今用"的原则,借神话传说、历史人物,抒写自己的革命理想,表现自己不屈的意志、创造的精神、对理想的追求。四是丰富的想象、奇丽的色彩。《女神》想象丰富,比拟奇丽,展现了缤纷多彩、生机勃勃的诗境,如天马行空,瑰丽多姿,具有很强的艺术魅力。五是形式的大胆革新和新颖多姿。郭沫若冲破旧格律诗的种种清规戒律,创造了完全崭新的新的诗歌艺术形式(适用于诗的新内容的新的自由形式)。气势雄浑、豪迈的自由体诗,是《女神》里最具特色、最激动人心的诗体,它开一代诗风,为"五四"以后的新诗发展开辟了新的天地。再如新格律诗体的运用、诗剧体式的借鉴。

三、茅盾和《子夜》

茅盾(1896—1981),原名沈德鸿,字雁冰,浙江桐乡人。主要作品有:长篇小说《虹》《子夜》,中篇小说"蚀三部曲"(《幻灭》《动摇》《追求》),短篇小说"农村三部曲"(《春蚕》《秋收》《残冬》)、《林家铺子》,等等。

《子夜》以民族资本家吴荪甫和买办金融资本家赵伯韬之间的矛盾斗争为主线,辅以吴荪甫与城乡工农运动及中小资本家的冲突,全景式地再现了中国社会的全貌。

《子夜》的艺术特色:一是颇具匠心的结构。《子夜》场面广阔、人物众多、故事纷繁、矛盾错杂,但作者将情节集中于公债斗争、工人罢工、农民运动三条线索;又以吴荪甫和赵伯韬之间的矛盾冲突为主线,主线中又以吴荪甫为重点。二是成功的人物塑造艺术。《子夜》的人物描写很见功力,有肖像描写、心理描写、语言描写、细节描写等,为成功刻画人物起了重要作用。三是流畅明快、充满感情色彩的叙述语言。无论叙事、状物,《子夜》运用的都是流畅明快的语言,并带有强烈的感情色彩。

四、巴金和《家》

巴金(1904—2005),原名李尧棠,字芾甘,四川成都人。主要作品有:长篇小说《灭亡》,"爱情三部曲"(《雾》《雨》《电》),"激流三部曲"(《家》《春》《秋》),中篇小说《寒夜》,散文集《随想录》,等等。

《家》从新文化思潮与封建家族制度剧烈冲突的角度,描写青年反抗家庭的革命,控诉封建大家庭的罪恶,多侧面地暴露宗法家庭统治者的顽固与专制,以及"长子继承制"的内在矛盾;揭露封建家庭父辈人物伦理道德的虚伪和沦丧;歌颂受新文化思想激荡的子辈人物的叛逆行动;表现青年女性的悲惨命运,以及她们的觉醒与抗争。

《家》的艺术特色:一是真挚浓郁的激情。《家》只求与青年读者情绪沟通,不求深刻隽永,倾向单纯、热情、坦率,以情动人。情感汪洋恣肆,语言流水行云,虽然有时少有锤炼,不耐咀嚼,整体上却有一股冲击力,能渗透读者的心。二是舒缓自然、生活化的结构。《家》在结构上借鉴了《红楼梦》的写法,以觉慧和鸣凤的恋爱以及觉新与瑞珏、梅芬之间的纠葛作为情节发展的主线,全面交织而展示了高公馆的衰亡过程。三是意蕴丰富的日常生活细节描写。四是朴素、自然、流畅的语言风格。

五、老舍和《骆驼祥子》

老舍(1899—1966),原名舒庆春,字舍予,北京人。主要作品有:长篇小说《骆驼祥子》《四世同堂》,剧本《茶馆》,等等。

祥子是老舍精心创作的人物形象,从头至尾都浸透了作家的一片热忱。祥子曾经是个正直、热爱生活的劳动者。然而这个在地狱里都会是个好鬼的祥子,在人世间却没有能够始终当一个好人。随着生活愿望的破灭,他成了截然不同的另一个人。祥子被剥夺掉的,不仅是车子、积蓄,作为劳动者的美德,还有奋发向上的生活意志和人生目的。他的悲剧,主要是他所生活的那个社会的产物。黑暗的社会制度毁灭了一个善良美好的心灵,祥子由人变成走兽。

《骆驼祥子》的艺术特色:一是结构方法——继承了我国传统小说的结构方法,以祥子的希望、挣扎、毁灭为主线,展示了一幅相互关连的军阀统治下的社会图景,连结各种不同阶级、不同地位、不同命运的家庭和人物,反映当时的现实。二是人物描写——着力在刻画其心理状态。《骆驼祥子》对人物内心世界的剖视,是很成功的。并且,老舍写人的内心世界,总是通过叙述去写,使人看去这仿佛不是在描写,而是在叙说,这是他写人物心理状态的独特之处。三是语言特色——用的是道地的北京话,简洁又朴素,基本避免了早期作品中为引人发笑而出现的贫嘴油舌。同时,该小说也创造性地融化了欧化句法,形成了一种自然朴实、俗而能雅的小说语言,较为典型地代表了老舍俗白的文体风格。

六、徐志摩和《再别康桥》

徐志摩(1897—1931),原名章垿,字槱森,浙江海宁人。主要作品有:诗集《志摩的诗》《翡冷翠的一夜》《猛虎集》《云游集》等。

"康桥情结"贯穿在徐志摩一生的诗文中,而《再别康桥》无疑是其中最优秀的一篇。全诗大体分四部分:第一部分(1 节),表现了诗人告别康桥时的沉重心情。第二部分(2—4 节),满怀深情地回味康桥美景、美好生活,表达依依不舍的心情。第三部分(5—6 节),抒写诗人追求理想及理想破灭的惆怅。第四部分(7 节),再次抒发离别时的沉重感。

《再别康桥》的艺术特色:一是形象鲜明艳丽,物与我、情与景融合,创造了柔美而富有魅力的意境;强调了描写上的形象性和画面感,在追求形象性的同时出色地将"我"与康桥景色结合在一起。二是比喻贴切自然,描写含蓄生动,体现出作者高超的写诗技巧。如"那河畔的金柳,是夕阳中的新娘";"揉碎在浮藻间,沉淀着彩虹似的梦"。三是语言轻盈柔和,音乐和谐优美,全诗呈现出一种格调高雅、手笔独特的色彩。在语言上,该诗将日常的口语作了精练,但又不露痕迹,随着感情的起伏波动自然写出,如清泉流出。在音节上,每节四行,每行有三到四个音节,每节诗在二、四句押韵,个别诗节一、三句也押韵。在形式上,每节二、四行在排列上均低一格处理,使诗行与诗行中歌咏的,表现出与河水波纹一般的间隔美。

语言知识

修辞方法

修辞方法是为提高表达效果,应用于各种文章写作的语言表达方法的集合。它也是通过修饰、调整语句,运用特定的表达形式以增强语言表达作用的方式。

常见修辞格有八种,即:比喻、比拟、借代、夸张、对偶、排比、设问、反问。

1. 比喻

(1) 比喻的特点及作用

比喻就是"打比方",即抓住两种不同性质的事物的相似点,用某一事物来喻另一事物。比喻一般由本体(被比喻的事物)、喻体(作比方的事物)和比喻词(比喻关系的标志)构成。构成比喻的关键是甲和乙必须是本质不同的事物,甲乙之间必须有相似点,否则比喻不能成立。比喻的作用主要是:化平淡为生动;化深奥为浅显;化抽象为具体;化冗长为简洁。

(2) 比喻的种类

①明喻。典型形式是:甲像乙。本体喻体都出现,中间用比喻词"像""似""仿佛""犹如"等相联结。例如:收获的庄稼堆成垛,像稳稳矗立的小山。

②暗喻。典型形式是:甲是乙。本体喻体都出现,中间没有比喻词,常用"是""成了""变成"等联结。例如:马克思主义和中国革命的关系,就是箭和靶的关系。

③借喻。典型形式是:甲代乙。不出现本体,直接叙述喻体。但它不同于借代,借代取两事物的相关点,借喻取两事物的相似点。例如:放下包袱,开动机器。

④博喻。连用几个比喻,从不同角度,运用不同的相似点对同一本体进行比喻。例如:层层的叶子中间,零星地点缀着些白花,有袅娜地开着的,有羞涩地打着朵儿的;正如一粒粒明珠,又如碧天里的星星,又如刚出浴的美人。("明珠""星星""刚出浴的美人"分别从色彩、光华、感受等角度,抓住光亮、隐约闪烁、清新洁净等相似点来描绘出荷花的美。)

2. 比拟

(1) 比拟的特点及作用

比拟,即把物当作人来写,或把人当作物来写,或把此物当作彼物来写。其形式特点是:事物"人化",或人"物化",或甲物"乙物化"。其作用是使所写"人"或"物"色彩鲜明,生动形象,含义丰富。

(2) 比拟的种类

①拟人。例如：杜甫川唱来柳林铺笑,红旗飘飘把手招。

②拟物。例如：咱们老实,才有恶霸,咱们敢动刀,恶霸就得夹着尾巴跑。

3. 借代

(1) 借代的特点及作用

借代不直接说出所要表述的人或事物,而用与其相关的事物来代替。它强调两事物间的相关点。其作用是以简代繁,以实代虚,以奇代凡,以事代情。

(2) 借代的种类

①特征代本体。例如：大胡子凶神恶煞地吼叫着。

②具体代抽象。例如：不拿群众一针一线。

③专名代泛称。例如：我们的时代需要千千万万个雷锋。

④人名代著作。例如：我们要多读点鲁迅。

⑤部分代整体。例如：吟罢低眉无写处,月光如水照缁衣。

⑥结果代原因。例如：专弄文墨,为壮士捧腹。

⑦原料代成品。例如：五十年间万事空,懒将白发对青铜。

⑧地名代本体。例如：延安还是西安? 要划清这种界限。

4. 夸张

(1) 夸张的特点及作用

夸张指为追求某种表达效果,对原有事物进行合乎情理的着意扩大或缩小。要求使用时不能失去生活的基础和根据,不能浮夸。其作用在于烘托气氛,增强联想,给人启示。

(2) 夸张的几种形式

①扩大夸张。例如：飞流直下三千尺,疑是银河落九天。

②缩小夸张。例如：五岭逶迤腾细浪,乌蒙磅礴走泥丸。

③超前夸张。例如：看见这样鲜绿的麦苗,就嗅出白面馍馍的香味来了。

5. 对偶

(1) 对偶的特点及作用

对偶就是"对对子",也称"对仗"。它必须是一对字数相等、词性相对、结构相同、意义相关的短语或句子。两个短语或句子间的关系有承接、递进、因果、假设和条件等。其作用有：便于吟诵,有音乐美;表意凝练,抒情酣畅。

(2) 对偶的几种形式

①依内容分可分为正对、反对、串对。

正对：上下句意思相似、相近、相补、相衬。例如：天连五岭银锄落,地动三河铁臂摇。

反对：上下句意思相反、相对。例如：宜将剩勇追穷寇,不可沽名学霸王。

串对：又称"流水对"。上下句意思具有承接、递进、因果、假设、条件等关系。例如：为有牺牲多壮志,敢教日月换新天。

②依形式分可分为工对、宽对。

所谓工对,就是字数、词性、结构、平仄、用字等严格按对仗要求;所谓宽对,就是基本符合对仗要求,但某些方面稍有出入,也就是说形式要求稍宽松一点。

③依结构分可分为成分对偶和句子对偶。

成分对偶。例如：山水本无知,蝶雁亦无情;但它们对待人类最公平,一视同仁,既不因达官显贵而呈欢卖笑,也不因山野渔樵而吝丽啬彩。

句子对偶。例如：墙上芦苇,头重脚轻根底浅;山间竹笋,嘴尖皮厚腹中空。

6．排比

（1）排比的特点及作用

排比由三个或三个以上结构相同或相似、内容相关、语气一致的短语或句子组合而成。排比中,要强调的同一词语反复出现在各个短语或句子的同一位置上。其作用在于加强语势,强调内容,加重感情。

（2）排比的几种形式

①成分排比。例如：好像失了东三省,党国倒愈像一个国,失了东三省谁也不响,党国倒愈像一个国,失了东三省只有几个学生上几篇"呈文",党国倒愈像一个国,可以博得"友邦人士"的夸奖,永远"国"下去一样。

②句子排比。例如：他们的品质是那样的纯洁和高尚,他们的意志是那样的坚韧和刚强,他们的气质是那样的淳朴和谦逊,他们的胸怀是那样的美丽和宽广。

7．设问

设问的特点是"无疑而问",往往明知故问,是自问自答或提出问题,不需要确定答案。目的是强调问题,以引起人们注意,启发人们进行思考。例如：白色的花含有什么色素呢？白色的花什么色素也没有。又如：社会生产力有这样巨大的发展,劳动生产率有这样大幅度的提高,靠的是什么？最主要的是靠科学的力量、技术的力量。

8．反问

（1）反问的特点及作用

反问的特点是"无疑而问",用疑问句的形式表示确定的意思。其作用是加强语气,增强表达效果。句末一般打问号,有的也可打感叹号。

（2）反问的几种形式有两种

①用肯定的形式表示否定。例如:毛主席都是如此,我们还有什么可以骄傲的呢?

②用否定的形式表示肯定。例如:难道不是我们劳动群众创造了人类世界吗?

单元测验　　单元讨论题

第八单元

应用文写作

现代社会对人才的要求日益全面化:既要具有丰富的专业知识,又要具有较强的职业能力和较高的综合素养;而较强的口语和书面语表达能力则是高素质人才必备的基本能力。本单元坚持实用性原则,根据高等职业教育教学需要编写,旨在培养学生实际写作能力,适应社会对高素质应用型人才的需求。

本单元编写的整体思路是:以培养高职学生应用写作能力为主,掌握基本知识够用为原则,培养学生的学习兴趣。在技能实训等过程中达到能力目标和知识目标,并注重学生职业素养的培养。

在内容编排上侧重选取了行政机关、企事业单位常用的通告、通知、通报、报告、请示、函、纪要等7种公务文书和计划、总结、策划书、调查报告等4种事务文书。每种文书分为知识要点、范文阅读、范文简析、结构分析、注意事项、技能实训6个步骤完成学习。根据高等职业教育教学目标的要求,结合学生专业及实际需求,本着知识"够用"与"适用"的原则,重点实施技能训练。

公务文书简称公文。公文有狭义与广义之分。狭义的公文是指党政机关公文,又称法定公文、通用公文。党政机关公文是党政机关实施领导、履行职能、处理公务的具有特定效力和规范体式的文书。

中共中央办公厅和国务院办公厅2012年4月16日联合印发,于2012年7月1日起施行的《党政机关公文处理工作条例》(以下简称《条例》),是关于公文处理工作的法规性文件,标志着党政机关公文处理工作走向规范化、制度化、科学化。广义的公文是机关、团体、企事业单位处理公务活动时按照一定程序和格式形成的书面材料的总称,包括通用公文、专用文书(如外交文书、军事文书、法律文书、财经文书、科技文书等)、公务常用文(如计划、总结、调查报告、演讲稿等)。

《条例》中规定的公文种类共有15种:决议、决定、命令(令)、公报、公告、通告、意见、通知、通报、报告、请示、批复、议案、函、纪要。

按照行文方向划分,有上行文、下行文、平行文。

上行文是指具有隶属关系的下级机关向上级机关报送的公文,如请示、报告等。

平行文是指同一组织系统的同级机关或不相隶属机关之间的来往公文,如函等。

下行文是指具有隶属关系的上级机关向下级机关发送的公文,如决定、通知、通报、批复等。

公文按紧急程度可划分为特急、急件、一般文件三类;按秘密等级可划分为绝密、机密和秘密三类。

公文的格式、行文规则等详见本单元"文献阅读"部分。

事务文书是机关企事业单位和个人在处理日常管理事务时用来沟通信息、安排工作、解决问题、总结经验时经常使用的具有一定格式的实用文体,也是应用写作的重要组成部分。它与公务文书的区别在于:一是无统一明确规定的文本格式;二是不能单独作为文件发文,需要时只能作为公文的附件行文。必要的时候,事务文书可向社会公开。

通 告

应用文写作

【知识要点】

1.通告的概念

通告是各级机关、企事业单位与社会团体通常使用的告晓性公文。《条例》规定,通告"适用于在一定范围内公布应当遵守或者周知的事项"。通告的内容可涉及国家法令、政策,也可用来公布生活中的具体事务。

2.通告的类型

(1)制约性通告:又称为法规性通告。用于向一定范围内的单位和个人公布需要遵守、执行的政策、措施以及其他行为规范。这类通告政策性、法规性强,具有一定的强制性。

(2)告知性通告:又称事务性通告、知照性通告。用于公布某一事项,使一定范围内的单位和个人了解情况,办理有关事宜。这些事项不具有行政约束力,通告中不提及执行要求。

【范文阅读1】

关于发布《普通高等学校传染病预防控制指南》行业标准的通告

现发布推荐性卫生行业标准《普通高等学校传染病预防控制指南》,编号和名称如下:

WS/T 642—2019　普通高等学校传染病预防控制指南

该标准自 2019 年 7 月 1 日起施行。

特此通告。

国家卫生健康委员会 教育部

2019 年 1 月 23 日

(资料来源:教育部网站)

【范文简析】

此文是制约性通告,用于全国范围内的普通高等学校需要遵守、执行的行为规范。

此通告政策性、法规性强,具有一定的强制性。

【范文阅读2】

关于杭州市部分区域实施公共活动限制性措施的通告

当前,杭州市相继报告多例新冠肺炎确诊病例和无症状感染者,疫情防控形势严峻。为进一步做好疫情防控工作,防止公众交叉感染,阻断病毒传播链条,经市疫情防控工作领导小组研究决定,对我市部分区域公共场所和公共活动采取限制性措施。现将具体措施通告如下:

一、实施区域:上城、拱墅、西湖、滨江、萧山、余杭、临平、钱塘8个城区。

二、关停棋牌室、酒吧、KTV、麻将房、桌游室、游泳馆等室内密闭公共场所。

三、饭店、餐馆按容量50%控制人数,隔位就座,鼓励顾客打包带走消费。

四、图书馆、美术馆、博物馆、影剧院、体育馆、网吧等公共场所接待人数不超过核定人数的50%。

五、"红事""白事"须向社区(村)报告,提倡缓办、简办,严格控制人员并做好防护措施。

六、进入人员密集公共场所,必须在入口处扫码核验、绿码通行,做到全程规范佩戴口罩。

上述限制性措施即日起实施。请广大市民遵守相关要求,严格落实正确佩戴口罩、扫码亮码、勤洗手、多通风、少聚集、保持社交距离等措施,共同守护杭州人民的平安和健康!

特此通告。

杭州市疫情防控工作领导小组办公室
2021 年 12 月 9 日

(资料来源:杭州市卫生健康委员会网站)

【范文简析】

此范文阅读是告知性通告。本通告在阐述了发布通告的社会背景、目的后,公布了部分区域实施公共活动限制性措施内容和要求,内容具体、清楚,便于人们理解和遵守。

【结构分析】

通告的结构:由标题、正文、发文机关和成文日期等部分组成。

1.标题

通告的标题有 4 种写法：

(1)发文机关＋事由＋文种。如"杭州市人民政府关于实行小客车总量调控管理的通告"。

(2)发文机关名称＋文种。如"杭州市公安局通告"。

(3)事由＋文种。如"关于杭州市部分区域实施公共活动限制性措施的通告"。

(4)文种。即"通告"，适用于在本单位内部张贴、发放的通告。有时因事情紧急，必须立即执行，而在通告前加"紧急"二字，以引起人们关注。

2.正文

通告的正文结构：发文缘由＋通告事项＋尾语。

(1)发文缘由。一般要求写明发布通告的意义、根据，有的还需写明发布背景；之后，用"现通告如下""现将有关事项通告如下"等作为承启语，开启下文。承启语后紧跟冒号。

(2)通告事项。大众应遵守、执行或知晓的具体事项。事项单一的，采用篇段合一式结构；事项复杂的，采用条款式结构，分条列项书写。事项部分要求简洁明了，叙述清楚，便于人们周知、掌握和遵守。

(3)尾语。对通告内容的强调或提出要求、希望。尾语常用形式有 4 种：一是用"特此通告"作结尾。二是规定执行期，即"本通告自××××年×月×日起施行"或"本通告自发布之日起施行"。三是发出要求、号召或说明其他问题。四是秃尾，指通告事项陈述完毕即收束全文。

3.落款

在正文的右下方署制发文机关或部门名称，并加盖发文机关公章。

4.成文日期

落款下一行为成文日期。规范的成文日期用阿拉伯数字标注全年、月、日。

【注意事项】

1.关于主送机关

有的公文必须有主送机关，有的可以不写主送机关。由于公告对外界发布的范围广泛，往往不写主送机关。通告也是如此。

2.关于标题

标题中除法规、规章名称加书名号外，一般不使用标点符号。

3.通告与公告的区别

通告与公告同为具有广泛告知性与约束力的公布性公文，但又有明显的区别：

（1）使用范围不同。从使用范围看，公告大于通告。通告的发布常常面向国内社会有关方面，对其他范围无效；而公告则面向国内外。

（2）宣布事项不同。从宣布事项看，公告重于通告。通告常常用于宣布人们应当遵守或者周知的具体事项；而公告则用来公布国家重要事项或者法定事项。

（3）发文机关不同。通告可由各级机关、企事业单位与社会团体公布；而公告由国家行政机关或权力机关发布。

公务活动中，很容易出现通告、公告不分的现象。公告的发文机关往往是国家行政机关或权力机关，一般企事业单位、社会团体不能使用公告发布事项。有的企业认为是重大事项而以公告发布，或者以"公告"的庄重性抬高发文事项级别，其做法是错误的。

【技能实训】

为加强校园交通管理，创造安全有序的教学、生活环境，请拟写一则关于校外机动车辆进出校园管理的通告。

通　知

【知识要点】

1.通知的概念

通知是现行公文中使用最为广泛的文种之一,是用于批转、转发公文,传达事项的下行文。

《条例》中明确规定,通知:"适用于发布、传达要求下级机关执行和有关单位周知或者执行的事项,批转、转发公文"。

2.通知的类型

根据《条例》的适用规定,通知可分为以下 5 种类型:

(1)批转通知:是对下级机关报送的公文加批语后转发给其他下级机关的通知(见范文阅读 1)。

(2)转发通知:是将上级机关和不相隶属机关发来的公文加转发语后转发给其他机关的通知(见范文阅读 2)。

(3)印发通知:是将本机关或与其他机关联合制定的公文加印发语后印发给下级机关的通知(见范文阅读 3)。

(4)传达通知:是传达要求下级机关办理和需要有关单位周知或者执行事项的通知。根据传达内容的不同,传达通知可分为事项通知(见范文阅读 4 和范文阅读 5)和会议通知(见范文阅读 6)。

(5)任免通知。主要用于任免下级机关领导人和需要下级机关知道的上级机关人事任免情况(见范文阅读 7)。

【范文阅读 1】

宏达集团公司批转第一分公司关于安全质量检查方案的通知

各分公司、中心、部:

集团公司同意第一分公司提出的《关于安全质量检查方案》,现转发给你们,请认真贯彻执行。

宏达集团公司

2022 年 2 月 18 日

【范文简析】

本通知系批转通知。请注意批转通知的标题是四个元素，除了我们已经熟悉的发文机关、事由、文种以外，又增加了"原发文机关"，标题中还出现了"批转"字样。

【范文阅读2】

国务院办公厅转发国务院纠正行业不正之风办公室关于 2012 年纠风工作的实施意见的通知

各省、自治区、直辖市人民政府，国务院各部委、各直属机构：

国务院纠正行业不正之风办公室《关于 2012 年纠风工作的实施意见》已经国务院同意，现转发给你们，请结合实际，认真贯彻执行。

国务院办公厅

2012 年 4 月 28 日

（资料来源：中央政府门户网站）

【范文简析】

本通知是转发通知。请注意批转通知与转发通知在发文机关上的区别。本通知的发文机关是"国务院办公厅"，而不是"国务院"；也就是说，国务院纠正行业不正之风办公室将《关于 2012 年纠风工作的实施意见》呈报上级机关国务院后，国务院表示"同意"，之后由国务院办公厅转发给"各省、自治区、直辖市人民政府，国务院各部委、各直属机构"，这里，本例文的发文机关与主送机关不是上下级隶属关系，因此，转发通知的发文机关不具有"批"的权限，只能"转发"。转发不相隶属机构文件用转发通知，转发上级文件也使用转发通知。

文章在开头表示了转发意见后，提出了执行要求。

【范文阅读 3】

宏达集团公司关于印发 2022 年工作要点的通知

各分公司、中心、部：

《宏达集团公司 2022 年工作要点》已经 2021 年 12 月 20 日公司办公会议研究通过，现印发给你们，请认真贯彻实施。

宏达集团公司

2021 年 12 月 21 日

【范文简析】

本通知属于印发通知。印发通知要将本单位或本单位与其他单位联合制定的公文，加印发语后印发给下级部门。这里的公文包括行政规章，也包括计划、方案、讲话稿等应用文书。本通知印发的材料为"宏达集团公司 2022 年工作要点"。

【范文阅读 4】

国家发改委关于严禁向学生收取安全管理费等有关问题的 紧急通知

各省、自治区、直辖市发展改革委、物价局：

针对近期一些地方发生伤害在校学生和幼儿园儿童恶性案件，各地按要求加强了学校、幼儿园安全保卫工作。但是，个别地方学校以安全设施升级、配备安保人员为由，向学生收取"安全管理费""电子识别卡费""门卡费""保安费"等名目的费用，引起学生家长不满，造成了不良社会影响。为严肃教育收费政策，规范学校收费行为，现将有关问题通知如下：

一、严禁违规出台收费政策。加强学校安全管理，是各级政府及学校应履行的职责。各级价格主管部门要严格执行教育收费管理政策，不得违规审批教育收费项目和收费标准。各类学校、幼儿园不得以安全设施升级、配备安保人员为由，向学生、在园儿童收取任何费用。

二、全面清理教育收费文件。各地要对已出台的教育收费文件进行全面清理，凡不符合国家规定的一律废止，违规收取的费用要全额退还学生家长。

三、加强监督检查。各地价格主管部门要加强对学校、幼儿园收费的监督检查,畅通"12358"价格举报电话,认真查处群众举报和检查发现的乱收费行为。对情节恶劣、性质严重的典型案例,要通过新闻媒体公开曝光,并追究有关责任人员的责任。

国家发展改革委

2010 年 6 月 1 日

(资料来源:国家发展和改革委员会网站)

【范文简析】

这是属于传达通知中的事项通知。因事项重要需要紧急办理,特别在"通知"前加了"紧急"二字。正文开门见山,概述近期个别地方向学生收取安全管理费等问题,明确发文目的——严肃教育收费政策,规范学校收费行为,然后是过渡句"现将有关问题通知如下"。通知的具体事项采用序数和段落主句的形式,逐项写来,条理清楚。最后是发文单位和发文时间。

【范文阅读5】

宏达集团公司关于 2019 年春节放假通知

各分公司、中心、部:

根据国务院办公厅通知精神,结合集团公司实际,经集团公司办公会议研究,现将 2019 年春节放假安排通知如下:

2019 年 2 月 4 日至 10 日放假,共 7 天。

2019 年 2 月 11 日(年初七)开始正式上班。

特别提示:春节期间请大家注意人身和财产安全。祝大家度过一个欢乐、祥和的春节!

宏达集团公司办公室

2019 年 2 月 1 日

【范文简析】

这是属于传达通知中的事项通知。要求下级机关必须无条件遵照执行,明显带有指示性。此类通知要求通常较为具体。

【范文阅读6】

体育总局关于召开2018年全国体育宣传工作会议的通知

各省、自治区、直辖市、新疆生产建设兵团体育局,中央军委训练管理部军事体育训练中心,各司、局,驻体育总局纪检组,各直属单位,中国足球协会,中国篮球协会,各改革试点项目协会:

为深入学习贯彻党的十九大精神,做好体育宣传思想文化工作,定于2018年4月在北京召开全国体育宣传工作会议。现将有关事项通知如下:

一、会议时间

2018年4月24日(星期二)至4月25日(星期三),会期2天。

4月23日(星期一)报到,26日(星期四)离会。

二、会议地点

体育总局机关办公楼102会议室

三、会议主题

高举习近平新时代中国特色社会主义思想伟大旗帜,深入学习宣传贯彻党的十九大精神,围绕体育事业改革发展大局,努力开拓体育宣传思想文化工作新局面。

四、会议主要议程

总局领导讲话;宣传司负责同志作工作报告;新体育网推介;专家授课;分组讨论;会议总结。

五、参会人员

(一)总局领导。

(二)各省、自治区、直辖市、新疆生产建设兵团体育局分管宣传工作的领导及处室负责人,每单位2人。

(三)中宣部新闻局、中央网信办应急局,各1人。

(四)中央军委训练管理部军事体育训练中心分管宣传工作的领导,1人。

(五)总局机关各厅、司、局,驻体育总局纪检组分管宣传工作的领导,各1人。

(六)各直属单位,中国足球协会,中国篮球协会,各改革试点项目协会分管宣传工作的领导,各1人。

(七)主要新闻单位体育部门,各1人。

六、食宿安排及费用

京外参会人员食宿安排在天坛饭店;京内参会人员在天坛饭店就餐,原则上不安排住宿。食宿费用由会议负担,交通费自理。

七、会议报名

请各单位填写"全国体育宣传工作会议报名表",于4月13日前通过传真(加盖印章)及电子邮件报名。报名表可从总局政府网站—宣传司—文件公告栏目中下载。

八、会议报到

京外会议代表请于4月23日(星期一)到天坛饭店一层大厅报到。地址:北京市东城区体育馆路1号。

京内会议代表请于4月24日(星期二)8:30前到体育总局机关办公楼一层102会议室报到并参会。地址:北京市东城区体育馆路2号。

联系人:丛志超　王慧娟

电　话:(010)87182722　87182767

传　真:(010)67117391

邮　箱:tixuan @sport.gov.cn

附件:全国体育宣传工作会议报名表

体育总局办公厅

2018 年 4 月 8 日

(中华人民共和国中央人民政府网站)

【范文简析】

这是会议通知。较小型会议通知一般只需简要写明会议的名称、时间及地点、参加人员、会议内容等。本通知召开的会议属于较大型的会议,除包括上述内容外,还包括会议食宿安排费用、报名时间及方式、联系方式及附件。有的大型会议还包括交通路线图、注意事项等。

【范文阅读7】

关于任免集团公司中层管理干部的通知

各分公司、中心、部:

经 2021 年 2 月 24 日集团公司董事会研究决定:

任命张华为第一分公司总经理。

免去李志国第一分公司总经理职务。

宏达集团公司

2021 年 2 月 24 日

【范文简析】

这是任免通知,既有任命,又有免职。本通知以发文背景开头,之后公布任免事项。任免通知一般先写任命,后写免职。

【结构分析】

《条例》中列出的 15 种公文中,通知的种类较多,写法较为复杂。现对通知的基本结构进行简要分析。

通知的基本结构包括标题、主送机关、正文、落款和成文日期五部分。

1. 标题

通知的标题一般有以下 3 种形式:

(1)由发文机关名称、事由和文种组成,如"××省商务厅关于召开全省有出口资质的整车生产企业座谈会的通知"。

(2)由事由、文种组成,如"关于任免集团公司中层管理干部的通知"。此种标题适用于单位内部内容比较单一的一般性事务的通知。

(3)单独以文种名称作标题,如"通知"。此种标题适用于单位内部简单事项的通知,不适宜正式发文。

2. 主送机关

在标题下一行顶格书写接收通知的机关名称,后面用冒号。主送机关有两个或两个以上,用顿号或逗号区分。

主送机关写全称或规范化简称、统称。

3. 正文

正文一般由发布通知的缘由、通知的具体事项、执行的具体要求等组成。根据通知的具体分类不同,其内容要求也不同,如会议通知的正文中应该包含会议的召开时间、地点、主题和相关注意事项等。

4. 落款

在正文的右下方署制发通知的机关或部门名称,并加盖发文机关公章。

5. 成文日期

落款下一行为成文日期。成文日期是通知生效的时间。规范的成文日期用阿拉伯数字标注全年、月、日。

通知的结构除上述五个部分以外,有的通知还有附件。附件在正文最后、落款上方注明题目(见范文阅读6)。

【注意事项】

1.注意规范使用不同种类的通知。

2.拟好通知的标题。特别是批转或转发通知的标题,在"层层转发"时不能出现"……的通知的通知","关于……关于"等语法上的不规范现象。

3.内容要明确、具体、完整,条理清楚。

4.行文要及时。

5.通告与通知的区别

通告与通知都是用来传达上级机关的意图与要求,并要求下级机关或有关人员遵守、了解并配合执行的文种。两者的区别是:

(1)告知范围不同。通告是把发文机关的意图、要求普遍告知一定范围内的公众,并要求配合;通知既可以普遍告知,也可以特定告知。

(2)格式不同。通告不需设计主送机关、抄送机关等格式;作为法定公文的通知应有主送机关、抄送机关等格式。

(3)行文渠道不同。通告是向社会公开行文,告知人们应当遵守或知道某一事项,不能内部行文;通知可内部行文,告知下级或有关人员办理或了解某一事项。

【技能实训】

1.修改下列公文标题

(1)××学校关于开展春季运动会的决定的通知

(2)宏达集团公司严格控制会议费规定的通知

(3)宏达集团公司提高安全意识,确保企业员工和财产安全,召开安全生产专题会议的通知

(4)宏达集团公司关于举办学习"十九大"精神,提高产品质量干部学习班的通知

(5)关于宏达集团公司张华等职务任免事项的通知

2.指出下面这篇通知存在的问题

宏达集团公司关于印发宏达集团公司安全生产责任制度的
通 知

各分公司：

《宏达集团公司安全生产责任制度》已经 2018 年 10 月 26 日公司经理办公会议研究通过，现印发给你们，请认真组织讨论，广泛征求意见，认真贯彻实施。

宏达集团公司

2018 年 12 月 26 日

3. 根据所给材料，拟写一份会议通知

针对目前发生的几起安全事故，宏达集团公司董事会决定召开一次安全工作专题会议，以增强公司全体员工安全意识，彻底排查、根除安全隐患。要求公司董事会全体成员，总公司经理、部门经理，各分公司负责人、职能部门负责人参加。

根据上述情况，以总公司办公室名义写一个会议通知。

通　报

【知识要点】

1.通报的概念

通报是表彰先进、批评错误、传达重要精神或者情况的公文。通报是机关团体、企事业单位经常使用的文种之一。

2.通报的类型

根据内容的不同,通报可以分为以下3种类型:

(1)表彰通报。用于表彰先进集体和先进个人,介绍先进经验或事迹,宣传先进思想,树立学习榜样,号召人们学习等。

(2)批评通报。用于批评违法违纪事件,揭露问题,揭示不良倾向,要求人们引以为戒、吸取教训等。

(3)传达通报。用于传达重要精神或者情况,指导工作。

3.通报和通知的联系和区别

通报和通知都属于各级行政机关团体、企事业单位让下级机关知晓的公文,受文机关不可不知;二者都有一定的发布范围。但二者具有本质的区别。

(1)通报属于奖励与告诫性公文,具有奖励性与告诫性,用于表彰先进、批评错误,而通知主要提出工作意见、要求和办法,要求遵照执行,不具有奖励性与告诫性。

(2)通报虽与通知均有传达、告晓性质,但通报是传达重要精神或者情况,一般不具有指令性,无须办理或执行。通知则具有一定的指令性,需要受文机关办理或执行。

【范文阅读1】

浙江省人民政府关于表彰 2019 年度浙江省有突出贡献中青年专家的通　报

各市、县(市、区)人民政府,省政府直属各单位:

为表彰对我省科技创新和经济社会发展作出突出贡献的中青年专家,激励广大专业技术人才积极投身我省现代化建设事业,省政府决定,授予陈加明等75人"2019年度浙江省有突出贡献中青年专家"称号。希望受表彰的中青年专家珍惜荣誉,再接再厉,发挥示范带头作用,争取更大成绩。全省广大专业技术人才要以先进为榜样,开拓创新,敬业奉献,扎实工作,为我省经济社会发展作出更大贡献。

各地、各部门要坚持以习近平新时代中国特色社会主义思想为指导,以"八八战略"为总纲,牢固树立人才是第一资源理念,强化人才强省工作导向,健全完善人才发展体制机制,充分激发人才创新创造创业活力,全力打造人才生态最优省份,为我省"两个高水平"建设提供强有力的人才支撑。

附件:2019年度浙江省有突出贡献中青年专家名单

浙江省人民政府
2019 年 12 月 23 日

(资料来源:浙江省人民政府网站)

【范文简析】

本文是表彰通报,表彰的是个人。本通报先说明背景、意义,再叙述事项、决定,最后提出要求。需要注意的是,本文未写获奖个人的事迹,而是将个人名单以附件形式下发到受文部门,简洁明了。

【范文阅读2】

国务院办公厅关于江苏华达钢铁有限公司和河北安丰钢铁有限公司违法违规行为调查处理情况的通报(节选)

各省、自治区、直辖市人民政府,国务院各部委、各直属机构:

以钢铁煤炭行业为重点推进去产能,是深化供给侧结构性改革、落实"三去一降一补"任务的重要内容。2016 年以来,各有关方面贯彻落实党中央、国务院决策部署,认真履职、密切配合,大力推进钢铁行业去产能工作,目前已提前超额完成年度目标任务。但是,仍有一些地方政府对去产能工作部署落实不到位,执行政策规定不严格;一些企业对去产能工作的严肃性认识不深,对国家相关法规政策置若罔闻,违法违规生产"地条钢"、建设钢铁冶炼项目,严重干扰行业正常生产经营秩序,影响去产能工作大局。

为严肃党纪国法、确保政令畅通,顺利推进化解过剩产能和淘汰落后产能工作,按照国务院常务会议的决定要求,国家发展改革委、工业和信息化部、国土资源部、环境保护部、住房城乡建设部、工商总局、质检总局、安全监管总局、银监会、钢铁工业协会等

10个部门和单位组成国务院调查组,会同监察部在江苏省、河北省的支持配合下,本着依法依规、客观公正、实事求是的原则,对江苏华达钢铁有限公司(以下简称华达公司)违法违规生产销售"地条钢"、河北安丰钢铁有限公司(以下简称安丰公司)违法违规建设钢铁冶炼项目开展了调查处理工作。经国务院同意,现将调查处理情况通报如下:

一、华达公司违法违规生产销售"地条钢"调查情况和处理决定

(一)调查情况。华达公司是位于江苏省徐州市新沂市的钢铁企业,于2010年8月注册成立,注册资本金2680万元。截至2016年7月底,该公司拥有3条轧钢生产线,具备年产钢材30万吨能力,共有职工128人(均未办理任何社会保险)。华达公司用于生产建筑钢材的设备是国家明令淘汰的落后装备,2010年以来累计生产"地条钢"17.5万吨,销售收入约6.4亿元。2016年7月底中央电视台曝光后,徐州市、新沂市政府拆除了华达公司全部生产线。

(二)主要问题。(略)

(三)处理决定。

1.责成江苏省政府向国务院作出深刻检查。

2.(略)

二、安丰公司违法违规建设钢铁冶炼项目调查情况和处理决定

(一)调查情况。(略)

(二)主要问题。(略)

(三)处理决定。

1.责成河北省政府向国务院作出深刻检查。

2.(略)

三、下一步工作要求

华达公司和安丰公司违法违规行为后果十分严重。对两起事件进行严肃处理和严厉问责,发挥了负面典型的警示教育作用,充分体现了党中央、国务院深入推进供给侧结构性改革、坚决化解过剩产能和淘汰落后产能的决心。各地区、各部门要认真从中吸取教训,举一反三、引以为戒。要深入贯彻中央经济工作会议精神,切实将思想和行动统一到党中央、国务院的决策部署上来,不折不扣抓好落实,坚定不移完成化解过剩产能、淘汰落后产能各项工作任务。(略)

国务院办公厅

2016年12月29日

(此件公开发布)

(资料来源:中央人民政府网)

【范文简析】

这是批评通报。发文机关国务院办公厅就江苏华达钢铁有限公司和河北安丰钢铁有限公司违法违规生产"地条钢"、建设钢铁冶炼项目等行为向全国发布批评通报。本文有发文缘由、通报事项、主要问题、处理决定与要求。

【范文阅读3】

国务院安委会办公室关于近期典型事故情况的通报(节选)

各省、自治区、直辖市及新疆生产建设兵团安全生产委员会,有关中央企业:

今年以来,全国安全生产形势总体稳定,事故总量、较大事故、重特大事故继续下降。但进入10月份,多个行业领域接连发生较大事故,一些事故伤亡人数、涉险和被困人数多,险些酿成重大事故。现将部分典型事故情况通报如下:

10月11日,陕西省安康市恒翔生物化工有限公司污水处理厂发生中毒窒息事故,造成6人死亡;10月13日,江苏省无锡市锡山区一小吃店发生燃气爆炸,造成9人死亡,10人受伤;10月15日,广西壮族自治区玉林市陆川县广西兰科新材料科技有限公司试生产期间发生爆炸事故,造成4人死亡、8人受伤;10月15日,辽宁省朝阳市金垚化工产品有限公司在设备抢修时发生硫化氢气体中毒事故,造成3人死亡;10月21日,贵州省毕节市金沙县一农贸市场施工过程中发生边坡垮塌事故,造成5人死亡;10月22日,陕西省彬长大佛寺矿业有限公司发生瓦斯窒息事故,造成4名救护队员死亡、1名救护队员受伤;10月24日,河北省邯郸市武安市兴华钢铁有限公司烧结车间皮带通廊发生火灾,造成7人死亡;10月25日,湖南省张家界市慈利县鑫源机械制造有限公司(设备安装单位)在安装设备过程中钢丝绳断裂导致设备高处坠落,造成4人死亡、4人受伤;10月25日,山西襄矿西故县煤业有限公司发生透水事故,造成4人被困、矿井被淹;10月26日,四川省川南煤业泸州古叙煤电公司发生顶板事故,造成6人死亡;10月27日,陕西省延安市延长县,湖南永州远军热能动力科技有限公司和陕西延长石油(集团)有限责任公司研究院在延长油田七里村采油厂进行超级气体动能改造油层技术试验,试验装置发生爆炸,造成8人死亡、5人受伤;10月28日,贵州省贵阳市美的置业广场地下室挡土墙发生垮塌,造成8人死亡,2人受伤;10月29日,广西壮族自治区河池市南丹庆达惜缘矿业投资有限公司发生冒顶事故,目前已造成2人死亡,9人被困,救援工作仍在紧张进行。这些事故暴露出一些企业风险隐患排查治理流于形式、安全管理存在严重漏洞和薄弱环节,部分地方国庆节后松懈麻痹思想抬头、防范化解重大安全风险责任措施浮于表面、安全监管执法宽松软等问题突出。

为深刻吸取事故教训,举一反三,严格落实各项安全责任措施,促进安全生产形势持续稳定好转,提出如下工作要求:

一、坚决克服麻痹松懈思想,进一步增强抓好安全防范工作的紧迫感和责任感。

第四季度历来是生产安全事故易发多发期,各类生产经营活动进入旺季,煤炭、燃气、烟花爆竹等需求量增加,交通运输繁忙,建筑施工赶工期、抢进度,受经济下行压力加大影响一些企业"以量补价",超能力、超强度生产现象增多,再加上雨雪冰冻、大风寒潮、团雾等灾害性天气多发,各类安全风险交织叠加,安全生产形势严峻。……

二、紧盯高危行业领域,坚决遏制重特大事故。

危险化学品,要扎实开展"排险除患"行动,认真落实《化工园区安全风险排查治理导则(试行)》和《危险化学品企业安全风险隐患排查治理导则》,全面开展系统规范的企业、化工园区安全风险隐患排查治理,继续盯紧大型油气储备罐区、基地、码头和油气管道高后果区等安全管理,针对冬季低温、雨雪、冰冻等不利因素,做好防冻、防凝、防火、防爆、防静电等工作。……

三、深刻吸取事故教训,深入排查城乡安全风险隐患。

燃气、建筑、消防等行业与群众生活息息相关,近期连续发生的事故严重冲击人民群众安全感。要举一反三,深入分析研判安全风险隐患,采取有针对性措施有效防控化解,严防各类事故发生。……

四、深入分析事故原因,在堵塞安全漏洞上下功夫。

各有关地区要坚持"四不放过"和"科学严谨、依法依规、实事求是、注重实效"的原则,依法依规组织开展事故调查工作,彻查事故原因,依法严肃追究有关单位和人员责任。……

国务院安委会办公室

2019 年 10 月 31 日

(资料来源:中华人民共和国应急管理部网站)

【范文简析】

这是传达通报。发文机关国务院安委会办公室就 2019 年部分典型事故向各省、自治区、直辖市及新疆生产建设兵团安全生产委员会以及有关中央企业发布情况通报,目的在于吸取教训,举一反三,落实责任,促进安全生产。传达通报一般包括"情况"(即事实)部分和工作要求两个部分。本文列出了 13 起典型事故,从 4 个方面提出要求,促进安全生产形势持续稳定好转。

传达通报在结构、写法上与表彰通报、批评通报略有区别。传达通报一般有发文缘由、通报事项、分析与工作要求，但无决定内容。

【结构分析】

通报的结构一般由标题、主送机关、正文、落款、附件和成文日期六部分组成。

这里重点介绍标题、主送机关与正文的写法，附件、落款和成文日期的写法同于一般公文，本文不再介绍。

1.标题

通报的标题一般有以下两种形式：

(1)由发文机关、事由和文种组成，如上述 3 个范文阅读的标题。

(2)由事由、文种组成，如"关于表彰庄严同志先进事迹的通报"。

2.主送机关

正式发文的通报，应书写主送机关。主送机关为下级机关，可以是一个，也可以是多个。

3.正文

正文一般由通报的缘由、通报的具体事项、分析、决定和要求等部分组成。根据通报的具体分类不同，其内容要求也不同。

(1)缘由。一般写出通报的背景、意义或根据、事项提要、对通报事项的态度等。这一部分是正文的"帽子"，不一定每篇通报都有"帽子"，也不是每段缘由都写全上述项目，这要根据实际通报内容来确定。

(2)通报事项。这是正文的主体，要详写。表彰通报与批评通报都要求写明事情发生的时间、地点、人员或单位、事情经过、结果等。表彰通报主要写先进事迹；批评通报主要写错误事实或事故过程；传达通报主要写情况或事实，以使人们了解真实情况。

通报事项有两种写法，直述式和转述式。直述式是将通报事项直接写入正文的方式，如范文阅读 2 采用了直述式写法。转述式通报一般以某种文件或材料为基础进行叙述的方式，其通报事项不在正文中，而在附件中，如范文阅读 1 采用了转述式写法。

(3)分析。对通报的事实进行恰如其分的分析，指出事实的性质和产生的原因，阐明通报的意图。表彰先进，要指出先进事迹的精神实质、意义和影响；批评错误，要分析其性质、原因和危害性。传达通报分析要客观公正。分析要自然中肯，鲜明简洁，具有说服力。

(4)决定。决定是对表彰或批评的典型作出奖励或惩处的具体措施。表彰通报与批评通报均须运用决定形式表达奖惩意见，而传达通报一般无决定内容。

（5）要求。表彰通报是激励人们学习先进典型;批评通报是要求人们引以为戒;传达通报,是提出指导性意见,以指导全局工作。要根据不同的通报内容,向不同的对象提出要求。

以上为通报的一般结构与写法,需要说明的是,在具体写作中,一些通报会调整上述项目的排列顺序,如先写"决定"再"分析"或略去某个项目,如略去"缘由"或"要求"等。

【技能实训】

1. 不定项选择题

（1）下列公文文种可以不写主送机关的是 （ ）

  A. 通报   B. 公告   C. 通知   D. 通告

（2）公布性文件包括 （ ）

  A. 命令   B. 通知   C. 公告   D. 通告

（3）通告的正文部分由（   ）等部分构成

  A. 发布通告的依据、目的   B. 通告事项

  C. 尾语   D. 执行的具体要求

（4）通告与通知的相同之处表现在以下方面 （ ）

  A. 通告用来传达上级机关的意图与要求,并要求下级机关或有关人员遵守、了解并配合执行;通知则不然。

  B. 通告是把发文机关的意图、要求普遍告知一定范围内的公众,并要求配合;通知既可以普遍告知,也可以特定告知。

  C. 通告不需设计主送机关、抄送机关等格式;通知应有主送机关、抄送机关等格式。

  D. 通告是向社会公开行文,告知人们应当遵守或知道某一事项,不能内部行文;通知可内部行文,告知下级或有关人员办理或了解某一事项。

2. 修改下列公文标题:

（1）《宏达集团公司进一步加强安全生产》的通报

（2）宏达集团公司对违反安全管理规定,导致重大火灾的×××等人开除公职的通知

（3）宏达集团公司对重大火灾情况的通知

（4）宏达集团公司关于违反财经纪律的通报

3. 请根据下面这则材料,拟写一则通报。

宏达集团第一分公司仓库保管员李林在 2021 年 1 月 8 日晚于仓库值班时,违反管

理规定,在睡觉之前使用大功率电器而忘记关掉,导致电线高温短路引起火灾。李林被滚滚浓烟熏醒逃出仓库外面不知所措,没有及时打电话报火警,直到值班的总负责人发现才紧急报警。经消防队员奋力扑救,大火终于被扑灭。此次事故造成的直接经济损失约 100 余万元。1 月 9 日公司召开紧急会议,决定依据公司《员工管理条例》,给予李林开除公职,并报公安机关依法处理。

报　告

【知识要点】

1.报告的概念

报告是下级机关汇报工作,反映情况,回复上级机关询问的公文。

2.报告的特点

(1)汇报性。所有的报告都是下级机关向上级机关汇报工作或情况的,因此发文机关应注意采用"汇报性"的语气。

(2)陈述性。报告属陈述性公文,因此只能运用叙述和说明来陈述事项。

3.报告的类型

根据《条例》对报告的适用规定,报告可以分为以下3种类型:

(1)汇报工作报告。主要内容包括:开展的主要工作、成绩经验、问题教训、今后打算,汇报完成上级机关指示、交办事项的进度、结果等。

(2)反映情况报告。反映情况报告包括:反映本部门、本地区发生的重大事件,带有倾向性的新问题、新现象、新动向等,它不局限于某项具体工作,通常以陈述情况为主。一般来说,在发生特殊情况、较大事故、突发事件时,采用这种报告。

(3)回复询问报告。回复询问报告必须有上级机关的询问。它是被动行文,须针对上级来文所询问的内容或交办的事项进行答复。

【范文阅读1】

关于"2010年环保世纪行"情况的报告(节选)

市人大常委会:

为建设精品城市,提高生态文明建设水平,市人大常委会牵头开展了"2010年环保世纪行"活动,主题是"治污减排,净化空气,优化环境"。活动于4月中旬启动,至9月下旬结束,边检查、边宣传、边整改,历时5个月。组织综合性采访活动15次,分散采访和跟踪采访18次,涉及三市四区88个单位和项目,发表各类稿件92篇,圆满地完成了本年度环保世纪行的各项工作任务。市人大常委会听取、审议了环保纪行组委会关于"2010年环保世纪行"活动情况的汇报。现将有关情况和几点建议报告如下。

一、领导重视，组织周密，环保世纪行渐成品牌

市人大常委会主任会议对本次环保世纪行进行专题研究,成立了由常委会和市政府领导牵头的组委会。常委会主要领导亲自参加启动仪式并讲话,对世纪行活动提出高标准要求;组成了检查采访团,常委会分管领导任团长,亲自带队检查采访、督促整改。市人大城环委制订了详细的实施方案,协调有关部门认真落实。各市区人大、政府及被检查采访单位积极配合。各新闻媒体在记者安排、播放时间与刊发版面上给予保障。检查采访过程中接触的当地群众,普遍对环保世纪行活动表示欢迎,积极反映情况,热情接受采访。通过参与各方的共同努力,"2010年威海环保世纪行"活动起到了良好的宣传教育与激励促进作用。环保世纪行活动已经成为党委支持、政府满意、人民群众欢迎的宣教品牌。

二、围绕中心,突出重点,努力做到"四结合四推动"

"2010年威海环保世纪行"活动,是在完成治污减排约束性指标的关键之年,也是在全市争创文明城市、迎接环保模范城复查以及城乡环境综合整治的大背景下进行的。组委会紧紧围绕全市的中心工作,在活动中努力做到"四结合四推动"。

(一)环保世纪行与创建文明城市相结合,推动生活环境不断改善。建筑扬尘与噪声污染严重影响城市文明。5月上旬,检查采访了15处建筑工地和采石场,大部分建筑工程施工现场采用了全封闭式围挡墙,出入口、生活区按规定进行了地面硬化,市区建筑施工防尘治理工作初见成效。目前,尽管市区有260多个工地,但整体空气质量良好。5月下旬,以"绿色护考"全城禁噪行动为起点,检查采访团与市环境监察支队夜访市区建筑工地,5家晚8时后仍"顶风作业"的工地被查处。

(二)环保世纪行与迎接环保模范城复查相结合,推动空气质量进一步提升。大气环境质量是威海的品牌,环保模范城市群更是威海人的骄傲。随着机动车保有量逐年增加,机动车排气污染已成为影响我市城市空气质量的重要因素。检查采访团查看了荣成、文登和金猴三个机动车排气污染检测机构,现场检测了部分营运车辆。总体看,尾气检测机制初步形成,尾气污染治理初见成效。

(三)环保世纪行与城市环境综合整治相结合,推动水环境治理与保护。如果把城郊河流比作是城市的血脉,那么饮用水源地则是城市的生命之源。检查采访团在去年对8条重点治理的河流进行检查的基础上,今年着重对柳沟河、五渚河等城郊河流及崮山水库水源地保护情况进行了查访。

(四)环保世纪行与农村环境综合整治相结合,推动城乡一体化发展。为进一步巩固农村环境综合整治成果,推进城乡生态环境均衡发展,检查采访团对污水处理设施建设、城乡生活垃圾一体化管理情况进行了查访。从实地检查采访的部分污水处理厂和

泵站建设与运行情况看,各市区都将建设乡镇污水处理设施作为"民心工程"来抓,目前,全市在建或建成投入运行的镇级污水处理厂共有21个,待全部投入使用后,全市乡镇污水处理能力将达到1482万吨/日,可以满足我市乡镇污水处理实际需要。加快垃圾中转站建设是大力推进新型城镇化的重要环节。从2009年至2011年,全市拟规划建设乡镇垃圾中转站52座,现已建成29座。

三、需要解决的主要问题

(一)机动车排气污染治理工作需要扎实推进。环保、公安、交通管理部门职责各有侧重,缺乏定期联合执法机制。机动车排气检测等各类相关配套管理制度还不够完善。机动车辆报废的相关激励政策还未统筹落实到位。

(二)城郊河流治理及饮用水源地保护工作任重道远。柳沟河上游污染严重,沿河分属市直、高区、环翠区的几十家企业和单位的污水都排入河内,未经处理而直接入海。崮山水库水源地保护区内仍有污染现象,并有在建违章建筑。

(三)扬尘与噪声污染治理工作不容乐观。部分建筑企业扬尘治理工作不到位,散流物体密封运输执行情况不够好。建筑噪声污染和鞭炮扰民现象依然存在。

四、几点建议

(一)持续加大机动车排气污染治理力度。一是建议从相关部门抽调精干得力人员组成机动车排气污染防治管理机构,赋予联合执法权,为机动车排气污染防治工作提供强有力的组织保障。二是进一步完善机动车排气检测与维修制度、环保分类合格标志管理制度,建立数字化共享信息平台,逐步提高对在用车的科学管理水平。

(二)城郊河流治理及饮用水源地保护工作要常抓不懈。对跨区域城郊河流治理要确定牵头单位,明确区域责任,理顺治理资金渠道(谁排污谁出钱),让沿线污水入网处理。加强对饮用水源地的保护与管理,落实责任,定期检查,常抓不懈,确保饮用水的安全。

(三)切实把治理扬尘与噪声污染的相关规定落到实处。建设、公安、环保等部门对建筑扬尘和无序燃放烟花爆竹等问题,要加大监管与查处力度,还市民和谐与宁静。

"2010年环保世纪行"组委会

2010年11月17日

(资料来源:威海政府门户网站)

【范文简析】

这是汇报工作报告,其内容是汇报"2010年环保世纪行"活动开展情况。正文先是叙述事情发生原委;其次是所要报告的事项,包括开展的工作,存在的问题;最后是几点建议。事项内容环环相扣,层层意思明确。

【范文阅读2】

陕西省广东商会关于西安铭宇文体批发市场"1·22"特大火灾广东商户受灾情况的报告

陕西省商务厅：

2012年1月22日，西安市东郊长缨东路铭宇文体批发市场发生特大火灾，火灾面积约8000平方米，涉及商户100余家，其中，广东商户17家。据统计，此起火灾给广东商户造成经济损失4287万元。

火灾发生后，省委常委、市委书记孙清云立即作出指示，要求全力做好火灾扑救和善后处理工作。市委副书记、代市长董军第一时间赶赴现场组织扑救工作，要求消防、公安、交警、安监、城管等部门密切配合，尽快彻底扑灭火灾。西安市消防支队先后出动市区14个中队、62台消防车、300余名消防官兵参战。

陕西省广东商会会长陈康喜得知此起火灾中有广东商户受灾，他第一时间从广东老家打来长途电话，责成商会副会长兼法律维权部部长洪鸿标、商会秘书长杨晓霞对受灾的广东商户进行慰问，现场了解广东商户受灾情况。

目前，西安市消防部门正在对此起火灾事故进行责任认定，我商会也正在积极联系并配合政府加快对此起火灾事故的善后处理，并由专人负责将受灾广东商户名单、每个广东商户的铺面和仓库位置、火灾给每个广东商户造成的经济损失等逐一进行了造册登记，要求每个受灾商户准备火灾损失评估所需的有关材料（如房屋租赁合同、进货和销货凭据等）。被大火烧毁的营业执照、税务登记、发票等，商会正在帮助广东商户到有关部门办理。商会号召受灾的广东商户振作起来做好灾后自救，并动员商会会员慷慨解囊，伸出援助之手，帮助受灾广东商户渡过难关。商会法律维权部和商会法律顾问全程为受灾广东商户提供维权服务。

受灾广东商户的经营安置问题，商会正在积极协调并设法帮助解决。

附件：铭宇文体批发市场"1·22"特大火灾广东商户受灾情况统计表

陕西省广东商会

2012年2月8日

（资料来源：陕西省广东商会网）

【范文简析】

这是反映有关火灾情况的报告。发文机关重在陈述事实本身，所述事件有火灾发生时间、地点、受灾面积、涉及人员、经济损失以及救灾和善后处理等。该文重在报告火灾损失情况,附件为受灾情况统计表,目的是向上级机关详细地反映受灾的具体情况。

【范文阅读3】

赤水市人民政府关于"2010年环保世纪行"检查
活动整改落实情况的报告(节选)

市人大常委会:

按照《赤水市第五届人民代表大会常务委员会第九十二次主任会议纪要》(赤人常议〔2010〕4号)的要求,现将"2010年环保世纪行"检查活动整改落实情况报告如下:

一、市人民政府1号令执行情况

(一)积极宣传,营造氛围

认真贯彻执行省、遵义市、赤水市关于城乡规划建设的有关精神,进一步加大对《城乡规划法》《建筑法》《房地产管理法》等法律法规和市政府1号令的宣传力度,宣传打击违反规划建设的重要性和必要性,通过召开工作会议、张贴宣传标语、悬挂宣传横幅、发放宣传资料等形式,为严格执行市政府1号令营造了良好氛围。

(二)认真清查,严肃处理

认真开展对"两河一沿线"特别是习赤公路沿线违法违章建筑清查工作。共清查发现违章建筑3起。针对发现的问题,及时采取有效措施,依法对其进行了处理,进一步遏制了违法建设行为的发生。

(三)下步工作措施

进一步宣传贯彻执行市政府1号令,不断加大巡查力度和查处力度,努力完善违法建设信息网络,畅通信息渠道,严格坚持对习赤公路沿线统一规划建设管理,确保习赤公路沿线建成生态路、景观路、文化路和旅游路,推动"环保世纪行"活动取得更好效果。

二、生态践行日的宣传工作(内容略)

三、"十一五"污染减排工作

遵义市下达我市"十一五"主要污染物排放控制总量为:到2010年期末COD排放总量控制在0.46万吨以内,SO_2排放总量控制在0.2万吨以内。

(一)"十一五"期间主要污染物总体排放情况(内容略)

(二)采取的减排工作措施(内容略)

(三)存在问题

一是城市污水处理厂运行体制还未完全确定,雨污分流还未彻底解决,对城市污水处理厂正常运行带来一定的影响。二是垃圾填埋场至今还在超期试运行,未完成环保验收。

（四）下步工作打算（内容略）

四、甲子口上游饮用水源保护区新建洗车场污水直流,截污管未投入使用,违规开设农家乐问题（内容略）

五、市区天然气脱硫问题（内容略）

六、工业园区排污问题（内容略）

七、甲子口上游砂石码头违规建设问题（内容略）

八、乡镇集中式饮用水源保护和供水管理工作（内容略）

九、医疗废物处理工作（内容略）

十、城区垃圾场周边居民搬迁问题（内容略）

十一、乡镇垃圾处理问题（内容略）

十二、服务企业问题（内容略）

赤水市人民政府

2011 年 5 月 13 日

（资料来源:赤水网）

【范文简析】

本文属于回复询问报告。与汇报工作报告、反映情况报告不同的是,回复报告写作的前提是上级机关的询问。问什么答什么,这是回复询问报告的主要特点。本文主要针对《赤水市第五届人民代表大会常务委员会第九十二次主任会议纪要》的要求及"2010 年环保世纪行"检查活动提出的整改内容,从市人民政府 1 号令执行情况、"十一五"污染减排工作等十二个方面进行回复。属于被动行文。

【结构分析】

报告的结构与其他法定公文结构基本相同,主要由标题、主送机关、正文、落款和成文日期 5 部分组成。

1.标题

（1）由发文机关名称、事由和文种组成,如"陕西省广东商会关于西安铭宇文体批发市场'1·22'特大火灾广东商户受灾情况的报告"。

（2）由事由、文种组成,如"关于'2010 年环保世纪行'情况的报告"。

2.主送机关

主送机关,应为直接上级机关,即负责受理报告的机关。主送机关一般只有一个,如还须报告其他上级机关,应采用抄送形式。

3.正文

正文由发文缘由、报告事项及结尾组成。

(1)发文缘由。发文缘由通常写明为什么写这份报告,报告的目的,或概括地提示报告的主要内容,或简要介绍所报告的事项、情况等。

(2)报告事项。这是报告主干部分,不同类型的报告写法也有所不同。

汇报工作报告事项一般包括工作所取得的成绩、经验与问题。工作成绩要求写出做的主要工作,采取的主要措施,取得的成效;经验是对所取得工作成绩的规律的认识与总结;问题是指工作中的缺点、不足或遇到的困难。

反映情况报告事项须将突发事件的原委、经过、结果、性质与建议表述清楚。根据事件内容,其陈述可以采用横式结构,也可以采用纵式结构。范文阅读 2 采用纵式结构,汇报了火灾的发生、救灾经过、善后处理、损失情况都陈述得一清二楚。范文阅读 3 采用了横式结构,主要从十二个方面报告了"2010 年环保世纪行"检查活动整改落实情况。

回复询问报告事项的主体是答复上级机关所询问的事项。回复询问事项要针对所提问题进行答复,问什么答什么。既不要所答非所问,也不要擅自主张,借题发挥。

(3)结尾。结尾有两种写法:一是写今后工作的意见。为了配合领导工作或协助领导决策,在陈述完报告事项后,或说明今后的打算。但注意此部分应简洁,避免芜杂。二是不写今后的工作意见,写尾语,如"特此报告""专此报告""请审阅""请指正"等。

【注意事项】

1.报告事项真实。报告是汇报工作,反映情况,答复上级机关询问的公文,报告事项务必真实,不能为了取悦上级,报告事项与事实不符。

2.报告时间及时。报告的目的是使上级机关了解下级机关的情况,违反了时效性,报告也就失去了意义。

3.不得越级报告,除上级机关负责人直接交办的事项外,不得以机关名义向上级机关负责人报送报告。

4.报告中不得夹带请示事项。

【技能实训】

1.根据下面提供的材料,请以市商业局的名义向省商业厅起草一份报告。

(1)2000 年 2 月 20 日上午 9 点 20 分福州市百货大楼发生重大火灾事故。

(2)事故后果:未造成人员伤亡,但烧毁楼房一幢及大部分商品,直接经济损失 792

万元。

（3）施救情况：事故发生后，市消防队出动 15 辆消防车，经 4 个小时扑救，大火才被扑灭。

（4）事故原因：直接原因是电焊工违章作业，在一楼铁窗架电焊作业时火花溅到易燃货品上引起火灾，但也与百货公司管理层及员工安全思想模糊，公司安全制度不落实，许多安全隐患长期得不到解决有关。

（5）善后处理：市商业局副局长带领有关人员赶到现场调查处理；市人民政府召开紧急防火电话会议；市委、市政府对有关人员视情节轻重，做了相应处理。

2.指出下面这篇报告存在的问题并修改：

宏达集团第一分公司关于讨论集团公司《关于财务管理实施办法》的报告

董事长：

集团公司《关于财务管理实施办法》（征求意见稿）下达后，我们进行了讨论。现将对于如何加强公司财务管理的几点建议汇报总公司，供修改上述文件时参考。

附：关于修改《关于财务管理实施办法》的几点建议

宏达集团公司第一分公司

2019 年 3 月 6 日

请 示

【知识要点】

1.请示的概念

请示是向上级机关请求指示、批准的公文。

2.请示的特点

(1)一文一事。每则请示只能要求上级批复一个事项,解决一个问题;这点与报告不同,综合性报告可以是一文多事。

(2)请批对应。一请示,一批复;没有请示就没有批复。请示所涉及的问题一般较紧迫,没有批复,下级机关也就无法工作。等待批复,是请示与报告的最大区别。

(3)事前行文。请示应在问题发生前或处理前行文,不可先斩后奏。

3.请示的类型

根据请示内容的不同,请示可分为求示性请示、求批性请示两种类型。

(1)求示性请示。求示性请示是请求上级机关给予政策、认识上指示的请示。

(2)求批性请示。求批性请示是请求上级机关给予人事任免、财务运用等具体事项批准、认可的请示,也包括下级机关遇到困难,请求上级机关帮助解决的请示。

4.请示与报告的区别

(1)行文目的不同。请示用于向上级机关请求指示、批准或帮助;报告则用于汇报工作、反映情况或答复询问。

(2)报送结果不同。请示需要上级批复,报告则不需要。

(3)行文时限不同。请示必须是形成于事情发生之前;报告则可根据情况,事前、事后或事中都可行文。

(4)内容要求不同。请示必须是一文一事;报告可一文一事或一文多事。

【范文阅读1】

关于余杭街道金星村建立党委的请示

中共杭州市余杭区委员会:

余杭街道金星村党总支成立于 2012 年 10 月,下设 6 个网格党支部,现有在册中共党员 120 名,入党积极分子 3 名。

根据《中国共产党党章》有关规定和《关于调整和完善农村、社区基层党组织设置的实施意见》(余组〔2009〕12 号)精神,现提出申请,要求将金星村党总支部升格,建立中共杭州市余杭区余杭街道金星村委员会,作为二级党委,在街道党工委的领导下开展工作。

特此请示,请予批复。

中共杭州市余杭区余杭街道工作委员会

2017 年 7 月 6 日

(联系人:朱克明;联系电话 88671562)

(资料来源:杭州市余杭区政府网)

【范文简析】

这是求示性请示。请求上级机关"中共杭州市余杭区委员会"给予政策上指示——批准成立余杭街道金星村建立党委。行文中注意引用相关政策背景作依据,使请示的理由充分。

注意成文日期后的附注。

【范文阅读 2】

宏达集团公司关于对外承包工程经营资格的请示

××市对外贸易经济合作局:

宏达集团注册资金 26 亿元,总资产 8 亿元,占地面积 56 万平方米,固定资产 5 亿元,职工 1200 余人,其中各类有职称的专业技术人员 860 人。年销售收入超过 20 亿元。公司先后有 18 个产品以国内领先水平通过部、省级技术鉴定,拥有国家专利权 31 项,国家级新产品 3 项,中国名牌产品 2 项。公司承接的项目分布在全国 26 个省、自治区、直辖市。企业获得 ISO 9001—2000 质量管理体系认证证书,连年被评为"中国建材机械行业龙头企业""××省 AAA 级资信企业""××省重合同守信用企业",在国内市场享有较高的声誉。

2000 年以来,公司开始拓展海外市场,先后承接了东南亚各国及南美巴西、秘鲁等十几个国家的水泥生产线项目,累计产值超过 15 亿元。通过十多年国际工程项目的成功承建,积累了一定的对外工程承包经验,在国际市场赢得了较高的赞誉,受到了省、市相关主管部门的表彰。

由于公司在国际市场的良好信誉,公司的国际形象显著提升,客户主动找该公司洽谈工程承包业务。但公司在招投标中不能直接面对业主,难以掌握主动权,贻误了许多项目的招投标时机,严重制约了公司国际市场的进一步拓展。为了更好地开拓国际市场,提高公司在国际建材机械市场的竞争力,现申请对外承包工程经营资格。

以上请示当否,请批示。

宏达集团公司

2019 年 3 月 3 日

(联系人:×××,电话:×××××××)

【范文简析】

这是求批性请示,是公司请求其上级单位批准认定其对外承包工程经营资格的请示。

请示必须理由充分,否则,就难以被批准。本文理由分两段来写,以较长的篇幅分别叙述了发文单位的现状与拓展海外市场的业绩,阐述的目的是证明该单位的资格与水平。最后明确提出请示的要求。

【结构分析】

请示的结构由标题、主送机关、正文、落款、成文日期及附注六部分组成。这里重点介绍标题、正文和附注的写法,主送机关、落款、成文日期的写法与报告相同。

1.标题

请示标题一般由发文机关名称、事由及文种构成。如范文阅读2。

不能省略发文机关名称或事由,只写发文机关名称与文种的标题也欠明确,也是不可取的。标题中一般不采用"申请""请求"等词语,以避免与文种"请示"在语意上的重复。

不能将"请示"写成"请示报告"。

2.主送机关

请示一般只写一个主送机关,如需同时送其他机关的,应当用抄送形式,但不得抄送其下级机关。

3.正文

正文由发文缘由、请示事项及结尾组成。

(1)发文缘由

发文缘由需要说明请示的意义、根据,有的还需要说明背景。缘由要有理有据、扎实可信。如果缘由较为复杂,要有序表述。缘由一般列举事实、数据。

相比来说,报告的缘由可从简,而请示必须在发文缘由上下功夫。

(2)请示事项

请示事项是请示正文的核心。请示事项应具有可行性与可操作性。对需要上级机关审批的事项要进行具体明确的说明,为了有利于审批,还可进一步提出切实可行的办法、措施与建议。需要注意的是,不能只写问题,不表明看法。

(3)结尾。向上级机关提出肯定性要求。这是请示与报告的最大区别。请示要求以尾语形式表达,一般有"当否,请批示""以上要求,请予审批""妥否,请批复"等。运用尾语应根据请示的不同类型、不同目的来选用最为贴切适当的尾语。

4.附注

使用"请示"这一文种时,应标明附注。在15种公文中,只有请示必须写有附注,注明发文单位的联系人姓名和电话号码。写法是,在成文日期下一行居左空2字,加圆括号注明发文机关联系人的姓名和电话号码。

【注意事项】

1.主送一个机关,不可多头主送。如还须呈送其他上级机关,应采用抄送形式;如本单位属双重领导,也要根据请示内容的性质,主送一个上级机关,抄送另一个上级机关。

2.逐级请示。请示一般按隶属关系逐级请示,不得越级行文。如遇事情紧急、情况重大,不越级就将贻误工作,或已报上级机关但未得到批复、事情急于处理时,可作特殊情况处理,在越级行文的同时,必须同时抄送给直接上级机关。

3.语气宜温和谦恭。请示用词应采用"请""拟""建议"等,不可生硬武断。

4.属于本机关职权范围内可以解决的问题,或上级机关以往政策中明确的问题,不能使用请示。

【任务实训】

1.修改以下公文标题:

(1)关于宏达集团公司第一分公司自动化生产线扩建工程启动仪式的请示

(2)宏达集团公司第一分公司关于购置生产设备的请示报告

(3)宏达集团公司第一分公司请示

(4)关于筹备召开宏达集团公司第一分公司职工代表大会的请示

2.根据材料,撰写公文。

宏达集团公司第一分公司产品转型升级遇到了技术难题。公司经理办公会议研究,决定派 2 名技术人员前往德国考察学习。该产品的核心技术在德国,而且公司近年也一直同德国的有关企业合作。公司同德国有关企业沟通,对方同意免费对我方技术人员进行培训,并发来邀请函。培训时间为 15 天,所需经费分公司自行解决。会议研究由办公室负责向总公司起草一份请示。

函

【知识要点】

1.函的概念

函是不相隶属机关之间商洽工作,询问和答复问题,请求批准和答复审批事项的公文。

函的使用范围较广,使用频率较高,其用途主要包括三个方面:

(1)平级机关或不相隶属机关单位之间的公务联系、往来;

(2)向无隶属关系的业务主管部门请求批准有关事项;

(3)业务主管部门答复审批无上下级隶属关系的机关请求批准的事项。

2.函的种类

按照内容和用途的不同,可分为:

(1)商洽函。即不相隶属机关之间商洽工作、联系有关事宜的函。如人员商调、联系参观学习等。

(2)询答函。即不相隶属机关之间相互询问和答复有关具体问题的函。询答函又可分为"询问函""答复函"两种。如有不明确的问题向有关机关或部门询问,用询问函;对有关机关和部门所询问的问题做出解释与答复,用答复函。

(3)请批函。即用于不相隶属机关之间请求批准和答复审批事项的函。

(4)告知函。即告知不相隶属机关有关事项的函。

按照行文的去向,函又可分为来函和复函。

(1)来函。也称去函、发函,即主动发出的函。

(2)复函。是针对来函所提出的问题或事情,被动答复的函。

按照文面的格式,函又可分为公函和便函。

(1)公函。即按一般公文格式和要求行文的函。

(2)便函。格式较随意,一般不编文号,不存档。不属于党政机关公文。

3.函的特点

(1)应用的广泛性

函的使用单位非常广泛,不相隶属的单位之间均可以平等的身份进行联系。

(2)使用的灵活性

一般来说,函的篇幅都比较简短,不必详叙过程,大发议论,做到字约意丰。根据具体内容,写作技法上比较灵活,总的要求是文字简明、态度明确,语言恳切、平和。

（3）内容的单一性

函的内容必须单纯,一份函只宜写一件事情。

【范文阅读1】

关于到贵校参观学习的函

××职业技术学院:

贵校是教育部现代学徒制试点学校,在产教深度融合校企合作开展高素质技术技能人才培养方面取得了丰硕成果,积累了宝贵的经验,在全国高职院校中具有较大影响。为推进我校现代学徒制工作,经研究拟组织校领导和系主任到贵校学习现代学徒制试点工作及学校督导工作经验。我校省级现代学徒制试点专业是:工业机器人技术、国际经济与贸易、统计与会计核算、物流管理。请给予支持为盼。

一、时间

拟于 2018 年 12 月 6 日 8:30—12:00

二、学习内容

1.现代学徒制人才培养方案制订有关事项。

2.现代学徒制课堂教学实施方案有关事项。

3.现代学徒制教学管理有关事项。

4.校企"工学精准交替"教学实施有关事项。

5.督导工作有关事项。

三、考察人员

略

四、联系人

略　联系电话:略

××××职业技术学院

2018 年 11 月 30 日（盖章）

【范文简析】

这是一份商洽函。正文的开头部分即开门见山,说明缘由;中间部分陈述要旨,继而提出商洽的具体内容,便于对方提前准备,有针对性地进行商洽。

【范文阅读2】

教育部关于同意设立西湖大学的函

浙江省人民政府：

《浙江省人民政府关于商请设立西湖大学的函》(浙政函〔2017〕95 号)和《浙江省人民政府关于报送西湖大学考察意见建议研究情况的函》(浙政函〔2018〕16 号)收悉。

根据《高等教育法》《民办教育促进法》《民办教育促进法实施条例》《普通高等学校设置暂行条例》《普通本科学校设置暂行规定》有关规定和全国高等学校设置评议委员会考察评议结果，经研究，同意设立西湖大学，学校标识码为 4133014626。现将有关事项通知如下：

一、西湖大学系社会力量举办、国家重点支持的新型高等学校，为非营利法人，由你省统筹管理和指导。

二、学校要切实加强党的领导，全面贯彻党的教育方针，坚持社会主义办学方向，落实立德树人根本任务，突出公益办学导向。

三、学校定位于研究型高等学校，主要开展基础性、前沿科学技术研究，着重培养拔尖创新人才。

四、学校从举办研究生教育起步，适时开展本科生教育，全日制在校生规模不超过5000 人。

五、学校要坚持发展有限学科，学科专业设置和学位授予单位申报，按国家有关规定办理。

六、我部将对学校办学情况进行评估检查，并根据评估检查结果研究其开展本科生教育问题。

望你省切实落实责任，加大对西湖大学的指导和支持力度，督促其进一步完善治理体系，健全办学经费保障机制，全面加强学校党的建设，按照高起点、小而精、研究型的办学定位，集聚一流师资，打造一流学科，培育一流人才，产出一流成果，为我国高等教育体制机制改革创新，建设高水平研究型大学作出积极贡献。

附件：1.西湖大学办学许可证信息

    2.西湖大学章程

教育部

2018 年 2 月 14 日

（中华人民共和国教育部网站）

【范文简析】

这是一份答复函。正文的开头部分说明答复的依据;继而提出要求,最后提出目标,并附两份材料,重点突出,简明扼要。

【结构分析】

1.标题

(1)由发文机关名称、事由和文种构成。如"××职业学院关于商洽××同志调动工作事宜的函"。

(2)由事由和文种构成,省略了发文机关。如"关于请求批准××市节约能源中心编制的函"。

(3)由发文机关名称、事由、复函对象和文种构成。如"××市教育局关于中学生转学收费问题给××市人民政府办公室的复函"。

2.主送机关

函的行文对象在一般情况下是明确、单一的,所以大多数函的主送机关只有一个。但在内容涉及的部门较多时,也有排列多个主送机关的情况。

3.正文

(1)开头。

主要用于说明发函的根据、目的、原因等。如果是复函,则先引用对方来函的标题、发文字号,然后再交代根据,说明缘由。

常用"现将有关事项函复如下"或"现将有关问题说明如下"等过渡语转入下文,引出主体事项,即答复意见。

(2)主体。

写需要商洽、询问、答复、联系、请求批准或答复审批及告知的事项;函或复函的事项一般都较单一,可与行文缘由合为一段;如果事项比较复杂,则分条列项书写。

(3)结语。

不同类型的函结语有所区别:不必让对方回复的函,结语常用"特此函告""特此函达";要求对方复函的,用"盼复""望函复""请即复函"等语。

请批函的结语多用"请批准""请大力协助为盼""望能同意为荷""望准予××是荷"等惯用语。

复函的结语常用"特此复函""特此回复""此复"等惯用语。

【注意事项】

1.要注意请批函与请示的区别

向有隶属关系的上级机关请求指示、批准事项用请示,而向没有隶属关系的业务主管机关请求批准有关事项,则用请批函。主管机关答复请求审批的事项,用审批函。

2.开门见山,直奔主题

函一般写得较为简短,简明扼要,切忌空话、套话。

3.一函一事,切忌一函数事

4.语言要规范得体

发函要使用平和、礼貌、诚恳的语言,对主管机关要尊重、谦敬,对级别低的单位要平和,对平行单位和不相隶属的单位要友善。切忌使用生硬、命令性的语言。复函时态度要明朗,语言要准确,避免含糊笼统、犹豫不定。

【技能实训】

阅读下列材料并根据要求完成写作。

中国科学院××研究所希望与××大学建立科学研究协作关系,主要打算在下面几点与对方合作,即定期举行所、校之间学术讨论与学术交流;根据所、校各自的科研发展方向和特点,对双方共同感兴趣的课题进行协作;根据所、校各自人员配备情况,校方在可能的条件下对所方研究生、科研人员的培训予以帮助;双方科研教学所需要高、精、尖仪器设备,在可能的条件下,向对方开放;加强图书资料和情报的交流。

请根据上述材料为该研究所撰写一篇函,所述各点,不要求展开。

纪　要

【知识要点】

　　1.纪要的概念

　　纪要是记载会议主要情况和议定事项的书面材料,是在会议记录的基础上,分析、综合、提炼而成,用来概括反映会议精神和会议成果的文件。

　　纪要可以多向行文,可以上行报告会议精神,下行指导工作,平行与不相隶属机关交流,还可以作为附件补充说明正件。

　　2.纪要的种类

　　根据会议的不同类型,纪要可以分为:

　　(1)办公会议纪要。记载和传达办公会议决议和决定事项。将会议纪要印发给有关部门,要求其贯彻执行。

　　(2)工作会议纪要。记载和传达重要的工作会议的主要精神和议定事项,具有较强的政策性和指导性。

　　(3)协调会议纪要。记载传达协调性会议所取得的共识以及议定事项。对与会各方具有一定的约束力。

　　(4)研讨会议纪要。记载研讨会议的情况,其意义在于传递信息、通报情况。

　　3.纪要与会议记录的区别

　　纪要是根据会议的宗旨,以会议记录为基础和依据,用准确而精练的语言记载议事要点和决定事项,对会议内容进行分析、综合、提炼而成的文件。会议记录则是对会议内容如实记录,有闻必录。

【范文阅读1】

宏达集团公司第一次总经理办公会议纪要

(2018 年 4 月 22 日)

　　2018 年 4 月 22 日下午,公司召开第一次总经理办公会议,研究讨论了公司经济合同管理、资金管理办法等事宜。李涛副总经理主持会议,公司领导,总经办、党群办及相关处室负责人参加。现将会议决定事项纪要如下。

一、关于公司经济合同管理办法

会议讨论了总经办提交的公司经济合同管理办法,认为实施船舶修理、物料配件和办公用品采购对外经济合同管理,有利于加强和规范企业管理。会议原则通过了该办法。会议要求,总经办根据会议讨论决定事项,进一步修改完善,发文执行。

二、关于职工因私借款规定

会议认为,职工因私借款是传统计划经济产物,不能作为文件规定。但是从关心员工考虑,在职工遇到突发性困难时,公司可以酌情借予 10 000 元内的应急款。计财处要制定内部操作程序,严格把关,人力资源处积极配合。借款者本人要作出还款计划。

三、关于公司资金管理办法

会议认为计财处提交的公司资金管理办法有利于加强公司资金管理,提高资金使用效率,保障安全生产需要。会议原则通过了该办法。根据会议讨论决定事项,计财处修改完善后发文执行。

四、关于公司效益工资发放问题(略)

会议最后强调,公司机关要加强与运行船舶的沟通,建立公司领导每周上岗接船制度,完善机关管理员工随船工作制度,增强工作的针对性和有效性。

【范文简析】

这是一篇办公会议纪要。开头简要介绍会议情况,接着用一个过渡句引出会议决定事项,归纳为四项,具体内容用"会议讨论""会议要求""会议认为""会议强调"等不同的词语,串连成篇。全文条理清晰,重点突出,语言简练。

【范文阅读2】

×××学院党政联席会议纪要
(2022 年 3 月 26 日)

时间:2022 年 3 月 26 日

地点:主校区行政楼 308 会议室

主持:院党委书记　×××

参会:院长　×××

　　　副院长 院党委委员　×××

　　　副院长　×××

列席:教科办主任　×××

记录:党政办 ×××

会议主要内容和议题:

一、会议研究讨论了2022年学校重点建设项目,确定了不同模块项目负责人,并要求从项目的申报、建设、验收均由负责人负责。

二、会议决定3月18日召开学院校友分会成立大会事宜,通过了会议议程,确定了分会会长、副会长、秘书长、副秘书长及理事建议名单,推荐了120周年校庆邀请单位及嘉宾名单。

三、会议讨论决定向学校申请主校区图书馆一层场地,用于创新创业基地建设。

四、会议强调学院重要事项等相关工作,要严格执行党委会议事规则及党政联席会议事规则,是工作纪律也是政治纪律要求。

五、会议还对疫情防控、实习实践、公章规范使用等工作做了要求。

【范文简析】

这是一篇工作会议纪要。首先明确了会议时间、地点、主持人及参会、列席、记录人员,然后写明会5项主要内容和议题,一般纪要均采用这种写法。

【结构分析】

纪要的写作格式

纪要一般由标题、成文日期、正文三部分组成。

1.标题

纪要的标题一般有以下3种形式:

(1)由发文机关、事由和文种组成,如"宏达集团公司关于安全生产工作会议纪要"。

(2)由会议名称和文种组成,如"春节期间安全工作会议纪要"。

(3)双行式标题,如"解决杭州交通拥堵——市民代表座谈会议纪要"。

2.成文日期

成文日期在标题下,居中排布。

如属会议通过的纪要,注明会议名称与通过日期,在标题下居中排布。形式为××××年×月×日××××会议通过。

成文日期在正文下。

3.正文

纪要的正文由开头、主体和结尾三部分组成。

(1)开头。

概括介绍会议情况,包括会议的名称、时间、地点、与会人员、主持人,会议的主要议题、会议成果的评价等。

（2）主体。

这部分是会议纪要的核心，主要说明会议讨论的具体问题、会议提出的具体意见以及做出的决定等。要注意安排好这部分内容结构，确保条理清晰。可以采用段落式、分条列项式、小标题式、发言记录式，也可以采用综合式。这要根据具体会议内容确定。

（3）结尾。

一些会议纪要不单独写结尾，主体部分的最后一个问题写完即结束全文。有些会议纪要单独写一段结尾，一般写会议成绩或提出希望、要求，或发出号召。

【注意事项】

1. 实事求是，忠于会议实际。

2. 内容要集中概括，提炼归纳。

3. 条理清晰，层次分明。

4. 不署发文机关名称，不加盖公章。

【技能实训】

1. 填空

（1）会议纪要是记载和传达_____及其_____的书面材料，是在会议记录的基础上，分析、综合、提炼而成，用来概括反映会议精神和会议成果的文件。

（2）会议纪要可以__向行文，可以____报告会议精神，____指导工作，__与不相隶属机关交流，还可以作为____补充说明正件。

（3）根据会议的不同类型，会议纪要可以分为：_____、_____、_____、。

（4）会议纪要成文日期在____下，居中排布；也可在____下。

（5）会议纪要不同于其他公文，____发文机关名称，____公章。

2. 请分析会议记录与纪要的区别

计　划

【知识要点】

1.计划的概念

计划是指机关团体、企事业单位或个人为了完成一定时期的工作任务而作出安排和打算而使用的一种事务文书，是使用频率非常高的一种实用文体。常见的规划、纲要、要点、安排、打算、方案、设想等都属于计划。

一般时间较长，从全局战略的角度概括未来的计划称为规划或纲要；时间较短，内容较单一的计划称为安排或打算；从目的、要求、方式、方法和进度等方面作出具体、周密的安排称为方案。

2.计划的特点

计划具有以下两大特点。

一是针对性。计划是根据党和国家的方针、政策和有关的法律、法规，针对本系统、本部门的实际情况制订的，目的明确，具有较强的指导意义。

二是预见性。计划是在行动之前制订的，是建立在充分掌握本系统或本部门全局与局部、历史与现实的情况下，深入分析事物发展的规律与趋势，进而对工作的目标、任务、措施、步骤等做出正确的设想。

三是指导性和约束性。计划是根据实际工作而提出的前瞻性方案，是指导人们有目标、有秩序、有步骤地进行工作，而且计划一确定下来就具有权威性，是行动的方向，也是指导工作的依据，没有特殊情况就应遵照执行。

3.计划的分类

按照计划书写的格式不同，计划可以分成以下三类常见的格式：

一是文章式计划。即按照指导思想、目标任务、措施步骤等，把工作分条列项地编写成文的计划。这种形式的计划有较强的说明性和概括性，常用于全局性年度、半年度的工作计划。

二是表格式计划。即以表格的形式，把整个工作目标加以表述的计划。这种形式的计划通常用于时间较短、内容单一或量化指标较为明确的工作计划。

三是时间轴式计划。即按照整个计划的时间主轴依次列开，然后将内容按照实施先后顺序进行编制的计划。

4.计划的注意事项

由于计划是对一个单位或部门的全面工作或某一项重要工作的具体部署和要求,因此内容要具体、详细。通常要把以下几方面内容撰写清楚:依据的阐述、情况的概述、目的的直述、措施的描述。通俗地讲,计划要交代清楚"做什么"(目标、任务)、"做到什么程度"(要求)和"怎么做"(措施办法)。

【范文阅读1】

校企合作处 2021 年工作计划

以学校教学工作会议精神为指导,坚持"以服务为宗旨,以就业为导向,走产学结合发展道路"的办学方针,大力推进合作办学、合作育人、合作就业、合作发展的校企深度合作,通过校企合作开展专业建设和课程建设,探索与经济社会发展相适应的人才培养新模式改革,努力取得校企合作标志性成果。

一、建立高质量的校外专业实习基地。

与行业企业深度合作,把工学结合作为人才培养模式改革的切入点,建立高质量的校外专业实训基地,使专业建设、课程建设在工学结合、校企深度合作中开展并取得成效。

建设示范型校外实习基地。充分发挥校外实习实训基地的作用,将基地建设成专业能力训练和职业素质培养的实践基地,产学研合作的发展基地,双师型教师的培训基地。充分利用区域优势资源,推进产教融合。以大江东产业集聚区、杭州跨境电商产业园区、杭州特色小镇等企业以及其他同我院专业关联度高的企业为重点,精选企业,培育有深度的合作关系。在现有校外实习实训基地开展深度合作的基础上,再新签或续签校外实习实训基地 35~40 家,每个系努力新建设 1 个示范型校外实习实训基地。评选 2017 年度校级示范型校外实习实训基地及校企合作先进集体、先进个人。

二、继续大力推进订单式人才培养模式。

根据各专业的实际和企业的需求,加大订单式人才培养模式改革力度。与企业共同确定订单班人才培养方案,企业参与人才培养全过程,为企业输送合格人才。落实与杭州跨境电商产业园区建德浙西跨境电商产业园、杭州西湖区跨境电子商务产业园、杭州运河国际(跨境)电子商务园、中国(杭州)跨境贸易电子商务产业园、杭州大江东产业园区等企业的订单合作计划。与商务系、贸易系等相关系共同提前制定《跨境电商订单班实施方案》并组织实施。

三、开展现代学徒制人才培养试点。

发挥校企双方在人才培养过程中的优势,探索从双主体人才培养方案的制订、共建课程体系和实践基地、共建共享特色教学资源、双导师制班级管理、校企联合打造双导师教学团队、共同制定学生考核与评价体系六个方面,构建基于现代学徒制的校企协同育人机制。以培养学生的人文素养、职业精神和职业能力为核心,以建立校企联合招生招工为突破口,以建立稳定的校企"双师"联合传授知识和技术技能为关键,尝试建立现代学徒制的人才培养机制和职教集团,不断提高我校办学水平和人才培养质量。

四、校企共建应用技术协同创新中心。(略)

附件:校企合作主要工作安排表 (略)

校企合作处

2021 年 3 月 2 日

【范文简析】

本文开头阐述依据,正文分四个方面明确目标和措施,既有较强的概况性,又有很强的指导性。

【结构分析】

计划的结构是:标题＋正文＋落款。

1.标题。标题有两种写法:

一是公文式标题。由单位＋时间＋内容＋文种四部分构成,如"××市教育局2010 年工会工作计划"。有时也可省略单位或时间。

二是新闻式标题。有单、双标题形式,一般公开在媒体上,如"沙漠黄河边旅游新天地——银川××区黄河旅游开发区发展设想"。

2.正文。由前言＋主体＋结尾三部分构成。

前言部分主要点明制订计划的指导思想和对基本情况的说明分析。

主体部分是计划的核心,一要交代计划的目标和任务,即具体说明"做什么";二要写明计划的措施和步骤,即具体说明"怎么做"和"什么时间做"。

结尾部分可有可无。有结尾的通常是强调有关事项、表明中心或提出号召;个人计划通常表明决心。

3.落款。即写明作者和成文的时间。

【注意事项】

不论哪种计划,写作中都必须掌握以下几条原则:

1.切实可行原则。要从实际情况出发制定目标、任务,既不能因循守旧,也不可盲目冒进。规划和设想的内容一定要切实可行,基本能做到。安排的措施与步骤也要具有可操作性。

2.重点突出原则。计划的内容多而杂,不能简单罗列,要分清轻重缓急,突出重点,以点带面。

3.防患未然原则。制订的计划要有预见性,能预先设想到种种可能发生的偏差、故障和问题,并且事先设置好必要的防范措施或补充办法。

【技能实训】

1.计划按照范围分类,分为(　　　)。

A.生产计划和工作计划　　　　　　B.个人计划和组织计划

C.短期计划和长期计划　　　　　　D.工作计划和学习计划

2.有关计划的写作要求,下列不正确的一项是(　　　)。

A.顾及大局,服从整体　　　　　　B.实事求是,留有余地

C.具体明确,全面概括　　　　　　D.语言简洁,朴素自然

3.某少年宫为丰富学生的暑期生活,将在暑假期间举办各种丰富多彩的活动。请用表格方式,做一份简练明了的暑期活动计划书。

总　结

【知识要点】

1. 总结的概念

总结是单位或个人对过去一定时期的工作、学习或思想情况进行回顾、分析,从中得出规律性认识,以指导今后工作的事务文书。回顾、汇报、小结等都属于总结。

2. 总结的特点

一是真实性。总结是对过去工作情况的回顾,内容必须真实可靠。只有反映的情况真实可信,分析才能持之有据,作出的评价才会恰如其分,概括出来的经验教训对今后工作才能有指导意义。

二是评论性。总结的过程,是从感性认识上升为理性认识的过程,在陈述和分析事实材料的基础上,必须对所做的工作作出正确的评价,从而揭示规律、提高认识,指导实践。

三是概括性。总结要对过去工作作出全面系统的回顾,但是工作千头万绪,如何理清思路、突出重点? 必须首先对以往工作作出高度概括的叙述,然后逐条进行陈述回顾,方能清晰地反映出工作全貌。

3. 总结的种类

总结的分类方法很多,通常有以下一些分类法:

根据内容的不同,可把总结分为工作总结、生产总结、学习总结、教学总结、思想总结、会议总结等。

根据范围的不同,可把总结分为全国性总结、地区性总结、系统总结、单位总结、部门总结、班组总结、个人总结等。

根据时间的不同,可把总结分为年度总结、半年总结、季度总结、月度总结、阶段性总结等。

根据性质的不同,可把总结分为全面总结和专题总结两大类。

最后一种分类法最为常见,通常又把全面总结、专题总结称为工作总结、经验总结。

全面总结是对某一时期各项工作进行全面回顾和检查,进而总结经验与教训的文书。这类总结的特点是内容全面,能从多方面、多层次较好地展现工作的全貌,并从中概括出来自实践的经验教训。

专题总结是对某项工作或某方面的问题进行专门性的概括总结,尤以总结推广成功经验为多见。这类总结的特点是内容的专题性、针对性较强。

【范文阅读1】

××中学 2021 年工作总结

遵照"为学生终身发展奠基"的办学思想，以争创"文明校园、安全校园"为工作目标，以教师队伍建设为抓手，以信息化教学手段为支撑，大力推行"四制"改革，切实加强学校管理，不断提高教育教学质量。现将学校 2021 年的各项工作总结如下。

一、德育工作有新发展

1.健全强化德育领导机构。成立了德育领导机构，落实了各负责人的职责要求，加强了考核机制，促进了德育工作的安排与落实，使德育工作得到扎实有效的开展。同时，成立了关教工作领导小组，对困难学生进行重点帮扶，组织教师走进他们的家庭进行教育指导，使困难学生感受到了学校的关爱，实现了德育教育的多渠道并施。

2.发挥班主任主力军作用。（略）

3.扎实开展德育常规工作。（略）

4.强化落实德育考评措施。（略）

5.切实加强校园文化建设。（略）

6.组织开展各类校园活动。（略）

7.积极推行阳光体育教育。（略）

二、教学工作再上新台阶

1.教学质量不断提高。（略）

2.教研教改持续开展，促进了教学水平的有效提升。（略）

三、安全工作常抓不懈

1.健全安全工作机制。成立了校安全工作领导小组，建立健全了各种安全制度及防范应急预案，积极开展防范措施的演练。建立了安全监控台帐，对校园内外安全状况做到心中有数，对隐患的排查与整改及时到位。

2.落实安全分工责任。对全校的安全工作进行分解落实，明确职责、各负其责，做到管理到位。设定了岗位专人负责，表册记录翔实，检查到位。签定了安全责任书，发放告家长书，构建了全方位的安全管理体系。

3.紧抓安全常规工作。（略）

4.强化安全基础建设。（略）

5.落实安全值班制度。（略）

6.夯实后勤安全保障。(略)

回顾2021年的工作,我们虽然取得了一定的成绩,但仍存在着不少困难和问题,主要是:专业教师缺乏,教师业务还需不断提高;学校设施陈旧,部分房子有渗漏现象,西教学楼陈旧不堪,存在安全隐患;校园环境需进一步提升,需要进行路面硬化和环境绿化。

在新的一年里,我们将继续坚持"教育为本,师德为先"的教学理念,认真落实全区教育工作会议精神和各项工作部署,开拓进取,扎实工作,不断推进我校教育事业再上新台阶。

2022年1月16日

【范文简析】

这是一篇有关学校年度工作的全面总结,从德育、教学、安全等几大方面,系统回顾和分析了学校一年来所做的工作,并且对存在的问题也进行了反思和剖析。总结内容全面、条理清楚、格式规范,是最常用的工作总结范本。

【结构分析】

总结的结构是:标题+正文+落款。

1. 标题

总结的标题分为公文式标题和新闻式标题两种。

公文式标题最常见的是由单位名称、时间、主要内容、文种组成,如"××市财政局2018年工作总结""××公司2018年上半年工作总结"。也有的总结标题中不出现单位名称,如"创先争优活动总结""2018年教学工作总结"。

新闻式标题有单、双行标题两种形式,一般公开在媒体上,如"构建农民进入市场的新机制——××麦棉产区发展农村经济的实践与总结""转变职能 加强管理 推进粮食市场秩序整顿"。经验总结一般使用新闻式标题。

2.正文

和其他应用文体一样,总结的正文也分为开头、主体、结尾三部分,各部分均有其特定的内容。

总结正文的开头主要用来概述基本情况,包括单位名称、工作性质、主要任务、时代背景、指导思想,以及总结目的、主要内容提示等。作为文章的开头部分,应对工作的依据、指导思想及工作业绩评价等进行必要的简述。

总结正文的主体部分,内容包括取得的成绩和经验、做法、体会及教训、今后的打算等。这部分篇幅大、内容多,要特别注意层次分明、条理清楚。

总结正文的结尾部分,是在总结经验教训和分析存在问题的基础上,简要提出今后的目标任务和努力方向,以达到表明决心、展望前景的效果。

3.落款

总结的落款可有可无。如果在标题中已注明单位名称,则可不必再写落款;如标题中未注明总结单位,一般应在正文之后的右下方,写上总结单位的名称和总结的日期(×年×月×日)。

【注意事项】

1.真实性。总结所反映的内容必须实事求是,成绩不夸大,缺点不缩小,更不能杜撰情节,弄虚作假。撰写总结之前要充分了解情况、占有材料,力求做到公正客观,不片面虚假。

2.条理性。总结内容比较丰富,材料众多,要学会合理地取舍与剪裁,使文章详略得当,条理清晰,符合人们的思路与阅读习惯。

3.集智性。除了个人总结之外,其他的各类总结基本上是集体智慧的结晶,因此在指定专人写出初稿之后,一般都要通过各种形式(如召开座谈会、印发讨论稿等)广泛征求各相关方面和人员的意见建议,再经过多次地修改、补充、调整和完善,方能正式成稿。

【技能实训】

1.根据总结的内容,可以把总结分为 （　）
  A.综合性总结和专题性总结   B.年度总结和季度总结
  C.单位总结和个人总结   D.综合性总结和日常总结

2.以下不是总结的作用的一项是 （　）
  A.获取经验,汲取教训   B.交流信息,推广经验
  C.上情下达,加强管理   D.实事求是,兼顾全面

3. 你进入大学有较长一段时间了,请认真回顾自己入校以来的学习、生活及参加各项活动情况,写一份总结。

策划书

【知识要点】

1.策划书的概念

策划书属于计划的一种,是为实施某项特定活动而专门制订的详细的书面计划。

2.策划书的特点

策划书除了具备一般计划所共有的针对性和预见性两大特点外,还具有非常明显的细致性和可操作性特点。

细致性,是指策划书必须把与该项活动相关的各方面事项都考虑周全,部署清楚。

可操作性,是指只要按照策划书所拟定的内容去逐条实施,就能把整个活动全部落实到位。

3.策划书的内容

策划书须写清的活动名称、活动背景、活动的宗旨、目的、意义、活动时间、活动地点、参加人员和活动内容(议程)以及经费的预算等。如果内容比较繁杂,可以用附件的形式加以说明或部署。

【范文阅读】

××××健身中心教师节促销策划书

一、活动宗旨:目前教师群体的工作压力普遍较大,亚健康现象在教师中十分常见。针对这一现状,中心决定利用教师节的有利时机,开展为期一周的节日促销活动,通过让利服务于广大教师,为健身中心扩大知名度、吸引新客源。

二、活动时间:2018年9月10日—9月17日。

三、活动内容:免费体验、消费送点、凭证赠卡。

1.免费体验。9月10日教师节当天,本市大专院校和中小学校教师凭本人教师证件,可在本健身中心免费体验各种健身项目各1次。

2.消费送点。在活动期间,凡在本健身中心消费的本市大专院校和中小学校教师,可凭本人教师证领取与消费数额等值的送点(送点限在本中心消费,不能兑现现金)。

3.凭证赠卡。在活动期间,本市大专院校和中小学校教师凭本人身份证,可到健身中心免费领取健身月卡一张,价值 300 元。

四、实施步骤:

1.宣传发动。提前一个月展开,具体措施为:(1)在本健身中心大门口悬挂宣传横幅,内容为"……"(略);(2)在公交 28 路、543 路发布车载视频广告,内容为"……"(略);(3)在××电视台发布电视文字广告,内容为"……"(略)。

2.客户邀约。提前一个月展开,具体安排为:(略)

3.现场活动。9 月 10 日—9 月 17 日在本中心举行,具体安排为:(略)

五、补充说明:本次促销活动未尽事宜,最终解释权归本公司所有。

××××健身中心

2018 年 8 月 1 日

【范文简析】

1.本策划书是典型的执行型方案,由××××健身中心自行制订,其目的是为某一次促销活动服务,方案简明扼要、一目了然,可操作性很强。

2.除了常规内容外,最后还有一个补充说明,特别注明"活动的最终解释权归本公司所有",这在面向公众执行的商业策划书中必不可少,这样可以规避很多法律责任,以免发生意外的情况。

【结构分析】

策划书由标题、正文和落款三部分组成。

1.标题

策划书的标题通常有两种写法:

(1)单行标题。标题只有一行,直接由事由和文种组成。例如"××公司 2012 年辞旧迎新游乐策划书"。

(2)双行标题。标题由一主一副两行组成,副标题在下,写法与单行标题一样,由事由和文种组成;主标题在上,通常使用凝练且具有文采的句式,对活动的主题特点进行概括提炼。如"弘扬龙舟文化 展示西溪魅力(主标题)2012 西溪端午龙舟邀请赛策划书(副标题)"。

2.正文

策划书的正文,一般由举办本次活动的背景、目的、意义(宗旨)、活动时间(包括时间段)、活动地点、参加人员、活动内容、活动安排、活动要求等基本要素组成。策划书要以交代清楚举办活动的各相关事宜为出发点,因此有些策划书(特别是报批型方案)还会对活动过程作进一步细致的部署安排,对活动针对的对象和区域进行分析,对活动可能得到的反响及达到的效果进行必要的评估。

3.落款

位于正文右下方,由两行内容组成,上一行为方案的制订单位(部门)名称(必要时须加盖公章),下一行为方案制订(或下发)的具体时间。

【注意事项】

1.在拟定策划书标题时,要尽可能具体写出活动的主要内容和精华所在,让人一目了然,读题便知一二。

2.在撰写活动背景时,首先要在以下项目中有针对性地选取内容重点阐述:基本情况简介、主要执行对象、近期状况、组织部门、活动开展原因、社会影响、举办活动的目的和动机。其次应说明问题的环境特征,主要考虑环境的内在优势、弱点、机会及威胁等因素,并做出全面的分析,通过对情况的预测制订计划。如方案起草者对环境情况不明,则应通过调查研究等方式进行分析加以补充。

3.在阐述活动目的、意义和目标时,应用简洁明了的语言将目的要点表述清楚;在陈述目的要点时,该活动的核心构成或策划的独到之处及由此产生的意义(包括经济效益、社会利益、媒体效应等)都应写明。活动目标不仅要具体化,还应满足重要性、可行性、时效性等特性。

4.作为方案的正文部分,表达方式要简洁明了,使人容易理解;而表述方面要力求详尽,写出每一点能设想到的内容,避免遗漏。在此部分中,可突破文字表述的局限,必要时也可适当插入统计图表等。对方案中各项工作的安排,可按照实施时间的先后顺序进行排列,绘制出实施时间表,以便于方案的执行和落实情况的核查。

【技能实训】

1.某高校团体定于2018年5月举办以"阅读,提升自我"为主题的系列活动。请你以××社团的名义为该活动撰写一份策划书。

要求:内容充实,文体规范,语言得体

2.宏达集团公司开发了一批以洗涤剂为主的系列新产品,为了对新产品进行及时有力的推广,公司高层经研究,决定启动一个新产品发布活动。请起草这个活动的策划书。

调查报告

【知识要点】

1.调查报告的概念

调查报告是针对某个事件、某个问题、某项工作等经过深入细致的调查后,将材料加以整理、分析研究,以书面形式向上级或领导汇报情况的一种文书。适用于介绍经验、揭露问题、反映新生事物及社会情况等。

2.调查报告的种类

调查报告根据其内容和功用的不同大体可以分为以下几种类型。

(1)介绍典型经验的调查报告

这是较为常用的一种类型,是通过对先进经验的总结或做法的介绍,起到一定的推动作用和指导作用。这类调查报告的主要任务是提供具体的经验和办法,具有定型性、科学性和政策性。

(2)新生事物调查报告

这类报告主要反映社会生活中涌现出来的新人新事。重点写出新情况、新特点,比较完整地阐述事物产生、发展过程,并揭示其规律。

(3)社会情况调查报告

此类报告所反映的内容比较广泛,比较全面,它主要是对社会上的政治、经济、文化等方面的特殊情况进行调查,以便弄清现实情况,做出正确的形势估计和判断,为有关部门制订方针、政策提供资料和依据。

(4)揭露问题调查报告

主要是针对社会当中某些不良现象和问题进行揭露,引起社会和某些部门的注意,达到解决问题的目的。

3.调查报告的写作步骤

第一步,根据所选课题设计问卷。问卷有三种形式。

(1)结构型问卷(封闭型问卷)。答案全在卷中体现,不超出问卷。好处:省时、回收率高。

(2)无结构型问卷(开放型问卷)。不提供答案选择,需要组织字句回答。局限:费时、回收率低。

(3)半结构型问卷。一半题目为封闭式,一半为开放式。

第二步,选择调查方法,进行实地调查。

(1)抽样调查法,分为两种:一是随机抽样(概率抽样)。好处:具有客观性,方便易行。局限:样本需达到一定数量。二是非随机抽样(非概率抽样)。

(2)普遍调查法(普查法)。

第三步,写出调查报告。

(1)回收问卷进行数据统计,整理分析材料。

(2)由现象到本质、由具体到抽象,透过数据分析、概括,提炼成观点。

(3)编写提纲,形成报告,以观点式的小标题提纲挈领。

【范文阅读1】

关于提升我市非公有制经济发展水平的调查报告

今年4月,市政协常委会组织两个调研组,分赴××县开展提升非公有制经济发展水平专题调研。调研组先后实地考察了近50家非公有制企业,宣传国务院《关于鼓励支持和引导个体私营等非公有制经济发展的若干意见》(以下简称《若干意见》),与非公有制企业业主座谈。5月19日,市政协召开七届常委会第十四次会议,讨论关于提升我市非公有制经济发展水平问题。现将调研情况综合报告如下:

一、我市非公有制经济发展的基本情况。近年来,市委、市政府十分重视非公有制经济的发展,先后出台了一系列加快发展非公有制经济的政策,极大地推动了全市非公有制经济的快速发展,使之成为全市经济发展的重要力量。

1.发展速度加快。(内容略)

2.经济贡献较显著。(内容略)

3.产业分布较集中。(内容略)

4.品牌、质量意识有所增强。(内容略)

5.商会经济有新发展。(内容略)

二、存在的主要问题

近年来,我市非公有制经济发展虽然取得很大成效,成为全市国民经济新的增长点。但是与经济发达的地区相比,无论是发展速度、经济总量和质量,还是发展环境,都存在较大的差距。主要表现在:

1.投资领域狭窄。我市非公有制经济投资领域不宽,大多从事消耗资源型行业,产业层次较低,劳动密集型行业多,技术密集型行业少。有些领域如金融、保险、水利、交通、通信、城建、环保、科技几乎没有涉足;文化、教育、卫生、体育等领域也没有大的突破。

2.发展环境有待改善。在政策环境方面,非公有制企业的非国民待遇现象时有发生,公平竞争的政策环境有待进一步健全和完善。在融资环境方面,由于不少企业新建厂房没有房产证,无法办理抵押贷款,仅靠担保公司担保贷款和企业间互保贷款又有限,再加之贷款手续复杂,办理时间长和非公有制企业信用等级评定工作存在许多空白,使企业贷款的难度加大,生产资金短缺成为企业加快发展的瓶颈。在企业用地方面,由于国家将土地供应作为宏观调控手段之一,对新增建设用地实行计划管理,用地审批难度加大。再加之我市,特别是市区,由于受自然地形的限制,可供开发的土地不多,更使得企业发展与用地之间的矛盾加剧。在服务环境方面,有些部门的职能转变还不够到位,服务意识和办事效率有待进一步提高。乱摊派、乱罚款、乱收费、乱拉赞助、重复培训的现象还时有发生。在人文环境方面,尊重知识、尊重人才的社会风气尚未广泛形成,企业的文化建设亟待加强。

3.实施品牌战略和企业执行标准工作任重道远。(内容略)

4.企业人才缺乏、招工难、员工队伍不稳定的问题普遍存在。造成这一问题的主要原因是:一是在人才引进、人才管理的政策方面,缺乏可操作性。对非公有制企业引进的人才,在行政、工资关系、人事档案、统筹保险、职称评定等事项方面还没有真正理顺,造成了流动人才的后顾之忧。二是社保不够落实,参保企业比率低。三是不少企业未能与员工签订劳动合同,员工临时观念,不稳定。四是一些企业员工劳动时间长,工资待遇低。五是有些企业员工工资不能按时发放。

5.企业自身素质亟待进一步提高。一是经营管理粗放。大多数非公有制企业处于小规模粗放发展阶段,整体实力不强,众多企业厂房简陋、设备落后、机械化程度低、工艺简单、管理粗糙、产品档次偏低,市场竞争力不强。二是财务报告失真较为严重。部分企业对会计报表采用内外不同的计算口径、计算方法,有的甚至编造多套各不相同的会计报表,向不同的部门报送。三是经营管理层素质不高。一些非公有制企业经营管理层,缺乏现代管理知识,制约了企业的发展。四是企业文化匮乏。不少业主忽视企业文化建设,尤其是在一些劳动密集型企业中对如何提高农民工素质缺乏有效措施。

三、几点建议

1.认真学习宣传贯彻国务院《若干意见》和国务院减轻企业负担部际联席会议关于"八项措施减轻非公有制企业负担的决定"(下简称《决定》)等文件精神。一是做好国务院《若干意见》和《决定》等文件精神的宣传工作。通过各种渠道,广泛宣传国务院《若干意见》和《决定》,在全社会进一步达成共识,不仅非公有制企业业主知情,更重要的是有关政府部门要切实掌握精神,认真贯彻落实。建议:①政府进行专题调研,制定《实施意见》;②相关部门要提出贯彻《若干意见》的具体措施,在政策上对非公有制经济加以扶持,在行政作为上进一步提高为非公有制经济服务的质量。③将国务院的《决定》精神以宣传单的形式印发到有关部门与企业。组织力量专项清理乱检查、乱评比、乱培训、乱拉赞助问题,切实保护企业合法权益。二是修订完善我市的《关于进一步加快发展个体私营经济的决定》。从放宽市场准入、加大财税金融支持、完善社会服务、维护企业和职工的合法权益、引导非公有制企业提高自身素质、改进政府对非公有制企业的监管和营造良好的发展环境等方面完善扶持非公有制经济发展的政策措施。

2. 贯彻平等准入、公平待遇原则。①放开民间资本市场准入。扩大民间投资领域范围,允许民间资本进入法律、法规未禁入的行业和领域。凡是实行特殊优惠政策的领域,其优惠政策同样适用于进入该领域的民间资本。当前,在一些领域要加快民间资本进入的步伐。一是教育领域。鼓励民间资本投资幼儿教育、中小学教育、职业技术教育、高等教育以及学生公寓、食堂等教育后勤设施,让更多的民间资本参与公办学校的建设与发展。二是医疗卫生领域。支持民间投资者参与公立医院的改制、改组和改造。三是市政建设领域。供水、供电、供气、排水、污水和固体废物处理;收费公路、桥梁、城市公交及其他公用设施,民间资本都可以通过参加公开招标,获取特许经营权,特许经营者投资、建设、运营。四是其他社会事业领域。②发布民间资本投资目录。政府和有关部门要进一步向民间资本提供可进入领域的项目目录,并定期向社会发布。同时要建立完善项目公开征集制度、项目筛选储备制度和项目推介制度,通过召开项目成果推介会,发布投资促进政策,使符合国家产业政策、市场潜力大、投资回报好的项目也能成为民间投资的重点。③实行同等待遇。在投资核准、融资服务、财税政策、土地使用、对外贸易等方面对非公有制企业与其他所有制企业一视同仁,实行同等对待。在开展项目工作时,既重引,也重扶;既重外地新来企业,也要善待在本地成长起来的企业,只要事业有成,一样论功行赏。

3. 积极营造非公有制经济发展环境。①营造良好的宣传舆论环境。广泛宣传党和政府发展非公有制经济的方针政策,宣传非公有制企业家所做的社会贡献和创业事迹,政府对工作做得好的非公有制企业要给予表彰和奖励,给予非公有制企业家应有的社会地位和荣誉,在我市进一步形成全社会尊重、鼓励、支持、参与非公有制经济发展的良好环境。②营造良好的创业兴业环境。对非公有制企业的收费项目进行全面清理,实行统一收费政策,统一收费标准,向社会和企业公布,让非公有制企业清楚明了,坚决杜绝乱摊派、乱罚款、乱收费、乱拉赞助、重复培训的现象的发生。政府对违章者要严肃处理,切实落实效能告诫等规定。政法机关以及行政执法部门要文明执法、规范行政执法行为,做好保驾护航、排忧解难的工作,切实维护非公有制企业的合法权益。③营造良好的服务环境。各级政府部门要搭建为非公有制企业服务的平台。一是发挥服务平台的作用。要充分发挥行政服务中心的服务平台作用,进一步减少审批项目、简化审批程序,提高服务效率、改进服务方式。二是建立全市非公有制经济综合信息平台。以现有的市信息中心和生产力促进中心网为基础,建立全市非公有制经济综合信息平台。并同市各主要媒体联合,经常向社会发布非公有制经济的政策法规、外经外贸、技术进步、交流合作、各种中介服务、项目推介等各种信息。三是建立企业培训平台。各级政府要积极开展面向非公有制企业员工的培训工作,把非公有制企业家培养纳入全市企业干部培养计划,鼓励非公有制企业家参加有针对性的理论培训、管理培训和技术培训。四是建立人才引进的平台。有关部门要根据非公有制企业的发展需求,制定人才需求目录,帮助非公有制企业引进紧缺人才。对流向非公有制企业的人员,原单位要按规定办理工作调动和有关社会保险转移手续,不得以任何理由设置障碍。

4.加大中小企业信贷力度。

(1)着力解决贷款抵押难、担保难问题。商业银行和农村信用社要大力推进信贷方式创新,积极开办创业贷款、应收账款质押贷款、仓单质押贷款、无形资产抵押贷款等信贷业务品种,以扩大贷款的抵押担保范围,帮助解决中小企业因缺乏不动产而面临的抵押难问题。要大力发展票据融资业务,适当扩大中小企业的贷款授信额度。政府和金融部门要联合推进多元化信用担保体系的建设,加快建立以政策性担保、商业性担保、企业互助担保为主体的"三阳开泰"式担保体系,要引导效益好、规模大、管理规范的担保公司牵头筹建信用担保行业协会,开展自律活动,建立风险补偿机制,对中小企业较大的贷款项目实行联保、互保和再担保,通过提高担保效率、降低反担保要求和担保费用等方式,切实解决中小企业贷款担保难问题。

(2)加快推进中小企业资信等级的评定工作。要建立科学合理的指标评价体系,加快推进中小企业资信等级的评定工作,保证每家中小企业都有相应的资信等级证书或资信等级牌子。同时,政府和金融部门要大力推进信用服务业的发展,制定有关优惠政策,鼓励我市设立和发展信用中介机构和信用服务机构,以推进信用调查和信用评估等信用服务业的发展。

(3)提高对中小企业的金融服务水平。一是要积极引进异地股份制商业银行或外资银行在我市设立分支机构或开展批发业务,鼓励异地股份制商业银行或外资银行对我市中小企业发放异地贷款。二是要重构商业银行内部组织框架,实施机构扁平化管理。按照便捷、效率优先的原则对营业网点重新布局;改储蓄网点为支行,直接隶属市分行管理,以减少管理层次、提高经营效率。三是商业银行和农村信用社要利用当前中央银行扩大利率浮动幅度的契机,提高贷款抵押的"两率"(指企业不动产和动产的贷款抵押率），以实现银企的"双赢"。

（4）应进一步提高企业自身经营管理水平。一要建立规范的企业财务管理制度；二要建立明晰的法人治理结构，逐步建立现代企业制度；三要重视自身资本积累，减小对银行贷款的依赖，将企业盈利的相当部分用于增加资本金，逐步提高企业资本中自有资金的比例；四要积极主动地和银行、担保公司建立信息沟通机制。

（5）政府部门要积极为中小企业信贷融资创造良好条件。一要积极搭建银行和中小企业对接的"金融平台"。通过举办银企资金供需见面会、银企资金供需签约会、银政企座谈会或贷款营销洽谈会等方式，促进中小企业项目与资金的衔接；二要按照国务院《若干意见》的规定，各级财政应设立专门的中小企业发展基金；三要为中小企业提供财务管理、投资等方面的辅导支持，帮助企业提高经营管理水平和市场竞争力。

5.努力提高非公有制企业自身素质。

（1）要提高企业科技含量。非公有制企业要做好产品结构调整，走技术创新道路，转变粗放型经济增长方式，实现可持续发展，要开展重质量和创品牌活动，不断提高市场竞争力。

（2）要完善企业组织制度。要按照《公司法》的要求进一步完善非公有制企业的组织制度，家族式企业主要负责人之间要有明确的权利和义务，在家族式企业中适当引入职业经理人，通过职业经理人规范企业运作，避免企业在经营决策中的盲目性和随意性。

（3）要加强企业文化建设。要以积极向上的企业精神，激励广大员工为企业发展多作贡献；要积极倡导"以人为本"的人性化管理，关爱员工，自觉维护劳动用工制度，保护员工的合法权益，积极参加社会保险，通过一系列的激励机制，充分调动员工的积极性，稳定员工队伍；要加强诚信建设，鼓励企业诚信经营，建立企业信誉评价制度，营造讲求商业道德、诚实守信、公平竞争的市场氛围。要加强非公有制经济组织的党建和工会工作，进一步发挥党组织和工会在非公有制企业中的作用。

××市政协非公有制经济调研组

××××年××月××日

【范文简析】

本文属于反映社会情况的调查报告。调查报告是根据社会实际的需要，对某个问题进行调查，目的性非常明确。在对事件的了解上有很强的针对性。了解调查的目的是解决问题，指导以后的工作。调查，需要掌握大量的确凿的事实，事实真实，报告才有说服力。没有真实的事实作基础的调查报告，是没有价值的。调查报告在选题上要具有典型性,能够反映群众普遍关心的问题。在反映问题的时间上要快,超过了时间就失去了指导意义。

这篇范文阅读有很强的说服力,写作者掌握了大量的事实,选题上具有典型性,是群众普遍关心的问题。

本文采用的是单行标题。前言部分,简要说明调查的目的、对象、时间范围等背景情况。主体分三部分:一是我市非公有制经济发展的基本情况;二是存在的主要问题;三是几点建议。结构较规范。

【结构分析】

调查报告由标题、开头、主体、结尾、落款、日期六部分组成。

1.标题

(1)单层标题

概括内容型,由单位名称、调查对象、调查内容和文体名称构成。如:

"××市财政局关于目前企业发放奖金情况的调查报告"

直述式,由调查对象、调查内容和文体名称构成。如:

"国有商业银行职工心理素质调查"

疑问式,如:

"文秘专业毕业生爱做文秘工作吗?"

揭示主题型,概括全文主题思想,如:

"关于大学生业余打工问题的调查报告"

(2)双层标题

由正标题和副标题组成。正标题通常揭示主题,副标题写明调查对象、调查内容和文种等。如:

寻找新经济增长点的不懈努力

——春兰集团集约型经营道路调查

2.开头

开头有两种方法:一是对调查情况作简要说明,交代调查的目的、时间、地点、对象、范围、方法、结果等。二是开门见山,直接提出市场的供求矛盾或介绍文章的主要内容、主要观点。

有些调查报告开头部分是前言,前言可概括交代如下两方面的内容:

(1)开展调查的基本情况:包括调查的目的、对象、范围、内容、时间、地点、背景、主要经过、方法等。

(2)调查对象的基本情况:包括性质、规模、基本事实、主要成绩或经验等。

3. 主体

调查报告种类不同,其主体的内容也不同:

(1)基本情况。包括历史和现实情况,重点放在现实情况方面。是对客观事实、有关数据进行叙述、说明:一般情况简要介绍,重点情况详尽阐述,根据调查目的有所侧重。以文字叙述、说明为主,辅之以数据、图表。

(2)分析判断。是对市场调查了解到的情况进行研究,确定调查对象在市场竞争中所处的位置,从不同方面揭示原因,判断市场发展的趋势和前景等。以议论、说明为主。

(3)对策建议。根据分析判断得出的结论,思考相应对策,供决策者参考。注意可行性、针对性,语气要委婉。

调查报告主题写作方式主要有三种:

一是纵式结构:按照事物发生发展的时间顺序安排,即以时间顺序逐点逐条地反映事物的发展演变过程;按照事物发展的阶段性安排;按照认识事物的进程安排。

二是横式结构:按照事物的性质组织材料,并列地从几个方面来表述;按照事物之间的逻辑关系安排,如并列关系、主次关系等。

三是结合式结构:既考虑事物发展的顺序,又兼顾事物的性质来安排材料。

4. 结尾

有些调查报告在正文表述完后,即告结束,没有单独的结尾。多数报告有结尾。结尾部分或是对全文的概括归纳,或是重申观点,或是提出希望和建议,或是提出未能解决而又需引人注意的问题。

结尾的种类有多种,常用的有结论式、展望式、希望式、补充式、建议式、号召式等。

5. 落款

如果市场调查报告是为了供内部参阅,则调查者在正文右下方署名,并写上完成的日期;如果是在报刊上发表,则在标题下方署名。

【注意事项】

1. 调研报告是对客观事物进行调查研究,根据所获得的成果写成的反映客观实际、揭示事物本质和规律的书面报告。写好调研报告的重要前提,是开展调查研究,获得大量真实、准确、具体的第一手材料。调查研究要深入实际,深入基层,不能蜻蜓点水、浅尝辄止,反对闭门造车。

2. 写作时重点要突出,分清主次,不要堆砌材料。在结构布局上要合理,所使用的材料一定要说明观点,分析要有力。

3. 杜绝片面。注意观点与材料的统一,要以全面的观点看问题,不脱离材料,保证科学性。

4.要讲究时效。适时的市场调查报告可带来良好经济效益,事过境迁,就失去了现实针对性。

【技能实训】

1.如今随着互联技术的发展,网络游戏已经形成一个新兴的产业。网络游戏能够给人们带来休闲娱乐的同时,也带来一些负面影响。新闻出版总署等八部门曾联合印发《关于启动网络游戏防沉迷实名验证工作的通知》。网络游戏防沉迷实名验证于2011年10月1日起在全国范围内正式实施。基于上述背景,请以"网络游戏对高职学生的影响"为内容完成一篇调查报告提纲。

2.网络时代给人们的生活带来了不小的变化,一批网络用语也随之进入人们的日常口语甚至青少年的作文中。这种现象引起了国家有关部门和一部分语言文字工作者的关注。请你以一名在校大学生的身份,就网络语言的使用情况设计一份调查报告提纲,并于重要部分加以适当的阐述。

🎦毕业论文
设计文书

🎦毕业论文
设计视频

📖党政机关公
文处理条例

📖中华人民共
和国国家标
准科学技术
报告、学位论
文和学术论
文的编写格式

📖党政机关公
文格式

📖标点符号
用法

📖中华人民共
和国国家标
准出版物上
数字用法